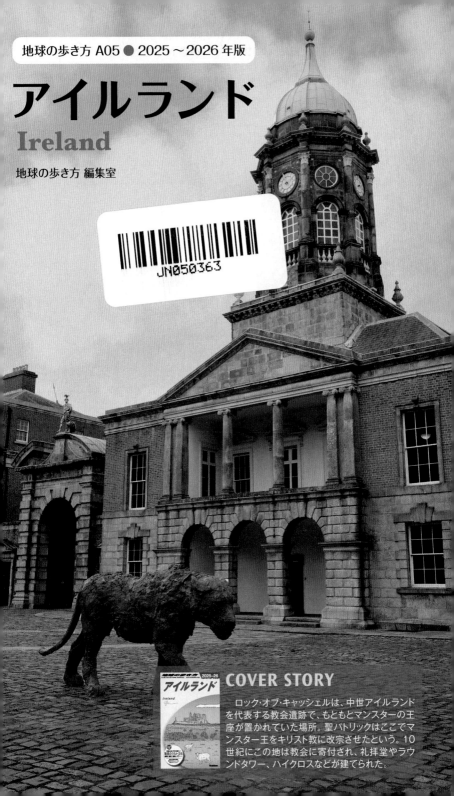

地球の歩き方 A05 ● 2025～2026 年版

アイルランド
Ireland

地球の歩き方 編集室

JN050363

COVER STORY

ロック・オブ・キャッシェルは、中世アイルランドを代表する教会遺跡で、もともとマンスターの王座が置かれていた場所。聖パトリックはここでマンスター王をキリスト教に改宗させたという。10世紀にこの地は教会に寄付され、礼拝堂やラウンドタワー、ハイクロスなどが建てられた。

IRELAND CONTENTS

ダブリン市の紋章

世界遺産の古代墳墓ニューグレンジ

アラン諸島最大の島イニシュモア島

セント・パトリックス・デイのパレード

ビールのテイスティングメニュー

ベルファストにある鉄の王座

出発前に必ずお読みください！
旅のトラブルと安全情報……5、9、327

歩き方の使い方

本書で用いられる記号・略号

紹介している地区の場所を指します。

✈ 飛行機　🚂 鉄道
🚌 バス　⛴ フェリー
🚲 自転車
🏠 住所
☎ 電話番号
📞 日本国内で利用できる無料通話
FAX ファクス番号
Mail eメールアドレス
URL ホームページアドレス
（http://は省略しています）
🎫 チケット予約可能
🕐 開館時間　🔒 休業日
💰 入場料
📵 写真撮影禁止の場所
⊗ フラッシュ撮影禁止

特にフラッシュ撮影が禁止されていない場所でも屋内では周囲に配慮し、撮影マナーを守りましょう

地　図

🄸 観光案内所
Ⓗ ホテル
Ⓡ レストラン
Ⓢ 商店、旅行社など
✉ 郵便局
🚏 バス停
🚌 バスターミナル
📍 レンタル自転車ポイント

リムリック県
Co. Limerick

アイルランド国番号353
市外局番061

MAPS
広域地図P.19-C1
アデアP.184

🍀 アイルランドで最もかわいい村
アデア
Adare

メイン・ストリート沿いには葦葺きの家屋が建ち並ぶ

アデアは「アイルランドで最もかわいいIreland's Most Tidy」といわれている村。1976年に「かわいい村コンテスト」で優勝したあとも、その素朴な美しさは失われていない。

リムリックの南西、メーグル川のほとりにある13世紀にはキルデラ伯フィッツジェラルド、19世紀にはダンレイブン伯クインの領地だった所。現在のようなたたずまいになったのは、1820〜1830年代のことだ。村には色とりどりの石造りの建物が並び、夏には赤や黄色の花が咲き乱れる。

🍀 アデアの歩き方

バス停のあるメイン・ストリートMain St.周辺がアデアの中心。メイン・ストリート沿いには🄸や宿泊施設などがあり、アデアの象徴でもある茅葺きの家屋が建ち並ぶ。レストラ

Access Guide
アデア

リムリックから
所要約20分　直通18便
🚌 エクスプレスウェイNo.13, 14が8:35
〜21:35の1〜2時間に1便
🚌 8:35〜21:35の1〜2時間に1便　直通×8
ビッグ・グリーン・バスがアーサーズ・キー Arthur's QuayがMap P.178-B1
から9:00〜翌2:00の毎正時
キラーニーから
所要約1時間40分　直通×15
🚌 エクスプレスウェイNo.14が10:00
12:00 14:00 16:00 18:00（日・祝のみ）
所要約1時間15分　直通×15
ビッグ・グリーン・バスがミッション・ロード Mission Rd.Map P.167下-B
から4:30 6:30 7:30 9:30 11:30
14:30 16:30 18:30

🄸 アデアの🄸
住Main St., V94 DWV7
☎(061) 396255
URL discoverireland.ie
🕐9:00〜17:00
冬期10:00〜16:30　🔒12/25

アデアの🄸はアデア・ヘリテージ・センター内にある

184

■本書をご利用になる前に

本書は、アイルランドをじっくり周遊する旅人のためのガイドブックです。初めての滞在でも個人で歩けるよう、交通機関や観光ポイントのデータを重視し、割安なホテルやB&Bなどの情報も豊富に掲載しています。

■取材時期

本書は2024年2〜3月の調査をもとに編集しています。具体的に役立つデータを記載していますが、時間の経過とともに変更が出てくることをお含みおきのうえ、ご利用ください。特に料金はシーズンによる変動も大きく、毎年5%程度値上がりする傾向にあります。なお、掲載の料金には原則として税、サービス料などは含まれません。

■発行後の最新情報

本書発行後に変更された掲載情報や訂正箇所は、「地球の歩き方」ホームページの本書紹介ページ内に「更新・訂正情報」として可能なかぎり最新のデータに更新しています（ホテル、レストラ

ン料金の変更などは除く）。下記URLよりご確認いただき、ご旅行前にお役立てください。

URL www.arukikata.co.jp/travel-support/

■読者投稿

囲み記事、ホテル情報、観光ポイントなどで、✏マークがあるものはすべて読者の体験談です。データについてはすべて現地で確認していますが、体験や感性には、個人差があることをご承知ください。

なお投稿年の春は2〜5月、夏は6〜9月、秋は10〜11月、12月と1月についてはその旨明記してあります。
※みなさんの投稿を募集しています。詳しくは→P.286

■ホテルのカテゴリー

本書では、旅のスタイルに合った宿泊施設を見つけるための手引きとして、掲載宿泊施設を8つのカテゴリーに分けています。そのうち「ユースホステル」は、国際ユースホステル連盟に加盟し

記号、略号説明

本文中に使われている記号、略号は以下のとおりです。

~通り=~ St.(Street)
　　～ Rd.(Road)
　　～ Av.(Avenue)
　　～ Dri.(Drive)
　　～ Ter.(Terrace)
　　～ Ln.(Lane)
　　～ Cres.(Crescent)
　　～ Cir.(Circus)
　　～ Pde.(Parade)
~広場=~ Sq.(Square)
　　～ Pl.(Place)
~橋=~ Br.(Bridge)
聖～=St. ~ (Saint)
~公園=~ Pk.(Park)
　　～ Gdns.(Gardens)
上～=Upr. ~(Upper)
下～=Lwr. ~(Lower)
~県=Co. ~(County)
国立公園=
N.P.(National Park)
ローマ・カトリック=
R.C.(Roman Catholic)

レストラン

マット・ザ・スレッシャー
Matt the Thresher

アイルランド料理
シーフード

新鮮なシーフードが楽しめるレストラン・バーで、数多くの受賞歴を誇っている。獲れたての魚を使った日替わりのメニューがあり、カキは産地別に注文することができる。

Map P.55-E3　博物館地区周辺
住31-32 Pembroke St., D02 Y523
TEL(01) 6762980　URLmatts.ie
営10:00～21:45(土12:30～21:45、日2:30～20:45)
休無休　カード AMV　予あり

※表記説明用のサンプルです

ショップ

キルケニー・デザイン
Kilkenny Design

工芸品
みやげ物

クリスタルガラスや陶芸品、貴金属などアイルランドの有名デザイナーの品が豊富。免税。日本への郵送も可。店内のレストランも人気がある。

Map P.56-B3　ナッソー・ストリート
住5-6 Nassau St., D02 W865
TEL(01) 6777066　URLwww.kilkennyshop.com
営10:00～18:00 (日11:00～17:00)　休12/25・26
カード AMV

※表記説明用のサンプルです

ホテル

高級　404室
グレシャム
Riu Plaza The Gresham Dublin

オコンネル・ストリート
住23 Upr. O'Connell St., D01 C3W7
TEL(01)8476881
URLwww.gresham-hotels-dublin.com
料 €149～
カード ADMV

オコンネル・ストリートでもひときわ目立つ重厚な建物。1817年創業でダブリンでも屈指の格式。歴史的な外観を備えながら、客室は快適性を追求したモダンなデザイン。

※表記説明用のサンプルです

ホテルの設備・支払い方法

DOM ドミトリー／相部屋
シングルルーム
ダブルorツインルーム
部屋にシャワー付き
共同シャワー
部屋にバスタブ付き
部屋にバスタブなし
部屋にトイレ付き
共同トイレ
宿泊料金に朝食が込み
宿泊料金に朝食は含まれない

クレジットカード
A アメリカン・エキスプレス
D ダイナースカード
J JCBカード
M マスターカード
V ビザカード

エレベーター
TV テレビ
ドライヤー
ティーセット (湯沸かしポット)
セーフティボックス
P 専用駐車場 (契約パーキングも含む)
Wi-Fi 無線 LAN 環境

ているホステルを指します。それ以外の非加盟ホステルは、本書では「ホステル」と分類しました。ホテルは、「経済的」、「中級」、「高級」、「最高級」と、値段と設備に応じて4つに分類しました。B&Bとゲストハウスは、ホテル同様段値によって設備が異なっていますが、特に分類せず、「B&B」、「ゲストハウス」と明記しています。

■ホテルの客室料金
　原則として取材時のシーズンの料金を掲載しております。また、特に大型ホテルやチェーンホテルなどではシーズンや空室状況による変動が激しいため、取材時の実勢価格を掲載している場合があります。

■博物館、美術館の展示
　博物館や美術館では展示物をほかの施設に貸し出したり、補修などのために非公開とすることもあります。記載されている展示物は変更になることもあります。

■掲載情報に当たって
　編集室では、できるだけ最新で正確な情報を掲載するように

努めていますが、現地の規則や手続きなどがしばしば変更されたり、またその解釈に見解の相違が生じることもあります。
　このような理由に基づく場合、または弊社に重大な過失がない場合は、本書を利用して生じた損失や不都合などについて、弊社は責任を負いかねますのでご了承ください。
　また、本書をお使いいただく際は、掲載されている情報やアドバイスがご自身の状況や立場に適しているか、すべてご自身の責任でご判断のうえでご利用ください。

■外務省 海外安全ホームページ
2024年5月現在アイルランドには感染症を含む危険情報は出ていませんが、渡航前には必ず外務省のウェブサイトで最新情報をご確認ください。
○外務省 海外安全ホームページ・アイルランド危険情報
URLhttps://www.anzen.mofa.go.jp/info/
pcinfectionspothazardinfo_151.html#ad-image-0

アイルランドの基本情報

国 旗
アイルランド共和国の旗は通称3色旗。緑はカトリックを、オレンジはプロテスタント、白は両者の平和を表す。

正式国名
アイルランド Ireland／Éire(エール)本書ではアイルランド共和国と表記した。

国 歌
"Amhrán na bhFiann"
「兵士の歌」

面 積
7万300km²(北海道とほぼ同じ)

人 口
514万9139人(2022年)

首 都
ダブリン Dublin

元 首
マイケル・D・ヒギンズ大統領
Michael Daniel Higgins

政 体
共和制、EU(欧州連合)に加盟

民族構成
アイルランド人など

宗 教
カトリック69%、プロテスタント2.4%、無信仰14%など

言 語
第1公用語はゲール語(アイルランド語)、第2公用語は英語だが、ほとんどすべての人が英語を母語とするか流暢に話せる。2022年の国勢調査によると、アイルランド人の32%がゲール語を話せると回答している。

通貨と為替レート

▶旅の予算とお金
→P.311

通貨単位はユーロ(E、EURO、EURとも略す)、補助通貨単位はセント(¢、CENT)。€1=100セント=約160円(2024年5月現在)。紙幣の種類は5、10、20、50、100、200。硬貨の種類は1、2、5、10、20、50セント、1、2ユーロ。アイルランド発行の硬貨の裏はハープが刻印されている。

両 替
銀行や"Bureau de Change"の看板のある両替所で行える。空港や駅周辺などに多い。

クレジットカード
アイルランドで圧倒的に通用度の高いのはVISA、Mastercard。ATMでキャッシングも可能。

| 1ユーロ | 2ユーロ | 5ユーロ | 10ユーロ | 20ユーロ |

| 50ユーロ | 100ユーロ | 200ユーロ |

| 1セント | 2セント | 5セント | 10セント | 20セント | 50セント |

電話のかけ方

▶郵便・通信事情
→P.325

日本からアイルランドへかける場合　**例 ダブリンの (01)12345678へかける場合**

| 国際電話識別番号 ※ 010 | + | アイルランドの国番号 353 | + | 市外局番(頭の0は取る) 1 | + | 相手先の電話番号 12345678 |

※携帯電話の場合は010のかわりに「0」を長押しして「+」を表示させると国番号からかけられる
※NTTドコモは事前にWORLD CALLに登録が必要。

出入国

▶旅の必需品
→P.308
▶アイルランドへ
のアクセス
→P.313

ビザ

観光目的の旅であればビザ不要。ただし、90日以上滞在する場合は入国管理局または警察署にて外国人登録が必要。また、入国審査時には復路航空券や旅程の提示を求められることもある。

ETIAS

アイルランドはシェンゲン協定には加入していないので、2025年に予定されているETIAS（エティアス、欧州渡航情報認証制度）電子認証システムへの申請は必要ない。ただし、シェンゲン協定の国で乗り継ぎする場合には必要になる。

パスポート

パスポートの有効残存期間は滞在日数+6ヵ月。

**日本からの
フライト時間**

▶アイルランドへ
のアクセス
→P.313

日本から直行便はない。ロンドンでの乗り継ぎが便利。日本からロンドンまでは約12時間（2024年5月現在約14時間）。現在3社（日本航空、全日空、ブリティッシュ・エアウェイズ）の直行便が運航している。ロンドンからダブリンまで約1時間30分。ほかにもパリやアムステルダムなど、ヨーロッパ経由の便が多数ある。

気　候

アイルランドは北海道よりずっと北に位置するが、冬の冷え込みはむしろ日本のほうが厳しい。雨が多いイメージの国だが、梅雨時の日本の3分の1ほどの降水量が、ほぼ年間をとおして続く。

気候の特徴は1日の天気が変わりやすいこと。1日のうちにも、日が照りつけたと思ったら、どしゃ降りになって冷え込んだりと、めまぐるしい気温の変化がある。1日中雨が降り続けるようなことはめったにないが、1日のうちの数時間雨が降るようなことが多い。雨具の準備は忘れずに。夏でもカーディガンやトレーナーなどを持っていくほうがよい。

ダブリンと東京の気温と降水量

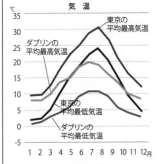

気　温

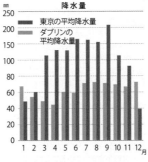

降水量

アイルランドから日本へかける場合　　⑨ (03) 1234-5678または(090) 1234-5678へかける場合

国際電話 識別番号 **00**	+	日本の 国番号 **81**	+	市外局番と携帯電話の 最初の0を除いた番号 **3または90**	+	相手先の 電話番号 **1234-5678**

▶**アイルランド国内通話** 市内へかける場合は市外局番は不要。市外へかける場合は市外局番からダイヤルする。携帯電話の場合は市内、市外かかわらず市外局番からダイヤルする。

**時差と
サマータイム**

日本との時差は9時間で、日本時間から9時間引けばよい。つまり、日本のAM7:00がアイルランドでは前日のPM10:00となる。これがサマータイム実施中は8時間の時差になる。

サマータイム実施期間は、3月最終日曜のAM1:00（＝AM2:00）～10月最終日曜のAM1:00（＝AM0:00）。

 ビジネスアワー

以下は一般的な営業時間の目安。

銀 行 月～金曜は9:00～16:00、土・日曜、祝日は休業。

デパートやショップ 月～土曜9:00～18:00頃。木曜9:00～20:00。休日は日曜、祝日。

レストラン 9:00～23:00頃。

パブ 月～木曜10:30～23:30、金・土曜10:30～翌0:30、日曜12:00～23:00。

**祝祭日
（おもな祝祭日）**

▶北アイルランドの祝祭日
→P.241

アイルランドには年によって変化する移動祝祭日（※印）がある。また、北アイルランドの祝祭日はアイルランド共和国とは異なるので注意。

1/1			新年
3/17			セント・パトリックス・デイ
4/18 ('25)	4/3 ('26)	※	聖金曜日
4/20 ('25)	4/5 ('26)	※	イースター
4/21 ('25)	4/6 ('26)	※	イースター・マンデイ
5/5 ('25)	5/4 ('26)	※	メイ・ホリデイ
6/2 ('25)	6/1 ('26)	※	ジューン・ホリデイ
8/5 ('24)	8/4 ('25)	※	オーガスト・ホリデイ
10/28 ('24)	10/27 ('25)	※	オクトーバー・ホリデイ
12/25			クリスマス
12/26			セント・スティーブンズ・デイ

 電圧とプラグ

電圧は220～240Vで周波数50Hz、プラグは3本足のBFタイプが一般的。日本国内の電化製品はそのままでは使えないものが多く、変換プラグと変圧器が必要。

 ビデオ方式

DVD方式

アイルランドのテレビ・ビデオ方式（PAL）は、日本（NTSC）と異なるので、一般的な日本国内用の再生機器では再生できない。DVDソフトは地域コードRegion Codeが日本と同じ「2」と表示されていれば、DVD内蔵パソコンでは通常PAL出力対応なので再生できるが、一般的なDVDプレーヤーでは再生できない（PAL対応機種なら可）。

ブルーレイ方式

アイルランドを含むヨーロッパの地域コード（B）は日本の地域コード（A）と異なるため、一般的なブルーレイプレーヤーでは再生できない。

 チップ

レストランやホテルなどの料金にはサービス料が含まれていることもある。必ずしもチップ（ティップと発音）は必要ではない。快いサービスを受けたときには、以下の相場を参考に。

また、大型ホテルなどになれば、サービス料、VAT(付加価値税)が別料金というところも増える。

タクシー

料金の10～15%くらいの額。

レストラン

店の格にもよるが、一般にはサービス料が請求されないときに10～15%くらい。クレジットカードの場合は伝票の合計額にチップ相当額を自分で加えて支払う。

ホテル

ベルボーイやルームサービスに対し、1回につき€1～2。

トイレ コイン式のトイレもある。

飲料水

アイルランドの水道水は、日本の軟水とは異なり硬水の地域が多いが、そのまま飲むことができる。体調が不安な人はミネラルウオーターを買おう。炭酸なし(Still)と、炭酸入り(Sparkling)がある。

郵便

営業時間は一般的に、平日9:00～17:30、土曜は13:00まで。日曜、祝日は休み。田舎の郵便局は昼休みを取ることも。

郵便料金
日本へのエアメールの場合、はがき、100gまでの封書がともに€2.20。

▶郵便・通信事情→P.325

税金

アイルランドではほとんどの商品にVATと呼ばれる付加価値税が23%かかっている。旅行者は手続きをすればこの税金から手数料などが引かれて戻ってくる。ちなみに戻ってくるのは買い物で支払った税金。ホテル代や飲食代のぶんは還付されない。

免税を受けるには、免税の対象店(Tax Free Shopの表示がある店)で書類を作成してもらい、出国時に手続きすれば、払い戻しが受けられる。

TAX

▶VATの払い戻し→P.316

安全とトラブル

アイルランドはヨーロッパのなかでも治安のよい国。しかし、ダブリンなどではスリや置き引きなどの都市型の軽犯罪が比較的増加傾向にある。外から見えるバッグに多額の現金を入れておくのはやめよう。持ち歩く現金も少なめにしておくといい。

また、北アイルランドはプロテスタントとカトリックの対立が続き、治安の悪い場所との印象もあるが、普通の観光旅行には問題ない。ただし、警察、裁判所、軍の施設を狙ったテロ事件が発生したこともあるので、これらの施設には必要がないかぎり近づくのは避けたい。また、現地の人と軽率に政治の話をすることも避けたほうがよい。

ダブリンの日本大使館
Embassy of Japan
Map P.53-A2
🏠Nutley Building, Merrion Centre, Nutley Ln., Dublin 4, D04 RP73
☎(01) 2028300 📠(01) 2838726
🌐www.ie.emb-japan.go.jp

ロンドンの日本大使館
Embassy of Japan
🏠101-104 Piccadilly, London, W1J 7JT
☎(020)74656500
📠(020)74919348
🌐www.uk.emb-japan.go.jp/itprtop_ja/index.html
警察・消防・救急 999

▶旅のトラブル
→P.327

年齢制限

アイルランドでは18歳未満の酒類とたばこの購入は禁止されている。レンタカーは年齢制限があることも。借りる前にレンタカー会社に問い合わせよう。

度量衡

メートル法を採用している。ただし、イギリスとの歴史的つながりから、長さはインチinch(=約2.54cm)、重さはポンドlb(=約453.6g)、距離はマイルmile(=約1.61km)といった単位も日常的に使われている。ショッピングの際のサイズ表示の違いなどにも気をつけたい。

その他

マナー
エスカレーターでは右側に立ち、左側を空ける。列(キュー queueという)をつくるときはフォーク式(窓口がいくつあっても列に並び、順番が来たら空いた窓口に行く)に。タクシーやバスを停めるときには、横に手を出して合図する。タクシーの支払いは降車後、窓越しに行う。
禁煙
公共の屋内空間、飲食店(パブなども含む)は禁煙。

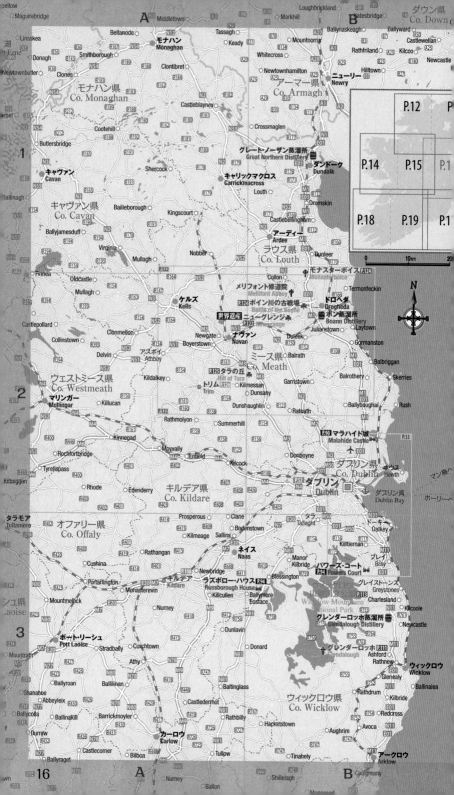

ポート・リーシュ
Port Laoise
Stradbally
Curchtown
Donard
グレンダーロホ P.111
Ashford
Rathnew
ウィックロウ
Wicklow

Athy
Baltinglass
Glenealy
Ballinalea

allyroan
Ballilinan
Castledermot
Rathbilly
ウィックロウ県
Co. Wicklow
Rathdrum
Kilbride

Meix
Barrickmoyler
カーロウ
Carlow
Hacketstown
Redcross
Avoca

Ballinakill
Castlecomer
Bilboa
Tullow
Tinahely
Aughrim
アークロウ
Arklow

yraget
Nurney
Ballon
Shillelagh
Coolgreany

キルケニー
Kilkenny
Paulstown
Fenagh
Clonegall
Carnew
Monaseed
ゴーリー
Gorey

Gowran
カーロウ県
Co. Carlow
Bunclody
Courtown

nnetsbridge
Borris
Ballymurphy
Ferns
Camolin

eyford
Graiguenamanagh
ウェックスフォード県
Co. Wexford
Ballyedmond
Kilruckridge

ジャーポイント修道院
Jerpoint Abbey
エニスコージー
Enniscorthy
Ballyduff

Knocktopher
Clonroche
Blackwater

Ballyhale
Adamstown
Killurin
Castlebridge

ニュー・ロス
New Ross
Barntown
ウェックスフォード
Wexford

オン・シュア
Suir P.188
Taghmon
ロスレア
Rosslare
フィッシュガードへ

Cherrymount
Grannagh
ウォーターフォード P.186
Waterford
Wellington Bridge
Murntown
Tagoat

aden
Grantstown
Passage East
Fethard
Kilmore

hill
トラモア
Tramore
Dunmore East
Kilmore Quay

泉八雲記念庭園
ロフタス・ホール
Loftus Hall

P.12 | P.13
P.14 | P.15 | P.16
P.18 | P.19 | P.17

0 — 10km — 20 km

N

モ の断崖

P.12 P.13

P.14 P.15 P.16

P.18 P.19 P.17

Doolin

Liscanor Ennistymon

Lahinch

Cloonana

Milltown
Malbay

ク
Co

Doonbeg

Kilkee

Coolmeen

Kilrush

Knock

Cross Carrigaholt

Glin Shan

Ballybunion

Newtownsands

Listowell

Finuge

Abbeyfeale

Ardfert

Ballylongford

P.174

Fahamore

Castlegregory

トラリー
Tralee

Castleisland

Scraggane

Camp

Feohanagh

Farranfoe

ディングル半島
Dingle Peninsula

Ballyferriter

Castlemaine

ディングル蒸溜所
Dingle Distillery

ディングル
Dingle

Milltown

Annascaul

Danquin

Killorglin

Nnocknagreee

Rathmore

Beaufort

キラーニー
Kilarney

Glenbeigh

Glencar

1038m
カラントゥール山
Carrauntoohil

キラーニー国立公園
Killarney National Park

Ballyvourney

カハスィヴィーン
Cahersiveen

ケリー県
Co. Kerry

Ballymake

ヴァレンティア島
Varentia

ケリー周遊路
Ring of Kerry

ポートマギー
Portmagee

ケンメア
Kenmare

Ballingeary

Ballinskeligs

スニーム
Sneem

Waterville

世界遺産

スケリッグ・マイケル

Caherdaniel

Glengarrif

Coomhola

Dunma

P.164

Ardgroom

バントリー
Bantry

Eyeries

Adrigole

Drimoleague

Drinagh

Castletown
Bearhaven

Durrus

スキバリ
Skibbereen

ウエス
Castlehaven

Ballydehob

Schull

ボルティモア
Baltimore

Goleen

ミズン・ヘッド
Mizen Head

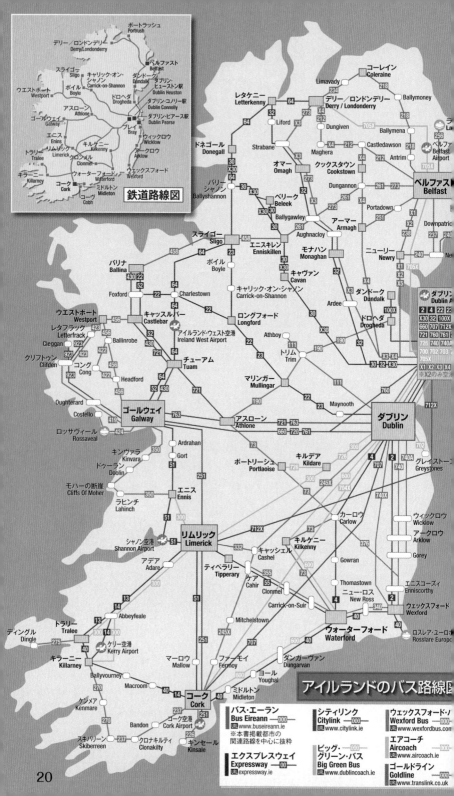

アイルランドのバス路線図

バス・エーラン Bus Eireann —◯◯◯— URL www.buseireann.ie ※本書掲載都市の 関連路線を中心に抜粋	シティリンク Citylink —◯◯◯— URL www.citylink.ie	ウェックスフォード・バス Wexford Bus —◯◯◯— URL www.wexfordbus.com
エクスプレスウェイ Expressway —◯◯— URL expressway.ie	ビッグ・ グリーン・バス Big Green Bus —◯◯◯— URL www.dublincoach.ie	エアコーチ Aircoach —◯◯◯— URL www.aircoach.ie
		ゴールドライン Goldline —◯◯◯— URL www.translink.co.uk

旅を満喫するヒントが満載
アイルランド
早わかり講座

アイルランド 観光ハイライト

絶景

エメラルドの島に残る
自然の驚異

六角柱が広がる巨人の道

ジャイアンツ・コーズウェイ ➡ P.266

1

1 六角柱が敷き詰められた奇観はマグマが冷やされたときにできる柱状節理という現象。世界遺産にも登録されている **2** 大西洋に浮かぶアラン諸島のなかで最大の島、イニシュモア島にある断崖。周辺は古代の要塞になっている **3** 高さ600mにもおよぶ断崖はアイルランドで最も高い。公共交通機関では行きにくい場所にあるので、ツアーに参加するかレンタカーで行くのが一般的 **4** アイルランド西部にあり、8kmに渡る長い海岸線に続く断崖。映画『ライアンの娘』や『ハリー・ポッターと謎のプリンス』のロケ地にもなった

大西洋の荒波に削られる断崖
ドン・エンガス（アラン諸島）
➡ P.217

アイルランド最大の断崖
スリーヴ・リーグ
➡ P.282

2 3

どこまでも続く高い崖
モハーの断崖
➡ P.192

4

23

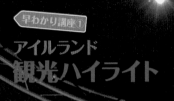

アイルランド
観光ハイライト

遺産

修道士によって育まれた
ケルト独自のキリスト教文化

初期キリスト教遺跡
クロンマクノイズ → P.130

24

2

3

アイルランドの宝物が一堂に会する
国立考古学博物館（ダブリン）➡ P.72

4
絶海に浮かぶ世界遺産
スケリッグ・マイケル
➡ P.164

5

6

1 ハイクロスに描かれた彫刻は字を知らない人々に聖書の内容を伝えるために用いられた　2 3 ダブリンの国立考古学博物館の宝物展示。アーダの聖杯（左）、タラのブローチ（右）　4 修道士達はビーハイブ（蜂の巣）と呼ばれる石造りの小屋に住み、労働と祈りの日々を送った　5 ロック・オブ・キャッシェル（P.187）に残るラウンドタワー　6 アーマー（P.256）は聖パトリックが布教した土地

25

アイルランド 4 つの州

現在のアイルランドは32の県 (County) に分かれているが、古くは4つの州 (Province) に分かれていた。現在では行政区分としては機能しないが、歴史的、文化的な区分として広く用いられている。4つの地域の観光ハイライトを押さえておきたい。

- コーズウェイ・コースト
- グレンヴェー国立公園
- デリー／ロンドンデリー
- ドネゴール
- **アルスター州**
- ●ベルファスト
- エニスキレン
- スライゴー
- アーマー
- **コナート州**
- ウエストポート
- コネマラ国立公園
- コング
- ニューグレンジ
- トリム
- アスローン
- **レンスター州** ■ダブリン
- ゴールウェイ
- アラン諸島
- キルデア
- モハーの断崖
- エニス
- グレンダーロッホ
- **リムリック**
- キルケニー
- キャッシェル
- ディングル半島
- **マンスター州**
- ウェックスフォード
- ウォーターフォード
- キラーニー国立公園
- **コーク**
- コーヴ
- キンセール

ダブリンとレンスター州

エリアガイド →P.50

首都のダブリンは博物館巡りやパブ巡りが楽しい。ちょっと足を延ばせば、ニューグレンジやグレンダーロッホなど歴史の息吹を感じる遺跡が数多く存在する。

古代人の息吹を感じる5000年前の遺跡
ニューグレンジ ➡P.122

音楽とパブにあふれるアイルランドの首都
ダブリン ➡P.52

森の中にたたずむ初期キリスト教遺跡
グレンダーロッホ ➡P.111

マンスター州 エリアガイド → P.134

温暖な気候でリゾート地として知られており、色鮮やかな家が建ち並ぶ港町が多い。特にコーク周辺の海岸には夏になると多くの観光客が訪れる。

観光の起点となる国内第2の都市
コーク →P.141

大西洋に突き出た高さ約200mの断崖
モハーの断崖 →P.192

峡谷と湖が織りなす美しい自然
キラーニー国立公園 →P.166

コナート州 エリアガイド → P.198

コナートの魅力はその厳しくも美しい自然。その最たる場所がアラン諸島。また、北はコネマラ地方と呼ばれる緑豊かな地域で、トレッキングやフィッシングが楽しめる。

若者であふれる大学の町
ゴールウェイ →P.200

厳しい自然環境の中、ゆったりとした時間が流れる
アラン諸島 →P.213

ウオーキングが楽しい緑豊かな
コネマラ国立公園 →P.221

アルスター州 エリアガイド → P.240

六角柱が並ぶ奇観ジャイアンツ・コーズウェイはアルスターが誇る観光名所。また、ドネゴール県ではゲール語が今も生き続け、独特の文化をもつ。アイルランドでも秘境といえる地域だ。

北アイルランドの中心都市
ベルファスト →P.242

世界遺産ジャイアンツ・コーズウェイで知られる
コーズウェイ・コースト →P.260

山々が連なる秘境
グレンヴェー国立公園 →P.284

おすすめ モデルプラン

ダブリン　モハーの断崖　アラン諸島　ニューグレンジ

定番を押さえた
無駄なしプラン

4泊6日 アイルランド
ハイライト

アイルランドに行くからには外せない観光スポットを効率よく回るプラン。

ベルファスト
ニューグレンジ
タラの丘
ゴールウェイ
ダブリン
アラン諸島
バレン
モハーの断崖
リムリック
コーク

旅の必要パーツ

航空券	羽田→ロンドン→ダブリン空港
	ダブリン→ロンドン→羽田
ホテル	ダブリン2泊　ゴールウェイ2泊　機中1泊
現地移動	ダブリン空港→ゴールウェイ（バス）
	ゴールウェイ→イニシュモア島（バス＋船の往復）
	ゴールウェイ→ダブリン（バスまたは鉄道）
現地発着ツアー	ゴールウェイ〜モハーの断崖、バレン P.204
	ダブリン〜ニューグレンジ P.68

day 1　日本→ダブリン空港→ゴールウェイ

羽田空港発の便でロンドンを経由してダブリン空港へ。ゴールウェイ行きのバスは空港から出ており、ダブリン市内まで行かなくてもよい。ゴールウェイまでは所要2時間30分〜4時間。

day 2　ゴールウェイからアラン諸島へ日帰り

9:30 クイーン・ストリート発のバスでロッサヴィール港へ。船でイニシュモア島 P.214 の港には11:10頃到着。
11:30 埠頭近くで自転車をレンタルするか、ツアーバスに乗って島内を観光する。ドン・エンガス P.217 までは自転車で行くと片道約40分の道のり。
17:00 イニシュモア島を出航。バスに乗り継ぎ、ゴールウェイには19:00頃到着。

ドン・エンガスの断崖

day 3　モハーの断崖ツアー

10:00 日帰りバスツアーに参加してキンヴァラ P.207 のダンゴーラ城、バレン P.194 の巨人のテーブルなどを見学。昼食はドゥーラン P.192 のパブにて。
午後 モハーの断崖 P.193 に到着。見学時間は1時間30分〜2時間なので、ビジターセンターを見学後、遊歩道を散策。
18:00 ゴールウェイ到着。
18:45 ダブリンにバスで向かう。ダブリンには21:15頃到着。

day 4　ニューグレンジ・ツアー

9:30 日帰りバスツアーに参加し、ニューグレンジ遺跡 P.122 をガイドと一緒に見学。
13:00 ボイン渓谷をバスの車窓から見学しながらタラの丘 P.125 へ行き、約1時間の自由時間。
14:45 再びバスでダブリンに戻る。到着は17:20頃。

day 5　ダブリン市内観光

8:30 日時指定予約をしておいたトリニティー・カレッジ P.70 のオールド・ライブラリーで『ケルズの書』を見た後、国立考古学博物館 P.72 に移動。展示される国宝の数々を見学してからランチ。

ダブリン城内の玉座の間

14:00 予約していたギネス・ストアハウス P.84 を見学後、ダブリン城 P.79 とクライスト・チャーチ大聖堂 P.80 を巡る。
19:00 テンプル・バー P.76 へ繰り出し、ディナーをとったら、ミュージック・パブに場所を移してビールを片手にアイルランドの伝統音楽に耳を傾ける。

day 6　日本帰国

午前 ダブリン空港発の便でロンドンを経由して羽田空港へ。

ジャイアンツ・コーズウェイ キャリック・ア・リード
ダンルース城 ブッシュミルズ
キャリック
ファーガス
ベルファスト

ニューグレンジ
タラの丘
ダブリン
ルウェイ

リムリック

コーク

ダブリン コーズウェイ・コースト ニューグレンジ

3泊5日 世界遺産
弾丸コース

ベルファストからジャイアンツ・コーズウェイ、ダブリンからはニューグレンジへふたつの世界遺産を現地発のツアーで訪れるプラン。

旅の必要パーツ

航空券	羽田→ロンドン→ベルファスト・シティ空港 ダブリン→ロンドン→羽田
ホテル	ベルファスト1泊 ダブリン2泊 機中1泊
現地移動	ベルファスト→ダブリン（バスまたは鉄道）
現地発着ツアー	ベルファスト〜ジャイアンツ・コーズウェイ P.248 ダブリン〜ニューグレンジ P.68

day 1 日本→ベルファスト

羽田空港発の便でロンドンを経由してベルファスト・シティ空港へ。
ダブリン着の便でもダブリン空港からベルファストへ直行バスがある。ベルファストに着いてからは時間があれば市内を観光。

day 2 ジャイアンツ・コーズウェイ・ツアー

午前 ユースホステル前を出発し、キャリックファーガス城 P.252 を経由してから、アントリム・コーストを北上する。キャリック・ア・リード吊り橋 P.268 を撮影した後にランチ休憩。

day 2

午後 旅のハイライトジャイアンツ・コーズウェイ P.266 を満喫。ダンルース城 P.264 をカメラに収め、ブッシュミルズ蒸溜所 P.265 ではお土産のウイスキーを購入する。18:00 前後にはベルファストに到着。その後すぐにダブリンまで移動。

day 3・4 ニューグレンジ・ツアー、帰国

P.28 の4日目と同様に、ニューグレンジ・ツアーに参加する。ダブリンに戻ってきたらその後はテンプル・バーを散策し夕食およびミュージック・パブでアイリッシュ音楽を楽しむ。翌日ダブリン空港からロンドン経由で羽田空港へ。

タラの丘 ニューグレンジ
ダブリン
パワーズ・コート
グレンダーロッホ
ルウェイ

リムリック

コーク

ダブリン ニューグレンジ グレンダーロッホ

3泊5日 ダブリン中心
滞在型プラン

ダブリンに3連泊してニューグレンジやグレンダーロッホなど周辺の見どころを現地発のツアーで回るプラン。もう1泊延泊できればダブリン市内の観光に充てたい。

旅の必要パーツ

航空券	羽田→ロンドン→ダブリン→ロンドン→羽田
ホテル	ダブリン3泊 機中2泊
現地発着ツアー	ダブリン〜ニューグレンジ P.68 ダブリン〜グレンダーロッホ P.68

day 1・2 日本→ダブリン、ニューグレンジ・ツアー

羽田空港発の便でロンドンを経由してダブリン空港へ。2日目は P.28 の4日目と同じようにニューグレンジとタラの丘を回るバスツアーに参加する。日本を出発する前にバスツアーはインターネットを通して申し込んでおこう。

day 3 グレンダーロッホ・ツアー

午前 ダブリン湾を眺めながら南へ進み、パワーズ・コート P.94 を見学。
午後 ランチの後にグレンダーロッホ P.111 を見学。その後ウィックロウの自然を満喫しながらダブリンに戻る。

day 4 日本帰国

午前 ダブリン空港発の便でロンドンを経由して羽田空港へ。

周遊のコツ 起点からの日帰り旅行

バスや現地発着ツアーを使って回る場合は、起点の町を定めて日帰り旅行を繰り返すのが効率的。比較的大きな町でも周囲との交通の便があまりよくなかったり、観光客向けの日帰りツアーがないこともあるので、宿をとる起点の町は目的の見どころに近い観光都市を選ぼう。

from ゴールウェイ

| アラン諸島 | モハーの断崖 | バレン | コネマラ国立公園 |

アイルランド西部の観光拠点。コナート州のほかマンスター州北部の見どころも日帰り圏内。最寄りの空港が遠いのが難点だが、ダブリン空港へのバスは深夜でも運行されている。

ゴールウェイ発着ツアー P.204 モハーの断崖＆バレンをはじめ、コネマラ地方＆カイルモア修道院、アラン諸島など、ツアーの種類は充実している。
ゴールウェイのホテル事情 P.208 B&Bとゲストハウスの集まるエリアは、町の東側に位置するカレッジ・ロード周辺。町の中心部には、大型チェーン系ホテルや、大型ホステルがある。

湖畔にたたずむカイルモア修道院

ワイルド・アトランティック・ウェイ アイルランド島の西半分の海岸線に沿ったルートが、まるまる指定されている。全2500kmと全線走破は至難の技だが、景色の良さは折り紙付き。ゴールウェイやキラーニー、ドネゴールなどから、一部を巡るツアーも出ている。

この看板が目印

from キラーニー

| キラーニー国立公園 | ディングル半島 | ケリー周遊路 |

アイルランド南西部の観光拠点。ケリー県の観光名所への日帰りツアーが充実している。
キラーニー発着ツアー P.168 キラーニー国立公園をはじめ、ディングル半島、ケリー周遊路など、ツアーの種類は豊富。
キラーニーのホテル事情 P.170 B&Bとゲストハウスは、町の中心部から少し離れたルイス・ロードとマックロス・ロード沿いに集中している。ホテルとホステルは、鉄道駅周辺と町の中心部にある。

キラーニー国立公園のダンロー峡谷

スリーヴ・リーグ
Slieve League

スライゴー
Sligo

Ballina

ポイント

Castlebar

ウエストポート
Westport

レタフラック
Cong

クリフトゥン

コネマラ国立公園
Connemara N.P.

**ゴールウェイ
Galway**

Lough

バレン
The Burren

ドン・エンガス
Dún Aonghusa

アラン諸島
Aran Islands

モハーの断崖
Cliffs of Moher

ドゥーラン

エニス
Ennis

Shannon

リムリック
Limerick

ディングル半島
Dingle Peninsula

ディングル

トラリー

**キラーニー
Killarney**

ケリー周遊路
Ring of Kerry

ブラーニー

キラーニー国立公園
Killarney N.P.

**コーク
Cork**

ミドルトン

コーヴ
Cobh

キンセール
Kinsale

from ベルファスト

コーズウェイ・コースト　ゲーム・オブ・スローンズのロケ地

ベルファストは北アイルランド最大の都市で、バスや鉄道の起点でもある。しかし東に寄っているので、西の方へ足を延ばすにはやや不便。西側はドネゴールを起点にしよう。

ベルファスト発着ツアー P.248　コーズウェイ・コーストへのツアーは、ジャイアンツ・コーズウェイ、ダンルース城、キャリック・ア・リード吊り橋など、見どころが多く人気が高い。ゲーム・オブ・スローンズのファンなら、ロケ地ツアーとスタジオ・ツアーの両方とも参加しておきたい。

ベルファストのホテル事情 P.254　ベルファストの中心部にある宿泊施設は大型チェーン系ホテルや、ホステルがほとんど。B&B、ゲストハウスの数は限られている。

ジャイアンツ・コーズウェイの六角柱

from ダブリン

ニューグレンジ　グレンダーロッホ

首都のダブリンからは、周辺のツアーのみならず、アイルランドの主要観光地を訪れる数多くのツアーが出ている。

ダブリン発着ツアー P.68　ニューグレンジを中心としたダブリン北部と、グレンダーロッホを中心としたダブリン南部のツアーが定番。早朝出発になるが、ジャイアンツ・コーズウェイや、モハーの断崖への日帰りツアーもある。

自然も美しいグレンダーロッホ

ダブリンのホテル事情 P.96　B&Bとゲストハウスはバスアラス、コノリー駅の周辺にあるが、このあたりはあまり治安がよくない。中高級ホテルは町全体に幅広く点在している。

周遊のコツ レンタカーの旅

日本と同じ左側通行で、交通量も比較的緩やかな国アイルランド。ツアーや公共交通機関では行きづらい郊外の見どころや景勝地はレンタカーでの移動が便利。郊外のB&Bに滞在することもできるので、旅程選択の幅もぐっと広がる。

ゴールウェイ発2泊3日
コネマラ国立公園とモハーの断崖

ピックアップ ゴールウェイ市内
返却 ゴールウェイ市内
走行距離 415km

N59沿いに点在する湖

1日目 ゴールウェイ→クリフトゥン→スカイロード→コネマラ国立公園→ウエストポート（泊）

2日目 ウエストポート→コング→ドゥーラン（泊）

3日目 ドゥーラン→モハーの断崖→バレン→ゴールウェイ

ゴールウェイ近郊の名所を効率よく見て回ることができる。このルートでは、コングやバレンなど、バスでアクセスしにくい場所にも気軽に訪れることができる。N59 やスカイ・ロードは湖や海岸沿いを通る景勝ルートなので、気になるポイントで随時下車し、雄大な景色を楽しもう。

コーク発2泊3日
ディングル半島とケリー周遊路

ピックアップ コーク空港 **返却** コーク空港
走行距離 630km

1日目 コーク空港→ディングル半島→キラーニー（泊）

2日目 キラーニー→ケリー周遊路→ケンメア→キラーニー国立公園→キラーニー（泊）

3日目 キラーニー→キンセール→コーク空港

キラーニーに連泊し、**ディングル半島** P.172 と**ケリー周遊路** P.163、**キラーニー国立公園** P.166 を見て回る。このルートでは、景勝ルートだけでなく、新鮮なシーフードも楽しめる。途中、ディングルやケンメア、キンセールなどで下車し、町歩きやグルメを堪能しよう。

ケンメアの町並み

アーダラ Ardara
スリーヴ・リーグ Slieve League
スライゴー Sligo
Ballina
Castlebar
ウエストポート Westport
コネマラ国立公園 Connemara N.P.
レタフラック
スカイロード Sky Road
クリフトゥン
コング Cong
N59
ゴールウェイ Galway
ドン・エンガス Dún Aonghusa
アラン諸島 Aran Islands
モハーの断崖 Cliffs of Moher
ドゥーラン
バレン The Burren
Lough
エニス Ennis
Shannon
リムリック Limerick
トラリー
ディングル半島 Dingle Peninsula
ディングル
ケリー周遊路 Ring of Kerry
ケンメア
キラーニー Killarney
キラーニー国立公園 Killarney N.P.
ブラーニー
コーク Cork
コーヴ Cobh
キンセール Kinsale

コーズウェイ・コーストとドネゴールの秘境

ピックアップ ベルファスト空港　**返却** ベルファスト空港

走行距離 580km

レンタカーならジャイアンツ・コーズウェイにも好きなだけいられる

1日目	ベルファスト→キャリックファーガス→キャリック・ア・リード吊り橋→ジャイアンツ・コーズウェイ→ブッシュミルズ（泊）
2日目	ブッシュミルズ→デリー／ロンドンデリー→グレンヴェー国立公園→ドネゴール（泊）
3日目	ドネゴール→スリーヴリーグ→→アーダラ→ベルファスト

アルスター州の主要な見どころをぐるりと回るコース。ベルファストからジャイアンツ・コーズウェイにかけてのアントリム海岸沿いは、どこも絵になるので、思い立った場所で停車して写真を撮ろう。

地図上の地名

ジャイアンツ・コーズウェイ
Giant's Causeway
ブッシュミルズ

キャリック・ア・リード
吊り橋
Carrick-a-Rede
Rope Bridge

グレンヴェー国立公園
Glenveagh N.P.

Coleraine

デリー／ロンドンデリー
Derry/Londonderry

ドネゴール
Donegal

キャリックファーガス

ベルファスト
Belfast

マウント・スチュワート
Mount Stewart

エニスキレン
Enniskillen

アーマー
Armagh

Newry

Cavan

Dundalk

Ardee

モナスターボイス
Monasterboice

ニューグレンジ
Newrange

ドロヘダ

タラの丘
Hill of Tara

トリム
Trim

ローン
one

クロンマクノイズ
Clonmacnoise

キルデア
Kildare

Portloaise

ダブリン
Dublin

ブレイ
Bray

ウィックロウ
Wicklow

グレンダーロッホ
Glendalough

Arklow

キルケニー
Kilkenny

ッシェル
el

ウォーターフォード
Waterford

ウェックスフォード
Wexford

Rosslare
Europort

🏯 おもな見どころ

0　　　50km　　　100km

ダブリン発、レンスター歴史の旅

ピックアップ ダブリン空港

返却 ダブリン空港

走行距離 380km

1日目	ダブリン→ニューグレンジ→タラの丘→トリム→キルデア（泊）
2日目	キルデア→キルケニー→グレンダーロッホ（泊）
3日目	グレンダーロッホ→→ダブリン

中世の香りが漂う町と遺跡を中心に、アイルランドの豊かな歴史を体感するコース。途中ボイン渓谷や「ダブリンの庭」と称されるウィックロウの自然のなかを走る。

戦いの舞台としても知られるボイン川

旅するシーズン お祭りとイベント

1 セント・パトリックス・デイのパレードはド派手な山車が祭りを盛り上げる　**2** ダブリンのセント・パトリックス・デイのパレードは、ダブリン市長の馬車が先頭に立つ　**3** ゴールウェイの国際オイスター・フェスティバルでのアイリッシュ・ダンス・パフォーマンス

☘ セント・パトリックス・フェスティバル

3/15～18 ('24)　ダブリン➡P.52　www.stpatricksfestival.ie

パレードの主役、聖パトリックに扮して行進

　3月17日はアイルランドにキリスト教をもたらした聖人として知られる聖パトリックの日。アイルランドではこの日は祝日で、人々は体に緑色のものを身に着け、盛大にお祝いする。特にパレードは祝日のハイライト。大都市はもちろん小さな町もその規模に合わせたパレードを行う。

　ダブリンはアイルランドの首都だけあり、3月17日のみならず、セント・パトリックス・フェスティバルとして数日間続く大イベントを開催。パレードはもちろん、ビール祭りやストリート・シアターなどが行われ、夜は町をエメラルドにライトアップ。期間中はアイルランド内外から多くの人が押し寄せて多いに盛り上がる。

	1月	2月	3月	4月	5月	6月
おもなイベント			🎩 3/17 セント・パトリックス・デイ	🥚 4/5 ('25年) 3/28 ('26年) イースター		☘ 6/16 ブルームズ・デイ
		🏉 2・3月 ラグビー六ヵ国対抗戦				
ダブリンの平均気温	8℃	8℃	10℃	13℃	15℃	18℃
	1℃	2℃	3℃	4℃	6℃	9℃
旅の服装	☂	🧥		🧥		

🍀 国際オイスター・フェスティバル

9/27〜29 ('24)　ゴールウェイ ➡P.200　www.galwayoysterfestival.com

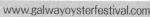

カキの養殖が盛んなアイルランド西部で、カキの季節到来を祝うフェスティバル。もともとはゴールウェイのホテル経営者が9月になって客足が落ち込むのを防ぐための策として始めた小さなイベントだった。それが年を追うごとに大規模になり、今ではアイルランドを代表するイベントのひとつとなった。音楽やダンスのパフォーマンス、カキの早剥き選手権、シーフードのテイスティングといったイベントが行われる。

🍀 ハロウィン

10/31　アイルランド全土

アメリカの祭りという印象が強いハロウィンだが、起源は古代ケルトで冬の始まりを祝うサウィン祭。この日は現世と異界との境界が曖昧になり、死者の霊が戻ってくるとされた。悪霊も現世を訪れるため、追い払うためにカブをくりぬいてランプにしたり、焚き火を行う。仮装するのも悪霊から身を隠すため。

ジャック・オー・ランタンはアメリカでカブからカボチャになり、逆輸入された

🍀 ウェックスフォード・オペラ・フェスティバル

10/18〜11/2 ('24)　ウェックスフォード
www.wexfordopera.com　➡P.114

あまり上演されることのないオペラを毎年取り上げてきたことで有名な音楽祭で10月後半から11月初旬に行われる。多くの人手を必要とするオペラだけに、知られざる名作の上演は難しいが、それだけにオペラファン、クラシックファンから注目を集める音楽祭だ。会場はウェックスフォード・オペラ・ハウス。

フェスティバル会場となるオペラ・ハウス

7月	8月	9月	10月	11月	12月
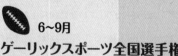 6〜9月 ゲーリックスポーツ全国選手権			10/31 ハロウィン		
			10/18〜11/2 ('24年) ウェックスフォード・オペラ・フェスティバル		
20℃	19℃	17℃	14℃	10℃	8℃
11℃	11℃	9℃	6℃	4℃	3℃

時間帯別おすすめ アイルランド料理

カフェ パブ

ランチ12:00～14:00

レストランやパブではランチメニューの時間帯を設けている所が多く、比較的手頃な料金でセットメニューを食べることができる。

日替わりスープ
Soup of the Day
シーフードチャウダーや野菜のスープが中心。パン付きの場合が多い

カフェ パブ レストラン

シーフード・パイ
Seafood Pie
ジャガイモとクリームにシーフードを加え、オーブンで焼いたもの

B&B カフェ

朝食7:00～9:00

ボリューム満点のアイリッシュ・ブレックファスト。卵料理とベーコン、ソーセージ、ブラックプディング、トマト、ベイクドビーンズなど盛りだくさん。卵料理は目玉焼きやスクランブルエッグなどから選べる。カフェやレストランでは、終日提供している所もある。

アイリッシュ・ブレックファスト
Irish Breakfast

特選シーフード

サーモン *Salmon*
バター風味で仕上げたグリルやスモークサーモンなど、幅広い調理法で提供される

ヒラメ *Sole*
グリルやフィッシュ＆チップスなど、ディングルをはじめとする港町で食べることができる

ロブスター *Lobster*
大きなロブスターはディングルなどの南部が産地。値段は重さによって決められる場合がほとんど

ティータイム14:00〜16:00

観光の合間に、カフェやレストランでスイーツを食べてエネルギーチャージ。イギリスのような本格的なアフタヌーンティーも楽しむことができる。

カフェ

スコーン Scone

アフタヌーンティーに欠かせない焼き菓子。クロテッドクリームやジャムを塗って食べよう

カフェテリアでもケーキなどのスイーツの選択肢は豊富

ディナー19:00〜21:00

料理自慢のダイニングパブやレストランでは、本格的な料理を提供している。フィッシュ＆チップスの専門店では、テイク・アウエイも可能な所が多く、店内で食べるより割安な価格設定となっている。

パブ **レストラン**

グリルド・ラム
Grilled Lamb

ラムのグリルは定番メニュー。ウィックロウ産やケリー産が特に知られている

パブ **専門店**

フィッシュ＆チップス
Fish & Chops

パブフードの定番。ハドックやコッドといったタラ類やプレイスというカレイ類もある

パブ **レストラン**

アイリッシュ・シチュー
Irish Stew

マトンまたはラムと、ジャガイモやタマネギなどの野菜を、水から弱火で煮込んだもの

クラブ・クロウ Crab Craw

カニの爪の盛り合わせ。クリームソースとニンニクなどで味付けしたものが多い。豪快に割って食べよう

ムール貝 Mussels

ワイン蒸しで、ニンニクなどで味付けされたものが多い。ウエストコークやコネマラ地方が名産

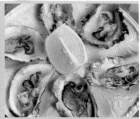

カキ Oyster

アイルランドのカキは世界的に有名。少し高価なヒラガキ Flat Oyster は小振りだけど濃厚な味が特徴

旅のグルメ パブの楽しみ方

どんなに小さな村にでも数軒のパブがあるのがアイルランド。ひとりで入ってひとりで出てくるのがイングリッシュ・パブなら、ひとりで入って大勢で出てくるのがアイリッシュ・パブ。パブは話好きのアイルランド人たちと接する絶好の機会を提供してくれる場だ。

How to Order
注文のコツ

挨拶して注文

Hi!

Hello. A Pint of Guniness, Please.
ハロー、ア・パイント・オブ・ギネス・プリーズ

ビールを頼む単位はパイント（pint）。1パイントは約0.57ℓ（だいたい中ジョッキくらい）。量が多いという人は半分のハーフ・パイントでも注文できる。

その場で支払う

€6.50, please
スィックス・フィフティ プリーズ

Here you go.
ヒア・ユーゴー

グラスを受け取ったらその場で支払う。現金払いのほか、ほとんどのパブではクレジットカード払いも受け付けている

料理は指差しでもOK

I'll take this one
アイル・テイク・ディス・ワン

食事メニューはテーブルに置かれている。テーブルに無い場合はカウンター周辺にある場合がほとんど。通りかかった店員さんか、カウンターまで行って食べたい料理を注文しよう。カウンター越しに注文する場合は、自分の座っているテーブル番号を伝えること。

仲良くなったら乾杯！

Cheers!
チアース

ライブイベントの情報や、その日のおすすめフードはお店の黒板をチェックしてみよう

パブで楽しむお酒ガイド

ギネスに代表される黒ビール
スタウト *Stout* 上面発酵

アイルランドを代表するビールで、独自の苦みと、きめの細かい泡が特徴。アルコール度数は日本で一般に飲まれているビールに比べて高いものが多い。

主な銘柄
ギネス Guinness
ビーミッシュ Beamish
マーフィーズ Murphy's

酸味と苦味の深い味わい
エール *Ale* 上面発酵

アイルランドの地ビールはエールが主流。香り豊かなペール・エールや、アルコール度数の高いインディアン・ペール・エール（IPA）、まろやかな口当たりのゴールデン・エールなどがある。

主な銘柄
スミズウィック Smithwick
キルケニー Kilkenny
カフリース Caffrey's

のど越しすっきり飲みやすい
ラガー *Lager* 下面発酵

日本で一般的に飲まれているビール。もともとアイルランドではあまり飲まれてない種類のビールのため、ハープ以外は、ハイネケンやカールスバーグといった外国ブランドのシェアが高い。

主な銘柄
ハープ Harp　ハイネケン Heineken
カールスバーグ Carlsberg

甘さ控えめリンゴの発泡酒
サイダー *Cider*（シードル）

リンゴを醸造した発泡酒。英語ではサイダーという。ほのかなリンゴの香りで甘酸っぱくて飲みやすい。アルコール度数は約5%。リンゴのほか、洋ナシを使ったペア・サイダーなどもある。

主な銘柄
バルマーズ Bulmers
ストロング・ボウ Strong Bow

3回蒸溜がアイルランド流
アイリッシュ・ウイスキー
Irish Whiskey

なめらかな味わいが特徴のウイスキー。スコッチとの違いは、蒸溜回数と泥炭使用の有無。アイリッシュは一般的に3回（スコッチは2回）蒸溜し、泥炭（ピート）は一般的に使用していない。

主な銘柄
ジェムソン Jameson
ブッシュミルズ Bushmills
タラモア・デュー Tullamore Dew

甘くて飲みやすい
アイリッシュ・クリーム *Irish Cream*

アイリッシュ・ウイスキーをベースにクリームなどを加えた甘いリキュール。

主な銘柄
ベイリーズ Baileys　カロランズ Carolans
セント・ブレンダンズ St. Brendans

ハーブや果実の香りが魅力
ジン *Gin*

ネズの実などで香り付けした蒸溜酒。多くのウイスキー蒸溜所がジンも生産する。

主な銘柄
ディングル・ジン Dingle Gin　ドラムシャンボ・ガンパウダー Drumshanbo Gunpowder

物価高、円安に負けない
旅のテクニック

世界は急激な物価高。これに日本円の全面安が加わったことで、日本の旅行者への旅費負担が大きくなっている。ここではアイルランドをできるだけ安く、しかも快適に旅する方法について考えていきたい。

宿泊

宿泊施設のほとんどは、時期や混雑状況によって価格が変更されるダイナミック・プライシングが導入されている。そのため、同じ宿でも宿泊する日によって料金が倍以上も違ってくる。料金は1週間でみると週末が高くなるため、週末の宿泊費をどれだけ抑えられるかが、宿泊費を安くするカギ。旅程がある程度フレキシブルなら、まず週末に安く泊まれる宿を決め、そこを基準に平日に宿泊する町を決めていくと全体にかかる宿泊料金を安くすることができる。

人気の観光地は、週末の値上がりが高くなりがち。平日の宿泊が狙い目

B&Bは直接連絡すると安くなるかも

予約方法によっても安くする手段がある。一般的なホテルの予約サイトは使い勝手がよく便利だが、ホテルの公式サイトでは、さまざまなキャンペーンをやっており、条件が合えばお得に泊まれることが多い。また、予約サイトは宿泊料に手数料が上乗せされているので、特にB&Bやゲストハウスを中心とする家族経営の小さな宿の場合は、直接メールや電話で交渉することで、サイトの料金よりも安く泊まれる可能性が高い。

観光

自力では行きづらいカイルモア修道院も、バスツアーならラクラク

ネットでチケットを購入できる場合は、現地で直接購入するよりも安くなるところが多い。また、近年アイルランドでは、日時指定制のチケットが多く、時間ごとに入場者数が決められているため、直接行っても満員のため入れないことが起こりうる。

ダブリンのキルメイナム刑務所の見学ツアーは、早めの予約が望ましい

アイルランドの見どころは、郊外にあったり、公共交通で行けなかったり、何度も乗り換えが必要な場所にあるものが多い。現地発着の日帰りバスツアーは、こうした行きづらい場所を効率的に回ってくれる心強い存在。自力で行ったほうが安くなることも多いが、周囲の見どころなどにも寄ってくれるし、バスの乗り換えのために時間を浪費しなくて済むので、多少高くても、コスト・パフォーマンスは段違いだ。

移動

長距離バスの多くは、ネットでチケットを購入することができ、運転手に支払うよりも少し安く買えることが多い。また、長距離バスは座席数を超えて乗ることができないので、時期によっては、いざ乗車するときになっても満席で乗れない可能性が出てくる。それを避ける意味でもインターネットで早めの予約がおすすめだ。

QRコードのEチケット

鉄道は日帰り往復が割安

交通チケットは往復の割引率が高く、特に日帰りの往復はお得。例えば鉄道でダブリンからキルケニーは、片道が€20.80なのに対し、往復は€29.10と約1.5倍、日帰りの往復では€23.20と片道より1割ほど高いだけだ。残念ながらアイルランドの長距離バスは往復割引を導入してない会社が多いが、アイルランドの鉄道や、北アイルランドの長距離バス、鉄道では有効だ。北アイルランドでは、鉄道、バスが乗り放題になるアイリンク・トラベル・カード iLink Travel Card (→ P.318) もある。

食事

料理を出すパブやカフェテリアでは、スープ・オブ・ザ・デイ Soup of the Day といって日替わりのスープを出す所が多い。スープだけなく、パンも一切れ付いてくるので、簡単な食事にちょうどよい。

ダンズ・ストアズ Dunnes Stores やテスコ Tesco、セントラ CENTRA、スパー SPAR などのチェーン系のコンビニやスーパーマーケットでは、ミール・ディール Meal Deal という、サンドイッチやラップとドリンク、クリスプ（ポテトチップス）などを3点セットとして安価に販売している。積極的に利用したい。

スープ・オブ・ザ・デイは
軽めのランチにぴったり

サンドイッチ、ドリンク、クリスプの3点セット

レストランでは、アーリー・バード・メニュー Early Bird Menu と呼ばれるメニューを出すところも。通常17:30〜19:00ぐらいの本格的ディナーにはちょっと早い時間帯のみに出されるお得なメニューで、前菜とメインもしくはメインとデザートの2皿を選べる2コースと、前菜＋メイン＋デザートの3皿を選べる3コースがある。

スーパーではミール・ディールに注目

1

The Book of Kells Experience

ダブリン、トリニティー・カレッジの オールド・ライブラリーと『ケルズの書』展示が 大幅リニューアル

ダブリンの中心部に建つトリニティー・カレッジは、アイルランド最古を誇る名門大学。敷地内にあるオールド・ライブラリーと9世紀に制作された聖書の写本『ケルズの書』の展示は、毎年50万人以上の人が訪れるダブリンのトップ・アトラクションのひとつとして知られている。2024年1月にオールド・ライブラリーと『ケルズの書』の展示は大幅なリニューアルを果たし、新たな展示棟も設置された。最新のデジタル技術を駆使し、これまで以上に魅力的な見どころに生まれ変わり、注目を集めている。

▶トリニティー・カレッジ　➡P.70

21世紀のデジタル技術でオールド・ライブラリーのロングルームを再創造

インタラクティブ展示によって、オールド・ライブラリーの蔵書やゆかりの著名人について学ぶことができる

書庫に並んでいた本はほとんどが移動され、図書館の中心にはデジタル映像で輝く地球儀ガイアが設置された

2

Belfast Grand Central Station

ベルファストに新交通ハブ グランド・セントラル・ステーションが 2024年秋オープン予定

ベルファストでは鉄道駅とバスステーション、市バスの発着を兼ねた新たな交通ハブ、グランド・セントラル・ステーションの建設が進められている。場所はヨーロッパ・バスセンターのすぐ西で、隣接する鉄道駅のグレート・ヴィクトリア・ステーションは一足早い2024年5月に閉鎖された。グランド・セントラル・ステーションのオープンは2024年秋を予定しているが、オープン後も工事は行われ、完成は2025年になる予定。工事中は、道路の封鎖や鉄道やバスの運行に影響があることが予想されるので、最新情報の取得を心がけよう。

建設工事が進められるベルファスト・グランド・セントラル・ステーション

3 Kerry Seas National Park
ケリー海洋国立公園が アイルランド7番目の 国立公園に

ディングルのスレア岬から眺めるブラスケット諸島

2024年5月に、ケリー海洋公立公園がアイルランド7番目の国立公園として誕生した。これまでの国立公園はウィックロウ山脈国立公園（→P.113）、キラーニー国立公園（→P.166）、グレンヴェー国立公園（→P.284）など、いずれも内陸部にあったが、ケリー海洋国立公園は、その名のとおり海および海沿いの地形をもつ国立公園。敷地内には世界遺産のスケリッグ・マイケル（→P.164）やディングル半島（→P.172）のコナー・パス、ブラスケット諸島などが含まれている。誕生間もないため、ビジターセンターなどはなく、今後の設置が待たれる。

▶ケリー海洋国立公園
URL www.nationalparks.ie/kerry-seas

4 Game of Thrones Studio Tour
北アイルランドに ゲーム・オブ・スローンズ・スタジオ・ツアー がオープン

七王国の舞台裏を見学

2019年まで8年にわたって放映されたドラマ『ゲーム・オブ・スローンズ』。撮影は世界中のロケ地とともに、北アイルランドにある複数のスタジオで行われたが、2022年にスタジオのひとつが大改築され、ゲーム・オブ・スローンズ・スタジオ・ツアーとしてオープンした。撮影に使われた衣装やセットなどが展示されており、作品の細部にまでわたるこだわりぶりが実感できる。ベルファストとダブリンからバス・ツアーも行われている。

▶ゲーム・オブ・スローンズ・スタジオ・ツアー　➡P.253

5 World Heritage Tentative List
スライゴーの古代墳墓が ユネスコ世界遺産の 暫定リスト入り

2023年にアイルランドは今後ユネスコ世界遺産入りの計画のある物件として、『スライゴー県の羨道墳の景観The Passage Tomb Landscape of County Sligo』を暫定リストに加えたことを発表した。物件のなかには、スライゴーの町近郊にあるキャロウモア古代遺跡も含まれており、近い将来の世界遺産入りが期待される。

キャロウモアの巨石墳墓

▶キャロウモア古代遺跡　➡P.235

豊かな自然が生み出す「命の水」。キルベガン蒸溜所は1757年の創建

特集② 「命の水」のふるさとへ

アイリッシュ・ウイスキー紀行

ウシュケ・バハ（命の水）。
緑の島を潤す良質な水から生まれる
ウイスキーは、長い間こう呼ばれてきた。
近年は新たな蒸溜所も増え、
今また脚光を浴びはじめた。

ダブリンにあるロー・アンド・コー蒸溜所（→P.85）

キルベガン蒸溜所
Kilbeggan Distillery

18世紀から1954年まで使われていた蒸溜所。長らく博物館となっていたが、21世紀に入って再度現役の蒸溜所として稼働をはじめた。いまでは見られない形のカフェ式蒸溜器など古い器具も必見。

DATA Map P.15-D3

アクセス クランプトン・キーCrampton Quayからシティリンクが7:00、9:00、12:00、14:00、16:00、18:00、20:00、22:00、所要約1時間15分。
タラモアからNo.837、847のバスで所要約30分。
🏠Lwr. Main St., Aghamore, Kilbeggan,
Co. Westmeath, N91 A621
☎(057) 9332134
🌐www.kilbeggandistillery.com ⊠
🕐夏期10:00〜17:30　冬期11:00〜14:30
🚫無休　💰€30

タラモア・デュー・ビジターセンター
Tullamore DEW Visitor Centre

タラモア・デューはブランドとしては続いていたものの、蒸溜はほかで行われてきた。2014年、60年ぶりにタラモアに蒸溜所が帰ってきた。町の中心にビジターセンターも整備され、ウイスキーのテイスティングも楽しめる。ウイスキーと合う料理を提供する併設のレストランも人気。

DATA Map P.15-D3

アクセス ダブリンのヒューストン駅からゴールウェイ方面の列車で約50分。タラモア駅からビジターセンターまではタクシーで約5分、徒歩なら約45分。
🏠Clonminch, Tullamore, Co. Offaly, R35 E027
🌐www.tullamoredew.com ⊠
🕐夏期10:00〜18:00　冬期11:00〜17:00
🚫クリスマス期間　💰€43

アイリッシュ・ウイスキーの灯火を守ったミドルトンとブッシュミルズ

スコットランドと並び長い歴史をもつアイリッシュ・ウイスキー造り。しかし、一時はたくさんあったウイスキー蒸溜所も廃業が相次ぎ、20世紀後半に入ると、**ミドルトン蒸溜所→P.151**と北アイルランドの**ブッシュミルズ蒸溜所→P.265**のみという状況まで追い込まれた。しかし、彼らが上質なウイスキー造りの伝統を絶やさなかったことが、近年のウイスキーブームにつながっていく。

急増するクラフト・ディスティラリー

アイリッシュ・ウイスキーの現在のブームを切り開いたのは、**ジョン・ティーリング**。彼は1987年にジャガイモの酒を造っていたクーリー蒸溜所、1989年に休止していた**キルベガン蒸溜所**を買収し、ウイスキー製造に取り組んでいった。事業の成功により二大蒸溜所以外のアイリッシュ・ウイスキーが注目された。これらの蒸溜所は現在サントリーグローバルスピリッツが所有しているが、彼の息子たちが2015年にダブリンに**ティーリング蒸溜所**をオープンさせた。その後の短期間に蒸溜所の数は増え続け、2024年現在ではダブリンだけで4つ**→P.85**、アイルランド全体では約40の蒸溜所があり、新しいブランドが次々と生まれている。

ティーリング蒸溜所
Teeling Whiskey Distillery

2011年にクーリー、キルベガン両蒸溜所を売却したティーリング家が、2015年にダブリンで稼働させたウイスキー蒸溜所。工場は作業工程順に見学できるようにレイアウトされており、非常に見やすくわかりやすい。初めての蒸溜所見学にもおすすめ。

𝐷𝐴𝑇𝐴 Map P.54-C3

住13-17 Newmarket, Dublin 8, D08 KD91
TEL (01) 5310888　URLteelingdistillery.com
開11:00～18:00　休無休
料€20～35

 ウイスキーの製造工程

1 原料
Ingredients
アイリッシュ・ウイスキーはモルト（発芽させた大麦）のほかに、トウモロコシや未発芽の大麦も原料となる

2 粉砕
The Mill
原料のモルトは細かく粉砕され、醸造の工程へと送られる。現在も水車を使う蒸溜所もある

3 加水
Lauter Tun
粉砕された原料はお湯と混ぜ合わせていく。数時間かけてゆっくりと混ぜていき、糖化をうながす

4 糖化・発酵
Fermenters
発酵は木、または金属の樽を使う。さまざまな味のウイスキーを造り出すため、両方使う蒸溜所もある

5 蒸溜
Pot Still
アイリッシュ・ウイスキーは蒸溜所にもよるが原則として3回蒸溜を行う（スコッチ・ウイスキーは通常2回）

6 熟成
Maturation
蒸溜されたばかりのウイスキーの原酒は無色透明。樽で寝かせることで独特の色や香りを付けていく

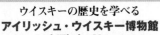

ウイスキーの歴史を学べる
アイリッシュ・ウイスキー博物館
Irish Whiskey Museum

トリニティー・カレッジのすぐ近くにある小さな博物館。アイリッシュ・ウイスキーの歴史や作り方の変遷、材料による味の違い、飲み方にいたるまで解説してくれる。

Map P.77-E2
住119 Grafton St., Dublin 2, D02 E620
TEL (01) 5250970
URLwww.irishwhiskeymuseum.ie
開10:00～18:30　休無休
料€23～　学生€21～

ロケが行われた場所で剣士になってコスチュームプレイ！

映画・ドラマの舞台を訪ねて

史上最も多くエミー賞を獲得したドラマ

『ゲーム・オブ・スローンズ』
"Game of Thrones"

ジョージ・R・R・マーティンによるファンタジー小説『氷と炎の歌』を原作とした
ドラマ。ベルファスト周辺を中心とした北アイルランドで多くのシーンが撮影され、
2022年にはスタジオ跡地を利用したスタジオ・ツアーもオープン。

ダーク・ヘッジズ

ドラマのオープニングに登場する「王の道」と呼ばれる並木道。晴れることが少なく神秘的な雰囲気。→Map P.263

バリントイ・ハーバー

ウェスタロス大陸の沖に浮かぶ、「鉄諸島」を見渡せるのがこの港。
→Map P.263

キャリック・ア・リード吊り橋

第二章で王となったレンリーが武術の試合を観るのが吊り橋近くのラリーベイン Larrybane。崖の上に王が座り、試合は崖の下で行われた。→DATA P.268

クシェンダン・ケーブ

第二章でメリサンドルが「影」を産み落としたシーンが撮影された洞窟としても一躍有名になった。400万年かけて形成されたという。→Map P.13-D1

ゲーム・オブ・スローンズ
ロケ地めぐりツアー

ゲーム・オブ・スローンズのロケ地は公共交通機関では行きづらい場所も多いので、ベルファストからツアーを利用するのがおすすめ。ダブリンからもツアーが出ている。
URL www.gameofthronestours.com

ゲーム・オブ・スローンズ
スタジオ・ツアー

ゲーム・オブ・スローンズの撮影が行われた北アイルランドのバンブリッジにあるリネン・ミル・スタジオズを改装したもので、実際に撮影で使われたセットや豪華な衣装などを間近に見ることができる。ベルファストとダブリンからのバスツアーが行われている。
→DATA P.253

あの名作もアイルランドを舞台に
『スター・ウォーズ』
"Star Wars"

ジョージ・ルーカスによるあまりに有名な映画シリーズにも、アイルランドと思われる景色がたびたび登場している。エピソード7とエピソード8ではスケリッグ・マイケルでロケが行われた。

エピソード8『最後のジェダイ』ではアイルランド各地で撮影が行われたという。マリン・ヘッドMalin Head（→Map P.12-B1）もそのひとつ

トリニティー・カレッジ
エピソード2『クローンの攻撃』に登場するジェダイ図書館は、トリニティー・カレッジの図書館にあるロング・ルームにインスピレーションを受けたといわれている。→DATA P.70

スケリッグ・マイケル
エピソード7『フォースの覚醒』の最後に登場したのがスケリッグ・マイケル。三角形にそびえる切り立った崖が印象的だが、引き続きエピソード8でも登場した。→DATA P.164

ダブリンのあちこちが舞台に
『ONCE ダブリンの街角で』
"Once"

ダブリンのストリートミュージシャンとチェコから来たピアノ好きの女性の物語。2007年に公開され、数々の賞を受賞した。舞台化もされ、来日公演も行われている。街角のシーンの多くは、一般の人に気づかれないように撮影されたそう。映像には自然なダブリンの表情が切り取られている。

ジョージ・ストリート・アーケード
小さなお店が密集する市場。男と女がここから出てくる。→Map P.56-A3

セント・スティーブンズ・グリーン
男がいつもいる公園。お金を盗まれて追いかけるシーンもここ。→Map P.56-B4

グラフトン・ストリート
演奏シーンのグラフトン・ストリートは今もパフォーマーで賑わう。→Map P.56-B3

北アイルランド紛争を少年の視点で描く
『ベルファスト』*"Belfast"*

1969年のベルファストを舞台にケネス・ブラナー監督が自身の幼少時代をもとに映画化。ロケ地はロンドン郊外が使われ、ベルファストでの撮影はされていないが、映画のもうひとつの主役はベルファストの町そのもの。監督の家は、北ベルファストのマウントコリヤー通りMountcollyer St.沿いにあったが、現在は取り壊され残っていない。

サムソン・アンド・ゴライアス・クレーン
映画の冒頭にも登場するベルファストのランドマーク。→Map P.244-A4

アイルランド西部で起きる怪事件

『イニシェリン島の精霊』
"The Banshees of Inisherin"

『スリー・ビルボード』で知られる脚本家、映画監督として知られるマーティン・マクドナーの作品。アイルランド内戦の最中、イニシェリン島で暮らすパードリックは、長年の親友コルムに突然絶縁され、今後関わったら、自分の指を一本ずつ切り落とすと脅される。アイルランド西部の美しくも荒涼とした風景が、理由も分からず親友を失ったパードリックの困惑と作品全体に流れる不穏な空気を引き立てる。イニシェリン島は架空の島で、撮影はアラン諸島のイニシュモア島や、アイルランド最大の離島、アキル島Achill Islandで行われた。

ドン・エンガス

主要な撮影地はイニシュモア島。観光地として有名なドン・エンガスの断崖も背景として登場する　→DATA P.217

キーム湾

パードッリックの家は、アキル島のキーム湾Keem Bayで撮影された。　→Map P.14-A1

20世紀中頃のリムリックを再現

『アンジェラの灰』
"Angela's Ashes"

アラン・パーカー監督の『アンジェラの灰』は、1930〜40年代のリムリックを舞台とした映画。ジョージ王朝様式の町並みを再現するために、撮影はリムリックの中心部を封鎖して行われたほか、コークでも行われた。

クレッセント

ジョージ王朝時代の建物が残るリムリックの歴史エリア。　→Map P.178-A2

まるでゴールウェイのプロモーションビデオ

『ゴールウェイ・ガール』
"Galway Girl"

映画ではないが、2017年にエド・シーランが発表した『ゴールウェイ・ガール』のミュージック・ビデオは、ゴールウェイの町で撮影されたもの。実際の町並みやパブが登場しており、ゴールウェイの町がもつ魅力を存分に伝えてくれる。

ウィリアム・ストリート

ストリート・パフォーマンスのシーンが撮影された。
→Map P.203-A1

オコンネルズ

冒頭で訪れるパブ。パブの撮影はこのほかソルトヒルのオコナーズでも行われた　→DATA P.211

町の喧騒と自然の静寂が隣り合う
ダブリンと
レンスター州
Dublin & Leinster

上：初期キリスト教会が残るグレンダーロッホ　左：ダブリンのリフィ川に架かるサミュエル・ベケット橋
右：バトラー家の肖像画が並ぶキルケニー城のピクチャー・ギャラリー

ダブリンとレンスター州

首都ダブリン　首都ダブリンは見どころがめじろ押し。特に『ケルズの書』を収めている**トリニティー・カレッジ** P.70 や国宝満載の**国立考古学博物館** P.72 は必見の場所だ。一方**テンプル・バー** P.76 をはじめ、現代アイルランドの情報発信地でもある。

レンスター州　アイルランドの東南部を占めるレンスター州は、さまざまな時代にわたる数多くの遺跡が残っている。世界遺産のニューグレンジ P.123 をはじめ、初期キリスト教遺跡の**グレンダーロッホ** P.111 や**クロンマクノイズ** P.130。ノルマン様式の城が残る**トリム** P.126 や、中世の町並みで知られる**キルケニー** P.117。近代アイルランド史を決定づけたボイン川の戦いの舞台である、**ボイン渓谷** P.122 などなど。私たちを悠久の歴史の旅へと誘ってくれる。

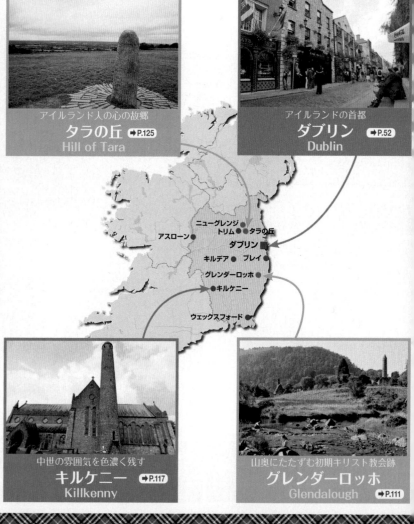

アイルランド人の心の故郷
タラの丘 ➡P.125
Hill of Tara

アイルランドの首都
ダブリン ➡P.52
Dublin

ニューグレンジ
トリム　●タラの丘
アスローン
ダブリン
キルデア　ブレイ
グレンダーロッホ
キルケニー
ウェックスフォード

中世の雰囲気を色濃く残す
キルケニー ➡P.117
Killkenny

山奥にたたずむ初期キリスト教会跡
グレンダーロッホ
Glendalough ➡P.111

見どころ & アクティビティ

テンプル・バー

gourmet **詳細記事 P.76**

テンプル・バーのパブ

若者が集まるテンプル・バーは、レストランとパブが集まるアイルランド屈指のグルメ・スポット。音楽パブやクラフト・ビールを出すパブも多く、ダブリンの夜を盛り上げる。

ダートで行くダブリン近郊

nature **詳細記事 P.90**

ダブリンの南に位置するブレイの海岸。さらに南にあるブレイ・ヘッドまでのウオーキングが楽しい

謎の古代文明

ruin **詳細記事 P.123**

渦巻き文様が刻まれ、古代へのロマンをかき立てる

ダブリンの北のボイン渓谷には、ニューグレンジをはじめとする古代遺跡が数多く残る。エジプトのピラミッドと同じ5000年前のものだ。

ダブリン近郊は、アイリッシュ海に面した美しいリゾート地や雄大な自然を楽しめるウオーキング・ルートが数多く存在している。これら近郊へはダブリンを中心に南北に走る近郊列車ダートDARTで行くことができるので、アクセスが非常によく、日帰りも楽々。ダブリンの喧騒をほんのしばらく離れて、穏やかな自然を楽しんでみてはいかがだろう。

レンスター州交通ガイド

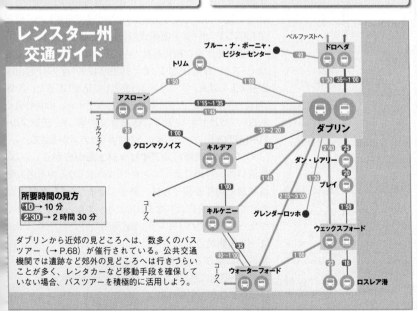

所要時間の見方
10 → 10 分
2'30 → 2 時間 30 分

ダブリンから近郊の見どころへは、数多くのバスツアー（→ P.68）が催行されている。公共交通機関では遺跡など郊外の見どころへは行きづらいことが多く、レンタカーなど移動手段を確保していない場合、バスツアーを積極的に活用しよう。

ダブリン●

ダブリン県
Co. Dublin

アイルランド国番号353
市外局番01

MAPS
広域地図P.16-B2
ダブリン周辺P.53
ダブリン市街地P.54-55
ダブリン中心部P.56

町の喧騒と自然の静寂が隣り合う

ダブリン
Dublin

ダブリンの中心を東西に流れるリフィ川

<table>
<table>

Access Guide
ダブリン

ベルファストから	
所要:約2時間10分	運賃:£33

6:50 8:00 9:36 (土のみ) 10:35
12:35 14:05 16:05 18:05 20:05
21:28 (土のみ) 21:35 (月〜金)

所要:約2時間45分	運賃:£17

ゴールドラインX1がヨーロッパ・バス
センターから5:00〜21:00の1時間に
1便 23:00 1:00 3:00

所要:約2時間25分	運賃:£16.50

エアコーチがグレンゴール・ストリート
Glengall St.Map P.245-C2から
9:10〜19:10の1時間に1便 21:10〜
7:10の2時間に1便

コークから	
所要:約2時間30分	運賃:€47.35

5:40 6:15 (土なし) 7:00 8:00 9:25〜
18:25の1時間に1便 19:25 (土なし)
20:25

8:25 10:25 12:25〜19:25の1時間に
1便

所要:約3時間	運賃:€19

シティリンクがロウアー・グランマ
イヤー・ロードLwr. Glanmire Rd.
Map P.145-D2から5:30〜10:30の
1時間に1便12:30 13:30 (金・日)
14:30 16:30 17:30 18:30 19:30(日)

所要:約3時間	運賃:€20

エアコーチがロウアー・グランマイ
ヤー・ロードMap P.145-D2から7:00
〜19:00の1時間に1便程度 23:00
1:00 2:00 5:00

</table>
</table>

　ダブリンには1000年を超える歴史と豊かな伝統があり、多くの有名な作家や芸術家、音楽家が生まれた。もともとはケルトの小さな町だったが、8世紀末にヴァイキングが占領し、城壁のある町に発展させた。イングランド王ヘンリー2世がダブリンをアイルランド支配の拠点としたのは12世紀後半のこと。16世紀になると、市街は城壁の外まで拡大し、18世紀後半には大英帝国第2の都市にまで発展した。現在でも町にはジョージ王朝様式の美しい建物が見られる。

　19世紀後半から独立運動の中心となり、1916年には有名なイースター蜂起が起こった。1922年にアイルランド自由国が独立して以来、ダブリンは首都として発展してきた。洗練された都会だが、人々は素朴で親しみやすい。1000軒近くあるパブではギネスを片手に伝統音楽が楽しめ、**テンプル・バー P.76** では、アートの中心として多くの若者が集まる。

　ダブリンの東側には**アイリッシュ海**が広がっている。海沿いの一等地には、エンヤやU2のボノなどの有名人や富裕層の別荘が建てられ、静かでゆったりとした時間が流れている。自然にも恵まれており、美しい砂浜のほか、ウオーキングやハイキングコースも整備されている。海沿いに延びる近郊列車の**ダート P.90** に乗れば、沿岸の見どころへすぐに出かけられる。

ドーキー周辺の海岸

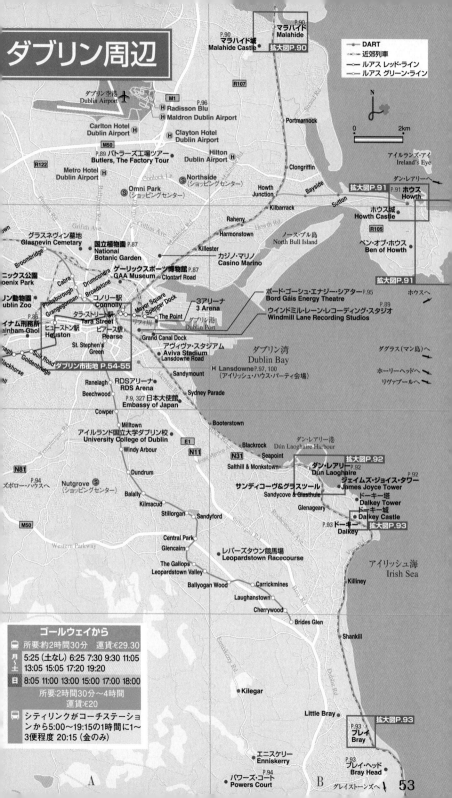

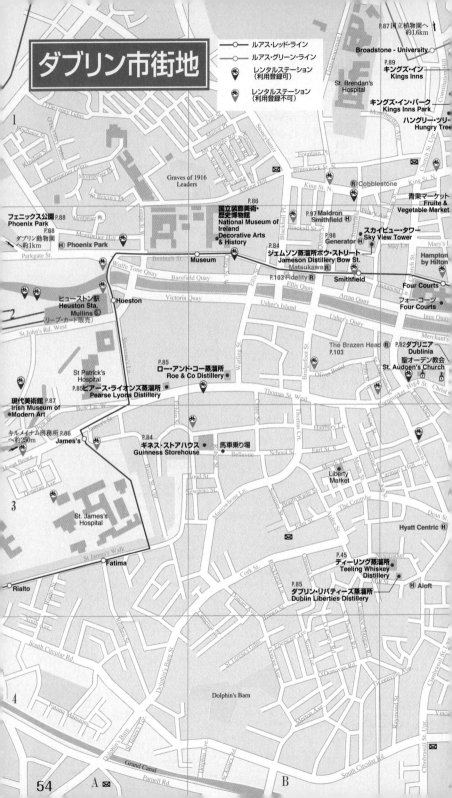

ダブリン市街地

○─○ ルアス・レッド・ライン
○─○ ルアス・グリーン・ライン
レンタルステーション（利用登録可）
レンタルステーション（利用登録不可）

P.87国立植物園へ
約1.6km

Broadstone - University

P.89
キングズ・イン
Kings Inns

St. Brendan's
Hospital

キングズ・イン・パーク
Kings Inns Park

ハングリー・ツリー
Hungry Tree

Graves of 1916
Leaders

Cobblestone

青果マーケット
Fruite &
Vegetable Market

フェニックス公園 P.88
Phoenix Park
P.88
ダブリン動物園
へ約1km
H Phoenix Park

国立装飾美術・
歴史博物館 P.86
National Museum of
Ireland
Decorative Arts
& History

P.97 Maldron
Smithfield

P.98
Generator

スカイビュー・タワー
Sky View Tower

P.84
ジェムソン蒸溜所ボウ・ストリート
Jameson Distillery Bow St.
Matsukawa

Museum

P.103 Fidelity

Smithfield

Hampton
by Hilton

Four Courts

フォー・コーツ
Four Courts

ヒューストン駅
Heuston Sta.
Mullins S
(リープ・カード販売)

Hueston

The Brazen Head

P.82ダブリニア
Dublinia

St Patrick's
Hospital

ロー・アンド・コー蒸溜所 P.85
Roe & Co Distillery

聖オーデン教会
St. Audoen's Church

現代美術館 P.87
Irish Museum of
Modern Art

P.85ピアース・ライオンズ蒸溜所
Pearse Lyons Distillery

キルメイナム刑務所 P.86
へ約250m
James's

P.84
ギネス・ストアハウス
Guinness Storehouse

馬車乗り場

Liberty
Market

St. James's
Hospital

Hyatt Centric H

Fatima

P.45
ティーリング蒸溜所
Teeling Whiskey
Distillery

H Aloft

Rialto

P.85
ダブリン・リバティーズ蒸溜所
Dublin Liberties Distillery

Dolphin's Barn

54   A   B

ー・レイン市立美術館 P.97, 100
Dublin City Gallery
The Hugh Lane

H Belvedere P.97, 100
（ベルヴェディア・アイリッシュ・ナイツ会場）

James Joyce
Centre

マシュー・コーチ
ドロヘダ、ダンドーク行きバス乗り場

ゲーリックスポーツ博物館へ約500m
P.87

P.95
ゲート・シアター
The Gate Theatre

Parnell
H Fibber
Magees

コノリー駅
Connolly Station

P.97 Point A H
Kingfisher R
エアコーチ
ダブリン空港、
北アイルランド方面行き

Hazelbrook

SPAR S
（リープ・カード販売）

Connolly Station

エッタ・ストリート P.89
etta Street

O'Connell, Upper
Gresham P.96

Connolly Station

Dominick

ダブリンバス・
オフィス

i

聖メアリー
臨時大聖堂 P.89
St. Mary's Pro Cathedral

P.98 Jacobs Inn

SPAR
（リープ・カード販売）

Busáras

George's Dock

Custom
House
Docks

SPAR S
（リープ・カード販売）

GPOウィットネス・
ヒストリー・

税関 P.83
Custom
House

バスアラス

アイルランド移民博物館 P.75
Epic Irish Emigration
Museum

Hilton
Garden Inn

h Church R

P.83 中央部郵便局
G.P.O.

Marlborough

Custom House Quay

ダブリン・
ディスカバード出発点 P.69

レプラホーン博物館 P.88
National
Leprechaun Museum

O'Connell - GPO

Abbey Street

ダブリン・エクスプレス乗り場

P.75 ジーニー・ジョンストン号
The Jeanie Johnston

テンプル・バー周辺
P.76-77

Jervis

ビッグ・
グリーン・バス
乗り場

ウェックスフォードバス、
JJカヴァナ乗り場

R brother hubbard P.106

River Liffey

タラ・ストリート駅
Tara Street Station

リフィ川

シティリンク
乗り場

エアコーチ行き
乗り場

Westmoreland

Trinity
City

エアコーチ
ダブリン空港行き
乗り場

Trinity

H Lombard

ウインドミル・レーン・
レコーディング・スタジオへ約700m
P.89

リスト・チャーチ大聖堂 P.80
Christ Church Cathedral

P.74 アイルランド銀行
Bank of Ireland

トリニティー・カレッジ P.70
Trinity College

ピアース駅
Pearse Station

i

市庁舎 P.87
City Hall

ダブリン・エクスプレス
バス乗り場

P.79
ダブリン城
Dublin Castle

モリー・マローン像
Molly Malone Statue

チェスター・ビーティー・ライブラリー P.82
Chester Beatty Library

Dawson

国立図書館 P.78
National Library of Ireland

H The Alex

ウェックスフォード
バス乗り場

H The Davenport P.96

Bewley's
P.106

オスカー・ワイルド・ハウス P.78
Oscar Wilde House

ク大聖堂 P.81
k's Cathedral

Swan Bar P.101
St. Stehpen's Green

レンスター・ハウス
Leinster House

アイルランド国立美術館 P.73
The National Gallery of Ireland

図書館 P.87
h's Library

R Dublin Pizza
P.104

P.72 国立考古学博物館
National Museum of Ireland
Archaeology

メリオン・スクエア
Merrion Square

国立自然史博物館 P.73
National Museum of Ireland
Natural History

P.74 リトルミュージアム
Little Museum
of Dublin
（閉館中）

H The Shelbourne P.96

R The Landmark P.101

セント・スティーブンズ・グリーン
St. Stephen's Green

P.104
Hugo's R

エアコーチ
ダブリン空港
乗り場

政府庁舎 P.88
Government
Buildings

P.74

R O'Donoghue's P.102

Torners H

P.99 Matt
The Thresher R

リトルミュージアム
（臨時館）P.74
Little Museum
of Dublin

P.78
アイルランド文学博物館
Museum of Literature Ireland (MoLI)

H Stauntons on the Green P.97

Fitzwilliam Sq

ダブリン中心部 P.56

ーナード・ショウの生家
e Shaw's Birthplace

Iveagh Garden H

Iveagh
Gardens

ナショナル・コンサート・ホール
National Concert Hall

H Conrad Dublin

ロイヤル・ハイバーニアン・
アカデミー・オブ・アーツ
Royal Hibernian
Academy of Arts (RHA)

Harcourt

アイリッシュ・ユダヤ博物館
Irish Jewish Museum

Harcourt

H Hilton Dublin

Charlemont

N

0   200m

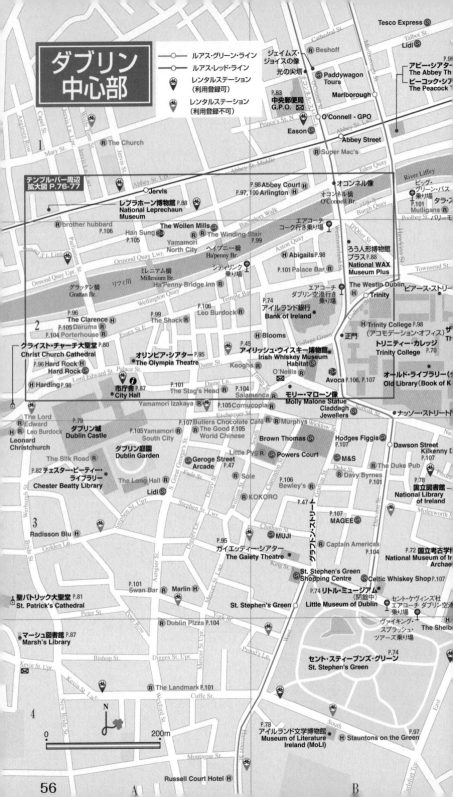

ダブリン中心部

ルアス・グリーン・ライン
ルアス・レッド・ライン
レンタルステーション（利用登録可）
レンタルステーション（利用登録不可）

テンプル・バー周辺
拡大図 P.76-77

ジェイムズ・ジョイスの像
光の尖塔

R Beshoff

Tesco Express Ⓢ
Lidi Ⓢ
Talbot St.
P.9

R Paddywagon Tours

アビー・シアター
The Abbey Th
ピーコック・シア
The Peacock

P.83 中央郵便局 G.P.O. ✉
Marlborough

O'Connell - GPO
Abbey Street

Eason Ⓢ

R Super Mac's

1

R The Church
Jervis

レプラホーン博物館 P.88
National Leprechaun Museum

P.98 Abbey Court
P.97,100 Arlington H

オコンネル像
オコンネル橋
O'Connell Br.

River Liffey
ビッグ・グリーン・バス乗り場
P.101 タラ
Mulligans

brother hubbard P.106
Han Sung RⓈ
The Wollen Mills Ⓢ
The Winding Stair P.99
エアコーチ コーク行き乗り場

Yamamori North City P.105
ヘイプニー橋 Ha'penny Br.
R Abigails P.98
ろう人形博物館 プラス P.88
National WAX Museum Plus

シティリンク 乗り場
P.101 Palace Bar R
The Westin Dublin

ミレニアム橋 Millenium Br.
Ha'penny Bridge Inn R
エアコーチ ダブリン空港行き乗り場
Trinity

グラッタン橋 Grattan Br.
リフィ川
Wellington Quay
Temple Bar
P.74 アイルランド銀行 Bank of Ireland

2

P.96 The Clarence H
P.99 The Shack R
P.106 Leo Burdock R
R Blooms P.45

Trinity College P.98
（アコモデーション・オフィス）

P.105 Daruma R
P.104 Porterhouse R
アイリッシュ・ウイスキー博物館 P.45
Irish Whiskey Museum Habitat

正門
トリニティ・カレッジ
Trinity College P.70

クライスト・チャーチ大聖堂 P.80
Christ Church Cathedral

オリンピア・シアター P.95
The Olympia Theatre
Keoghs R
O'Neills R

Avoca P.106, P.107

オールド・ライブラリー（
Old Library（Book of K

P.96 Hard Rock H
Hard Rock

P.101 The Stag's Head R
Dame Ln.
P.104 Salamanca R

モリー・マローン像
Molly Malone Statue
Claddagh Jewellers

H Harding P.98

市庁舎 P.87
City Hall

Yamamori Izakaya R
P.105 Cornucopia R

ナッソー・ストリート

The Lord Edward
Leo Burdock
Leonard Christchurch

ダブリン城 P.79
Dublin Castle

P.107 Butlers Chocolate Cafe R
R Murphys
Wicklow St.

Hodges Figgis P.107
Dawson Street
Kilkenny P.107

P.105 Yamamori South City
The Good P.105 World Chinese
Brown Thomas Ⓢ

Ⓢ M&S
R The Duke Pub

The Silk Road R
ダブリン庭園 Dublin Garden

Little Pyg R
Powers Court Ⓢ

Duke St.
R Davy Byrnes P.101

P.82 チェスター・ビーティー・ライブラリー
Chester Beatty Library

Geroge Street Arcade P.47
Ⓢ Sole

P.106 Bewley's R P.47

国立図書館
National Library of Ireland P.78

The Long Hall R
Lidi Ⓢ
Ⓢ KOKORO

P.107 MAGEE Ⓢ

3

Radisson Blu H

Ⓢ MUJI

R Captain Americas

P.104

P.72 国立考古学
National Museum of Ir Archae

P.95 ガイエッティー・シアター
The Gaiety Theatre

St. Stephen's Green Shopping Centre Ⓢ
Celtic Whiskey Shop P.107

聖パトリック大聖堂 P.81
St. Patrick's Cathedral

P.101 Swan Bar
Marlin H

P.74 リトル・ミュージアム
（開館中）
Little Museum of Dublin

セント・ケヴィンズ社
エアコーチ ダブリン空港乗り場

マーシュ図書館 P.87
Marsh's Library

St. Stephen's Green

ヴァイキング・
スプラッシュ・
ツアーズ乗り場
The Shelb

R Dublin Pizza P.104

セント・スティーブンズ・グリーン
St. Stephen's Green P.74

R The Landmark P.101

N
0   200m

アイルランド文学博物館 P.78
Museum of Literature Ireland (MoLI)

P.97
H Stauntons on the Green

Russell Court Hotel H

A   B

モデルルート

　見どころの多いダブリン中心部は乗り降り自由の観光バス、郊外へはダート、ニューグレンジなど近郊の遺跡への日帰りバスツアーを活用すると効率よく時間を使える。

ダブリンハイライト1日コース

午前中に博物館巡り、ランチタイム前後にテンプル・バーを散策し、午後は大聖堂など西側の見どころを巡る。トリニティー・カレッジとギネス・ストアハウスは予約しておこう。

午前 トリニティー・カレッジ→国立考古学博物館→テンプル・バー
P.70　　　　　　　　　P.72　　　　　　　　　P.76

トリニティー・カレッジで『ケルズの書』エクスペリエンスを見学し、**国立考古学博物館**を見終わる頃にはもうお昼過ぎ。**テンプル・バー**周辺を散策しながら昼食

午後 ダブリン城→クライスト・チャーチ大聖堂→ギネス・ストアハウス
P.79　　　　　　P.80　　　　　　　　　　　　　P.84

午後は**ダブリン城**を見学して、**クライスト・チャーチ大聖堂**へ、時間に余裕があれば**聖パトリック大聖堂**へも行きたい。最後に**ギネス・ストアハウス**へ行き、町を眺めながらビールを飲もう。

ダートDARTで巡るダブリン近郊1日コース

海沿いに延びるダートはもともとダブリンへの通勤用に整備された路線だけあって便数も多く、沿岸を進むので車窓も楽しめる。数日滞在する人はぜひ出かけてみよう。

海岸線を進むダート

午前 マラハイド城→ダン・レアリー
P.90　　　　　P.92

マラハイド城を見学したらダン・レアリーまで行き昼食。

午後 ジェイムズ・ジョイス・タワー→ドーキー→ブレイ
P.92　　　　　　　　　　　　　P.93　　　　　P.93

午後は**ジェイムズ・ジョイス・タワー**、**ドーキー**と海岸沿いを散策し、途中**ドーキー城**などを見学。最後にドーキー駅からブレイまで行き、アイリッシュ海に沈む夕日を眺めてからダブリン中心部に戻る。

世界遺産ニューグレンジへのバスツアー

公共交通機関で行きづらい観光地にはダブリン発の日帰りツアー（→P.68）に参加して効率よく見学。行程は会社によって多少異なる。

ダブリン→ニューグレンジ→タラの丘→ダブリン
　　　　　　P.123　　　　　P.125

午前中はまず**ニューグレンジ**を見学し、ボイン渓谷の眺めを楽しんでから昼食。午後は**タラの丘**を見学してからダブリンに戻る。

パブのはしごでほろ酔い　ナイトウォーク

テンプル・バーやグラフトン・ストリート周辺の名物パブをはしご。料理自慢、歴史あるパブ、ライブ演奏とダブリンのパブ文化を満喫。

デイビー・バーンズ P.101
↓
ポーターハウス P.104
↓
ジ・オリバー・セント・ジョン・ゴガティーズ P.102

ビールの種類が豊富なポーターハウス

『ユリシーズ』に登場し、ガストロ・パブとしても有名なデイビー・バーンズで夕食を食べたら、ポーターハウスでさまざまなビールに挑戦。最後にジ・オリバー・セント・ジョン・ゴガティーズで音楽を楽しむ。

ダブリン　レンスター州

ダブリンの歩き方

　ダブリン市街の観光地は、一部の例外を除き、ダブリン城近くの❼を中心に歩いて回れる範囲だ。中心部はコノリー駅とヒューストン駅の間のエリアで、**リフィ川**で南北に分かれる。繁華街のオコンネル・ストリート、グラフトン・ストリート、テンプル・バーの3つのエリアを頭に入れておけば町の概要はすぐに把握できる。

　オコンネル・ストリートから西側の地区には大きなショッピングセンターや、果物などの青空市場がある。庶民的な雰囲気で、特に週末の午後がにぎわう。道が入り組んでいるが、南下すればリフィ川に出るので迷うことはない。

ダブリン城と歴史地区

テンプル・バーを南に出てデイム・ストリートを西に行くと、正面に**ダブリン城 P.79** が見えてくる。城の西には**クライスト・チャーチ大聖堂 P.80**、**ダブリニア P.82**などがある。中世には城壁に囲まれていたダブリンの歴史エリアだ。

ヒューストン駅

リフィ川

ダブリン

グラフトン・ストリート Grafton Street

　グラフトン・ストリートは、500m足らずの歩行者専用の石畳の通り。高級ブティックなどがあり、少しハイセンスな雰囲気だ。通りにはバスカーズと呼ばれるストリート・ミュージシャンや才能ある芸人が町を盛り上げている。

オコンネル・ストリート O'Connel Street

オコンネル・ストリートは中央に広い分離緑地帯をもつ、ダブリンのメインストリートだ。リフィ川にかかるオコンネル橋O'Connell Br.近くの巨大なオコンネル像から北へ徒歩で7〜8分、スチュアート・パーネル像までを指す。通りに面して**中央郵便局** P.83 やダブリンバスのオフィス、映画館などがある。

オコンネル・ストリートからコノリー駅にいたる地域は、小さなB&Bやホテルが多いが、市内でも特に治安の悪いエリアなので注意が必要だ。

オコンネル・ストリート

コノリー駅

リフィ川

ム・ストリート

サフォーク・ストリート

グラフトン・ストリート

セント・スティーブンズ・グリーン

テンプル・バー Temple Bar

リフィ川南岸の石畳が続く地区。再開発により、芸術・文化の発信基地となるべく、ギャラリーや芸術系学校などの機関が建設された。狭いエリアの中には多くのレストランやパブ、カフェ、クラブがひしめいている。アイルランド伝統料理から、世界各国の料理を味わうことができ、パブでは伝統音楽の生演奏があったりと、とにかく楽しい。書店、古着屋、家具、雑貨の店もある。土曜はフードマーケット、日曜はブックマーケットが開かれる。

トリニティー・カレッジと博物館地区

『ケルズの書』とオールド・ライブラリーで知られる**トリニティー・カレッジ** P.70 の南東には**国立考古学博物館** P.72、**国立自然史博物館** P.73、**アイルランド国立美術館** P.73 や政府関連の重厚な石造りの建物が並んでいる。この地域は見どころが多いので、余裕があれば2日間は欲しいところ。

●ダブリン レンスター州

ダブリン・エクスプレスのバスはNo.782、783、784と3つのルートがある

■ダブリン・エクスプレス
URL www.dublinexpress.ie

■エアコーチ
URL www.aircoach.ie

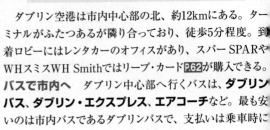

空港から市の中心部へ

　ダブリン空港は市内中心部の北、約12kmにある。ターミナルがふたつあるが隣り合っており、徒歩5分程度。到着ロビーにはレンタカーのオフィスがあり、スパー SPARやWHスミスWH Smithではリープ・カード P.62 が購入できる。

バスで市内へ　ダブリン中心部へ行くバスは、**ダブリンバス**、**ダブリン・エクスプレス**、**エアコーチ**など。最も安いのは市内バスであるダブリンバスで、支払いは乗車時に行い、現金とリープ・カードが利用できる。

　ダブリン・エクスプレスとエアコーチはともに2-2の座席配置がされ、無料Wi-Fiの使えるリラックスした空港バス。チケットはインターネットでも車内でも購入できるが、現金払いはできない。支払いはタッチ決済式のクレジットカードかデビットカードで行い、エアコーチの場合はリープ・カー

ダブリン交通図

ダブリン空港

ダブリン中心部へ（約11km）→
H Maldron、H Radisson Bluへ（約700m）
駐車場

マルドロン、ラディソン・ブルホテル行き（空港敷地内）

第1ターミナル

N
0　　100m

第2ターミナル

マルドロン、ラディソン・ブルホテル行き（空港敷地内）

🚌 ダブリン・エクスプレス　🚌 ゴーバス、シティリンク　🚌 ダブリン・エクスプレス、ゴーアヘッド
🚌 エアコーチ　🚌 フライトリンク、エクスプレスウェイ　🚌 エアコーチ、タクシー
🚕 タクシー　🚌 エクスプレスウェイ、トランスリンク、バスエーラン　🚌 ダブリン・エクスプレス
🚌 エーライーグル、ゴーバス　🚌 ウェックスフォード・バス

ダブリンバス No.16, 41

No.16 6:00～23:30（土6:00～23:00、日8:00～23:30）の15～20分に1便
No.41 1時間に2～4便、24時間運行

所要　オコンネル・ストリートまで約40分
運賃　€2.60（リープ・カード利用で€2）

ダブリン空港

ダブリン・エクスプレス Dublin Express　782　783　ダブリン・エクスプレス Dublin Express

ダブリンバス 16　ダブリンバス 41　700 エアコーチ AirCoach

コノリー駅　784　ダブリン・エクスプレス Dublin Express

オコンネル・ストリート

バスアラス

53　ダブリンバス

スリー・アリーナ 3 Arena

ダブリン港

イーデン・キー Eden Quay

アラン・キー Arran Quay　オーモンド・キー・アッパー Ormond Quay Upper　782

アストン・キー Aston Quay　784　カスタム・ハウス・キー Custom House Quay　ノース・ウォール・キー North Wall Quay

リフィ川

アシャーズ・キー Usher's Quay　782

マーチャンツ・キー Merchant's Quay　ウェリントン・キー Wellington Quay　トリニティ・カレッジ Trinity College　ジョージズ・キー George's Quay　タラ・ストリート駅

ヒューストン駅

クライスト・チャーチ Christ Church

ピアース駅

ポートベロー Portobello　キルデア・ストリート Killdare Street　700

ダブリン・エクスプレス No.782,783,784

運行　782 3:05～翌0:35の1時間に2～4便
783 3:15～翌0:15の1時間に1～2便 1:45
784 5:30～23:00の1時間に1～2便

所要　中心部まで20～40分
運賃　片道€8～　往復€10～

セント・スティーブンス・グリーン

783

リーソン・ストリート・ロウアー Leeson Street Lower

ハーコート・ルアス Harcourt Luas

エアコーチ No.700

運行　5:55～翌1:25の1時間に2～4便
運行　オコンネル・ストリートまで約25分
運賃　片道€7～　往復€9～

ドでも支払える。また、立ち乗りはできないので、予約していない場合、満席のときには乗車できない。

そのほか、ダブリン空港のバス乗り場からは、コークやゴールウェイ、ベルファストなど国内主要都市への長距離バスも発着している。

タクシーで市内へ　両ターミナルとも出口の右側にはタクシー乗り場がある。バスの便が少ない早朝や深夜に便利。オコンネル・ストリートまで€20〜40、所要20〜30分。

鉄道駅から市の中心部へ

ダブリンには**ヒューストン駅**Heustonと**コノリー駅**Connollyというふたつのターミナル駅があり、路面電車ルアスのレッド・ラインで結ばれている。

ヒューストン駅　コーク、リムリック、ゴールウェイなど、おもに西方面からの列車が発着する。

コノリー駅　ベルファスト、スライゴー、ウェックスフォードなど、北や南からの列車が発着するほか、近郊列車のダートDARTの乗り換え駅でもある。

ヒューストン駅は町の西に位置している

コノリー駅はバスアラスから徒歩すぐ

バスターミナルから市の中心部へ

バスアラス　ダブリンの中央バスターミナルは、バスアラスBusárasといい、バス・エーランBus ÉireannとエクスプレスウェイExpressway、北アイルランドとを結ぶゴールドラインGoldlineの便が発着する。コノリー駅のすぐ南にあり、オコンネル・ストリートまで徒歩約8分。他のバス会社の長距離バスは、バチェラーズ・ウオークBachelor's Walkやカスタム・ハウス・キー Custom House Quayなど、リフィ川近くに点在するバス停に発着するので、到着場所をあらかじめ確認しておくこと。

港から市の中心部へ

ダブリン港　ダブリン港Dublin Portはリフィ川の河口にある。マン島やリヴァプール、ホーリーヘッドからの便が到着する。ダブリン港から中心部へはダブリンバスNo.53がコノリー駅経由でタルボット・ストリートTalbot St.Map P.55-E1まで行く。

市内交通

市内をくまなく結ぶ**ダブリンバス**Dublin Busや中心部と郊外を結ぶ路面電車の**ルアス**LUAS、アイリッシュ海沿岸を南北に結ぶ通勤電車の**ダート**DARTなどがおもな公共交通機関。これらに加えて市内の主要観光ルートを回

ダブリンバスはほとんどが2階建て

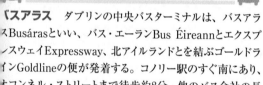

●ダブリン　レンスター州

61

■ダブリンバス・オフィス
Map P.55-D1
住59 O'Connell St. Upr.,
D01 RX04
TEL (01) 8732000
URL www.dublinbus.ie
※日本からの閲覧不可
時9:00～17:30
休土・日

ダブリンバス・オフィスはdbのロゴマーク
が目印

る**乗り降り自由の観光バス**、レンタル自転車システムの**ダ
ブリンバイクス**も旅行者には便利な移動手段だ。

市内交通のチケット　ダブリンバスの現金払いは**おつり
が出ない**のでぴったりの金額を用意しておくこと。ルアス
やダートは事前にチケットを購入する。

便利な交通カード　数日以上滞在するならチャージ式交
通カードの**リープ・カード**P.62の購入がおすすめ。ダブリ
ンはもちろん、アイルランドの多くの交通機関で利用でき、
しかも現金払いに比べて料金が割安になるので長期滞在
する人には利用価値が高い。

ダブリンの市内交通 ダブリンバス

　市内バスはダブリンバスDublin Busと呼ばれ、100以上
の路線が市内を網羅している。おもなバスはオコンネル・
ストリート周辺から各方面へ出発する。オコンネル・ストリ
ートにあるダブリンバスのオフィスでは、路線図と各路線

公共交通の共通カード
リープ・カード
leap
card

　リープ・カードは、北アイルランドを除くアイ
ルランド全土で利用できる交通カード。ダブリ
ンはもちろん、コークやゴールウェイなど各地
の市内バス、バス・エーランやエクスプレスウ
ェイなどの長距離バスにも対応している。
料金上限　リープ・カードには料金上限（Fare
Capping）のシステムがある。ダブリンの場
合、1日に何回乗ってもバスのみ、ルアスのみ
の場合は€5.60、バス、ルアス、近郊列車を
併用した場合は€7.60。頻繁に移動する際は
非常にお得。チャージするのが煩わしいとい
う旅行者向けには**リープ・ビジターカード**
Leap Visitor Card（24時間€8、72時間€16、
168時間€32）があり、ダブリン・バス、ルア
ス、ダートに乗り放題。ダブリン空港の到着
ホールにあるスパー SPAR、ダブリン空港ター
ミナル1のWH Smith、オコンネル・ストリー
トのダブリンバス・オフィスなどで購入可能だ。

カードの取得とチャージ

　カードの取得は町中にあるコンビニ（スパ
ーなど）や、ダブリンバス・オフィス、ダートの
駅にある自動券売機などでできる。
　料金のチャージ（トップ・アップTop-Upと
いう）も市内のコンビニやダブリンバス・オフィ

ス、ダートの駅の自動券売機で可能。リープ・
トップアップ・アプリLeap Top-Up Appをス
マホにインストールしておけば、クレジットカ
ード、デビットカード払いでスマホを使ってチ
ャージもできる。

カードでの乗車方法

ダブリンバス　乗車時に運転手に行き先を
告げ、読み取り機にタッチする。
ダート、近郊列車　乗車前と降車後に改札
機の読み取り部にタッチする。
ルアス　読み取り機が車内ではなくホームに
あるので、乗車前にタッチする。バスとは違
い、ルアスは**降車後にも読み取り機にタッ
チ**することを忘れずに。

■リープ・カード　URL leapcard.ie

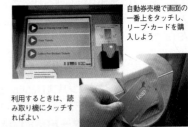

自動券売機で画面の
一番上をタッチし、
リープ・カードを購
入しよう

利用するときは、読
み取り機にタッチす
ればよい

の時刻表がもらえる。最終バスはだいたい23:30頃だが、金・土曜の深夜0:30〜4:30の間に1〜2時間の間隔でナイトリンクNitelinkが運行される。

バスの乗り方　料金は距離などにより€1.70〜3（リープ・カードは€1.30〜2.40）。乗車時に運転手に行き先を告げて料金を料金箱に入れ、レシートのようなチケットを取る。おつりは出ないので、ぴったりの金額を準備しておくこと。リープ・カードを持っている人は、行き先を告げた後、カード専用の読み取り機にカードをタッチする。タッチ式のクレジットカードやデビットカードには対応していない。

降車ブザー　目的地が近づいてきたら、天井やポールに付いているブザーを1回押す。降りるときは、開いたドアから降りればよい。

ダブリンの市内交通ルアス

　ルアスはダブリン市内から南のタラTallaghtや、ブライズ・グレンBrides Glenなどの郊外を結ぶ路面電車。**レッド・ラインとグリーン・ライン**のふたつの路線がある。旅行者にとってはレッド・ラインのコノリー駅、バスアラスとヒューストン駅を結ぶ区間が便利。月〜金曜は5:30〜24:00頃、土曜は6:30〜24:00頃、日曜は7:00〜23:00頃の運行。

料金はゾーン制　料金はいくつのゾーンをまたぐかによって異なる。例えばコノリー駅からヒューストン駅へはセントラルという同一ゾーン内にあるので、料金はゾーンひとつ

■ルアスLUAS
URL www.luas.ie
■1回券€1.70〜2.60
　往復券€3〜4.40

セント・スティーブンズ・グリーンに停車中のルアス（グリーン・ライン）

リープ・カード利用者は、乗車前だけでなく降車後にもカードをタッチさせる

Information
ルアスの改札はきちんと

ルアスは乗車時に改札がないので、チケットなしでも乗車できてしまう。ただし、車内ではぬきうちで検札官にチケットやリープ・カードの提示を求められ、その際に不正乗車が発覚したら€45〜100の罰金を科せられる。

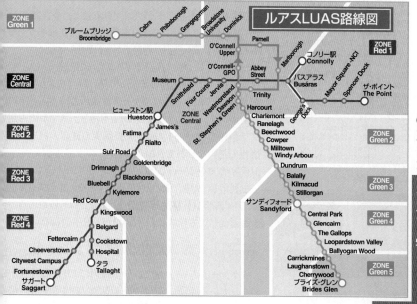

ルアスLUAS路線図

●ダブリン　レンスター州

タクシーはボディーの色はまちまちだが、上部のランプとドアのステッカーが目印

分の€1.70（リープ・カードは€1.30）。

チケットは前払い　車内でチケットの購入はできないので、事前に買っておくこと。各停留所に設置されている自動券売機で購入可能だ。キオスクでも購入可能だが、1日券や1週間券のみの取り扱いで、1回券と往復券は自動券売機でしか買うことができない。

有効時間　1回券と往復券の往路分は自動券売機で購入してから90分以内が有効時間。そのため自動券売機のチケットは買いだめできない。往復券の復路分は、その日のみ有効。

ダブリンの市内交通 観光バス

乗り降り自由の観光バスはダブリンバスが運行するドゥーダブリン・ホップオン・ホップオフとビッグ・バス、シティ・サイトシーイングの3社が市内のおもな観光名所を巡行している。いずれ

緑の車体がよく目立つドゥーダブリンのダブルデッカーバス

も2階建てのオープントップバスを利用しており、ルートもほとんど同じ。便数も多く、町の全体像を把握するのにも役立つ。チケットはウェブのほか、バス停にいるスタッフから、バス内でも購入することもできる。

ドゥーダブリン・ホップオン・ホップオフ　ドゥーダブリンDo Dublinと書かれた緑色の2階建てバス。車両によって運転手が英語でガイドしてくれる便と、多言語の音声ガイドが聴ける便があるが日本語はない。運転手からリトル・ミュージアム P74 の無料チケットがもらえる。

ビッグ・バス　ワイン色とクリーム色の2階建てバス。オコンネル・ストリートの ❼ の前から出発。車両によって運転手が英語でガイドしてくれる便と多言語の音声ガイドが聴ける便があり、日本語の音声ガイドもある。スマホの専用アプリがあり、チケットの購入や停留所の確認、バスの位置情報の把握などができる。

シティ・サイトシーイング　赤い2階建てのオープンデッキーを利用しており、他の2社に比べて、少し東のルートが長く、アイルランド移民博物館 P75 前などにも停車する。全車多言語による音声ガイド付きだが、日本語はない。

ダブリンの市内交通 タクシー

タクシーはメーター制で、料金は国により最高料金が定められている P.320 。空港や鉄道駅前のタクシー乗り場の

ほか、市内の中心部なら流しのタクシーも簡単に見つけやすい。電話でタクシーを呼び出す場合は予約料€2がかかり、そのほか大人ふたり以上乗車する場合は、ふたり目からひとりにつき€2がかかる。

タクシー配車アプリ スマホを使い、タクシーを呼び出すこともできる。タクシー配車アプリはフリーナウFreeNowやリンク・タクシーズLynk Taxisなど複数ある。ウーバー Uberも利用できるが、タクシー配車アプリとしてのみ利用可能。アイルランドではライドシェアは許可されていない。

ダブリン近郊の交通ダート

近郊列車のダートは、市の中心部にあるコノリー、タラ・ストリート、ピアースなどの駅から北はダブリン湾沿いの**ホウス P.91**もしくはマラハイド、南はグレイストーンズ（ブレイ・デイリ駅終点の便も多い）を結んでいる。月～金曜は6:20～23:30頃まで、土曜は7:00～23:30頃まで、日曜は9:00～23:40頃まで運行し、10～30分間隔（土・日曜は30分間隔）で発着する。**マラハイド城 P.90**や**ダン・レアリー P.92**、**ドーキー P.93**などへ行くときに便利。

両替・郵便

両替 銀行や両替所はオコンネル・ストリート沿いとその周辺に多い。

郵便 オコンネル・ストリートにある中央郵便局は、営業時間も長く便利。もちろん小包の発送も可能。

旅の情報収集

観光案内所 公営の🛈はリフィ川の北と南にひとつずつある。北岸のオフィスはオコンネル・ストリート沿い、南側のオフィスは、ダブリン城のすぐ近くのパレス・ストリートに面しており、各種パンフレットが揃っているほか、スタッフが親切に応対してくれる。ダブリン市内では🛈のマークをよく見るが、公営の🛈はこのふたつだけ。

パレス・ストリートの🛈

Wi-Fi ダブリン中心部のカフェやパブでは無料でWi-Fiにつなげられるところが多い。また、ダブリンバスは全車両が無料Wi-Fiに対応している。

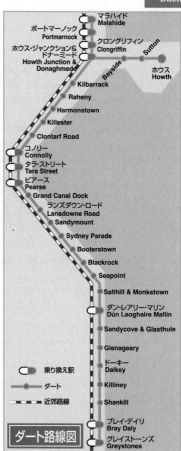

マラハイド
Malahide
ポートマーノック
Portmarnock
ホウス・ジャンクション＆ドーナミード
Howth Junction & Donaghmede
クロングリフィン
Clongriffin
Sutton
Bayside
ホウス
Howth
Kilbarrack
Raheny
Harmonstown
Killester
Clontarf Road
コノリー
Connolly
タラ・ストリート
Tara Street
ピアース
Pearse
Grand Canal Dock
ランズダウン・ロード
Lansdowne Road
Sandymount
Sydney Parade
Booterstown
Blackrock
Seapoint
Salthill & Monkstown
ダン・レアリー・マリン
Dún Laoghaire Mallin
Sandycove & Glasthule
Glenageary
ドーキー
Dalkey
Killiney
Shankill
ブレイ・デイリ
Bray Daly
グレイストーンズ
Greystones

乗り換え駅
ダート
近郊路線

ダート路線図

郊外やダン・レアリー港に行くのに便利なダート

■ダブリンの🛈
URL www.visitdublin.com
●パレス・ストリート
Map P.56-A2
住 3 Palace St., D02 T277
時 9:00～17:30
休 クリスマス
●オコンネル・ストリート
Map P.55-D1
住 14 O'Connell St. Upr., D01 WP59
時 9:00～17:00　休 日・祝

65

ダブリンの自転車シェアシステム
ダブリンバイクス

ダブリンバイクスDublinbikesは、ダブリン中心部で利用できる自転車のシェアシステム。レンタルステーションは、東はドックランド地区から西はキルメイナム刑務所まで、ダブリン中心部の116ヵ所に設けられており、旅行者も1日チケットや3日チケットを購入し、気軽に自転車に乗ることができる。

① クレジットカード対応のレンタルステーションを探す

レンタルステーションには利用登録ができるものとできないものの2種類がある。利用登録可能なステーションは本書地図では のアイコンで表されている。利用登録は、レンタルステーション以外にもネットや、スマホのアプリを使っても可能。スマホでの登録、購入の仕方は下を参照。

利用登録対応型ステーション

② レンタルステーションで3日チケットを購入する

↓ スタート画面で**PURCHASE A DUBLINBIKE SUBSCRIPTION**を選択
↓ **3 day Ticket**を選択
↓ 6桁の**PINコード**を設定する
↓ 確認のためにもう一度PINコードを入力
↓ €150のデポジットが必要なことを確認
↓ クレジットカードを挿入かタッチするかで支払う
↓ 6桁の**サブスクリプション番号**が印刷されたチケットが発券される

① スマホアプリで登録する

↓ ダブリンバイクスのアプリをスマホに入れて、**CREATE MY ACCOUNT**をタップする
↓ メールアドレスを入力
↓ 6桁の**PINコード**を設定する
↓ 入力したメールアドレスにダブリンバイクスからメールが届くので、Click here Confirm Your Accountをタップ
↓ 名前と生年月日、電話番号を入力して完了

② スマホを使って3日チケットを購入する

↓ アプリのメニューから**SUBSCRIPTION OPTIONS**から**3 Day Ticket**を選択
↓ 使用開始日時を入力
↓ Your Payment Methodをタップして、支払いに使うクレジットカード番号を入力
↓ **Pay €5**をタップして支払う
↓ 登録したメールアドレスに6桁の**サブスクリプション番号**が書かれたメールが届く

ダブリンバイクスで回るおすすめ1日コース

① レンタルステーションで自転車をゲット
8:30

乗る前にはサドルの高さを調整し、ブレーキのチェックを

② オコンネル・ストリートから出発
8:35

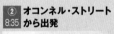

光の尖塔や中央郵便局、オコンネル像を見て回る

③ リフィ川沿いを東へと進む
8:50

税関、ジーニー・ジョンストン号を眺めて、リフィ川南岸へ

⑫ 町の中心へ戻り、カフェで一休み
17:00

飲酒後の運転は危険なので、飲んだ人はルアスで戻ろう

⑪ ギネス・ストアハウス前のステーションで駐車
15:45

ギネスのおいしさの秘密に迫る充実の展示

⑩ 三度自転車レンタルして、リフィ川を西へ
15:30

リフィ川に出ると、すぐにフォー・コーツが見える

③ 3日チケットを使って自転車を借りる

USE THE DUBLINBIKE SERVICE を選択

印刷されたチケットもしくはメールに書かれた6桁の**サブスクリプション番号**を入力

自分で設定した6桁のPINコードを入力

レンタルステーションにある自転車の中から任意の自転車の番号を選択

60秒以内に選択した自転車をスタンドから切り離す。スタンドに付いている**ボタン**を押して自転車を引き抜けば完了

サドルの高さを調整し、ブレーキがきちんと動くか確認したら出発。

Your dublinbikes subscription number(s) : 572808...

Your subscriptions are active from Feb 28, 2024 to Feb 29, 2024.

メールで送られてくるサブスクリプション番号

06	★★★ 126 reviews
07	★★★ 96 reviews
08	★★★ 88 reviews
09	★★★ 127 reviews
10	★★★ 151 reviews
11	★★★ 101 reviews

タッチパネルで自転車を選択する。電動アシスト付き自転車もあるが、バッテリーが外されているため旅行者は電動アシストは使えない

④ カギのかけ方

見どころなどの駐輪スペースに停める際は必ず付属のカギで自転車をロックしておこう。

⑤ 自転車を返却する

自転車を返却するのは、どのステーションのどのスタンドでも24時間可能。利用したときに引き抜いたのと反対に、今度は自転車をスタンドに押し込むだけ。きちんと入ったらピピッと音がするので、これで返却は完了。

■**ダブリンバイクス**
URL www.dublinbikes.ie
图1日チケット€3.50　3日チケット€5
●利用料金
30分以内の返却は無料
1時間€0.50　2時間€1.50　3時間€3.50
4時間€6.50　4時間以降30分ごとに€2
●レンタルステーション
圖5:00〜翌0:30（返却は24時間可能）

---

④ 9:00 **国立図書館前のステーションで駐車**

トリニティー・カレッジまで歩き、『ケルズの書』などを見学

⑤ 11:00 **徒歩で国立考古学博物館へ**

アイルランドの国宝が一堂に会している

⑥ 12:00 **テンプル・バーで昼食をとる**

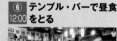

テンプル・バーには数多くのパブやレストランが並ぶ

⑨ 4:45 **徒歩でクライスト・チャーチ大聖堂へ**

壮麗な内部はもちろん、地下の宝物展示も見応えがある

⑧ 13:30 **市庁舎前のステーションで駐車**

市庁舎のすぐ隣にあるダブリン城を見学する

⑦ 13:00 **レンタルステーションで再び自転車をゲット**

セント・スティーブンズ・グリーン近くを周遊。ルアスに注意

●ダブリン　レンスター州

効率よく回るならツアーがおすすめ

ダブリン発着のツアー

　ダブリン発のバスツアーではグレンダーロッホや世界遺産のニューグレンジなど近郊の遺跡への1日ツアーが人気で、各社から出ている。また、歴史や文学、パブなどをテーマにしたダブリンならではの各種ウオーキングツアーも催行されている。ツアーは基本的に要予約。**❶**ではごく一部の会社のツアー予約しか受け付けていないので、インターネットを通して自分で行おう。

ゴースト・バス・ツアー

火・木・金・土19:00 21:30発
所要約2時間　圏€35
幽霊や怪奇現象などダブリンの「裏の顔」にまつわるスポットを訪れるバスツアー。

ダブリンバス**Dublin Bus**
URLwww.dublinsightseeing.ie
上記のツアーはダブリンバスのオフィスMap P.55-D1から出発。

ランド＆ウオーター・シティ・ツアー

9:30～17:00の30分に1便程度（季節により大きく変動）
所要約1時間15分　圏€35　学生€32
水陸両用車に乗ってダブリンの観光名所を巡る、人気のツアー。ガイドはヴァイキングの衣装で町の説明をしてくれ、水陸両用車の特性を活かして運河クルーズも楽しめる。

ヴァイキング・スプラッシュ・ツアーズ
Viking Splash Tours
TEL(01) 2243852　URLvikingsplashdublin.ie
ウェブサイトから予約可。セント・スティーブンズ・グリーンの北側から出発。

ウィックロウ、グレンダーロッホ、パワーズコート

9:20発　所要約8時間　圏€65～　学生€62～
ウィックロウ山脈とグレンダーロッホというダブリン南部の見どころを訪れるツアー。パワーズコートに入る代わりに、ウィックロウ山脈でのウオーキングか乗馬のアクティビティへの参加も選択できる。

ニューグレンジ＆ボイン渓谷

火・木・土・日9:00発　所要約8時間　圏€85　学生€82
ボイン渓谷の見どころを回るツアーで、世界遺産のニューグレンジや、ボイン川の古戦場、モナスターボイスにも訪れる。

ウィックロウ、グレンダーロッホ、キルケニー

月・水・金・日9:00発　所要約8時間　圏€65　学生€62
グレンダーロッホを訪れた後、ウィックロウ山脈をドライブし、キルケニーの町を散策する。

ヒルトップ・トレックス Hilltop Treks
☎087-7849599　URLwww.hilltoptreks.com
モリー・マローン像前Map P.77-D2から出発。

ワイルド・ウィックロウ・ツアーズ

8:45前後発　所要約9時間　圏€55
ダン・レアリーやサンディーコーヴ、ドーキーといった海岸地域を巡ったあと、グレンダーロッホを訪れ、さらにウィックロウ山脈の中を抜けて戻ってくるツアー。

ワイルド・ウィックロウ・ツアーズ
Wild Wicklow Tours
TEL(01) 2801899　URLwww.wildwicklow.ie
ウェブサイトから予約する。市内主要ホテルを巡回するので出発時刻は予約時に要確認。

ウィックロウ、グレンダーロッホ、キルケニー

8:45発　所要約9時間15分　圏€40
グレンダーロッホとキルケニーを訪れ、さらにウィックロウ山脈のドライブを楽しむというよくばりなツアー。

コリンズ・デイ・ツアーズCollins Day Tours
TEL(01) 6770837　URLwww.collinsdaytours.com
ウェブサイトから予約する。オコンネル・ストリートのグレシャム・ホテル前から出発。

モハーの断崖＆ゴールウェイ

7:00発　所要約12時間30分　圏€75　学生€70
美しい景観を眺めながらアイルランド島を西に横断し、モハーの断崖とゴールウェイを訪れる日帰りツアー。それぞれ2時間ずつ滞在する。

ジャイアンツ・コーズウェイ＆ベルファスト

7:00発　所要約13時間　圏€85　学生€80
北アイルランドの首都ベルファストと世界遺産ジャイアンツ・コーズウェイを訪れる日帰りツアー。ベルファストではブラック・タクシー・ツアーに参加するか、タイタニック・ベルファストを見学するか選べる。

キルケニー、ウィックロウ山脈、グレンダーロッホ

8:10発　所要約10時間　圏€43　学生€38
レンスター州南部の主要な見どころキルケニーとグレンダーロッホを訪れて、じっくり見学する。

ワイルド・ローヴァー・ツアーズ Wild Rover Tours
TEL(01) 2845560　URLwildrovertours.com
出発場所はツアーごとに異なり複数あるので、事前に確認しておくこと。

🚌 ウィンターフェル・トレック

水・土7:45発　所要約11時間　🎫€79　学生€75

人気ドラマ『ゲーム・オブ・スローンズ』に登場するファンタジーの舞台をたどる。途中、数時間（6kmほど）のトレッキングを含むので、滑りにくい靴や動きやすい服装で。年末年始は休業。

ゲーム・オブ・スローンズ・ツアーズ
Game of Thrones Tours
🔗www.gameofthronetours.com　(028) 95680023(北アイルランド)
ヒルトン・ガーデン・イン Map P.55-E2前から出発。

🚌 モハーの断崖

7:50発　所要約12時間　🎫€80　学生€75

ゴールウェイ湾岸やキンヴァラ村を通ってドゥーランでランチをとった後、モハーの断崖で1時間30分の自由時間。帰路にボンラッティ城前で写真撮影可。

🚌 ジャイアンツ・コーズウェイ

7:00発　所要約13時間　🎫€85　学生€80

『ゲーム・オブ・スローンズ』のロケ地になったダークへッジに寄ってからジャイアンツ・コーズウェイへ。コーズウェイ・コーストをドライブしてダンルース城（写真撮影のみ）やベルファスト市内を車窓から観光。

🚌 ベルファスト

週2～5日の運行　8:00発　所要約10時間
🎫€69　学生€65

モナスターボイスの遺跡に立ち寄ってからベルファスト市内で2時間の自由時間。オプションでウエストベルファストの壁画を見に行くタクシーツアーもアレンジ可。午後はタイタニック・エクスペリエンスを見学。

🚌 ケリー周遊路

土・日6:30（冬期減便）　6:30発　所要約14時間
🎫€89　学生€79

リムリック近郊のアデア村に寄った後、キラーニー国立公園でウオーキングを楽しむ。その後キラーニーの町やディングル半島をドライブする。

🚌 グレンダーロッホ半日ツアー

8:00、13:30発　所要約4時間30分　🎫€33　学生€30

グレンダーロッホを観光した後、ウィックロウ山脈をドライブして戻る。午前ツアーもある。

🚌 コネマラ地方＆ゴールウェイ

週2～5日の運行　8:00発　所要約12時間
🎫€75　学生€65

グレンガウラで鉱山や牧場を訪れたあと、コリブ湖やコネマラ地方の自然を堪能し、ゴールウェイへ。2時間の自由時間を過ごしたあとダブリンに戻る。

🚌 ブラーニー城

8:00発　所要約12時間　🎫€85　学生€80

ダブリンを出発後、ロック・オブ・キャッシェルを見学、コークへ。コークでは1時間半の自由時間がある。その後ブラーニー・ストーンで有名なブラーニー城へ。

パディワゴン**Paddywagon**
📞(01) 8230822　🔗www.paddywagontours.com
ツアーによって出発場所は異なる。オフィスがオコンネル・ストリートにある。

🚌 ニューグレンジとタラの丘

9:30前後発　所要約8時間　🎫€75

世界遺産のニューグレンジとタラの丘を訪れる1日ツアー。バスのピックアップ・ポイントはシェルボーン・ホテル前やオコンネル・ストリートなど

メアリー・ギボンズ・ツアーズ**Mary Gibbons Tours**
📞086-3551355　🔗www.newgrangetours.com

🚶 ダブリン・リテラリー・パブ・クロウル
Dublin Literary Pub Crawl

4～10月19:15発　11～3月の木～日19:15発
所要約2時間20分　🎫€18　学生€16

ジェイムズ・ジョイスやW.B.イエーツら文豪ゆかりのパブを訪れる。俳優たちが彼らの作品を演じてくれる。9 Duke St.のザ・デューク・パブThe Duke PubMap P.56-B3の2階集合。

📞087-2630270　🔗www.dublinpubcrawl.com

🚶 ミュージカル・パブ・クロウル
Musical Pub Crawl

3～10月の日～木19:00発　冬期要確認
所要約2時間30分　🎫€22

ふたりのプロミュージシャンが伝統音楽を演奏しながら音楽で有名なパブを訪れる。ヘイプニー・ブリッジ・インHa'penny Bridge InnMap P.76-C1の2階集合。

📞(01) 4758345　🔗www.musicalpubcrawl.com

🚶 ヒストリカル・ウオーキング・ツアー
Historical Walking Tour

5～9月11:00発、15:00発　4・10月11:00発
11～3月の金～日11:00発　所要約2時間
🎫€19　学生€17

学位をもつ精通したガイドが、ダブリンの歴史を説明しながら案内してくれるツアー。トリニティー・カレッジの正門Map P.56-B2集合。

📞087-6889412　🔗www.historicalinsights.ie

🚢 ダブリン・ディスカバード
Dublin Discovered

3・4・10月11:30、12:30、14:15、15:15、16:15
5～9月10:30、11:30、12:30、14:15、15:15、16:15
11月の金～日　11:30、12:30、14:15、15:15
所要約45分　🎫€19.50　学生€17

出発はショーン・オケーシー橋Sean O' Casey Footbridgeの北岸の船着場Map P.55-E2。ヴァイキング時代以来のダブリンの町の発展の歴史を聞きながら、リフィ川を航行する。屋根付きのボートなので、雨の日でも安心。

リフィ川からダブリンの町を見学できる

📞(01) 4730000　🔗dublindiscovered.ie

🚢 ダブリン・ベイ・クルージズ
Dublin Bay Cruises

ダンレアリー発4～9月の火～日12:30
ホウス発4～9月の火～木14:00、金～日15:30
所要約1時間　🎫€25

ダン・レアリーとホウスを結ぶ、ダブリン湾を縦断するクルーズツアー。途中ブル島、アイルランズ・アイなどを見ていく。ダンレアリー～ダブリン中心部、ダン・レアリー発ドーキー島のクルーズなども運行。

📞(01) 9011757　🔗www.dublinbaycruises.com

■トリニティー・カレッジ
● 『ケルズの書』エクスペリエンス

🏠 College Green, D02 PN40
☎ (01) 8962320
URL www.visittrinity.ie/book-of-kells-experience
開 夏期
　8:30～18:30 (日9:30～18:30)
　冬期
　9:30～16:30 (日10:00～16:00)
休 クリスマス期間
料 €25　学生€20
見学は時間ごとの入場制限があり、売り切れることが多い。できるだけ早くネットで予約しておこう。
🚫 『ケルズの書』など不可 ⊗
● トリニティー・トレイルズ・キャンパス・ツアー
URL www.visittrinity.ie/trinity-trails-tour
料 €16
キャンパス内の主要な見どころをガイドと一緒に巡るウオーキングツアー。所要約45分。出発は正門を入ってすぐにあるチケット売り場。ツアーの日程は日によって異なる。売り切れることもあるので、ネットでの予約が望ましい。『ケルズの書』エクスペリエンスとの共通券もあり€33.50。ガイドが付かないオーディオガイドによるセルフツアーは€5。

アイルランド最古のハープ

シークレット・ライフ・オブ・ザ・コレクションで図書館の蔵書についてより深く知る

トリニティー・カレッジ
Trinity College

アイルランド最古の名門大学
由緒と伝統のあるトリニティー・カレッジは、1592年にイギリス女王エリザベス1世によって創設されたアイルランド最古の大学。

正門の手前の右側には劇作家のオリバー・ゴールドスミス、左側には政治家・思想家のエドモント・バークの像があり、どちらもこの大学の卒業生だ。そのほか著名な卒業生としては、ジョナサン・スウィフト、ジョージ・バークリー、オスカー・ワイルド、ブラム・ストーカーなどがいる。また、ノーベル文学賞を受賞したサミュエル・ベケットは192?年にここを卒業している。

オールド・ライブラリー
正門を抜け、正面にある30mの鐘楼の右にオールド・ライブラリーがある。トリニティー・カレッジの図書館は日本の国会図書館同様に法定納本図書館であり、アイルランドおよびイギリスで発行された本の納品が義務づけられている。蔵書数は約500万で、6つの図書館に分かれて収められているが、そのなかでもオールド・ライブラリーは最も古い建物。

『ケルズの書』とロングルーム
2024年より『ケルズの書』とオールド・ライブラリーの見学は、『ケルズの書』エクスペリエンスThe Book of Kells Experienceとして展示がリニューアルされた。まず、ケルト芸術の最高峰と称される『ケルズの書』に関する展示があり、歴史的背景や制作方法などを

ロングルームは改修がされ、新たに地球儀ガイアが展示されるようになった

詳しく解説しており、展示の最後に実物を見ることができる。長さ65mの**ロングルーム**The Long Roomは、室内の両側に本棚と大理石でできた胸像がずらりと並び、世界で最も美しい図書館のひとつ。かつては棚は本でびっしりと埋め尽くされていたが、現在本は保存のために別の場所に移設されている。室内に浮かんでいるのは直径6mの地球儀**ガイア**で、NASAが撮影した地球の表面映像が映し出されている。このほか、15世紀頃に制作されたアイルランド最古のハープも展示されている。

充実のデジタル展示 ロングルームの見学後、展示はザ・パビリオンThe Pavillionという別棟に続く。こちらでは、ロングルームの胸像の人物と対話したり、貴重な蔵書に関する知られざる逸話を知ることができる**シークレット・ライフ・オブ・ザ・コレクションズ**Secret life of the Collections、デジタル画像と音楽で『ケルズの書』が造られてからトリニティー・カレッジにもたらされるまでを紹介する**『ケルズの書』360**Book of Kells 360、ロングルームをデジタル・プロジェクションによって再構築された**ロングルーム・リイマジンド**Long Room Reimaginedという3つの展示が行われている。全体の見学時間は1時間30分ほど。

『ケルズの書』をモチーフにしたデジタル映像が楽しめる『ケルズの書』360

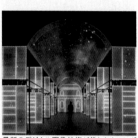

最新のデジタル画像技術が使われたロングルーム・リイマジンド

アイルランド最高の宝、『ケルズの書』とは

装飾写本の傑作 『ケルズの書』とは豪華な装飾が施された4つの福音書のこと。マタイ伝、マルコ伝、ルカ伝、ヨハネ伝が収められている。アイルランドで最高の宝のひとつとされ、トリニティー・カレッジの図書館に約300年にわたって保管されてきた。

修道僧が制作 『ケルズの書』を制作したとされるのは9世紀初めにヴァイキングの襲来でアイオーナ島（スコットランド西方の島）からケルズ（ダブリンの北西約60km）へ避難してきた修道士だ。ラテン語で書かれた4つの福音書をもとにケルズ修道院で制作されたようだ。『ケルズの書』にはケルト特有の渦巻き文様や人、動物が描かれ、ケルト美術の最高峰といわれている。

150頭分の牛の皮 全部で340枚あり、ベラム紙という牛の皮で作った書写材が使われている。頭数でいうと約150頭もの牛がこの本を作るために使われたことになる。肉太で丸みを帯びた手書きの文字は、アイルランドで4～5世紀に使われたアンシャル文字だ。インクははるばる中東から輸入されたものが使われた。

独自の動物デザイン 『ケルズの書』の魅力は、聖母子像や福音書作者のシンボルなど、1ページまるごと使った絵はもちろん、文章が書かれたページでも、頭文字が人や動物の形をしていたり、ちょっとしたスペースに小動物や組紐文様などさまざまな装飾がされていること。『ケルズの書』は4冊に分冊されており、トリニティー・カレッジの展示室では1冊はまるごと絵になっているページ、もう1冊は文章の書かれたページが開かれている。

ショップでは日本語のガイドブックも販売されているので、より詳しく知りたい人は購入してみてはいかがだろう。

『ケルズの書』のポストカードはおみやげに最適

■国立考古学博物館
住 Kildare St., D02 FH48
TEL (01) 6777444
URL www.museum.ie
開 10:00〜17:00(日・月13:00〜17:00)
休 聖金曜、12/25・26
料 無料 ⊗

工芸品を中心にアイルランドの歴史を学ぶ
ことができる

アイルランドが誇る至宝の数々を収めた

国立考古学博物館
National Museum of Ireland Archaeology

Map P.55-D3·E3
博物館地区

　国立考古学博物館は1880年代にトーマス・ディーンの設計で創立された。紀元前2000年から現在にいたるまでのアイルランドの宝といえる工芸品などのコレクションが揃う。

　国宝として収められている**タラのブローチ**The 'Tara' Broochは8世紀に作られた金のブローチで、僧衣などを留めるために使われたものだ。ケルトの文様が彫り込まれており、アイルランドの金細工の最高峰といわれている。

　ほかにも**アーダの聖杯**The Ardagh Chalice(8世紀)、**コングの十字架**Cross of Cong(12世紀)や**聖パトリックの鐘とその櫃**St. Patrick's Bell and its Shrine(11世紀)なども見逃せない。また、1980年にティペラリー県で地元の人によって発見された、8〜9世紀の銀器のコレクションも必見。9〜12世紀のヴァイキングの遺品はダブリンのウッド・キーで発掘されたものだ。見学時間が限られている人は、宝物室The Treasuryを中心に見ていくのがおすすめ。

1階　Ground Floor

タラのブローチ

アーダの聖杯

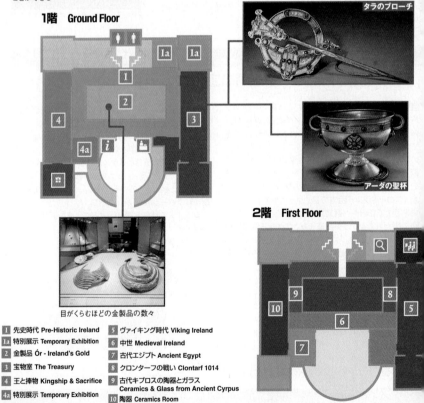

目がくらむほどの金製品の数々

2階　First Floor

1 先史時代 Pre-Historic Ireland
1a 特別展示 Temporary Exhibition
2 金製品 Ór - Ireland's Gold
3 宝物室 The Treasury
4 王と捧物 Kingship & Sacrifice
4a 特別展示 Temporary Exhibition

5 ヴァイキング時代 Viking Ireland
6 中世 Medieval Ireland
7 古代エジプト Ancient Egypt
8 クロンターフの戦い Clontarf 1014
9 古代キプロスの陶器とガラス
　Ceramics & Glass from Ancient Cyrpus
10 陶器 Ceramics Room

アイルランドをはじめ、世界中の美術品が収められた　Map P.55-E3

アイルランド国立美術館

博物館地区

The National Gallery of Ireland

■アイルランド国立美術館
🏠Merrion Sq. West & Clare St., D02 K303
☎(01) 6615133
URL www.nationalgallery.ie
🕐火・水・金・土9:15〜17:30
　木9:15〜20:30
　日・月11:00〜17:30
🚫聖金曜、12/24〜26
💰無料
📷一部　♿
※カラヴァッジオの『キリストの逮捕』は、2024年9月1日までベルファストのアルスター博物館（→P.251）に貸し出している。

　国立美術館は1854年に鉄道王ウィリアム・ダーガンの尽力により計画がスタートし、1864年にオープンした。

　クレア・ストリート沿いの入口を入るとすぐ案内所があり、館内図が手に入る。クロークルーム、ショップ、カフェがあるのもこのエリア。無料のガイドツアーも開催されているが、日によって開催時間が異なるので、ウェブサイトで確認すること。予約は必要ない。主要な展示は階段を上がった2階にある。

　ヨーロッパ各国の17世紀を中心とした作品が充実しており、なかでもカラヴァッジオの作品『**キリストの逮捕**The Taking of Christ(1602年)』は必見。長く失われたと信じられていたが、1990年にダブリンにあるイエズス会の建物内で発見された。ほかにもイタリアの作家ではフラ・アンジェリコやマンテーニャ、ティッツィアーノといった巨匠の作品を収蔵しているほか、フランスではモネやドガなど、印象派の作品が何点もある。寡作で知られるフェルメールの『**手紙を書く婦人と召使**Lady Writing a Letter with her Maid(1670〜1671年頃)』も見逃すことができない傑作。ラズボロー・ハウス P.94 の主として知られるアルフレッド・バイト卿が所有していたもので、1974年と1986年の2度にわたり盗難されたことがある。アイルランド人の作家ではジャック・B・イエーツの作品を多数収蔵している。オーディオガイドの貸し出しは2024年3月現在休止されているが、スマホとイヤホンを使って聞くことができる。

質の高いコレクションを誇るアイルランド国立美術館

ヨーロッパの巨匠の作品を展示されている

巨大なオオヘラジカの骨格標本は圧巻　Map P.55-E3

国立自然史博物館

博物館地区

National Museum of Ireland Natural History

■国立自然史博物館
🏠Merrion St., D02 F627
☎(01) 6777444
URL www.museum.ie
🕐10:00〜17:00(日・月13:00〜17:00)
🚫聖金曜、12/25・26
💰無料　♿

　国立博物館の動物学部門が独立した博物館で、"剥製の動物園"として知られている。建物は1856年に建てられたもの。館内に入ると巨大なオオヘラジカの骨格標本がある。すでに絶滅したもので、とても貴重なものだ。

　1階は「アイリッシュ・ルーム」と呼ばれ、アイルランドの両生・爬虫類ほか、中央にはアカシカやリス、カワウソなどの哺乳動物、鳥などが展示されている。珍しい海鳥やカワセミもあり、部屋の隅にはチョウなどの昆虫の標本がガラスケースの中に鎮座している。アイルランド以外の熱帯の昆虫なども一緒に展示されている。2階は世界各国からのコレクションで、中国のジャイアント・パンダやインドゾウ、シマウマやキリン、カバなどの剥製が見られる。

オオヘラジカの骨格標本

●ダブリン　レンスター州

■リトル・ミュージアム
🏠15 St. Stephen's Green,
D02 Y066
📞(01) 6611000
🌐www.littlemuseum.ie ✉
🕐9:00～17:00
休クリスマス期間
💰€15　学生€13
⊗
※2024年5月現在、建物修復のため、
徒歩約5分にある33 Lwr. Pembroke
St., D02 FK06Map P.55-E3に移設
営業中

リトル・ミュージアム
博物館地区
The Little Museum of Dublin

　20世紀のダブリンにス
ポットを当てており、展示
品はすべてダブリン市民か
ら寄付された品物。イース
ター蜂起や内戦時の写真
や記事、イエーツやジョイ
ス、ベケットといった作家
達の手紙や初版本など、

壁を埋め尽くすように飾られる写真。一つ
ひとつが過ぎし日のダブリンを雄弁に語る

ダブリンにまつわる人々の品物が多数展示されている。
ガイドツアーが毎時催行されており、見過ごしてしまいか
ちだが面白い逸話をもつ品物の解説をしてくれる。

市民の憩いの場　　　　　　　　Map P.56B-3-4
セント・スティーブンズ・グリーン
博物館地区
St. Stephen's Green

　四季を通じて花が咲き乱れる市民の憩いの場で9ヘク
タールもある。園内は子供が駆け回り、人々は芝生の上
でのんびり横になったり、お弁当を広げたりして平和その
もの。夏の昼頃や日曜には野外コンサートが開かれるこ
ともある。19世紀初め、同地の住人用の庭として使われ、
一般市民は入場料を払わなければならなかった。しか
し、1877年にアーサー・エドワード・ギネス卿（ギネス創
始者の孫）が、誰もが自由に出入りできるように法律を議
会で通し、湖や噴水、花壇や木々などの庭造りには同氏
が出資したという。彼の尽力によりこの庭は市民の憩い
の場となった。

　公園内にはヘンリー・ムーアからイエーツにささげられた記
念碑やジェイムズ・ジョイスの像、19世紀の飢饉の記念碑な
どがある。入口の門は南アフリカでのボーア戦争で戦ったダ
ブリン・フュージリア連隊を記念したものだ。

■セント・スティーブンズ・グリーン
🚊ルアスのセント・スティーブンズ・グ
リーンSt. Stephen's Green下車
🏠St. Stephen's Green, D02 DX88
📞(01) 4757816
🌐heritageireland.ie
🕐7:30～日没（日9:30～日没）
休無休　💰無料

芝生の上でのんびりお昼寝。ああ、幸せ！

公園の正門、フュージリア・ゲート

■アイルランド銀行
🏠College Green, D02 VR66
🚊ルアスのウエストムーアランド・スト
リートWestmoreland Street下車
📞(01) 6615933
🕐10:30～16:00（木10:30～17:00）
上院議会は10:00～12:00のオープ
ン、火曜はガイドツアーが行われる。
休土・日　💰無料
⊗

かつてのアイルランド自治議会　　Map P.56-B2
アイルランド銀行
テンプル・バー
Bank of Ireland

　アイルランド銀行は、1729～39年、アイルランド自治議会
の議事堂として、エドワード・ピアース卿の設計により建設さ
れ、1800年に大英帝国に併合されるまで使われていた。エ
ドワード・ピアースはイタリアやフランスでパッラーディオ様式
を学び、29歳の若さで設計に携わった。1800年にアイルラ
ンド自治議会が英国議会に統合されると、アイルランド自治
議会は自ら閉会した。その後アイルランド銀行が4万ポンド

で買収し、1801年に本店としてオープンした。カレッジ・グリー
ン・ストリートに面した正面玄関に窓がないのは、議会の進
行中に議員たちが気を散らさないように配慮されたためなの
だそうだ。アイルランド産のオーク材でできた議会場には18
世紀の立派な壁掛けや黄金の職杖が飾られ、1233個のク
リスタルからなるシャンデリアがとても美しい。

壁にはボイン川の戦いを描いたタペスト
リーが架けられている

上院議会に展示されている長さ約1.5mの
職杖

大飢饉の時代に移民を北米へと運んだ　　　　　Map P.55-E2
ジーニー・ジョンストン号
リフィ川沿い
The Jeanie Johnston

カスタム・ハウス・キーに停泊するジーニー・
ジョンストン号

1845～52年にアイルラン
ドを襲った大飢饉は100万
人の死者を出し、100万人が
海外へ移住をしたというアイ
ルランドの歴史を語る上で外
すことのできない大事件。
ジーニー・ジョンストン号は、
その大飢饉の最中である
1847年から1855年にかけ
て16度の航海で約2500人
のアイルランド人たちをアメ
リカへと運んだ帆船で、現
在リフィ川北岸に停泊する
のは、2002年に復元され
たもの。

　船の内部は当時の様子を忠実に再現したもので、7週
間にわたる大西洋横断航海での船内の生活がよくわか
る。見学はガイドと一緒に見て回るツアー形式になってお
り、所要時間は約45分。

■ジーニー・ジョンストン号
住Custom House Quay, D01 X3H9
TEL(01) 4730111
URLwww.jeaniejohnston.ie 英
開夏期10:00～16:30の30分毎
　冬期10:00～15:00の1時間毎
休無休
料€15　学生€13

アイルランド人の移住の歴史をたどる　　　　　Map P.55-E2
アイルランド移民博物館
リフィ川北岸
EPIC The Irish Emigration Museum

　アイルランド出身の人々は世界中にいる。この博物館を
訪れるとそのことがよくわかる。2016年にオープンした、
移民に焦点を当て、アイルランドの人々が世界に与えた影
響や、アイルランドの人々が世界から受けた文化を紹介す
る、新たなコンセプトの博物館だ。

　パスポート型のチケットを持って博物館に入ると、「We
all come from somewhere(私たちはみんなどこかから来
ている)」の文字が掲げられ、アイルランドの人々が過去ど
のようなところへと移住していったかが紹介される。次の
部屋からは、アイルランドのさまざまな文化が世界中にどの
ように広がっていったかを、部門ごとに説明している。

■アイルランド移民博物館
🚋ルアスのジョージズ・ドックGeorge's
Dock下車
住CHQ Custom House Quay,
D01 R9Y0
TEL(01)9060861
URLepicchq.com 英
開10:00～18:45　※最終入場は17:00
休クリスマス期間
料€15　学生€13

アイルランド系とは思われていなくても、実
は祖先にアイルランド出身者がいる有名人
は少なくない

ダブリン　レンスター州

75

ダブリンの若者が集う、芸術・文化の発信基地

テンプル・バー

若者を引きつけてやまない

テンプル・バーは、リフィ川の南岸、中世ダブリンを囲んでいた城壁の東に広がるエリア。バーとは土砂が堆積した河口や砂州のことだ。16世紀にこの地を所有したテンプル一族が名前の由来と考えられており、豪華な館や庭園などが建てられていたが、19世紀以降はスラム化の道をたどった。しかし、1990年代の再開発計画が功を奏し、さまざまなアート系文化機関が集まり、ダブリンでも最先端をいくカルチャーエリアに生まれ変わった。伝統的なアイリッシュパブはもちろん、世界各国の料理が楽しめ、週末には色々なマーケットが開かれる、いつ訪れてもにぎやかな地区だ。

P.88
レプラホーン博物館
National Leprechaun Museum

Jervis
Shopping Centre

LUAS Jervis駅

寿司＆弁当
Kokoro

brother hubbard
P.106

Musashi

ダブリンに数店舗をもつ人気店
Il Fornaio Wine Ba

P.105
Han Sung
アジア系食材＆
韓国料理食堂

イタリア料理
Bar italia

リフィ川が眺められる
P.99 Winding Stair

Yan
Nor
P.1
日本
姉妹

The Morrison Grill

Wallace's
Taverna

ヘイプ
ブック
Ha'Pe

Ormond Quay Lwr.

ミレニアム橋
Millennium Br.

リフィ川

毎週
ブック

グラッタン橋
Gratan Br.

Ha'penny Bridge Inn

Temple Bar
Gallery & Studios
P.99 Quay

The Fitzsimons
Dublin Theatre
Festival
Box Office

P.95

P.99 The Shack
伝統的なアイルランド料理

The Temple
創業1840年の

Sunlight
Chambers

U2がオーナーだった
The Clarence P.96

The Norseman

P.104 Porterhouse
マイクロブリュワリー直営

Joy of Cha

National Photograhic
Archive
毎週土曜にフードマーケット

P.104
Whiskey
Reserve
充実の品揃え

老舗の

P.105 Zaytoon
イラン料理

Essex St. E.

Meeting
House Sq.

アイリッシュ・
ロック博物館
Irish Rock
Museum

P.88

Smock Alley
Theatre

本格日本料理
DARUMA

Project Arts
Centre

アイルランド写真博物館
Photo Museum Ireland
P.105

Montys of
Kathmandu
ネパール、インド料理

1760年創業
The Turks Head

Irish Film Institute

P.106
Queen of Tarts
タルトが人気
毎週土曜に
デザイン・マーケット

The Olympia
Theatre

インディーズ系映画を上映

Apache Pizza
ピザのチェーン。隣には系列ホステ

Da

Cent

Dalky Kelly's
毎晩生演奏

Hard Rock P.96
2019年オープン

Eddie Rocket's
アメリカンダイナー

Dame St.

Kathumandu
Kitchen

The
Hea
伝統

Harding P.98

Hard Rock

Beef & Lobster
アイルランド産の食材にこだわる

Palace St.

Suburritos
メキシコ料理

おみやげいろいろ
Irish Celtic Craft Shop

市庁舎 P.87
City Hall

Dame Ln.

Dame Ln. デイム・レーン

・日に開かれるブック・マーケット

ヤシの木の形をしたイス

アイルランドを代表する作家たち

D　　　　　　　　　　　E　　　　　　　　　F

Burger King

テンプル・バー周辺
Around the Temple Bar

TEMPLE BAR

オーダーメイドのクラダリング
Des Byrne Jewellers

Sky Backpackers

Abbey Court
P.98
Arlington
P.97, 100

オコンネル橋
O'Connel Br.

ホテル　　スイーツ　　パブ（ライブ演奏あり）
レストラン　ファストフード　パブ（食事メニューあり）
カフェ　　ショップ

Bachelor's Walk
バチェラーズ・ウォーク

エアコーチ
コーク行き

Aston Quay

Aston Quay アストン・キー

おみやげ
Carroll's

0　　　　　　100m

N

SuperValu
スーパー

KFC

Abigails P.98

Adair Ln.

Bedford Ln.

Temple Bar Hotel
P.99

ろう人形博物館プラス P.88
National WAX Museum Plus
LUAS Westmoreland駅

Ashfield House

リンク

Gallaghers Boxty House

Starbucks

創業200年の老舗、オリジナルウイスキーもある
Palace Bar
P.101

Fleet St. フリート・ストリート

Hard
Rock Cafe

Doyle's

The Time

Thunder
Road Cafe

スーパー
Tesco
エアコーチ
ダブリン空港行き

The Westin Dublin

統的なパブ　伝統的なパブ
he Auld
Dubliner
P.106
Burdock

The Oliver St.
John Gogarty's
P.102

年以上続く
ッシュ・アンド・
プス屋

Gogarty's

O'Sheas P.99
アイルランド料理

LUAS Trinity駅

ピアース・
ストリート門

orehouse
デンあり
小物や
buli

Mongolian
Barbeque

Blooms

ここは受付。宿泊棟は少し遠い
Trinity College P.98
（アコモデーション・オフィス）

2

タイル
など

Vat House Bar
ウイスキーに強い

College Green

アイルランド銀行 P.74
Bank of Ireland

正門

トリニティ・カレッジ P.70
Trinity College

イム・ストリート

カレッジ・グリーン
生活雑貨
Habitat

アイリッシュ・ウイスキー博物館
Irish Whiskey Museum

P.45

多くのツアーの出発場所
モリー・マローン像
Molly Malone Statue

Avoca Café P.106

Avoca
P.107

Suffolk St.

P.70
オールド・ライブラリー
（ケルズの書）
Old Library
(Book of Kells)

77

文豪たちのダブリン

JAMES JOYCE 1882-1941

セント・スティーブンズ・グリーンにあるジェイムズ・ジョイスの胸像

ジョージ・バーナード・ショウ、ウィリアム・バトラー・イエーツ、サミュエル・ベケットなどノーベル賞受賞作家のほか、世界的に有名なジェイムズ・ジョイス、オスカー・ワイルド、ジョナサン・スウィフト……、アイルランドは人口の少ない国でありながら、多くの世界的に著名な作家を輩出する文学大国。ダブリンには文豪たちゆかりの場所が数多くあるので、文学ファンならぜひ立ち寄ってみたい。また、6月16日はジョイス作『ユリシーズ』の主人公レオポルド・ブルームがダブリンの町を彷徨ったことから、毎年この日はブルームズ・デイとして、ジョイスにまつわるさまざまなイベントが行われる。

アイルランド文学博物館
Museum of Literature Ireland, MoLI

ニューマン・ハウスという歴史ある建物を利用している

ダブリン大学と国立図書館が2019年に設立した博物館。アイルランド文学の歴史や、文学が近代アイルランドに果たした役割などを解説している。ジェイムズ・ジョイスに関する展示が多く、『ユリシーズ』の初版本や、ジョイスと彼の作品にまつわる場所がマークされたダブリンの地図などが展示されている。

国立図書館
National Library of Ireland

イエーツ愛用の品々

国立図書館はW.B.イエーツの展示で有名。この展示は、2009年にはヨーロッパ・ミュージアム・アワードの最優秀展示にもノミネートされたほど充実の内容。イエーツの生涯と作品を豊富な資料と映像によって紹介している。(2025年夏までの展示)

通りを少し北へ行ったキルデア・ストリート2-3には別館があり、特別展を行っている。

バーナード・ショウの生家
Shaw's Birthplace

ノーベル文学賞を受賞した有名な劇作家ジョージ・バーナード・ショウが生まれた家。彼の音楽に対する情熱はこの家で育まれ、後に彼の劇作品の中で活かされた。

ジョージ・バーナード・ショウが1856年7月26日に生まれた当時の両親の寝室、ヴィクトリア朝のデザインが美しい居間、数多くの音楽会が開かれた応接間などが保存されている。

オスカー・ワイルド・ハウス
Oscar Wilde House

最上階にはオスカー・ワイルドの子供部屋があった

メリオン・スクエアの北にあるオスカー・ワイルドが幼少期を過ごした家。現在はダブリン・アメリカン・カレッジが所有する現役の学校であるため、学期内は土・日曜のみ見学することできる。土曜の夜にはガイドツアーも行われている。

■アイルランド文学博物館
Map P.56-B4
🏠86 St. Stephen's Green, D02 XY43
☎(01) 7165900　URL moli.ie
🕐10:30～17:30　※最終入場は16:30
休月　料€14.50　学生€12　⊗一部
■国立図書館
Map P.55-E3
🏠7-8 Kildare St., D02 P638
☎(01) 6030200　URL www.nli.ie
🕐木～月9:30～17:00　火・水9:30～19:00
　祝12:00～17:00
休無休　料無料
■バーナード・ショウの生家
Map P.55-D4
🚌オコネル・ストリートからNo.9、16、16D
🏠33 Synge St., D08 P9F8
※2024年5月現在閉館中
■オスカー・ワイルド・ハウス
Map P.55-E3
🏠1 Marrion Sq., D02 NH98
URL oscarwildehouse.com
🕐学期外10:00～18:00
　学期内の土・日11:00～18:00
休学期内の月～金　料€12
ガイドツアー土18:00～(要予約)　休日～金　料€22

ダブリン城
イギリス支配の象徴
Dublin Castle

Map P.56A-2-3
ダブリン城周辺

ダブリン庭園から眺めるダブリン城

ダブリンの名前の由来は現在のダブリン城の庭にあった「黒い水たまり」＝Dubh linnにあるといわれる。城はリフィ川とその支流の交差点という戦略的に重要な場所にあり、かつてヴァイキングの砦があった。現在もその一部が**地下遺構**The Undercroftで見られる。

ダブリン城は1204年にジョン王によって建てられて以来、7世紀にもわたってイギリス支配のシンボルだった。1864年には火事で崩壊し、当時の建物ではノルマン・タワー Norman Towerの一部が修復されて残る。19世紀のゴシック様式の**チャペル・ロイヤル**は1989年に復原され、石膏の装飾や美術品のオークの建具が見事だ。中庭の南にある**ステート・アパートメンツ**State Apartmentsは国の応接室兼歴代総督の居城として建てられた。建物の廊下も階段もドネゴール産の素敵なカーペットが敷かれている。部屋にはウォーターフォード・クリスタルのシャンデリアが輝き、18世紀フランスの壁掛けやイタリアの大理石など、贅の限りを尽くした装飾だ。

第1次世界大戦中は赤十字病院として使われ、ジェイムズ・コノリーが収容された部屋もある。1922年のフォー・コーツ破壊後は、8年間裁判所の本部にもなった。現在では大統領の就任式や、国際会議の会場としても利用される。

■**ダブリン城**
🏠Dame St., D02 XN27
☎(046) 9422213
🌐www.dublincastle.ie
🕐9:45〜17:45　※最終入場は17:15
休12/25〜27, 1/1
料セルフガイド€8　学生€6
　ガイドツアー€12　学生€10
地下遺構とチャペル・ロイヤルの見学はガイドツアーのみ。
※セルフガイドのチケットは時間制で、上記ウェブサイトから購入可能。ガイドツアーは、ウェブサイトからは申し込みができず、当日にチケット窓口で直接申し込む

ステート・アパートメンツ内の応接間

黄金に彩られた王座の間

ベッドフォード・タワー内は見学不可

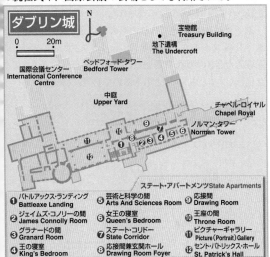

ダブリン城

0　20m

N

宝物館
Treasury Building

地下遺構
The Undercroft

ベッドフォード・タワー
Bedford Tower

国際会議センター
International Conference Centre

中庭
Upper Yard

チャペル・ロイヤル
Chapel Royal

ノルマン・タワー
Norman Tower

ステート・アパートメンツ State Apartments
❶ バトルアックス・ランディング Battleaxe Landing
❷ ジェイムズ・コノリーの間 James Connolly Room
❸ グラナードの間 Granard Room
❹ 王の寝室 King's Bedroom
❺ 芸術と科学の間 Arts And Sciences Room
❻ 女王の寝室 Queen's Bedroom
❼ ステート・コリドー State Corridor
❽ 応接間兼玄関ホール Drawing Room Foyer
❾ 応接間 Drawing Room
❿ 王座の間 Throne Room
⓫ ピクチャーギャラリー Picture (Portrait) Gallery
⓬ セント・パトリックス・ホール St. Patrick's Hall

■**クライスト・チャーチ大聖堂**
住Christ Church Pl., D08 TF98
TEL(01) 6778099
URLchristchurchcathedral.ie
開9:30～18:00(火・木9:30～17:30、
　日12:30～15:00、16:30～18:00)
休無休　**料**€11　学生€9.50
ダブリニア(→P.82)との共通券
€22.25　学生€19.75
⊛

ダブリンを見守るクライスト・チャーチ大聖堂

ネコとネズミのミイラ

地下は宝物展示になっている

　クライスト・チャーチ大聖堂は、アイルランド聖公会のダブリンとグレンダーロッホ教区の司教座教会。1038年に北欧系デーン人によって木造の教会が建てられた後、1172年に当時のダブリン大司教ローレンス・オトゥールとノルマン人騎士のリチャード・ド・クレア=ストロングボウによって石造大聖堂が建立された。ストロングボウの石棺は身廊に安置されているが、オリジナルは消失してしまっており、現在見られるのは別の場所から移されてきたもの。その

荘厳な雰囲気の大聖堂内

ストロングボウの石棺

隣にある小さなものが、オリジナルの一部ともいわれているが、詳しいことはわかっていない。

　南翼廊にある聖ローレンス・オトゥールの礼拝堂の天井は、ロマネスク様式のアーチとゴシック様式のアーチが重なっており、大変貴重なもの。北翼廊にはハート型の小箱に入った聖ローレンス・オトゥールの心臓が展示されている。2012年に盗難されたが、2018年にフェニックス公園で発見され、6年振りに大聖堂に戻された。

　地下には中世に建てられたものでは最大級といわれる地下礼拝堂があり、1689年にジェイムズ2世がダブリンに滞在したときの聖櫃や燭台などの歴史的宝宝、そしてミイラ化したネコとネズミなどもあるので必見。

クライスト・チャーチ大聖堂

洗礼堂 Baptistery
チャプター・ハウス Chapter House
図書室 Library
身廊 Nave
聖歌隊席 Choir
内陣 Chancel
聖母礼拝堂 Lady Chapel
聖ラウド礼拝堂 Chapel of St. Laud
入口
地下礼拝堂へ
ストロングボウの墓 Tomb of Strongbow
旧チャプター・ハウス跡
ダブリニアとを結ぶ通路
0　　10m
N

アイルランド最大の教会
聖パトリック大聖堂
St. Patrick's Cathedral

Map P.55-C3
ダブリン城周辺

■聖パトリック大聖堂
住Patrick's Close, D08 H6X3
TEL(01) 4539472
URLwww.stpatrickscathedral.ie
開3〜10月9:30〜17:00（土9:00〜18:00)
日9:00〜10:30、13:00〜14:30、16:30〜18:00)
　11〜2月9:30〜17:00（土9:00〜17:00)
日9:00〜10:30、12:30〜14:30)
休12/24〜26　料€10　学生€9

聖パトリック大聖堂の内部

聖パトリック大聖堂は、5世紀に聖パトリックが改宗者に洗礼を行ったとされる場所に建つ教会。もともとダブリンの大聖堂は中世の城壁内にあったクライスト・チャーチ大聖堂P.80だけで、城壁外の聖パトリック大聖堂は普通の教会だったが、1191年にダブリン大司教のジョン・コムによって大聖堂に格上げされた。ひとつの町にふたつの大聖堂があるのはとても珍しい。当初は木造だったが、13世紀に現在見られる石造りのゴシック様式のものに建て替えられた。

　大聖堂は、18世紀に『ガリバー旅行記』の作者として知られるジョナサン・スウィフトが首席司祭を務めたことでも知られている。入って右側の床にジョナサン・スウィフトと彼の永遠の恋人ステラの墓がある。スウィフトのコーナーでは祭壇のテーブルや彼のデスマスクが入った本箱などさまざまなゆかりの品がある。

　また、チャプター・ドアにある穴は1492年にキルデア卿とオーモンド卿が争ったときの名残だ。オーモンド卿が教会に避難した後、いざ和解となったときに、キルデア卿が握手をするために穴を開けたといわれている。

　聖歌隊席東側のステンドグラスには聖人パトリックやコロンバ、ブリジッドが描かれている。南側廊にはアイルランド共和国初代大統領、ダグラス・ハイドの記念碑がある。

聖パトリック大聖堂

北側廊は数々の影像が置かれている

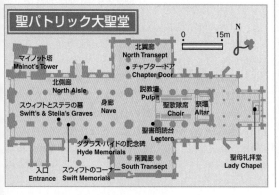

聖パトリック大聖堂

0　　15m　N

北翼廊
North Transept

マイノット塔
Mainot's Tower

●チャプター・ドア
Chapter Door

北側廊
North Aisle

説教壇
Pulpit

スウィフトとステラの墓
Swift's & Stella's Graves

身廊
Nave

聖歌隊席
Choir

祭壇
Altar

聖書朗読台
Lectern

ダグラス・ハイドの記念碑
Hyde Memorials

南翼廊
South Transept

聖母礼拝堂
Lady Chapel

入口
Entrance

スウィフトのコーナー
Swift Memorials

握手のための穴があるチャプター・ドア

●ダブリン　レンスター州

■チェスター・ビーティー・ライブラリー
住Dublin Castle, D02 AD92
TEL(01)4070750
URLwww.cbl.ie
開9:45～17:30（水9:45～20:00、
日12:00～17:30）
休11～2月の月曜、1/1、聖金曜、
12/24～26
料無料（希望寄付額€10）

ダブリン城の南、ダブリン庭園のすぐ西に
位置する図書館

■ダブリニア
住St. Michael's Hill, Christ Church,
D08 V529
TEL(01) 6794611
URLwww.dublinia.ie
開 冬期10:00～17:00
※最終入場は16:30
夏期10:00～18:00
※最終入場は17:00
休12/24～26
料€14 学生€12.50
オーディオガイドも料金に含まれる
（日本語はない）
クライスト・チャーチ大聖堂との共通
券€22.25 学生€19.75
一部

中世ダブリンの町並みを人形なども使いな
がらリアルに再現

貴重な美術品を効果的な展示によって紹介　Map P.56-A3

チェスター・ビーティー・ライブラリー ダブリン城周辺
Chester Beatty Library

　1956年にチェスター・ビーティー氏がアイルランドに寄贈した図書館。西欧や中東、東洋から集められた2万点以上の美術品を収蔵しており、偉大な書家による色鮮やかなクルアーン（コーラン）の写本が270点、アラビア語の文献が2700点をはじめ、トルコからの写本や絵画、シリアやエチオピア、アルメニアからの聖書を題材とした資料など見事なコレクションを誇っている。特に2世紀初めから4世紀のパピルス紙の聖書は、**チェスター・ビーティー・パピリ**と呼ばれる世界的に重要なもの。

　2階の装飾美術ギャラリーと3階の宗教美術ギャラリーというふたつのギャラリーに分かれており、テーマに沿って効果的に展示されている。2002年にヨーロッパ・ミュージアム・オブ・ザ・イヤーにも輝いている。装飾美術ギャラリーは世界各地域の美術品を版画や印刷物などを中心に紹介している。宗教美術ギャラリーでは、キリスト教、ユダヤ教、イスラム教、仏教など世界の宗教の歴史的発展や地域による宗派の違いなどを詳しく説明している。

ヴァイキング時代と中世のダブリンを体験　Map P.54-C2

ダブリニア ダブリン城周辺
Dublinia

　ヴァイキング時代にはじまり、1540年のヘンリー8世による修道院解体までのダブリンを紹介するアトラクション。1階はヴァイキング時代のダブリンを中心に、ヴァイキングの活躍や生活について詳しい解説がされている。2階は中世のダブリンの歴史や、人々の生活に焦点

教会と間違えそうな外観

を当てた展示を行っている。ここでは中世の町並みが再現されており、まるで中世にタイムトリップしたようだ。3階では考古学の発掘や研究について学ぶことができる。

　建物は18世紀にネオ・ゴシック様式で建てられたクライスト・チャーチ大聖堂付属の会議ホールで、大聖堂とは1870年頃に美しい橋で結ばれた。1983年までアイルランド聖公会の統轄機関として使われていた。3階のショップは、クライスト・チャーチ大聖堂P.80とつながっているので、引き続き大聖堂を見学するのもおすすめ。

リフィ川と向き合って建つ税関

独立戦争にゆかりのある

税関 Custom House

Map P.55-E1·2
オコンネル・ストリート周辺

リフィ川を望む、白亜の荘厳な建物が税関だ。橋を渡った南岸からの眺めがより美しく、夜にはライトアップされる。1791年にジェイムズ・ガンドンが設計。当時、建設反対派の妨害を受けながら建設が進み、ガンドン氏が現場を訪れるときは必ず剣で武装していたという。独立戦争の最中の1921年には放火によって甚大な被害を受け、中央ドームはその際に崩落している。修復には30万ポンドと5年間の年月を要した。2021年にはさらなるリニューアルが行われ、**カスタム・ハウス・ビジター・センター** Custom House Visitor Centreとしてオープン。内部は建物の紹介とアイルランドの独立運動に関する展示がされている。

■税関
住Custom House Quay, D01 W6X0
TEL046-9407146
URLheritageireland.ie
開9:45〜17:30 ※最終入場は16:45
休無休
料セルフガイド€6 学生€3
　ガイドツアー€8 学生€4

建築当初のダブリンの町並みを模型で再現

共和国宣言がなされた

中央郵便局 General Post Office

Map P.56-B1
オコンネル・ストリート周辺

中央郵便局の立派な外観

イオニア式の柱廊玄関が印象的な中央郵便局はオコンネル・ストリートに堂々と建つ。1815年にフランシス・ジョンストンのデザインで建てられたものだ。彫刻入りの6本の柱と3体の彫刻がすばらしい。

1916年のイースター蜂起の際には、アイルランド義勇軍の司令部になり、イースター・マンデイの日に臨時大統領のパトリック・ピアースが正面入口の階段で、「共和国宣言」を読み上げた。しかし、蜂起は鎮圧され、ピアースと15人の仲間はキルメイナム刑務所P.86で処刑された。入って右側奥から地下のスペースには**GPOウィットネス・ヒストリー** GPO Witness Historyという観光施設があり、イースター蜂起当時の中央郵便局に関する詳細な展示を行っている。

■中央郵便局
住O'Connell St., D01 F5P2
開8:30〜18:00 休日・祝
■GPOウィットネス・ヒストリー
TEL(01) 8721916
URLwww.gpowitnesshistory.ie
開10:00〜17:00 ※最終入場は16:00
休日、12/23·24 料€17 学生€15

映像や当時使われていた資料もふんだんに駆使してイースター蜂起を解説している

information
中央郵便局のクー・フリン像
中央郵便局内には、イースター蜂起の記念碑として、1935年以来ケルト神話の英雄クー・フリンの銅像が展示されている。敵に自分が死んだことを悟らせないように、自分自身を岩に縛りつけ、立ったまま絶命している場面で、敵は鳥が肩に止まったことでようやくクー・フリンが死んだことに気付いたとされる。

◉ダブリン　レンスター州

ヒュー・レイン市立美術館
Dublin City Gallery The Hugh Lane

■ヒュー・レイン市立美術館
住Parnell Sq., North, D01 F2X9
TEL(01)2225564
URLwww.hughlane.ie
開9:45〜18:00（金9:45〜17:00、
土10:00〜17:00、日11:00〜17:00)
休月、聖金曜、12/24〜26
料寄付歓迎 ⊗

ヒュー・レイン卿が個人のコレクションを国に寄贈し、1908年にオープンした美術館。同氏の死後、独立を果たしたアイルランドは、イギリスとの間でコレクションの帰属を巡り物議を醸したが、1982年になってようやくほとんどの作品がアイルランドに戻ってきた。

常設展はジャック・イエーツら20世紀を代表するアイルランドのコンテンポラリー・アート、マネやモネなどフランスの印象派を含むヨーロッパの現代絵画で構成されている。

2001年からは、ダブリン生まれの現代絵画の巨匠フランシス・ベーコンのスタジオがロンドンから移築され、展示されるようになった。カオスともいうべき、雑多な物で氾濫したスタジオはベーコンの創作活動を語る上で欠かせないものであり、彼の内面がうかがい知れる貴重なものだ。

■ジェムソン蒸溜所ボウ・ストリート
🚃ルアスのスミスフィールドSmithfield下車
住Bow St., Smithfield, D07 V57C
URLwww.jamesonwhiskey.com 🈟
開10:30〜18:00
休12/24〜26
料ボウ・ストリート・エクスペリエンス
（所要約45分）　€26〜　学生€23〜
ジェムソン・ブラック・バレル・ブレンディング・クラス（所要約1時間30分）€60
ウイスキー・カクテル・メイキング・クラス（所要約1時間30分）€60
シークレット・ウイスキー・テイスティング（所要約1時間）€40
ザ・テイスト・テーブル（所要約1時間30分）　€140

ジェムソン蒸溜所ボウ・ストリート
Jameson Distillery Bow St.

ジェムソン蒸溜所の入口

ジェムソンはブッシュミルズと並び、アイルランドを代表するウイスキーの銘柄で、約240年の歴史を誇る。ここではアイルランドのウイスキーの歴史や、製造過程のビデオや展示をツアー形式で観ながら楽しむことができる。

この施設はウイスキー倉庫だった建物を博物館に改装して1985年にオープンしたアイリッシュ・ウイスキー・コーナーが始まり。その後1997年10月にウイスキー蒸溜所も改装されて、ニュー・ウイスキー・センターとなった。見学の基本となるのは、ツアー形式の**ボウ・ストリート・エクスペリエンス**Bow Street Experience。このほかウイスキーやウイスキー・カクテルのブレンドに挑戦したり、プレミアム・ウイスキーのテイスティングが行えるなど、いくつものコースが用意されている。いずれも定員制なので早めの予約が望ましい。カフェ・レストランやショップも充実している。

■ギネス・ストアハウス
🚃ルアスのジェイムズズJames's下車
🚌オコンネル・ストリートからNo.13
住St. James's Gate, D08 VF8H
TEL(01)4084800
URLwww.guinness-storehouse.com 🈟
開10:00〜19:00（土・日9:30〜20:00)
※最終入場は閉館の2時間前
休クリスマス期間
料見学のみ　€20〜30　学生€17〜26
見学＋スタウティー STOUTie(自分の顔写真が泡で描かれたギネスが出される）　€28〜38　学生€26〜32
見学＋ギネス・アカデミー（ギネスの注ぎ方教室）€32〜42　学生€26〜36
コンシェルジュ・エクスペリエンス（英語ガイド付きのテイスティング）£95
ギネス・ブリュワリー・エクスペリエンス（英語ガイドによる醸造所見学ツアー）£350
ギネス・ストアハウス＆ロー・アンド・コー蒸溜所（ロー・アンド・コー蒸溜所との共通券）£45〜55
※料金は日時によって異なる。見学は時間ごとの入場制限があり、売り切れることが多い。できるだけ早くネットで予約しておこう。

ギネス・ストアハウス
Guinness Storehouse

ギネスビール醸造所は創業当初はこぢんまりしていたが、現在26ヘクタールもあり、ヨーロッパでも最大だ。この工場の敷地内にあるのがギネス・ストアハウス。7階建てのビルの中には、ビールの製造過程をはじめとして、ギネスの歴史や、歴代の広告などがさまざまな工夫を凝らして

7階建てのビルの中には展示室やレストランなどが入っている

紹介されている。ひととおり見学が終わったらビールの試飲を楽しもう。チケットを提示すれば1パイント無料。6階と7階はバーになっており、ダブリンの街を眺めながらギネスを楽しむことができる。入口近くには馬車が停車しており、中心部まで€30〜50。

ダブリンのウイスキー蒸溜所

　ギネス・ビールで有名なダブリンだが、近年はウイスキー蒸溜所が次々とオープンし注目を集めている。もともとダブリンはウイスキー造りが盛んだったが、1971年にボウ・ストリートのジェムソン蒸溜所（→P.84）が閉鎖したことで、ウイスキー造りの伝統はいったん町から途絶える。その後ジェムソン蒸溜所はビジター・センターとして復活したが、ウイスキー造りが行われることはなかった。

　40年以上途絶えていたダブリンでウイスキー造りが再開されたのは、2015年にはティーリング蒸溜所（→P.45）の開設によって。その前年にはアイリッシュ・ウイスキー博物館がオープン（→P.45）している。その後2017年にはピアース・ライオンズ蒸溜所Pearse Lyons Distillery、2019年にはダブリン・リバティーズ蒸溜所The Dublin Liberties Distilleryとロー・アンド・コー蒸溜所Ro & Co Distilleryがオープンするなど、短期間に急激に数を増やしている。いずれの蒸溜所も見学ツアーやテイスティングが行われている。蒸溜所はギネス・ストアハウスから聖パトリック大聖堂の間という比較的狭いエリアに集中しているので、蒸溜所をはしごするのもおすすめ。

■ピアース・ライオンズ蒸溜所
Map P.54-A2
🚊ルアスのジェイムジズJames's下車
🚌オコンネル・ストリートからNo.13
🏠121-122 James's St., D08 ET27
☎(01) 6916000
🔗pearselyonsdistillery.com
🕐11:30〜18:30　休12/24〜27
料€22〜32

■ダブリン・リバティーズ蒸溜所
Map P.54-C3
🚌オコンネル・ストリートからNo.16、40、140
🏠33 Mill St., D08 V221
☎086-1076419　🔗theld.com
🕐11:00〜17:00　休クリスマス期間
料月〜木€17、金〜日€20
※月〜木は要予約

■ロー・アンド・コー蒸溜所
Map P.54-B2
🚊ルアスのジェイムジズJames's下車
🚌オコンネル・ストリートからNo.13
🏠92 James's St., D08 YYW9
🔗www.roeandcowhiskey.com
🕐12:00〜17:00(金・土12:00〜19:00)
休12/24・25、1/1
料€25〜30

ピアース・ライオンズ蒸溜所は、教会の建物を蒸溜所として利用している

ロー・アンド・コー蒸溜所のポットスチル

●ダブリン　レンスター州

■国立装飾美術・歴史博物館

🚋ルアスのミュージアムMuseum下車
🏠Collins Barracck,
Benburb St., D07 XKV4
📞(01)6777444
🔗www.museum.ie
🕐10:00～17:00（日・月13:00～17:00）
❌聖金曜、12/25・26
💶無料 ♿

■キルメイナム刑務所

🚋バラ・キーからNo.60、G1、G2
🏠Inchicore Rd.,
Kilmainham, D08 RK28
📞(01)4535984
🔗www.kilmainhamgaolmuseum.ie
♿
🕐9:30～17:15
※ラストツアーは16:15
❌12/24～27
💶€8　学生€4
見学は定員制のガイドツアーのみで要予約。売り切れることが多いので、できるだけ早くネットで予約しておこう。

アイルランド現代史の記念碑

近代的な設計で建てられた刑務所

📅 予約は必須

時期にもよるのでしょうが、夏はすぐに予約で埋まるので、スケジュールを決めたらすぐにウェブサイトから予約したほうがいいです。当日現場に行ってからの手配はほとんど無理と思ったほうがいいです。
（東京都　早瀬美樹　'19夏）

装飾美術が一堂に会する　　　　　　　　Map P.54-B2
国立装飾美術・歴史博物館
National Museum of Ireland Decorative Arts & History
ヒューストン駅周辺

世界各国の装飾美術品を展示している

　ヒューストン駅の東、コリンズ・バラックにある。この名はアイルランド独立の英雄、マイケル・コリンズにちなんでつけられた。
　アイルランドに限らず、世界各地から集められた装飾美術品を収蔵している。日本の品々もあり、弥生時代の銅鐸や、戦国時代の鎧などがコレクションに加わっている。アイルランドのものでは、アイリッシュ・シルバーで作られた製品やコイン、ネオ・ケルティック様式の家具などは見応えがある。「独立への歩み」と題したコーナーでは1916～21年の民族運動の歴史が綴られている。

革命の闘士たちゆかりの　　　　　　　　Map P.53-A2
キルメイナム刑務所
Kilmainham Gaol
ヒューストン駅周辺

　キルメイナム刑務所は1795年の建設。当時はアメリカ合衆国の独立、フランス革命などの事件が続き、アイルランドでも民族意識が高まり始めた時期。アイルランドで最初の大規模な反乱、ユナイテッド・アイリッシュメンの反乱が起きたのは、刑務所ができて間もない1798年のことだった。結果としてこの刑務所は、イギリスからの独立のために立ち上がった数多くのアイルランド人を収容することになり、民族運動の記念碑的存在となっている。
　見学はガイドツアー形式。チケット購入時にツアーの開始時間を教えてもらえるので、時間まで併設する博物館の展示を見ておこう。1階は刑務所自体の解説と当時の一般囚人の生活について、2階はアイルランドの独立史を1798年から1924年の内乱終結まで、多くの資料とともに紹介している。
　見学ツアーは、まずスライドを見ながら刑務所の歴史に関する話を聞き、次に内部を回る。ガイドの解説の中心になるのは、何といっても1916年に起きた**イースター蜂起**
P.298について。処刑される2時間前に刑務所内で結婚式をあげたジョセフ・プランケットとその妻の逸話や、イースター蜂起と内乱で2度投獄され、3度目には大統領として閉鎖された刑務所を重要文化財として宣言するために訪れたエーモン・デ・ヴァレラの話など、興味が尽きない。

時間があったら行ってみよう　ダブリンの観光スポット

国立植物園
National Botanic Garden

曲線が美しい温室

市の中心から北へ、空港との途中のグラスネーヴィン地区に、1795年設立の国立植物園がある。19.5ヘクタールの敷地に約2万種類もの植物が育っている。高山植物、ハーブガーデン、バレンと呼ばれる岩がゴロゴロしたアイルランド特有のロック・ガーデン、熱帯の植物、シダ類など、テーマ別にレイアウトされている。曲線の美しさで有名な温室は、リチャード・ターナーの設計により、25年もの歳月をかけて、1896年に完成したものだ。

■国立植物園 Map P.53-A2
🚌オコンネル・ストリートからダブリンバスNo.4、9でモビー・ロードMobhi Road下車
🏠Glasnevin, D09 VY63
☎(01)8040300　URLwww.botanicgardens.ie
🕐夏期9:00～17:00（土・日10:00～18:00）
　冬期9:00～16:30（土・日10:00～16:30）
休12/25　🎫無料

ゲーリックスポーツ博物館
GAA Museum

クローク・パーク・スタジアム

クローク・パーク・スタジアムは、ハーリングやゲーリック・フットボールなどアイルランド独自のスポーツである、ゲーリックスポーツの聖地として名高い。博物館ではゲーリックスポーツとその統括団体GAAの歴史、過去の名プレーヤーなどに関する展示がされている。スタジアムツアーは通常のツアーのほか、屋上に上ることができるスカイラインツアーもある。

■ゲーリックスポーツ博物館 Map P.53-A2
🚌オコンネル・ストリートからダブリンバスNo.1、11、13、16でドラムコンドラ・レール・ステーションDrum-condra Rail Station下車
🏠Croke Park, D03 P6K7　☎(01) 8192300
URLwww.crokepark.ie/gaa-museum
🕐9:30～17:00（日・祝10:00～17:00）
休聖金曜、1/1　🎫展示€9.50　学生€8
展示とスタジアムツアー€17　学生€13.50
展示とスカイラインツアー€23　学生€21

現代美術館
Irish Museum of Modern Art

均整な形をした建物

1684年から約250年にわたり、退役軍人の隠遁の場所として使われた王立キルメイナム病院を改装した美術館。中庭を囲むようにある建物には、アイルランド内外のモダン・アートが展示され、絵画や彫刻、メタルワークなど多岐にわたる作品が展示されている。

■現代美術館 Map P.54-A3
🏠Royal Hospital Kilmainham, Military Rd., D08 FW31　☎(01) 6129900　URLwww.imma.ie
🕐10:00～17:30（水11:00～17:30、日・祝12:00～17:30）　※最終入場は17:15
休月、聖金曜、12/24～26　🎫無料　📷一部　♿

市庁舎
City Hall

ダブリン市が創設されたのは1170年だが、この建物は1779年にトーマス・クーパーの設計により王立両替所として建設されたもの。1780年代には義勇軍の集会所、1798年の反乱では政府軍の兵舎および拷問部屋として使われた。1852年にダブリン市のものとなり、2000年に改装された。円形の広間にはダニエル・オコンネルやチャールズ・ルーカスの像がある。

■市庁舎 Map P.56-A2
🏠City Hall, Dame St., D02 NP93
☎(01) 2222204
URLwww.dublincity.ie/dublincityhall
🕐10:00～16:00　休日・祝、不定休　🎫無料

マーシュ図書館
Marsh's Library

聖パトリック大聖堂に隣接する300年以上の歴史を誇るアイルランド最古の公共図書館。ジェイムズ・ジョイスやブラム・ストーカーなどの作家が利用し、『ユリシーズ』にも登場する。

■マーシュ図書館 Map P.56-A4
🏠St. Patrick's Close, D08 FK79
☎(01) 4543511　URLmarshlibrary.ie
🕐9:30～17:00（土10:00～17:00）　休日・月・祝
🎫€7　学生€4

ろう人形博物館プラス
National WAX Museum Plus

　ろう人形館で、オスカー・ワイルドやジェイムズ・ジョイスなど文豪たちが一堂に会したライターズ・ルームや、クー・フリンやレプラホーンなどアイルランドの神話や伝説に登場するキャラクターなど、アイルランドらしさが前面に押し出された展示になっている。

■ろう人形博物館プラス　Map P.77-E1
🏠22-25 Westmoreland St., D02 EH29
📞(01)6718373　URLwww.waxmuseumplus.ie 🈳
🕐10:00〜19:00（時期により変動）
休12/24〜26　料€16.50〜　学生€14.50〜

アイリッシュ・ロック博物館
Irish Rock'n Roll Museum Experience

　チーフタンズやエンヤを生み出したアイルランドでは、ロックもまたアイルランド音楽を語る上で欠かせない要素。博物館ではヴァン・モリソンやシン・リジィといったレジェンドたちの世界を体感できる。

■アイリッシュ・ロック博物館　Map P.76-C2
🏠Curved St., Temple Bar, D02 RD26
📞(01)6777134　URLirishrocknrollmuseum.com 🈳
🕐10:30〜17:00　見学は所要約1時間のガイドツアーのみ。　休12/24〜26　料€22〜

フェニックス公園
Phoenix Park

ウェリントン記念碑は高さ62m、ヨーロッパで最も高いオベリスク

　ヒューストン駅の西北に広がるフェニックス公園は712ヘクタールの面積を誇るヨーロッパで最大級の公園。ビジターセンターやカフェが入っているアッシュタウン城は、17世紀の創建。迎賓館であるファームリー・ハウスFarmleigh Houseや大統領官邸もある。

■フェニックス公園　Map P.53-A2
●ビジターセンター
🏠Pheoenix Park, D08 Y304
URLwww.phoenixpark.ie
🕐9:30〜18:00　※最終入場は閉園45分前
休10〜3月の月・火、1/1、12/24〜30　料無料
●大統領官邸
URLpresident.ie　休土10:00、11:15、12:30、13:45、15:00発　休日〜金　見学はガイドツアーでのみ可能。チケットはフェニックス公園のビジターセンターで当日分が先着順で入手できる。
●ファームリー・ハウス
🏠Phoenix Park, D15 TD50　📞(01)8155914
URLwww.farmleigh.ie 🈳　🕐10:00〜17:00
休無休　料無料　館内ガイドツアー€8　学生€4

ダブリン動物園
Dublin Zoo

　フェニックス公園の敷地内にあるダブリン動物園は世界で4番目に古い動物園。ハリウッドの映画会社MGMのオープンニング・ロゴで吠えているライオンの初代はダブリン動物園のものだった。カンガルーやフラミンゴなどは低い柵で囲まれただけなので近寄れる。

■ダブリン動物園　Map P.53-A2
🚃ルアスのヒューストンHuestonから徒歩約18分
🏠Phoenix Park, D08 AC98
📞(01)4748900　URLwww.dublinzoo.ie 🈳
🕐1月9:30〜16:30　2月9:30〜17:00
　3〜9月9:30〜18:00　10月9:30〜17:30
　11・12月9:30〜16:00
休12/25・26　料€24　学生€18

政府庁舎
Goverment Buildings

　内閣や財務省などが入ったアイルランドの政治の心臓部。1922年に建設されたエドワード朝風の建物で、もともとはイギリスのアイルランド統治のために建てられたが、完成してすぐにアイルランドは独立。アイルランド自由国の行政府として使われるようになった。

■政府庁舎 Map P.55-E3
🏠Goverment Buildings, Upr. Merrion St., D02 R583　📞(01) 6458813
URLwww.taoiseach.gov.ie　🕐一部の土曜
（開催日時はウェブサイトで確認できる）
料見学はガイドツアーでのみ可能。チケットは無料で、当日の9:30から国立美術館で入手できる。　🈳

レプラホーン博物館
National Leprechaun Museum

　アイルランドに伝わる伝説や民俗伝承をテーマにした博物館。見学は、英語ガイドと一緒に回るツアー形式となっている。所要約45分で、ナイトツアーは約1時間15分。展示よりもガイドによる解説が主体になるので、見学には相応の英語力が必要。

■レプラホーン博物館 Map P.76-A1
🚃ルアスのジャーヴィスJervis下車
🏠2-3 Mary's Abbey, D07 X6R6
📞(01) 8733899
URLwww.leprechaunmuseum.ie 🈳
🕐10:00〜18:30　※最終入場は17:30
木〜土にはナイトツアーあり
休12/25　料€18　学生€16　ナイトツアー€20

14ヘンリエッタ・ストリート
14 Henrietta Street

複雑な歴史を経験した建物

14ヘンリエッタ・ストリートは、1740年に築造されたジョージ王朝様式のタウンハウス。当初は上流階級の住居だったが、1801年に合同法によりイギリスとアイルランドが合併し、権力がロンドンに集中するようになると、ダブリンから上流階級の人々は去っていき、建物は20世紀始めには部屋を区切って100人もの人々が住むスラムと化していた。2018年には10年にわたる改修を終え、博物館としてオープン。ガイドツアーで内部を見学することができる。

■**14ヘンリエッタ・ストリート** Map P.55-C1
🚃ルアスのドミニクDominick下車
🏠14 Henrietta St., D01 HH34
☎(01)5240383
🔗14henriettastreet.ie 🈯
🕐10:00～16:00（木10:00～18:00）※予約必須
休月・火 料€10 学生€8

キングズ・イン
Kings Inns

ジョージ王朝様式の傑作建築

ベンチを食べるハングリー・ツリー

キングズ・インは、1541年に開校されたアイルランドで最も古い法学校。ジョージ王朝様式の建物は、税関やフォーコーツの設計でも知られるジェイムズ・ダンドンによるもの。内部の見学はできないが、外観だけでも十分見応えがある。建物の西側はキングズ・イン・パークKings Inns Parkという公園として一般に開放されている。南側の入口にあるハングリー・ツリーは、木の成長によって、横にあったベンチを飲み込んでいるように見える人気の撮影スポットだ。

■**キングズ・イン** Map P.54-C1
🏠Henrietta St., D01 KF59
🔗www.kingsinns.ie 🈲入場不可
●**キングズ・イン・パーク**
🚃ルアスのブロードストン・ユニヴァーシティBroadstone - University下車
🕐7:30～19:30 休土・日 料無料

ウインドミル・レーン・レコーディング・スタジオ
Windmill Lane Recording Studios

1972年にオープンして以来、50年以上にわたって利用されているレコーディング・スタジオ。これまでにU2やシネイド・オコナー、レディ・ガガ、エド・シーランなど世界的なアーティストたちが利用してきた。約1時間のツアーで内部を見学することができるが、現役のスタジオであるため、ツアーが開催されるのは、スタジオが使われていないときのみ。

■**ウインドミル・レーン・レコーディング・スタジオ** Map P.53-A2
🚌バチェラーズ・ウオークからダブリンバスNo.C1、C2、C3、C4でGrand Canal Dock下車
🏠20 Ringsend Rd., D04 CF66 ☎(01)6685567
🔗www.windmilllanerecording.com 🈯
🕐不定期※予約必須 休不定休 料€22 学生€18

聖メアリー臨時大聖堂
St. Mary's Pro Cathedral

ダブリン中心部にはクライスト・チャーチ大聖堂、聖パトリック大聖堂のふたつの大聖堂があるが、これらはいずれもイギリス国教会と同系統のアイルランド聖公会に属する大聖堂。カトリックの大聖堂は名目的にはクライスト・チャーチ大聖堂だが、実際には聖メアリー臨時大聖堂が利用されている。2018年にローマ教皇フランシスコがダブリンを訪問した際は、ここでミサが行われた。

■**聖メアリー臨時大聖堂** Map P.55-D1
🏠83 Marlborough St., D01 TX49
☎(01) 8745441 🔗www.procathedral.ie
🕐9:30～16:00（土9:30～18:00、日9:00～14:00、16:00～18:00) 料無料

バトラーズ工場ツアー
Butlers Factory Tour

バトラーズは、1932年創業のアイルランドでは知らない人のいないチョコレート会社。ダブリンの北部に工場があり、所要約1時間30分のガイドツアーで見学することができる。ツアーの最後にはチョコレートのデコレーション体験ができ、おみやげとして持ち帰れる。

■**バトラーズ工場ツアー** Map P.53-A1
🚌イーデン・キーEden QuayからダブリンバスNo.27でアデア・アベニューAdare Avenue下車、徒歩約20分
🏠 Clonshaugh Business Park, D17 A076
☎(01) 6710599
🔗www.butlerschocolates.com 🈯
🕐10:00、13:00発など時期によって異なる。要予約
休不定休 料€16.95

●ダブリン レンスター州

DARTで行く近郊の見どころ

路線図→P.65

DART(ダート)はダブリンの東に広がるアイリッシュ海沿岸を南北に延びる近郊列車。車窓の美しさはもちろん、沿線には魅力ある町や見どころが盛りだくさん。ダブリンの喧騒を離れ足を延ばしてみよう。

マラハイドは、ダブリンから北に約13kmに位置する港町。美しいビーチやマリーナがあり、週末になると多くの人がダブリンから訪れる。このあたりは12世紀からタルボット家が支配する地域であり、町の南西には一家の居城で、広大な敷地をもつマラハイド城が建っている。町の規模は小さいものの、多くのパブやレストランがあり、一日のんびり過ごすのにぴったりだ。

町の東に広がるマラハイド・ビーチ

マラハイド
Malahide

マラハイド・マリーナ Malahide Marina
マラハイド マラハイド駅 Malahide
マラハイド・ビーチ Malahide Beach
P.90 マラハイド城 Malahide Castle
ビジターセンター Visitor Centre
N 0 200m

2駅
9分

マラハイド
Malahide

800年にわたってタルボット家の居城だったマラハイド城

ウオール・ガーデン内にある温室、ヴィクトリア・ハウス

マラハイド城 Malahide Castle

タルボット家の居城 マラハイド城の主、タルボット家は1185〜1973年の間、最後のタルボット卿が亡くなるまで800年の長きにわたりこの城に住み続けてきた。建物の中心となる部分は14世紀に建設され、後に増改築を重ねてきた。そのためホッチ・ポッチ様式などさまざまな建築様式が混ざり合いとても興味深い。城内は当時の美しい家具で装飾され、壁には数多くの肖像画が飾られている。

ビジターセンターと庭園 マラハイド城内はガイドツアーによってのみ見学可能で、指定された時間に城の前に集合する。城の周辺は広大な敷地をもつ庭園なので、城見学の時間まで庭園を散策しながら時間を過ごすといいだろう。ビジターセンター奥にあるウオール・ガーデン内には、ローズ・ガーデンや高山植物庭園、温室などがあり、見応えがある。ケンブリッジ・ハウスという温室は、バタフライ・ハウスとして、20種の蝶が飼育されている。また、ビジターセンター内には織物で有名なアヴォカAvocaのショップとカフェも出店しており、みやげ物も販売されている。

■マラハイド城 Map P.90
🚉マラハイド駅から徒歩約7分
🏠Malahide, K36 YP65
🌐www.malahidecastleandgardens.ie
🕐4〜10月9:30〜16:30 11〜3月9:30〜15:30 🗓12/24〜26
💶城ツアー&庭園€16 学生€11 ⊗城内

ホウス
Howth

ホウス半島にある港町。駅を出て西に進み、すぐ南に行った所にあるのは14世紀に建てられたホウス城Howth Castle。城内の見学は予約したグループのみ可能になっており、敷地内には国立交通博物館National Transport Museumがある。港の1km北にあるのは、無人島アイルランズ・アイIreland's Eye。ダブリンから最も近い離島で、ホウス湾から島を周遊するボートツアーが出ている。

2駅
9分

ホウス
Howth

■**アイルランズ・アイ・ボート・ツアー**
📞086-0773021
URL www.irelandseyeferries.com 🚢 💶€25

ホウス湾。奥に広がる島はアイルランズ・アイ

■ P.92へ続く◀

ホウス・ジャンクション
Howth Junction

5駅
15分

コノリー（ダブリン）
Connolly

ホウス・コースタル・パス
Howth Coastal Path

ホウスの町を出発し、海岸沿いに歩く全長約7kmのウオーキングコース。高低差は140mと、さほどきつくはないので、気軽に楽しむことができる。途中断崖のすぐ横を歩くので、すばらしい景色を満喫できるが、足下には十分気を付けること。半島の南端にあるベイリー灯台まで行って、戻ってくる。所要2〜3時間だが、時間のない人は途中で引き返してくればよい。

海岸沿いにウオーキングコースが続く

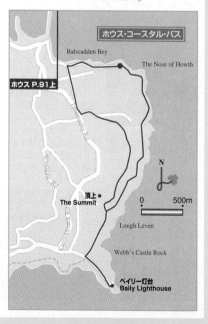

*DART*で行く近郊の見どころ

路線図→P.65

ダブリン以南

ダン・レアリー
Dún Laoghaire

かつてイギリスとアイルランドを結ぶ主要港として栄えた町。1821年にジョージ4世紀がこの地を訪れたことを記念して町はキングズタウンKingstownと改名され、1921年までその名が使われていた。港沿いのクイーンズ・ロードには色鮮やかな家が並び、灯台までは最高の散歩道だ。

ダン・レアリー

コノリー (ダブリン)
Connolly

ダン・レアリー・マリン
Dún Laoghaire Mallin

ダン・レアリーから東へ延びる遊歩道。20分ほど進むと、ジェイムズ・ジョイス・タワーに着く

10駅 23分

10駅 7分

ジェイムズ・ジョイス・タワー
James Joyce Tower

周囲にはビーチもあり、ピクニックエリアとしても人気

ナポレオンの侵略を恐れたイギリス軍によって1804年に建てられた塔。その後、20世紀初めに医学生であり詩人でもあったオリバー・ゴガティーが英国政府から借り受けていた。当時、ジョイスはゴガティーと親交があり、この塔を訪れた際の様子を『ユリシーズ』に綴った。登場人物のボック・マリガンのモデルはゴガティーだといわれている。

塔の最上部にはジョイスの部屋を再現したコーナーがある

1962年に塔は博物館としてオープンした。1階のホールには、各国語に翻訳されたジョイスの作品がある。また『フィネガンズ・ウェイク』の手書き原稿や愛用のギターのほか、サミュエル・ベケットに贈ったネクタイなどもある。

ベイリー灯台のレンズ

国立海洋博物館
National Maritime Museum

1837年に船乗りのために建てられたマリナーズ教会を改修し1978年に開館した。ひときわ目に付く扇風機のようなものは、ホウスのベイリー灯台で使われた灯台レンズ。大西洋横断ケーブル敷設を行ったグレート・イースタン号とロバート・ハルピン船長に関する展示など、アイルランドの海洋史を豊富な資料で解説。

■ジェイムズ・ジョイス・タワー　Map P.92
住Joyce Tower, Sandycove, A96 FX33
TEL(01) 2809265　URLwww.joycetower.ie
開夏期10:00～18:00　冬期10:00～16:00
休月　料寄付歓迎
■国立海洋博物館　Map P.92
住Haigh Terrace, A96 C8X7　URLwww.mariner.ie
TEL(01) 2800969　開10:00～17:00
休無休　料€8　学生6

ドーキー
Dalkey

ダン・レアリーとブレイの間に位置する小さな町で、中世の頃は港町として栄えた。小さいながらも魅力的なパブやレストランが軒を連ね、中心には14世紀に建造されたドーキー城が建つ個性あふれる町で、郊外にはエンヤやU2のボノなどアイルランドを代表するセレブたちの屋敷が建つ。

ドーキー城
Dalkey Castle & Heritage Centre

港町として栄えていた頃の町の様子を現在に伝える要塞化されたタウンハウス。城内はヘリテージ・センターになっている。見学はガイド・ツアー形式になっており、所要約45分。テューダー朝期の衣装を着た役者が町の歴史を解説してくれる。

■ドーキー城
住Caslte St., Dalkey, A96 DE61
TEL(01)2858366　URLwww.dalkeycastle.com
開4〜10月10:00、11:30、13:30、14:30、15:30、16:30発
　（土・日・祝10:30、11:30、13:30、14:30、15:30、16:30発）
　11〜3月10:00、11:30、13:30、14:45、16:00発
　（土・日・祝10:30、11:30、13:30、14:45、16:00発）
休火、12月下旬〜1月上旬　料€16　学生€15

ヘリテージ・センターとして利用されているドーキー城

海沿いで釣りを楽しむ人たち。奥に見えるのはドーキー塔

ドーキー
Dalkey
← 5駅 13分 →
ブレイ・デイリ
Bray Daly

ブレイ
Bray

ダブリンの南20kmの場所にあるブレイは、「アイルランドの庭」と呼ばれる自然の美しいウィックロウ県。週末ともなると、多くの人たちが押し寄せるリゾートタウン。

ブレイ・ヘッド　Bray Head

町の南にある美しい丘で標高は241m。頂上からは美しい景色を満喫できる。ブレイ・ヘッドの横の海岸線に沿って抜け、グレイストーンズまで全長6kmを歩くウオーキングも人気だ。海岸線はちょっとした断崖になっており、クリフ・ウオークCliff Walkとして整備されている。

グレイストーンズとの間にそびえるブレイ・ヘッド

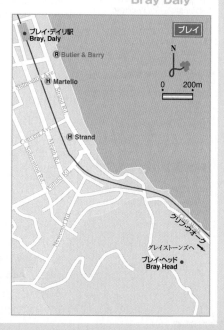

■パワーズ・コート

🚌ダブリンからバスツアーが出ている
（→P.68）。バーネル・スクエアParnell
Sq.からダブリンバスNo.44で約1時
間、エニスケリー・ヴィレッジEnnis-
kerry Villageで下車し、徒歩約20分。
🏠Enniskerry, Co. Wicklow,
A98 W0D0
📞(01)2046000
URLpowerscourt.com
🕐3～10月9:30～17:30
　2・11月9:30～17:00
　1・12月9:30～16:30
※最終入場は閉園の30分前
🚫12/25・26
💰€13.50　学生€10
●パワーズ・コートの滝
🕐3・4・9・10月10:30～17:30
　5～8月9:30～19:00
　11～2月10:30～16:00
🚫クリスマス前の2週間程度
💰€7.50　学生€6
●パワーズコート蒸溜所
🏠Enniskerry, Co. Wicklow,
A98 A9T7
📞(01)5065656
URLpowerscourtdistillery.com
🕐10:30～17:30（日12:00～17:00）
🚫1月の月曜
💰ツアー＋テイスティング€25

■ラズボロー・ハウス

🚌プールベグ・ストリートPoolbeg St.
Map P.56-B1からNo.65のバリーモア
Ballymore行きに乗りブレシントン
Blessington下車。
🏠Russborough House & Park,
Blessington, Co. Wicklow,
W91 W284
📞(045)865239
URLwww.russborough.ie
🕐9:00～18:00
🚫クリスマス期間
💰庭園€6.50　学生€5.50
●ハウスツアー
🕐12:00～15:00（土・日10:00～16:00）
の毎時
🚫12/24～1/31
💰€14.50　学生€12

庭園の中の庭園
パワーズ・コート　*Powers Court*

18世紀にこの地方の領
主であったオトゥール家の
邸宅として建てられた。建
物正面からトリトン・レイク
の大きな噴水がある池まで
真っすぐ道が延び、左右に
イタリア、日本など各国様
式の庭園がある。正面左
は小高くなっており、建物
寄りが入口。このエリアに

噴水と本館とは階段状の通路によって結
ばれている

は凝った噴水のあるドルフィンの池、温室、奥には犬や
馬などの墓がある。背後のウィックロウの山を借景として
おり、アイルランドはもとより、イギリスを含めてもこれほ
ど美しい庭園はないと称されていた。

　1974年に本館は焼失したが、その後再建。現在では
ここでカフェが楽しめるほか、みやげ物も販売されてい
る。本館の南西にある建物は、2018年に設立された**パ
ワーズコート蒸溜所**。ガイドツアーで蒸溜所内の見学が
でき、試飲も楽しめる。高さ121mでアイルランドで最も
高い**パワーズ・コートの滝**は本館から約6km離れており、
グレンダーロッホ行きの通常のバスツアーには含まれな
い。滝を見たい人は、滝に行くツアーに参加するか、タ
クシーで行くしかない。

18世紀の貴族のお屋敷
ラズボロー・ハウス　*Russborough House*

　初代ミルタウン伯爵ジョ
セフ・リーソンが建てた
ジョージ王朝様式の屋敷
で、1752年の完成。ウィッ
クロウ山脈から産出する花
崗岩で造られており、パッ
ラーディオ様式の本館と左

ラズボロー・ハウスのダイニングルームを飾
る美しい調度品の数々

右の別館へは見事な柱廊で結ばれている。建物の背後に
は濠が巡らされ、白鳥が静かに泳いでいる。

　内部はよく保存され、絵画、家具、陶器、銀器などが展
示されている。調度品の数々は、初代ミルタウン伯爵が収
集したミルタウン・コレクションに加え、1952年に屋敷を買
い取ったアルフレッド・バイト卿が集めたバイト・コレクション
が合わさったもので、アイルランド屈指のプライベート・コレ
クションとして名高い。

劇場王国、ダブリンのシアター情報

　多くの優れた劇作家を輩出しているアイルランドは、まさに劇場王国。ダブリンでは、毎晩数多くの劇場でさまざまなジャンルの芝居が上演されている。ここではそのなかでも特に有名な劇場を紹介しよう。

　また、毎年9月末から10月中旬は、ダブリン・シアター・フェスティバルが開かれる。下記の劇場のほかに多くの場所で様々な演目が上演される。

アビー・シアター
The Abbey Theatre

アイルランド文学史に名を刻む劇場

　作家のW.B.イエーツやグレゴリー夫人らが中心となって1904年に創設された国立劇場。以来アイルランドの演劇界の中心的存在として数多くの作品がこの劇場で発表され続けている。1907年にジョン・ミリントン・シングが代表作『西の国のプレイボーイThe Playboy of Western World』を発表し、そのスキャンダラスな内容から憤った観客が暴動を起こしたのもこの劇場だ。もちろん役者も巧者揃いで、ハリウッド・スターのリーアム・ニーソンもかつてはここの劇団員だった。

　劇場設立当初の建物は1951年の火災によって消失し、現在のものは1966年に新たに建てられたもの。収容人数492人。土曜を中心に劇場ツアーが行われている。

ピーコック・シアター
The Peacock Theatre

　アビー・シアターの地下にある小劇場。アビー・シアターに比べて、おもに実験的な劇が演じられることが多い。収容人数130人。

ゲート・シアター
The Gate Theatre

　1928年創設の格式ある劇場で、ダブリン市民にアメリカやヨーロッパの演劇を紹介する目的で建てられた。そのほか、オスカー・ワイルドやジョセフ・オコーナーなどアイルランドの作家による人気の芝居が上演されることも多い。収容人数371人。

ガイエッティー・シアター
The Gaiety Theatre

　グラフトン・ストリートのそばにある。1871年に創設された歴史ある劇場で、人気の芝居をはじめとして、ミュージカル、オペラ、コンサートなどが開かれる。特に毎年夏に**リバーダンス**の公演会場になることで有名（2024年は7月5日〜9月8日）。収容人数1145人。

オリンピア・シアター
The Olympia Theatre

　ダブリン城近くにある。コメディやバレエ、演劇、コンサートなどが開かれる。収容人数1247人。

ボード・ゴーシュ・エナジー・シアター
Bord Gáis Energy Theatre

　グランド・カナル・スクエアに建つアイルランド最大の劇場で、収容人数は2111人。ブロードウェイやウエストエンドで上演されたミュージカルや舞台など、人気の高い作品が上演される。

■**アビー・シアター／ピーコック・シアター**
Map P.56-B1
住26-27 Lwr. Abbey St., D01 K0F1
TEL(01)8787222　URLwww.abbeytheatre.ie

■**ゲート・シアター** Map P.55-D1
住Cavendish Row, D01 WY26
TEL(01)8744045　URLwww.gatetheatre.ie

■**ガイエッティー・シアター** Map P.56-B3
住46-50 King St. South, D02 V097
URLwww.gaietytheatre.ie

■**オリンピア・シアター** Map P.56-A2/P.76-B2
TEL72 Dame St., D02 K135
TEL(01)6793323　URL3olympia.ie

■**ボード・ゴーシュ・エナジー・シアター** Map P.53-A2
TELGrand Canal Sq., Docklands, D02 PA03
TEL(01)6777999　URLwww.bordgaisenergytheatre.ie

■**ダブリン・シアター・フェスティバル** Map P.76-B2
住12 East Essex St., Temple Bar, D02 EH42
TEL(01)6778899　URLdublintheatrefestival.ie

■**チケット予約サイト**
●チケットマスター ticketmaster
URLticketmaster.ie

🖉 ダブリンでリバーダンスを鑑賞

ガイエッティー・シアターでリバーダンスの公演をやっていたら、ぜひ鑑賞することをオススメします。日本でも鑑賞したことがありますが、やはり地元での公演では、ダンサーがリラックスして伸び伸びとしているのが分かります。音楽とダンスの美しさに加え、アイルランドの神話、歴史、誇りが凝縮された内容に好奇心を刺激されます。ドレスコードは清潔感のあるカジュアル程度で大丈夫でした。　　　　　（東京都　Apricot　'19夏）

●ダブリン　レンスター州

HOTEL

ホテルの数は多いが、他都市に比べて値段は高め。平日よりも金・土曜の週末のほうが高くなる。特に夏のシーズンは混み合うので早めの予約が大事。
高級ホテル　セント・スティーブンズ・グリーンから東の地域に多く、オコンネル・ストリート沿いにも何軒かの高級ホテルがある。
B&B、ゲストハウス　コノリー駅周辺、特にガーディナー・ストリート沿いに多い。ヒューストン駅周辺にもB&Bやゲストハウスが点在している。

高級	Map P.55-D1	**グレシャム**
404室	オコンネル・ストリート	Riu Plaza The Gresham Dublin

TV / 全室　全室　全室　全室　有料　全館無料 Wi-Fi

住23 Upr. O'Connell St., D01 C3W7
TEL(01)8746881
URLwww.gresham-hotels-dublin.com
🛏️/🛏️🛏️📶💳🚫€149〜
━ADMV

オコンネル・ストリートでもひときわ目立つ重厚な建物。1817年創業でダブリンでも屈指の格式。歴史的な外観を備えながら、客室は快適性を追求したモダンなデザイン。

高級	Map P.56-B4	**シェルボーン**
265室	セント・スティーブンズ・グリーン	The Shelbourne, Autograph Collection

TV / 全室　全室　全室　全室　なし　全館無料 Wi-Fi

住27 St. Stephan's Green, D02 K224
TEL(01)6634500
URLtheshelbourne.com
🛏️/🛏️🛏️📶💳🚫€385〜
━ADMV

2024年に開業200周年を迎えたセント・スティーブンズ・グリーンの北に建つダブリン屈指の高級ホテル。立地の良さに加え、設備も申し分なく、併設するレストランはアフタヌーンティーで人気。

高級	Map P.55-E3	**ダヴェンポート**
115室	ピアース駅周辺	The Davenport

TV / 全室　全室　全室　全室　有料　全館無料 Wi-F

住8-10 Merrion St. Lwr., D02 DX57
TEL(01) 6073500
URLwww.davenporthotel.ie
🛏️/🛏️🛏️📶💳🚫€190〜
━ADJMV

ジョージ王朝様式風の古典的外観がひときわ印象的なホテル。客室はモダンなインテリアを中心にまとめており、49インチのスマートテレビや高速Wi-Fも完備されている。

高級	Map P.76-A2	**ハードロック**
120室	テンプル・バー	Hard Rock Hotel

TV / 全室　全室　全室　全室　なし　全館無料 Wi-F

住18 Exchange St. Upr., D08 AV24
TEL(01)4825000
URLhotel.hardrock.com/dublin/
🛏️/🛏️🛏️📶💳🚫€161〜
━AMV

ハードロックカフェ系列の高級ホテルで、2019年にテンプル・バーにオープンした。派手めな色でカラーリングした客室は最新の設備が整い、大型テレビはスマホのキャスティングも可能。

高級	Map P.76-B2	**クラレンス**
51室	テンプル・バー	The Clarence

TV / 全室　全室　一部　一部　なし　全館無料 Wi-F

住6-8 Wellington Quay, D02 HT44
TEL(01)223 3935
URLtheclarence.ie
🛏️📶💳🚫€139〜
🛏️🛏️📶💳🚫€159〜
━AMV

テンプル・バーにある4つ星ブティックホテル。ロックバンドU2のメンバーであるボノとエッジが30年以上にわたって所有していたことで知られる。客室ごとに異なる装飾がされている。

高級	Map P.53-A1	**ラディソン・ブル・ダブリン・エアポート**
229室	空港周辺	Radisson Blu Dublin Airport

TV / 全室　全室　全室　全室　有料　全館無料 Wi-Fi

住Dublin Airport, K67 H5H9
TEL(01)8446000
URLwww.radissonblu.com
🛏️/🛏️🛏️📶💳🚫€176〜
━AMV

空港から700mほどの所にあり、空港とホテルを結ぶシャトルバスが24時間運行されている。客室は広々としており、防音もしっかりしている。近くのスポーツジムを無料で利用できる。

中級 150室	Map P.77-E1	テンプル・バー
	テンプル・バー	**Temple Bar Hotel**

TV 全室　🧴 全室　ドライヤー 全室　冷蔵庫 全室　P なし　Wi-Fi 全館無料

住13-17 Fleet St., D02 WD51
TEL (01) 6773333
URL www.templebarhotel.com
🛏/🛏🛏🖼🚿🛁💶€153〜
━━ A D J M V

モダンなデザインのブティックホテルで、時代の最先端をいくテンプル・バーにふさわしい。客室は明るい色でまとめられており、設備も新しい。2つのバーとレストランを備えている。

中級 141室	Map P.55-D1	ポイント・エー
	市街地北部	**Point A Hotel Dublin Parnell Street**

TV 全室　🧴 全室　ドライヤー 全室　冷蔵庫 全室　P なし　Wi-Fi 全館無料

住17-19 Moore Ln., D01 H6K3
URL www.pointahotels.com
🛏/🛏🛏🖼🚿🛁💶€93〜
━━ A M V

ロンドンを中心に出店している3つ星のブティックホテル。客室はデザイン性が高く、エアコンも完備されている。朝食はひとり€12だが、公式サイトからの直接予約で無料になる。

中級 108室	Map P.55-D1	ベルヴェディア
	市街地北部	**The Belvedere Hotel**

TV 全室　🧴 全室　ドライヤー 全室　冷蔵庫 なし　P なし　Wi-Fi 全館無料

住Great Denmark St., D01 W1C0
TEL (01) 8737700
URL www.belvederehoteldublin.com
🛏/🛏🛏🖼🚿🛁💶€107〜
━━ A M V

町の北にある3つ星ホテル。レンガ造りの外観が特徴的だ。1階のパブでは食事が取れ、伝統音楽とダンスのショー、「ベルヴェディア・アイリッシュ・ナイツ」（→P.100）も行われる。

中級 131室	Map P.77-D1	アーリントン
	リフィ川沿い	**Arlington Hotel**

TV 全室　🧴 全室　ドライヤー 全室　冷蔵庫 全室　P 有料　Wi-Fi 全館無料

住23-25 Bachelors Walk, O'Connell Br., D01 E8P4
TEL (01) 8049100
URL www.arlington.ie
🛏/🛏🛏🖼🚿🛁💶€81〜
━━ A M V

オコンネル橋の西側。併設するバーではアイリッシュダンスが観られることで有名（→P.100）。客室はジョージ王朝風の味わいを残しながらも、モダンにまとめられている。

中級 38室	Map P.53-A2	ランズダウン
	ボールズブリッジ	**Lansdowne Hotel**

TV 全室　🧴 全室　ドライヤー 全室　冷蔵庫 なし　P 無料　Wi-Fi 全館無料

住27-29 Pembroke Rd., Ballsbridge, D04 X5W9
TEL (01) 6682522
URL www.lansdownehotel.ie
🛏🖼🚿🛁💶€89〜
🛏🛏🖼🚿🛁💶€98〜
━━ A D M V

ランズダウン・ロード駅から徒歩10分。中心部からはやや遠いが、そのぶん客室は広く、設備に比べて値段も控えめ。地下のパブでは「アイリッシュ・ハウス・パーティー（→P.100）」が行われる。

中級 92室	Map P.54-B2	マルドロン・スミスフィールド
	スミスフィールド	**Maldron Smithfield**

TV 全室　🧴 全室　ドライヤー 全室　冷蔵庫 なし　P なし　Wi-Fi 全館無料

住Smithfield Market, D07 RF2Y
TEL (01) 4850900
URL www.maldronhotelsmithfield.com
🛏/🛏🛏🖼🚿🛁💶€109〜
━━ A D M V

ルアスのスミスフィールド停留所からすぐ。客室は機能的にまとめられ、アイロンセット、ズボンプレッサーなど、備品も充実している。

ストハウス 53室	Map P.56-B4	ストーントンズ・オン・ザ・グリーン
	博物館地区周辺	**Stauntons on the Green**

TV 全室　🧴 全室　ドライヤー 全室　冷蔵庫 なし　P なし　Wi-Fi 全館無料

住83 St. Stephens Green South, D02 HD86
TEL (01) 4782300
URL www.stauntonsonthegreen.ie
🛏🖼🚿🛁💶€89〜
🛏🛏🖼🚿🛁💶€109〜
━━ M V

セント・スティーブンズ・グリーンの南に位置し、一部の客室から公園を眺められる。ジョージ王朝時代の建物を利用しており、内装は当時の雰囲気がよく残り、格調高い。バスタブ付きの部屋もある。

●ダブリン　レンスター州

| 中級 | Map P.76-A2 | ハーディング |
| 52室 | ダブリン城周辺 | Harding Hotel |

🏠 Copper Alley, Fishamble St., Chiristchurch, D08 PD8W
📞 (01) 6796500
🌐 www.hardinghotel.ie
👤🖼️➡️📶 €80〜
👥🖼️➡️📶 €89〜
💳 AMV

📺 全室　🧺 全室　📞 全室　🔒 全室　🅿️ なし　📶 全館無料

クライスト・チャーチ大聖堂のすぐ近く。明るい色で装飾された部屋は清潔で快適な滞在ができる。1階部分にはビストロとパブを併設しており、どちらも評判が高い。パブでは毎晩音楽の生演奏が行われる。

📝 宿泊部屋は過不足なく快適で、東西の観光地にも徒歩圏内で申しぶんありませんでした。 （東京都　Josh A　'23夏）

| ホステル | Map P.55-E1 | ジェイコブズ・イン |
| ベッド数400 | コノリー駅周辺 | Jacobs Inn |

🏠 21-28 Talbot Pl., D01 W5P8
📞 (01) 8555660
🌐 www.jacobsinn.com
🛏️🖼️➡️📶 €27〜
👤👥🖼️➡️📶 €109〜
💳 MV

📺 なし　🧺 なし　📞 なし　🔒 なし　🅿️ なし　📶 全館無料

バスアラスのすぐ北にある大型ホステル。ドミトリーはベッド数4〜12で女性専用、混合ともにある。共用スペースは広々としており、バーも併設されている。ランドリーの使用可能。

| ホステル | Map P.54-B2 | ジェネレイター |
| ベッド数506 | スミスフィールド | Generator Dublin |

🏠 Smithfield Sq., D07 F2VF
📞 (01) 9010222
🌐 generatorhostels.com
🛏️🖼️➡️📶 €24〜
🛏️🖼️➡️📶 €26〜
👥🖼️➡️📶 €90〜
💳 MV

📺 なし　🧺 なし　📞 なし　🔒 なし　🅿️ 有料　📶 全館無料

ジェムソン蒸溜所ボウ・ストリートのすぐ近くにあるホステルで、宿泊者数はダブリン最大級を誇る。公共スペースが広く、若者に人気が高い。隣接するスカイビュー・タワーは宿泊者€5、部外者€10で、レセプションで払えば登ることができる。タオルのレンタルは€4。

| ホステル | Map P.77-D1 | アビー・コート |
| ベッド数265 | リフィ川沿い | Abbey Court Hostel |

🏠 O'Connell Br., 29 Bachelors Walk, D01 AX90
📞 (01) 8780700
🌐 www.abbey-court.com
🛏️🖼️➡️📶 €29〜
👤🖼️➡️📶 €89〜
👥🖼️➡️📶 €159〜
💳 AMV

📺 なし　🧺 なし　📞 なし　🔒 なし　🅿️ なし　📶 全館無料

オコンネル橋のすぐ近くにある。どこに行くにも便利。キッチンがあり、ランドリー使用も可能。夏はビアガーデンもオープン。ドミトリーはベッド数4〜12で男女混合、男女別ともにある。部屋の鍵はカード式になっている。

| ホステル | Map P.77-D1 | アビゲイルズ |
| ベッド数211 | テンプル・バー | Abigails Hostel |

🏠 7-9 Aston Quay, D02 DX56
📞 (01) 6779300
🌐 abigailshostel.com
🛏️🖼️➡️📶 €20〜
👤👥🖼️➡️📶 €93〜
💳 MV

📺 なし　🧺 希望者　📞 なし　🔒 なし　🅿️ なし　📶 全館無料

リフィ川沿い南岸のアストン・キーにあり、テンプル・バー内という便利な立地。スタッフはフレンドリーでキッチンも利用可能。ドミトリーはベッド数3〜12。大きなドミトリーには複数のシャワーが設置されているなど、設備が充実。

| 学生寮 | Map P.77-F2 | トリニティー・カレッジ |
| 650室 | 博物館地区周辺 | Trinity College |

🏠 Trinity College, Accommodation Office, D02 PN40
📞 (01) 8961177
🌐 www.visittrinity.ie/stay/
👤🖼️➡️📶 €93〜　👤🖼️➡️📶 €100〜
👥🖼️➡️📶 €150〜　👥🖼️➡️📶 €154〜
💳 MV

📺 なし　🧺 一部　📞 全室　🔒 なし　🅿️ 有料　📶 全館無料

トリニティー・カレッジでは夏休みにあたる6月上旬から8月下旬まで学生寮を一般に開放している。客室数が多く、観光客の多い夏にはありがたい。チェックインは、正門を入ってすぐ左、No.10のアコモデーション・オフィスで行う。

RESTAURANT

パブ、レストランともに多いのはグラフトン・ストリートやテンプル・バー周辺で、アイルランド料理はもちろん、ヨーロッパやアジアの各国料理の店が軒を連ねる。オコンネル・ストリート沿いにはファストフード店が点在している。

Map P.55-E3 博物館地区周辺

マット・ザ・スレシャー
Matt the Thresher

アイルランド料理 シーフード

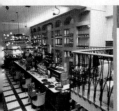

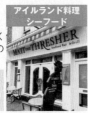

新鮮なシーフードが楽しめるレストラン・バーで、数多くの受賞歴を誇っている。獲れたての魚を使った日替わりのメニューがあり、カキは産地別に注文することができる。

住31-32 Pembroke St., D02 Y523
TEL(01) 6762980 URL matts.ie
開10:00～21:45(土12:30～21:45、日12:30～20:45)
休無休 カードAMV Wi-Fiあり

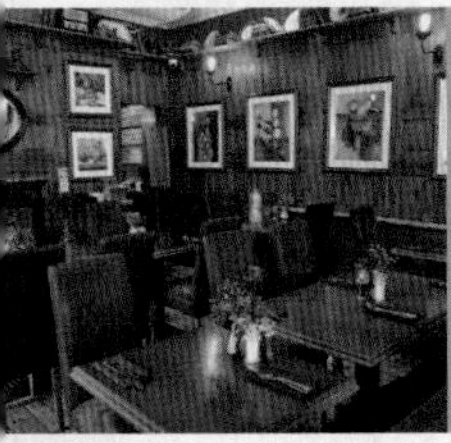

Map P.76-C2 テンプル・バー

ザ・シャック
The Shack

アイルランド料理

アイリッシュ・シチューやベーコン&キャベジ、ビーフアイルランドなどの伝統料理を出す。12:00～17:00のランチは€6.85～15.73。ディナーのメインは€18～25.25。

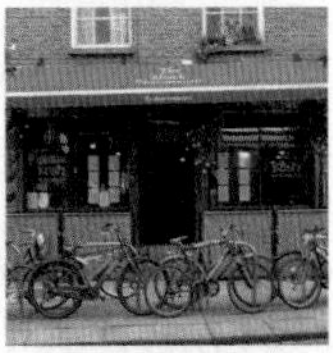

住24 East Essex St., D02 N297
TEL(01) 6790043 URL www.shackrestaurant.ie
開12:00～22:00(金・土・日12:00～23:00)
休12/25・26 カードMV Wi-Fiなし

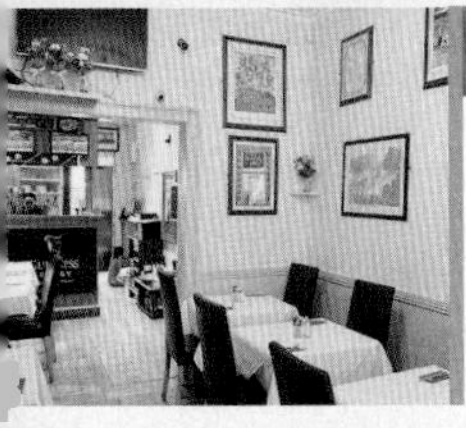

Map P.77-D2 テンプル・バー

オシェイズ
O'Sheas

アイルランド料理

気取らない雰囲気のなかアイルランド料理が楽しめる。アイリッシュ・シチューやギネス・ビーフ・シチューなどの人気料理は€12.95～。

住23 Anglesea St., D02 FH31 TEL(01) 6719049
URL osheastemplebar.net 開12:00～22:00(土・日10:00～22:00) 休無休 カードMV Wi-Fiあり

Map P.77-D2 テンプル・バー

ギャラガーズ・ボクスティ・ハウス
Gallaghers Boxty House

アイルランド料理

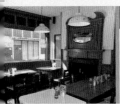

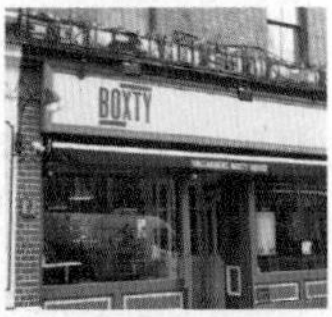

ボクスティとはジャガイモの生地を使ったパンケーキのことで1皿€25～36。アイリッシュ・シチューやシェパーズ・パイなど、定番のアイルランド料理も出す。

住20-21 Temple Bar, D02 ET66
TEL(01) 6772762 URL boxtyhouse.ie
開10:00～22:00 休12/25 カードADMV Wi-Fiあり

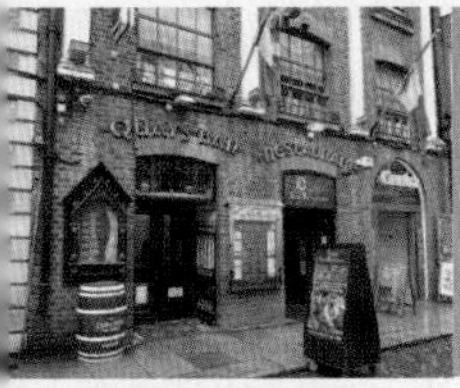

Map P.76-C2 テンプル・バー

キーズ・アイリッシュ
Quays Irish Restaurant

アイルランド料理

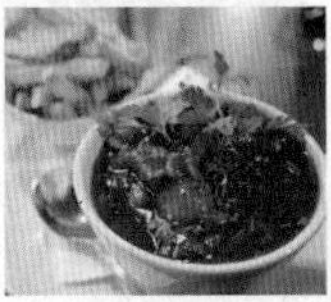

テンプル・バーのほぼ中心にあり、いつも多くの人でにぎわう人気のお店。ギネス・シチュー&チップス(写真右、ランチ€16.95、ディナー €18.95)は深い味に定評がある。

住10-12 Temple Bar Sq., D02 EW63
TEL(01) 6791923 URL www.quaysrestaurant.com
開10:00～22:30 休無休 カードMV Wi-Fiあり

Map P.76-C1 リフィ川沿い

ワインディング・ステア
The Winding Stair

アイルランド料理

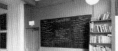

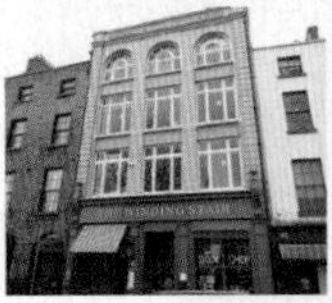

リフィ川北岸に面した建物の2階にあるレストラン。アイルランド産の食材にこだわった料理を提供しており、ランチのメインは€9～42、ディナーは€29～42。

住40 Lwr. Ormond Quay, D01 R9Y5 TEL(01) 8727320
URL www.winding-stair.com 開12:00～21:00(月・火17:00～21:00) 休無休 カードMV Wi-Fiあり

アイリッシュ・ナイトを楽しもう

生で観るのがいちばん！

アイリッシュ・トラッドといえば、アメリカのカントリーミュージックの源ともなった音楽。ダブリンのホテルでは生演奏やダンスのナイトショーをやっているところが多い。ダブリンに泊まったからにはぜひとも体験してみよう。

アイリッシュ・ハウス・パーティー
Irish House Party / Lansdowne Hotel

ハウス・パーティーとは、19世紀に移民で国を離れる人を送り出すために開かれたもの。親戚や友人達は今生の別れを告げるべく、各々が演奏できる楽器を持ち寄り、大いに盛り上がったという。ショーはそのようなハウス・パーティーのもつアットホームさを再現しており、演奏者の数は最小限の編成。しかし、いずれもアイルランド・チャンピオンなど華麗な経歴を持ち、どの演奏者も複数の楽器をこなせる。ダンスよりも音楽を中心にしたプログラム。

会場は18世紀のタウン・ハウス

ハイクオリティーのショー

ベルヴェディア・アイリッシュ・ナイツ
Belvedere Irish Nights / Belvedere Hotel

3人のミュージシャンと男女5人のダンサーによる編成の華やかな舞台パフォーマンス。
リバーダンスやロード・オブ・ザ・ダンスなどの参加経歴もあるダンサーがシャーン・ノース（伝統スタイル）やコ

華やかな衣装にも注目！

ンテンポラリーのアイリッシュダンスを披露する。頻繁に替わる美しい衣装にも注目だ。デッキブラシを持つダンスや伝統音楽の演奏では

デッキブラシ・ダンス

お客さんの参加もあり、舞台と客席が一体となり盛り上がる。ショーのみの見学もできるが、ディナー席のほうが舞台に近い。

ケルティック・ナイツ
Celtic Nights / Arlington Hotel

ケルティック・リズムCeltic Rhythm、プーカPúcaという高いレベルのパフォーマンスを魅せるグループを擁し、現代的なアレンジのアイリッシュダンスとトラッドのどちらの側面も見せてくれる。ダンスショー終了

夜遅くまでライブは続く

後もミュージシャンたちの生演奏は夜遅くまで続く。

■アイリッシュ・ハウス・パーティー
Map P.53-A2（ランズダウン・ホテル）
☎083-4569781
URL www.theirishhouseparty.com
🕐食事18:30〜、ショー20:00〜
💰食事付き€59.50　ショーのみ€28

■ベルヴェディア・アイリッシュ・ナイツ
Map P.55-D1（ベルヴェディア・ホテル）
TEL (01) 8737700
URL www.belvederehoteldublin.com/belvedere-irish-nights-show/
🕐食事19:00〜、ショー20:00〜
💰食事付き€52　ショーのみ€33

■ケルティック・ナイツ
Map P.77-D1（アーリントン・ホテル）
TEL (01)8049100
URL celticnights.com
🕐食事18:30〜20:30開始の1日3〜5回
ショー20:30〜
💰食事付き€49

✐ ケルティック・ナイツ
アーリントン・ホテルのフロントにて、当日の午前中に予約し、その場で事前支払いを済ませました。会場は、ホテルと同じ建物ですが、一度ホテルを出てふたつ隣のドアから入れます。満席だったので予約をおすすめします。音楽もダンスも、とても満足できる内容でした。
（愛知県　さやか　'22秋）

Map P.76-C2 スタグズ・ヘッド
テンプル・バー　The Stags Head

アイルランド料理
ダイニングパブ

1895年開業。スタグズ・ヘッドとは「牡鹿の頭」という意味で、店内は鹿の頭部の剥製や鹿を描いたステンドグラスなどで装飾されている。金・土の21:30頃からは音楽の生演奏も行われる。

住1 Dame Court, D02 TW84
TEL(01) 6793687　URLstagshead.ie
時11:00～23:30(金・土10:30～翌0:30
日12:30～翌0:30)　休12/25・26　━MV　令あり

Map P.56-B3 デイビー・バーンズ
博物館地区周辺　Davy Byrnes

アイルランド料理
ダイニングパブ

1873年創業の老舗。ジェイムズ・ジョイスがよく訪れ、彼の小説『ユリシーズ』、『ダブリン市民』にも登場する。店内はアール・デコ調のインテリアが美しい洗練された空間。料理にも力を入れている。

住21 Duke St., D02 K380
☎087-7121405　URLwww.davybyrnes.com
時12:00～23:30(金・土12:00～翌0:30、日12:30～23:00)
休無休　━AMV　令あり

Map P.56-A4 ランドマーク
ダブリン城の南　The Landmark

パブ
ダイニングパブ

食事はボリュームたっぷりで、ランチのメインは€11～13、ディナーは€17～32.50。音楽の生演奏やスポーツのライブ中継などが行われて盛り上がる。

住40 Wexford St., D08 DX2A
TEL(01)5379951　URLthelandmarkdublin.ie
時12:00～24:00(土12:00～翌1:00、日12:30～23:00)
休無休　━AMV　令あり

Map P.56-B1 マリガンズ
タラ駅周辺　Mulligans

パブ
ドリンクのみ

古き良きダブリン労働者階級のパブ文化を体感することができる歴史ある店。1947年には、後にアメリカ合衆国大統領となるJ.F.ケネディが立ち寄り、ここで初めてのギネスを体験した。ダブリンでもっともおいしいギネスが飲めるパブともいわれる。

住8 Poolbeg St., D02TK71　TEL(01)6775582
時12:00～23:30(金・土12:00～翌0:30、
日12:00～23:00)　休無休　━MV　令あり

Map P.77-E1 パレス・バー
テンプル・バー　The Palace Bar

パブ
ウイスキー

1823年創業と、200年以上の歴史を誇るパブで、ヴィクトリア朝時代の内装は、パレスと呼ぶにふさわしい美しさ。ウイスキーの品揃えにとりわけ定評がある。

住21 Fleet St., D02 H950
TEL(01) 6717388　URLwww.thepalacebardublin.com
時10:30～23:30(金・土10:30～翌0:30、
日11:00～23:00)　休無休　━MV　令あり

Map P.56-A3 スワン・バー
ダブリン城の南　The Swan Bar

パブ

ヴィクトリア朝様式の内装が美しいパブ。オーナーはラグビーの元アイルランド代表選手で、壁にはラグビーのジャージや写真、新聞記事などが飾られている。

住Aungier St., D02 RW67
TEL(01)4752722　URLtheswanbar.com
時12:00～23:30(金・土12:00～翌0:30、
日12:00～23:00)　休無休　━MV　令あり

テンプル・バーのランドマークは音楽に食事に大人気

ジ・オリバー・セント・ジョン・ゴガティーズ
The Oliver St. John Gogarty's

テンプル・バーのなかでもとりわけ大勢の人々を集め、足の踏み場もないほど混み合うのがここ。伝統音楽が午後から深夜まで流れ、アイリッシュダンスが見られることも。ドリンクはやや高めだが、充実したエンターテインメントの場所代と思えば決して高くない。

おすすめ料理
トラディッショナル・アイリッシュ・ビーフ・アンド・ギネス・キャセロール　€19.95
アイルランド産のビーフと野菜をギネスビールで煮込んだ鍋料理
ライブ情報
2階のライブ・ミュージック・バーにて14:30〜翌2:00、1階でも不定期にセッションが行われている。

DATA
Map P.77-D2
住58-59 Fleet St., D02 N159
TEL(01)6711822
URL www.gogartys.ie
Open 10 11 12 13 14 15 16 17 18 19 20 21 22 23 24 1 2 3
月〜土
日
食事　12:00〜21:45
AMV　🛜あり

アイリッシュ・トラッドに彩られたダブリンの夜を演出

オドノヒューズ O'Donoghue's

音楽ファンなら一度は訪れておきたい伝説的パブ。ここから巣立っていったミュージシャンのなかにはトラッド系バンド「ザ・ダブリナーズ」がおり、壁には彼らをはじめとするミュージシャンの写真が飾られている。狭いながらも暖かみのある空間は古きよきアイリッシュパブの姿そのもので、最高レベルの音楽演奏と相まってダブリンの夜をひときわ忘れがたいものにしてくれるはずだ。ラグビーの応援にも力を入れており、試合の日は多くの人が訪れてにぎわう。

ライブ情報
伝統的アイルランド音楽が月〜金曜は21:00〜、土曜17:00〜、日曜は終日。

DATA
Map P.55-E3
住15 Merrion Row, D02 PF50
TEL(01)6607194　URL www.odonoghues.ie
Open 10 11 12 13 14 15 16 17 18 19 20 21 22 23 24 1 2 3
月〜木
金・土
日
AMV　🛜あり

ダブリン最古のパブは食事も音楽も一級品

ザ・ブレイズン・ヘッド
The Brazen Head

1198年創業というダブリンで最も古いパブ。店内は奥行きがあり、いくつもの部屋に分かれているほか、中庭もある。古い歴史を誇るだけでなく、毎晩生演奏を楽しむことができる。また、ダイニング・パブ・アワードを受賞しているなど、質の高い料理とサービスにも定評がある。

おすすめ料理
トラディッシュナル・アイリッシュ・シチュー
€19.90
ラム肉の角切り、じゃがいも、野菜を煮込んだボリュームたっぷりのシチュー。

ライブ情報
月～木曜の21:30～23:30頃にアイルランド伝統音楽やバラッドの生演奏が行われ、日曜は15:30～18:00にもセッションが行われる。

DATA
Map P.54-C2
住20 Lwr. Bridge St., D08 WC64
TEL (01)6779549
URL www.brazenhead.com

Open	10	11	12	13	14	15	16	17	18	19	20	21	22	23	24	1	2	3
月～木																		
金・土																		
日																		

食事 12:00～21:00　⊟MV　令あり

いろいろなクラフトビールを飲み比べてみたい

フィデリティ
Fidelity

アイルランドを代表するクラフトビール会社のウィプラッシュ Whiplashの系列店で、同社のビールを中心に常時約20種のクラフトビールが楽しめる。カウンターにはハンドポンプのタップがずらりと並び壮観だ。ワインやシードルなどもあり、カクテルの味にも定評がある。食事は将来的に提供予定。

DATA
Map P.54-B2
住79 Queen St., D07 DW3R
URL www.fidelitybar.ie

Open	10	11	12	13	14	15	16	17	18	19	20	21	22	23	24	1	2	3
日～木																		
金・土																		
日																		

⊟MV　令あり

おすすめカクテル
バジル・アンド・ブラックペッパー・マルガリータ
€13
テキーラとライムのマルガリータに、バジルとブラックペッパーを加えたもの。数あるカクテルの中でも一番人気を誇っている。

ポーターハウス
Map P.76-B2
テンプル・バー
Porterhouse

クラフトビール

クラフトビール会社が経営するパブで、同社が醸造したビールは樽出しで飲めるほか、瓶も含めると200種類以上のビールがある。生演奏は毎晩行われ、にぎやかなムードのなか心ゆくまでビールを味わうことができる。

📍16-18 Parliament St., D02 VR94 　TEL (01) 6798847
URL porterhousebrewco.ie/temple-bar/
🕐11:00～24:00(土10:00～翌2:00、日10:00～23:30)
休無休 💳MV 🛜あり

ヒューゴーズ
Map P.55-E3
博物館地区周辺
Hugo's

アイルランド料理
ワインバー

厳選された季節の食材を使った料理を提供するレストラン。ディナーのメニューは2～3ヵ月ごとに変更され、メインディッシュは€28～42。ワインはアルゼンチンや南アフリカなど世界中からの銘柄が50以上。

📍6 Merrion Row, D02 T657
TEL (01) 6765955 　URL www.hugos.ie
🕐12:00～22:00(金12:00～22:30、土17:00～22:30、日13:00～21:00)　休月 💳AMV 🛜あり

ウイスキー・リザーブ
Map P.76-C2
テンプル・バー
The Whiskey Reserve

ウイスキーバー
ショップ

2023年にオープンしたウイスキーバー兼ショップ。店内には約2000種のアイリッシュ・ウイスキーをはじめ世界中のウイスキーが揃い、バーで飲むことができるほか、購入もできる。テイスティング・メニューは€40～750

📍17-18 Temple Ln. South, D02 E735
URL thewhiskeyreserve.com 　🕐11:00～23:00
(木・日12:00～23:30、金・土11:00～24:00)
休無休 💳MV 🛜なし

サラマンカ
Map P.56-B2
テンプル・バー
Salamanca

スペイン料理
タパスバー

小皿料理であるタパスを出すレストラン。ガリシア風の魚介料理や中央部のイベリコ豚の生ハムや肉料理、バレンシア料理のパエリアなど、スペイン各地の料理が楽しめる。スペイン産のビールやワインも用意している。

📍1 St. Andrew's St., D02 R856 　TEL (01) 6774799
URL www.salamanca.ie 　🕐12:00～22:00
(日13:00～20:00)　休無休 💳AMV 🛜あり

ダブリン・ピザ・カンパニー
Map P.56-A4
ダブリン城の南
Dublin Pizza Company

ピザ

薪窯で焼いた本格的ナポリ風ピザを出すテイク・アウェイ専門店。ピザは9インチ（約23cm）が€9.75～13.50、12インチ（約30cm）が€12～16.50。

📍32 Aungier St., D02 H248
TEL (01) 5611714 　URL www.dublinpizzacompany.ie
🕐12:00～22:00(木12:00～翌1:30、金・土12:00～翌4:00、日12:00～24:00)　休無休 💳MV 🛜なし

キャプテン・アメリカズ
Map P.56-B3
グラフトン・ストリート
Captain Americas

ハンバーガー
グリル

店内には、U2やクイーンのサイン入りギターや、ローリングストーンズのサイン入りTシャツなど、ファンにはたまらない品々がいっぱいで、まるでロックンロールと映画の博物館のよう。夜は若者でにぎわう。

📍44 Grafton St., D02 CA21
TEL (01) 6715266 　URL www.captainamericas.com
🕐12:00～22:00 休無休 💳ADMV 🛜あり

Map P.76-B2 **ザイトゥーン**
テンプル・バー　Zaytoon

イラン料理
ファストフード

テンプル・バーで20年以上営業を続ける人気イラン料理店。メニューはピタパンと野菜の上に肉料理を載せるスタイルで、肉はドネルケバブやミンチの串焼きクービーデ、シシケバブなどから選ぶことができる。

🏠14-15 Parliament St., D02 FW60　☎(01) 6773595
URLwww.zaytoon.ie　🕐12:00～24:00
（金・土12:00～翌4:30）　休無休　💳MV　📶なし

Map P.76-B2 **達磨**
テンプル・バー　DARUMA

日本料理
居酒屋

現地に住む日本人からの支持が高い本格日本料理店。メニューは寿司や刺身、和牛を使った炉端焼き、チキンカツカレーなどと幅広い。日本酒や日本酒を使ったカクテルの種類も多い。

🏠13 Parliament St., D02 P658
☎(01) 5341595　URLwww.daruma.ie
🕐12:00～22:00　休月　💳AMV　📶なし

Map P.56-A3 **ヤマモリ・サウス・シティ**
ダブリン城周辺　Yamamori South City

日本料理

週末の夜は地元の人でいっぱいという人気店。メニューは、寿司や天ぷら、ラーメンといったラインアップ。向かいの居酒屋は系列店。ロウアー・オーモンド・キー Lwr. Ormond Quayにも系列の寿司屋がある。

🏠71-72 South Great George's St., D02 EC94
☎(01)4755001　URLyamamori.ie
🕐12:00～22:00（金土12:00～22:30、
日・月12:00～21:30）　休祝　💳ADJMV　📶なし

Map P.56-A2 **ハン・スン**
ジャーヴィス周辺　Han Sung

韓国料理

日中韓の食材を取り扱っている店の奥にある食堂。キムチチゲやビビンパブ、プルコギ、ユッケなどひと通りの韓国料理が揃う。メインは€10.50～13.90。

🏠22 Great Strand St., D01 K8E8　☎(01) 5590503
URLhansungdublin.com　🕐10:00～21:00
（日・祝11:00～20:30）　休無休　💳MV　📶あり

📝ビビンパブは辛いソースは別の容器に入って出てくるので、辛いものが苦手でも食べやすかったです。ダブリン市内には日本食レストランもありますが値段が高めなので、お米が食べたい時には、この店を利用していました。　　　　　（東京都　Apricot　'19夏）

Map P.56-A3 **ザ・グッド・ワールド・チャイニーズ**
ダブリン城周辺　The Good World Chinese

中華料理
点心

豊富な点心Dim Sumが人気で、ダブリン在住の中国人を中心に広く支持されている。点心以外のメニューも充実しており、メインは€14～。

🏠18 South Great George's St., D02 AE10
☎(01) 6775373　URLgood-world-dublin.squarespace.com
🕐12:00～23:00（木一日12:00～24:00）
休無休　💳MV　📶あり

Map P.56-B2 **コーニュコピア**
テンプル・バー　Cornucopia

カフェ
ベジタリアン

スープ、サラダ、キッシュなどが充実したベジタリアン・カフェ。メニューは日替わりで、ランチタイムはかなり混み合う。メインは€19前後、サラダは小€9.95、大€13.50。

🏠19-20 Wicklow St., D02 FK27
☎(01) 6777583　URLwww.cornucopia.ie
🕐8:00～20:00（木一土8:00～21:00）
日・祝9:00～20:00）　休無休　💳MV　📶なし

ダブリン　レンスター州

ザ・バッド・アス・カフェ

Map P.76-C2 テンプル・バー The Bad Ass Café **カフェ**

シネイド・オコナーが働いていたことでも有名な名物カフェ。カフェというよりパブに近い内装で、メニューはハンバーガー、ピザ、スパゲッティ、グリルなど。平日18:00、土・日17:00から音楽の生演奏も行われる。

📍9-11 Crown Alley, D02 ED77
☎(01) 6753005　URL badasstemplebar.ie
🕐12:00～翌1:00(日12:30～23:00)
休無休　━A M V　🛜あり

ブラザー・ハバード

Map P.76-A1 ジャーヴィス周辺 brother hubbard **カフェ**

食材の質と鮮度にこだわり、高い人気を誇るカフェ。サンドイッチは€11.50～、ビーガンプレートは€13.95。スコーンやブラウニーもぜひ試したい。

📍153 Capel St., D01 V9V0
☎(01) 4411112　URL www.brotherhubbard.ie
🕐9:00～16:00(土9:30～16:00)
休無休　━A M V　🛜なし

ビューリーズ

Map P.56-B3 グラフトン・ストリート Bewley's **カフェ**

グラフトン・ストリートにあるアイルランドを代表する歴史あるカフェで、内部を彩るハリー・クラーク作のステンドグラスは必見。コーヒー €4.10～。アフタヌーンティーは木～日の13:30～16:00で要予約。ひとり€49。

📍78-79 Grafton St., D02 K033
☎(01) 5460900　URL www.bewleys.com
🕐8:30～17:30(土8:30～18:30、日9:00～18:00)
休無休　━M V　🛜なし

レオ・バードック

Map P.77-D2 テンプル・バー Leo Burdock **ファストフード フィッシュ&チップス**

1913年創業のフィッシュ&チップス専門店。タラのフィッシュ&チップスは€15.95。カリカリとした厚手の衣かつジューシーな味わいでボリュームたっぷり。

📍4 Crown Alley, D02 YH05　☎(01) 6111999
URL www.leoburdock.com　🕐12:00～21:00(木12:00～
22:00、金～日12:00～23:00)　休無休　━M V　🛜なし

クイーン・オブ・タルツ

Map P.76-A2 ダブリン城周辺 Queen of Tarts **カフェ スイーツ**

手作りのタルト類が自慢のカフェで、ショーケースを指さして注文できる。スコーンは€4.75。朝食€6.95～16.45やランチ€9.85～15.45も提供する。

📍Cows Ln., D08 F959　☎(01)6334681
URL www.queenoftarts.ie　🕐8:00～18:00
休祝　━M V　🛜あり

💬 お店の人は親切で、アレルギー表示もメニューにしっかり掲載されていて安心できます。ベイリーズ・チーズケーキBaileys Cheesecakeをはじめ、アイルランドは乳製品がおいしいのでタルトやケーキにはずれがないと思います。(東京都　Apricot　'19夏)

アヴォカ・カフェ

Map P.77-E2 テンプル・バー Avoca Café **カフェ**

アイルランドのハンドクラフトを扱うアヴォカの2階にあるカフェ。テーブルやイスはわざと不揃いで、くつろげる雰囲気を演出。肉類や卵はアイルランド産にこだわっている。ビーフバーガーが€22.95、デザートが€9.50。

📍11-13 Suffolk St., D02 C653
☎(01) 6774215　URL www.avoca.com
🕐9:00～16:30(日10:00～16:00)
休12/25　━A M V　🛜なし

Map P.56-B3 カフェ／ショップ
テンプル・バー
バトラーズ・チョコレート・カフェ
Butlers Chocolate Café

アイルランドを代表するチョコレート会社、バトラーズが運営するカフェ兼ショップの1号店で、ホットチョコレートが人気。ドリンクを頼むとチョコが1粒選べる。

住24 Wicklow St., D02 R981　TEL(01) 6710591
URLwww.butlerschocolates.com　営7:30〜19:00（土8:00〜19:00、日9:30〜19:00)　休無休　—MV　✶あり

SHOP　グラフトン・ストリートやオコンネル・ストリート周辺が各種ショップの多いダブリンの繁華街。テンプル・バーには小さなセレクトショップや、アクセサリーショップ、古着屋などがある。観光客向けのみやげ物店はオコンネル・ストリート、ナッソー・ストリートなどに数軒ある。

Map P.56-B3 工芸品／みやげ物
ナッソー・ストリート
キルケニー・デザイン
Kilkenny Design

クリスタルガラスや陶芸品、貴金属などアイルランドの有名デザイナーの品が豊富。免税、日本への郵送も可。店内のレストランも人気がある。

住5-6 Nassau St., D02 W865
TEL(01) 6777066　URLwww.kilkennyshop.com
営10:00〜18:00（日11:00〜17:00)　休12/25・26
—AMV

Map P.77-E2 雑貨／惣菜
テンプル・バー
アヴォカ
Avoca

幅広い年齢層の地元女性に人気。オリジナルのニット製品やリネン用品をはじめ、オーガニック製品やアロマグッズ、キッチン用品といった雑貨、惣菜などを販売。

住11-13 Suffolk St., D02 C653
TEL(01) 6774215　URLwww.avoca.com
営9:00〜18:00（日10:00〜18:00)
休12/25　—AMV

Map P.56-B3 ウイスキー／地ビール
博物館地区周辺
ケルティック・ウイスキー・ショップ
Celtic Whiskey Shop

各種アイリッシュ・ウイスキーはもちろん、世界中のウイスキー、ワイン、アイルランドの地ビールなどユニークな品揃え。店員は知識豊かで、試飲も可能。

住27-28 Dawson St., D02 A215　TEL(01)6759744
URLwww.celticwhiskeyshop.com　営10:30〜18:30（日・祝12:30〜18:00)　休12/25、1/1　—MV

Map P.56-B3 ツイード
博物館地区周辺
マギー
MAGEE

1866年創業のドネゴール・ツイードの老舗で、男女ともに多数の品を取り揃える。ドネゴールにも支店がある。日本への郵送にも対応してもらえる。

住21-22 South Anne St., D02 TY48　TEL(01) 6798966
URLwww.magee1866.com　営9:30〜18:00（日12:00〜17:30)　休無休　—ADJMV

Map P.56-B3 書店
ドーソン・ストリート
ホジズ・フィギス
Hodges Figgis

1768年創業。歴史や政治、文化など、アイルランドに関する書籍が充実しており、ゲール語の本もある。

住56-58 Dawson St., D02 XE81　TEL(01)6774754
URLwww.hodgesfiggis.ie　営9:00〜19:00（土9:00〜18:00、日・祝10:30〜18:00)　休無休　—MV

アイルランドで最も古くからある書店です。店頭ディスプレイがすてき。アイルランドを学ぶための本や、アイルランド俳優が出演している映画の原作本等が並ぶ店内を見学するだけで楽しめると思います。　　　　（東京都　Apricot　'19夏）

●ダブリン　レンスター州

アイルランド国番号353
市外局番045

MAPS
広域地図P.16-A3
キルデアP.109

聖ブリジッドゆかりの聖地
キルデア
Kildare

ラウンドタワーから見たキルデアの町

🚆	所要:24~49分　運賃:€11.95
月~土	ヒューストン駅から6:25~23:10の1時間に1~3便
日	8:00~21:10の1時間に1~4便程度

所要:35分~55分　運賃:€8

🚌 ビッグ・グリーン・バスがバラ・キー Burgh Quay Map P.55-D2、ルアスのレッド・カウ駅 Red Cow 前のバス停前発。キルデア・ヴィレッジ停車。バラ・キーは6:15~23:45、レッド・カウ駅は6:35~翌0:05の1時間に2便、

所要:1時間30分~2時間20分
運賃:€10.50

🚌 ゴー・アヘッド・アイルランド GoAhead IrelandのNo.126、126A、126D、126Tがコノリー駅前から6:50(土9:05、日・祝12:05)~23:05の1~3時間に1便。マーケット・スクエアに停車。一部の便はアイリッシュ・ナショナル・スタッド前にも到着する。

キルケニーから

🚌	所要:約1時間　運賃:€15.75
月~土	6:35　8:30　11:43　13:45　15:32　19:14
日	9:45　13:20　15:51　18:45

　ダブリンの南西50kmにあるキルデアは、聖パトリック、聖コロンバと並ぶアイルランドの三聖人のひとり、聖ブリジッドが建てた修道院を中心に造られた町。

聖ブリジッド大聖堂は13世紀に建てられたゴシック様式の教会

　キルデアとは、ゲール語で「樫の木の教会」という意味のキルダラが英語風に訛ったもの。町の中心に建つ聖ブリジッド大聖堂が当初樫の木を使って建てられたことから名づけられた。

✤ キルデアの**歩き方** ✤

鉄道駅とバス停　鉄道駅は町の北はずれにあり、町の中心部までは徒歩15分ほど離れている。バスは町の中心、マーケット・スクエア Market Sq.で停車する。

🅘を兼ねているキルデア・ヘリテージ・センター

　町なかにあるおもな見どころは、キルデア・ヘリテージ・センターと聖ブリジッド大聖堂のふたつ。🅘はキルデア・ヘリテージ・センターの中にある。郊外にあるアイリッシュ・ナショナル・スタッドと聖ブリジッドの井戸へは、町の中心部から徒歩20分、アウトレットのキルデア・ヴィレッジへは徒歩10分ほどだ。

キルデアの見どころ

まずはここで情報収集　　　　　　　　　　Map P.109

キルデア・ヘリテージ・センター
Kildare Heritage Centre

❼はキルデア・ヘリテージ・センターとして、町の成り立ちや歴史などを紹介するスペースになっている。有料のVR体験ツアーである**レジェンズ・オブ・キルデア**Legends of Kildareでは、キルデアの伝説や歴史をVRで紹介しており、町のおもな見どころや概要をつかむのにちょうどいい。所要約30分。

アイルランド第2のラウンドタワーをもつ　　　Map P.109

聖ブリジッド大聖堂 St. Brigid's Cathedral

聖ブリジッドによって、この場所に教会が造られたのは470年頃のこと。教会の建つ場所はキリスト教伝来以前から古代ケルト人の聖地だったといわれている。

教会がこの場所に建てられたことは、アイルランドのキリスト教が、古来ケルトの宗教を取り込み、融合する形で発展してきたことを如実に示している。

■キルデアの❼
■キルデア・ヘリテージ・センター
Map P.109
🏠Kildare Town Heritage Centre, Market Sq., R51 T189
☎(045) 530672
🌐kildareheritage.com
🕐9:30～13:00　14:00～17:00
休日

●レジェンズ・オブ・キルデア
🕐10:00～12:30　14:00～16:30
休日
料€7.50　学生€6.75

■聖ブリジッド大聖堂
🏠Market Sq., R51 HY65
🌐stbrigidscathedral.com
🕐10:00～13:00　14:00～17:00
（日14:00～17:00）
休10～4月
料大聖堂無料（寄付歓迎）
※2024年5月現在ラウンドタワーは保修作業のため入場不可

Key Person
聖ブリジッド

4～5世紀にかけてアイルランドで活躍した修道女で、聖パトリック、聖コロンバと並んでアイルランドの守護聖人に数えられる。レンスター王の父とキリスト教徒で奴隷の母との間に生まれ、長じて修道女となった聖ブリジッドはキルデア修道院をはじめとし、数々の修道院を設立したと伝えられている。ただし、聖ブリジッドについてはわかっていないことも多く、ケルトの女神ブリジッドがキリスト教のなかに溶け込んだものともいわれる。彼女の祝日は2月1日で、この日は古代アイルランドの春の訪れを祝う日でもある。その日には聖ブリジッド・クロスというイグサで作った十字架を家の玄関にかける風習があり、火事よけのお守りになるといわれている。

マーケット・スクエアに立つ聖ブリジッドの像

高さ33mのラウンドタワー

■アイリッシュ・ナショナル・スタッド
住Tully, R51 KX25　TEL(045) 521617
URLwww.irish-national-stud.ie
開9:00～18:00
休11月中旬～2月中旬
€19　学生€14

アイルランドにいることを忘れてしまいそう

創立者である聖ブリジッドだが、同じ名前の女神が、ケルト神話に存在しており、キリスト教と古代ケルトの宗教とが、複雑に絡み合って独自の発展を遂げたアイルランドのキリスト教を象徴している。

聖ブリジッドがこの地に設立した修道院は、修道士、修道女がともに生活していた珍しいもので、男性の大修道院長よりも、女性の大修道院長の地位が高かった。

現在見られる教会は、12世紀に建てられたもの。敷地内にあるラウンドタワーは高さ33mあり、登ることができるものとしてはアイルランドで最も高いものだ。

ヨーロッパ屈指の日本庭園でも知られる　　　　　　Map P.10
アイリッシュ・ナショナル・スタッド
Irish National Stud

町の中心部の南1kmほどの所にあり、サラブレッドの種付け、育成、調教を行う施設。広大な施設内には、日本庭園、セント・フィクラ庭園、博物館も併設している。

特に有名なのが、ヨーロッパで最高と評される日本庭園。誕生から死までの人の一生をテーマに造られており、「誕生の洞窟」「学びの丘」「結婚の橋」「老年のイス」など、コース上の一つひとつが人生になぞらえられている。

キルデアの中心部に宿泊施設は少ないので、できるだけ早く予約しておくこと。レストランやパブはマーケット・スクエアや、キルデア・ヴィレッジ内に点在する。キルデア・ヴィレッジには世界的な有名ブランドのショップが軒を連ね、多くの買い物客でにぎわっている。

ゲストハウス 17室	Map P.109	シルケン・トーマス

Silken Thomas

住The Square, R51 HK54
TEL(045) 522232
URLsilkenthomas.com
€89.10～
€99～
MV

TV　　　　　　　　　　　P　Wi-Fi
全室　全室　全室　なし　無料　全館無料

マーケット・スクエアに面したゲストハウスで、18世紀の建物を利用している。ダイニング・パブに併設しているが、客室は店の裏側にあり静かな環境。

Map P.109　**ハーツ**
Harte's Bar & Grill

ダイニング・パブ
グリル料理

グリルに定評があるガストロ・パブ。ランチのメインは€12.90～24.90、ディナーのメインは€14～36。地ビールの品揃えも豊富。

住Market Square, R51 TN60　TEL(045) 533557
URLharteskildare.ie　開12:30～16:00 17:00～21:00
（火16:30～21:00、金・土12:30～16:00 17:00～21:30、日12:30～20:00）　休月　MV　あり

Map P.109　**キルデア・ヴィレッジ**
Kildare Village

ショッピングセンター

町の中心から少し外れた所にあるアウトレットモール。施設内には100を超えるショップがあり、アウトレット価格で販売している。

住Nurney Rd., R51 R265　TEL(045) 520501
URLwww.kildarevillage.com　開夏期10:00～20:00
冬期9:00～19:00　※変動あり　休無休

森の中にたたずむ初期教会の跡

グレンダーロッホ
Glendalough

円塔が印象的な聖ケヴィン教会（左）とラウンドタワー（右奥）

グレンダーロッホはゲール語で「ふたつの湖の谷」の意味。ここにはウィックロウ山脈の山懐にひっそりと残る初期キリスト教会跡があり、かつて「7つの教会の町」としてアイルランド屈指の聖地として知られた。U字渓谷には氷河湖が点々とし、豊かな森林が広がる。現在は付近一帯がウィックロウ山脈国立公園となっており、多くの観光客が訪れる。

 ## 起点となる町

バスの便が極端に少ないので、ダブリンからセント・ケヴィンズ社のバスを利用するか、ツアーに参加すると効率がよい。レンタカーならウィックロウWicklowやアークロウArklowが起点になる。

 ## グレンダーロッホの歩き方

入口周辺にはビジターセンターや駐車場、ホテルが隣接している。主要な教会群は入口を入って徒歩5分ほど。教会群のすぐ西にはふたつの湖のうちのひとつ**ロウアー・レイク**Lower Lakeがあり、ダブリンから日帰りツアーで参加している人はこのあたりまでが1時間程度の自由時間で行ける限界。ロウアー・レイクのさらに西にある**アッパー・レイク**Upper Lakeまで行くのは厳しい。周辺はハイキングエリアになっており、いくつものコースがあるので、周囲の自然をじっくり楽しみたい人は、ツアーではなく、バスかレンタカーで訪れるようにしよう。

ウィックロウ県
Co. Wicklow

アイルランド国番号353
市外局番0404

MAPS
広域地図P.16-B3
初期キリスト教会群P.112
グレンダーロッホ周辺P.113

Access Guide
グレンダーロッホ

ダブリンから
所要:約1時間30分
運賃:片道€14　往復€23

セント・ケヴィンズ社のバスがセント・スティーブンズ・グリーン・ノースSt. Stephan's Green NorthMap P.56-B3発

🚌 往路:11:30 18:00発、3〜9月の土・日・祝のみ11:30 19:00発。
復路:7:00 9:45（7・8月の月〜金）16:30。3〜9月の土・日・祝は9:45 17:40発、10〜2月の土・日・祝は9:45 16:30発。
URLwww.glendaloughbus.com

多くの旅行会社がダブリンから日帰りツアーを催行している（→P.68）。

History
聖ケヴィンとグレンダーロッホ

聖ケヴィンは498年、レンスターの有力者の家に生まれ、幼い頃からキリスト教の教育を受けてきた。正式に聖職者となると、人里離れたグレンダーロッホの地に移り、自然のなか祈りと冥想の日々を送るようになるが、彼の聖人としての名声が高まるにつれて多くの追随者が出るようになり、この地に修道院が造られた。以降グレンダーロッホの修道院は発達し、618年に聖ケヴィンが亡くなった後も、アイルランドにおける初期キリスト教の聖地のひとつとして繁栄した。12世紀に入ると衰退するが、それでも庶民の信仰に守られたためか、完全な廃墟とはならず、長く聖地として知られることとなる。

グレンダーロッホ　レンスター州

111

■グレンダーロッホ・ビジターセンター
住Glendalough, Bray, A98 HC80
TEL (046) 9407156
URL heritageireland.ie
開3月中旬～10月中旬9:30～18:00
　10月中旬～3月中旬9:30～17:00
※最終入場は閉館の45分前
休12/23～29　料€5　学生€3

ビジターセンター入口

ビジターセンターにあるグレンダーロッホ
の模型。当時の様子がよくわかる

山道から眺める初期教会群

鐘楼、目印、宝物庫など、多様な目的で利
用されたラウンドタワー

深い森と湖にたたずむ修道院跡
初期キリスト教会群
Glendalough Incipient Church

Map P.112

ビジターセンター　グレンダーロッホをはじめとするアイルランドの修道院の歴史を解説する15分ほどのビデオ上映や、この地で発掘された品々の展示などを行っている。

石積みの門　別名「7つの教会の町」とも呼ばれるこの遺跡群へは、石積みの門「ゲート・ウェイGate Way」が迎えてくれる。この門の造りは、アーチ型の四角のチョークストーン形式のブロックで組まれ、門全体は平らな自然石を積み上げた構造のものが、前後に二重に並んでいる。大変古い様式をもつ初期教会集落の門だ。

ラウンドタワー　もともとは鐘楼として建築された、ひときわ目を引く高い塔。約30mの高さがあるこの円塔は、たた石を積み上げた、先端にいくにつれ細くなっている塔だ。そして地上約3mの所にポカンと入口が開いているという不思議な構造をしている。ヴァイキングなどの外敵が来襲した際、この入口にはしごをかけて塔内へ避難し、入口を閉め、通り過ぎるのを待ったという。

大聖堂　遺跡のほぼ中央にある。現在は屋根もなく崩壊が著しいが、石積みの初期教会の代表的なもので、アイリッシュ・ロマネスク様式の特徴的な「折れ模様」を内部のアーチなどに見ることができる。すでに7世紀には建てられていた大聖堂は、12世紀になってからアイリッシュ・ロマネスク様式に大改造された。

グレンダーロッホで最大の教会

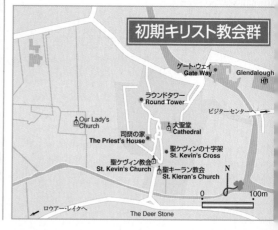
初期キリスト教会群

ゲート・ウェイ
Gate Way
Glendalough HR

ラウンドタワー
Round Tower

ビジターセンターへ

Our Lady's Church

大聖堂
Cathedral

司祭の家
The Priest's House

聖ケヴィンの十字架
St. Kevin's Cross

聖ケヴィン教会
St. Kevin's Church

聖キーラン教会
St. Kieran's Church

N

0　　　100m

ロウアー・レイクへ

The Deer Stone

聖ケヴィン教会 大聖堂のすぐ南にある。特徴的な急勾配の屋根とそこから突き出る円塔は、すべて石積みで造られている。大聖堂と同じくロマネスク様式がアイルランドに入ってくる以前の建築だ。内部は二重構造になっていて、階段で上下がつながれている。別名「聖ケヴィンの厨房」といわれているのは、円塔が煙突のように見えるためで、実際にここで炊事が行われたことはない。

煙突のような円塔がひときわ印象的な聖ケヴィン教会

墓地 遺跡内は墓地となっており、石板状の墓標とともにアイルランドの象徴でもあるハイクロスが林立している。十字の交差部に円環を結合した形が独特だ。

そのほかの見どころ 遺跡群周辺には、アッパー・レイク付近のリーファート教会や、教会群から少し下流に下った所にある聖救世主教会など、歴史的に重要な教会跡や古代の遺跡などが散在している。

氷河によって形成されたアッパー・レイク

聖人に愛された神秘の自然を散策　Map P.16-B3
ウィックロウ山脈国立公園
Wicklow Mountains National Park

　緩やかなU字谷の針葉樹林に包まれた森の中に、ふたつの湖 "アッパー・レイク" と "ロウアー・レイク" が、遠く湖にそそぐ滝を望み静かに水をたたえている。この湖は氷河が押し出した堆積物によって形成されたものだ。このあたりはウィックロウ山脈国立公園の一部を構成しており、アッパー・レイク近くには国立公園のインフォメーション・オフィスがある。すべてのトレッキング・コースはここが出発地点。30分から4時間までルートが9種類用意されており、コース別に道標が色分けされている。地図は❼で販売している。

デリーボーン・ウッドランド・トレイルは起伏に富み、ロウアー・レイクを見下ろせる

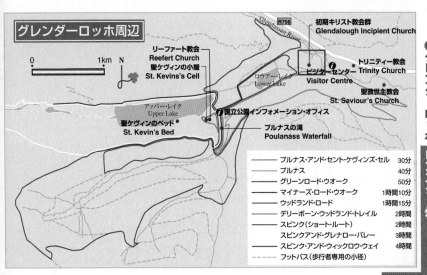

グレンダーロッホ周辺

Glendasan River R756

初期キリスト教会群
Glendalough Incipient Church

リーファート教会
Reefert Church

聖ケヴィンの小屋
St. Kevins's Cell

0　1km　N

トリニティー教会
Trinity Church

ビジターセンター
Visitor Centre

ロウアー・レイク
Lower Lake

聖救世主教会
St. Saviour's Church

アッパー・レイク
Upper Lake

聖ケヴィンのベッド
St. Kevin's Bed

❼国立公園インフォメーション・オフィス

プルナスの滝
Poulanass Waterfall

	プルナス・アンド・セント・ケヴィンズ・セル	30分
	プルナス	40分
	グリーンロード・ウオーク	50分
	マイナーズ・ロード・ウオーク	1時間10分
	ウッドランド・ロード	1時間15分
	デリーボーン・ウッドランド・トレイル	2時間
	スピンク（ショート・ルート）	2時間
	スピンクアンド・グレナロー・バレー	3時間
	スピンク・アンド・ウィックロウ・ウェイ	4時間
- - - -	フットパス（歩行者専用の小径）	

ノルマンの伝統を受け継ぐ港町
ウェックスフォード
Wexford

ウェックスフォード県
Co. Wexford

アイルランド国番号353
市外局番053

MAPS
広域地図P.17-D2
ウェックスフォード周辺P.115
ウェックスフォードP.115

町の中心ブル・リングはマーケットとしてにぎわっている

Access Guide
ウェックスフォード

ダブリンから

🚆 所要:約2時間30分　運賃:€23.65

月〜金	コノリー駅から9:33 13:33 16:33 17:33 18:35
土	7:55 13:25 18:35
日	10:25 13:35 18:40

🚌 所要:約2時間40分　運賃:€21

月〜土	エクスプレスウェイNo.2がバスアラスから6:20 8:25 10:25〜19:25の1時間に1便 21:20 22:20 0:20
日	6:20〜16:25の2時間に1便　17:30 18:30 19:25 21:20 22:20 0:20

🚌 所要:約2時間20分　運賃:€20

月〜金	ウェックスフォード・バスNo.740がジョージズ・キー George's Quay Map P.55-E2を通る。6:05 7:20 8:50〜12:50の1時間に1便　14:00〜21:50の1時間に1〜2便 23:25
土	6:05〜23:25の1〜2時間に1便
日	7:20〜23:25の1〜2時間に1便

ウォーターフォードから

🚌 所要:約1時間　運賃:€14

月〜土	エクスプレスウェイNo.40が7:00 9:00 11:30 13:15 16:30 19:30
日	7:00 13:15 15:00 16:30 19:30

🚌 所要:約1時間　運賃:€12

月〜金	ウェックスフォード・バスNo.340が時計塔前のバス停から7:25 10:15 11:15 12:15 14:15 16:15 18:15 20:15
土	10:15 12:15 14:15 16:15 18:15 20:15
日	12:15 14:15 16:15 18:15 20:15 22:15

　ウェックスフォードは、ダブリンやウォーターフォード同様、9世紀頃にヴァイキングによってつくられた港町。12世紀のノルマン人の侵攻以後は、その子孫の住む町として発展し、18世紀末にはイギリスへの反乱の中心にもなった。波乱に満ちた歴史を歩んだ町は、かつては5つの城門をもつ城壁に囲まれていたが、現在はわずかに残る西門にその面影を残すのみ。

　周囲には美しい古城や歴史をテーマにしたヘリテージパークやバードウオッチングが楽しめる野鳥保護区などもあり、観光の拠点にぴったりの町だ。

ウェックスフォードの歩き方

　町の北にある鉄道駅から海岸線に沿って南下すると古い城門（西門）が残っている。この先は小さな入江となっている。この近くに立つのはジョン・バリー John Barryの像。アメリカ海軍の基礎を作ったことで知られる人物だ。

　鉄道駅から内陸側へ南西に歩くと見える**セルスカー修道院**Selskar Abbeyは町で最古の宗教建築。セルスカー修道院から通りひとつ海側のノース・メイン・ストリートNorth Main St.には**ブル・リング**Bull Ringと呼ばれている場所がある。ここはヴァイキング時代に造られ、ノルマン貴族が闘牛を楽しんだ場所。現在は1798年の反乱を記念する像が建っている。❼はこの近くのアートセンター内にある。夏期のみ営業だが、地図やパンフレットなどは通年

置いてある。スラニー川River Slaneyに架かる長い橋を渡った対岸の先にある広大な干潟は**ウェックスフォード野鳥保護区**Wexford Wildfowl Reserveだ。グリーンランド・グースなどのガン越冬地として世界的に知られている。

近郊の見どころ

Days out from Wexford Map P.115 左

美しい庭園をもつ城
ジョンズタウン城
Johnstown Castle

どっしりとした構えのジョンズタウン城

　町から南西へ約6kmの所にある。19世紀に造られ、繊細かつ荘厳なゴシック様式が特徴だ。数あるアイルランドの古城のなかで飛び抜けて美しいとされる名城。

　城周辺はイタリア式の庭園が広がり、大きな美しい池のほか、背後にも小さな館や城がある。庭園内のアイルランド農業博物館Irish Agricultural Museumは、受賞歴もある博物館で、古い農機具、生活用具が数多く展示され、伝統的な農民の生活をかいま見ることができる。

近郊の見どころ

Days out from Wexford Map P.115 左

アイルランドの歴史を網羅
アイルランド国立ヘリテージ・パーク
Irish National Heritage Park

　アイルランドの古代から中世にかけての歴史を主題にした屋外型博物館。広大な公園に巡らされた散策路をたどると、アイルランドの人々の生活の変遷がよくわかる。

　最初は石器時代の村落から始まり、ドルメンやストーン・サークル、巨大墳墓にある石棺、さらに古代アイルラン

■ウェックスフォードの ❼
Map P.115右-A
🏠Wexford Arts Centre, Cornmarket,
Y35 X5HF
📞(053)9123111
🌐www.visitwexford.ie
🕐10:00〜17:00（土曜10:00〜16:00）
休日・月、10〜5月頃

■ジョンズタウン城
🚌ウェックスフォードバスNo.390が
8:25 11:30 13:30 15:30 17:35発、所要約15分、日曜運休。
🏠Johnstown Castle Gardens,
Y35 HP22
📞(053)9184671
🌐johnstowncastle.ie ♿
●庭園＆博物館
🕐3/17〜10月9:00〜17:30
　11月〜3/16 9:00〜16:30
※最終入場は閉館の1時間前
休12/24〜26
料€10.50　学生€8
●城ツアー
5〜9月
11:00 11:30 12:00 13:30 14:00
15:00発
10〜4月
11:00 12:00 13:00 14:00発
休12/24〜26
料€16　学生€12（庭園、博物館との共通券）
※城ツアーは予約が望ましい

ウェックスフォード周辺

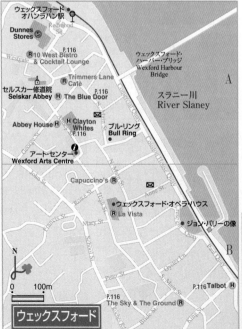

ウェックスフォード

■アイルランド国立ヘリテージ・パーク
ウェックスフォード中部部からタクシーで所要時間10分。徒歩なら約40分。車道を歩くが、途中、ロッホ・ガルマンLoch Garmanの美しい景色を見ながらの行程だ。

📍Ferrycarrig, Y35 X313
📞(053)9120733
🌐www.irishheritage.ie
🕐11〜2月9:30〜17:00
　3〜6・9・10月9:30〜17:30
　7・8月9:30〜18:30
🚫無休　€14　学生€12

ドのオガム文字が石に刻まれた碑文が続く。初期キリスト教会、ヴァイキングの集落、ノルマンの城と見て行こう。

　最後にたどり着くラウンドタワーは、クリミア戦争の戦没者慰霊のために建てられたものだ。

石器時代の村落

駅の北側と、ジョン・ストリートJohn St.沿いにB&Bが点在している。中・高級のホテルは少ない。レストラン、パブはノース・メイン・ストリートとサウス・メイン・ストリートに集中している。ポール・キー Paul Quay周辺には港の景色を楽しめる雰囲気のよいレストランが数軒ある。

高級 157室	Map P.115- 右 A	**クレイトン・ホワイツ・ホテル** Clayton Whites Hotel

📍Abbey St., Y35 C5PF
📞(053)9122311
🌐www.claytonwhiteshotel.com
🛏️€99.65〜
🛏️€108.15〜
💳AMV

📺 全室　🔌 全室　🧴 全室　なし　🅿️ 有料　🛜Wi-Fi 全館無料

大会議場やフィットネス、スパを備える、町を代表する4つ星ホテル。広くて開放的な中庭もある。客室は居住性の高いモダンなデザイン。

高級 107室	Map P.115- 右 B	**トールボット** Talbot Hotel

📍On the Quay, Y35 FP9P
📞(053)9122566
🌐www.talbotwexford.ie
🛏️€115〜
💳AMV

📺 全室　🔌 希望者　🧴 全室　全室　🅿️ 無料　🛜Wi-Fi 全館無料

1905年創業。歴史は古いが、客室は4年を目処に改装を行い、常に最新の設備。受賞歴もあるレストラン、オイスター・レーンOyster Laneをはじめ、ジャクージ、屋内プール、エステなどを完備。

B&B 6室	Map P.115- 右 A	**ザ・ブルー・ドア** The Blue Door

📍18 Lwr. George St., Y35 ET88
📞(053) 9121047
🌐www.bluedoor.ie
🛏️€50〜　🛏️€70〜
💳MV

📺 全室　🔌 全室　🧴 全室　なし　なし　🛜Wi-Fi 全館無料

町の中心部にある数少ないB&Bで部屋数も少ないので早めに予約したい。内装はすっきりと落ち着いた印象で非常に清潔。

	Map P.115- 右 A	**テン・ウエスト** 10 West Bistro & Cocktail Lounge	シーフード

駅の近くにある雰囲気のよいビストロ。ディナーのメインは小皿が€12〜15、大皿€24〜34。

📍10 Westgate, Y35 FW95　📞(053) 9006883
🌐www.10west.ie　🕐10:30〜15:00 17:00〜21:00
🚫火・水のランチ、月　💳AMV　📶あり

	Map P.115- 右 B	**ザ・スカイ・アンド・ザ・グラウンド** The Sky & The Ground	音楽パブ 地ビール

古き良きアイリッシュパブという表現がぴったりの人気店。地ビールとシードルの品揃えでも定評がある。伝統音楽が生演奏されることも多い。

📍112 South Main St., Y35 C65F　📞(053) 9121273
📧theskyandtheground@gmail.com
🕐16:00〜23:30(金・土15:00〜翌0:30　日15:00〜23:00)
🚫月　💳MV　📶あり

歴史的建造物と逸話で彩られた古都

キルケニー
Kilkenny

ダブリン●

キルケニー●

| キルケニー県 |
| Co. Kilkenny |

アイルランド国番号353
市外局番056

MAPS

広域地図P.17-C1
キルケニーP.118

広大な敷地を誇るキルケニー城

　中世アイルランドの中心都市として栄えたキルケニーは、その雰囲気を色濃く残している古都。南に建つキルケニー城や修道院など数々の歴史的建築物はすべて保存状態がよく、その一つひとつ、果ては名物パブにいたるまでさまざまな逸話が残っている。

 キルケニーの **歩き方**

　キルケニーはそれほど大きくないので、見どころはすべて徒歩で回ることができる。

　鉄道駅は町の東に位置する。すぐ隣には大型ショッピング・センターの**マクドナ・ジャンクション・ショッピング・センター** MacDonagh Junction Shopping Centreがある。レストランやホテル、ショップが並ぶジョン・ストリート John St.を南西に進み、ノア川を越した先が町の中心部になっている。バス・エーランのバス停は鉄道駅横と、町の南のオーモンド・ロードOrmond Rd.沿い、ビッグ・グリーン・バスのバス停はオーモンド・ロード沿いにある。

　町を代表する見どころは南のキルケニー城と北の聖カニス大聖堂で、このふたつは**パーラメント・ストリート** Parliament St.と**ハイ・ストリート**High St.によって結ばれている。12世紀から町のメインストリートとして栄え、現在もその雰囲気をよく伝えていることから、**中世マイル** Medieval Mileとも呼ばれている。郵便局、銀行、ショッピングセンター、❼などはすべてこの通り周辺にある。

Access Guide
キルケニー

ダブリンから		
🚆 所要:約1時間30分　運賃:€20.80		
月〜土	ヒューストン駅 から7:20 10:15 13:15 15:10 16:40 17:35 18:35	
日	9:10 14:10 17:45 18:40	
🚌 所要:約1時間40分　運賃:€12		
ビッグ・グリーン・バスがバラ・キー Burgh QuayMap P.55-D2から6:00 〜22:00の2時間に1便		
キルデアから		
🚆 所要:約1時間10分　運賃:€15.75		
月〜土	7:47 10:39 15:38 17:20 18:05 19:03	
日	9:38 14:38 18:13 19:04	
ウォーターフォードから		
🚆 所要:約35分　運賃:€11.20		
月〜土	5:55 6:50 7:50 11:00 13:05 14:50 18:25	
日	9:05 12:40 15:10 18:05	
🚌 所要:約1時間　運賃:€10.50		
月〜土	バス・エーランNo.73が9:40 15:15	
日	12:15	
🚌 所要:約40分　運賃:€7		
ビッグ・グリーン・バスが4:00 7:00〜 21:00の2時間に1便		

■キルケニーの❼
住79High St., R95 DX53
☎1800-230330
URL visitkilkenny.ie
時9:00〜17:00　休日

キルケニー城内のピクチャー・ギャラリー

■キルケニー城
住The Parade, R95 YRK1
TEL(056) 7704100
URLwww.kilkennycastle.ie
開10～3月9:30～17:00
　4～9月9:15～17:30
※最終入場は閉館の30分前
休12/25～27
料セルフガイド€8　学生€4
　ガイドツアー€12　学生€6
⑨

■聖カニス大聖堂
住The Close, R95 V63H
TEL(056) 7764971
URLwww.stcanicescathedral.ie
開5～9月
　9:00～18:00（日13:00～18:00）
　10～4月
　10:00～17:00
※最終入場は閉館の30分前
休10～4月の日曜
料大聖堂€6.50　学生€5.50
　ラウンドタワー€6　学生€5.50
　大聖堂＋ラウンドタワー
　　€11　学生€9
　大聖堂ガイドツアー€11　学生€7

キルケニーの見どころ

Map P.118-B2

広大な敷地をもつ
キルケニー城 Kilkenny Castle

城内の各部屋は美しく飾り立てられている

　12世紀に建てられた城で、代々オーモンドの領主バトラー家の居城として使われた。17世紀と19世紀に改築されており、19世紀の改築によって現在のような形となった。敷地はとても広く、散歩をしている家族連れをよく見かける。城内は19世紀にヴィクトリア朝風に装飾されており、ピクチャー・ギャラリーにはバトラー家代々の家族の肖像画がかけられている。城の南端の塔の中には、中世の部屋Medieval Roomがあり、城の歴史を紹介するビデオが上映されている。また、城の地下にあるバトラー・ギャラリーでは、現代アートに関する企画展を行っている。

町の名前の語源となった
Map P.118-A1
聖カニス大聖堂 St. Canice's Cathedral

　キルケニーとはゲール語で「聖カニスの教会」を意味しているように、この大聖堂は町のシンボルといえる。

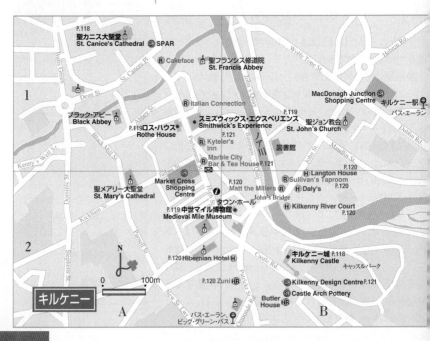

P.118
聖カニス大聖堂
St. Canice's Cathedral ⑤SPAR
Ⓡ Cakeface　聖フランシス修道院
St. Francis Abbey
Wolfe Tone St.
Ⓡ Italian Connection
MacDonagh Junction ⑤
Shopping Centre　キルケニー駅 ⑤
バス・エーラン
ブラック・アビー
Black Abbey
P.119 ロス・ハウス
Rothe House
スミスウィックス・エクスペリエンス P.119
Smithwick's Experience
聖ジョン教会
St. John's Church
Ⓡ Kyteler's
Inn
Marble City
Ⓡ Bar & Tea House P.121
図書館
Ⓗ Langton House P.120
聖メアリー大聖堂
St. Mary's Cathedral
Market Cross
Shopping
Centre
タウン・ホール
P.119 中世マイル博物館
Medieval Mile Museum
P.120
Matt the Millers
John's Bridge
Ⓡ Sullivan's Taproom
Ⓗ Daly's P.120
Ⓗ Kilkenny River Court
P.120
P.120 Hibernian Hotel Ⓗ
キルケニー城 P.118
Kilkenny Castle
キャッスルパーク
N
0　　100m
P.120 Zuni ⒽⓇ
⑤ Kilkenny Design Centre P.121
⑤ Castle Arch Pottery
Butler
House ⒽⓇ
バス・エーラン、
ビッグ・グリーン・バス

キルケニー

A　　　　　B

1

2

ピアース・バトラーとその妻の墓

現在の大聖堂は13世紀に建てられたものだが、それ以前にも教会がこの地にあった。それを裏づけるようにラウンドタワーは大聖堂よりも古く、11世紀頃に建てられたもので、キルケニーで最も古い建造物とされている。

大聖堂の内部も見どころは多く、なかでもピアース・バトラーとその妻マーガレット・フィッツジェラルドの墓の装飾の美しさは必見である。

17世紀の暮らしを雄弁に語る　　　　　　　　Map P.118-A1
ロス・ハウス Rothe House

パーラメント・ストリートにあるテューダー朝時代の建物で、1594年にキルケニーの商人、ジョン・ロスによって建てられた。家は庭によって3つに分けられている。当時の裕福な商人の生活環境を知るうえでも貴重な建物だ。現在、内部は博物館になっており、家具などこの建物にゆかりのあるものや洋服のコレクションなどが展示されている。

キルケニー考古学協会の本部も兼ねており、キルケニーで発掘された考古学関連の品も展示されている。

中世のキルケニーを体験　　　　　　　　　　Map P.118-B2
中世マイル博物館 Medieval Mile Museum

彫刻が美しいハイクロス

タウン・ホールの背後にある博物館で、聖メアリー教会を改装して利用している。キルケニーの中世にスポットを当てており、ハイクロスや彫刻が施された墓石などが展示されているほか、複数のタッチパネル式の情報端末が置かれており、中世アイルランドの中心的役割を果たした町の歴史を多角的に知ることができる。入場料には、オーディオガイドが含まれているが、日本語はない。

キルケニーを代表するレッド・エールを試飲　　Map P.118-A1
スミズウィックス・エクスペリエンス
Smithwick's Experience

スミズウィックスは1710年創業のアイルランドで最も伝統のあるビール醸造所。ここで造られる琥珀色をしたレッド・エールは、ダブリンのギネスと並んでアイルランドで最も有名な銘柄だ。ここスミズウィック・エクスペリエンスでは、そんなアイルランドで最もよく飲まれているエールの歴史と醸造工程が学べる。

大聖堂とその脇に建てられたラウンドタワー

■ロス・ハウス
🏠Parliament St., R95 P89C
☎(056)7722893
URLrothehouse.com
🕐10:00～18:00
🈺10～4月の日曜
💴セルフガイド€8.50　学生€7.50
　ガイドツアー€10　学生€9
♿

テューダー朝期の雰囲気が漂うロス・ハウス

■中世マイル博物館
🏠2 St. Mary's Ln., R95 K276
☎(056)7817022
URLwww.medievalmilemuseum.ie
🕐9:30～16:30
🈺11～2月の火・水
💴セルフガイド€9　学生€7.50
　ガイドツアー€12　学生€9

■スミズウィックス・エクスペリエンス
🏠44 Parliament St., R95 VK54
☎(056)7786377
URLwww.smithwicksexperience.com
🕐3～10月10:30～18:30
　11～2月11:00～15:00
🈺火・水、12/24～26
💴€18～　学生€16～

　映像や最新技術を多用した展示はわかりやすく見応え十分。見学はツアー形式で、20〜60分ごとにスタート。解説は英語ガイドが行い、オーディオガイドは仏、独、伊、スペイン語は利用できるが、日本語はない。所要時間は1時間弱で、ツアーの最後には試飲ができる。

ツアーの最後に楽しむ珠玉の一杯

　人気の観光地のわりには宿泊施設の数が少ない。満室の場合は、ダブリンやウォーターフォードからの日帰りも検討しよう。レストランやパブは数、種類ともに豊富で、特にパーラメント・ストリート、ハイ・ストリートやキアラン・ストリートなどに集中している。

高級 102室	Map P.118-B2	**キルケニー・リバー・コート** Kilkenny River Court

住The Bridge, John St., R95 Y104
TEL(056) 7723388
URLwww.rivercourthotel.com
i/♨🍴🚿🖥📶€100〜
━ＡＭＶ

温水プール、ビューティサロンなどを備えている。左の料金はジョン・ストリートに面したタウンハウスで、本館は€120〜。川を眺めるレストランやバーも併設。

高級 34室	Map P.118-B2	**ラントン・ハウス** Langton House

住69 John St., R95 XN44
TEL(056) 7765133
URLwww.langtons.ie
i♨🍴🚿🖥€97.50〜
♨🍴🚿🖥€130〜
━ＤＭＶ

黒で統一されたシックなバーとレストランが併設されており、毎晩音楽の生演奏が楽しめる。裏庭に面したガーデンスイートは大きなバスタブつき。

高級 46室	Map P.118-B2	**ハイバーニアン** Hibernian Hotel

住1 Ormonde St., R95 WTK3
TEL(056) 7771888
URLkilkennyhibernianhotel.com
i/♨🍴🚿🖥€95〜
━ＭＶ

ジョージ王朝様式の銀行を改装した4つ星ホテル。立地もよく、設備も整っている。バーとブラッセリーも併設している。

Map P.118-B2	**ズニ** Zuni	創作料理 レストラン

ヨーロッパ料理をベースに独自のアレンジを加えた創作料理を提供。ディナーのメインは€19.50〜28.50。上階はブティックホテルになっている。

住26 Patrick St., R95 A897　TEL(056)7723999
URLwww.zuni.ie　開12:30〜14:30　17:00〜21:00
休無休　━ＭＶ　🛜あり

Map P.118-B2	**サリヴァンズ・タップルーム** Sullivan's Taproom	クラフトビール ピザ

クラフトビール工房が運営するパブ。自家製ビールの飲み比べセットは€9。各種ピザは€9〜16。

住16 John St. Lwr., R95 H2CE　TEL(056)7797980
URLsullivanstaproom.com　開12:00〜23:30
（木〜土12:00〜翌0:30、日12:00〜23:00）
休無休　━ＭＶ　🛜あり

Map P.118-B2	**マット・ザ・ミラーズ** Matt the Millers	ダイニング・パブ 伝統音楽演奏

毎日のようにさまざまなアーティストが出演する音楽パブ。4階建ての建物すべてが店舗になっている。

住1 John St. Lwr., R95 PY7D　TEL(056)7761696
URLwww.mattthemillers.com　開10:00〜深夜
休無休　━ＭＶ　🛜あり

マーブル・シティー・バー
Marble City Bar & Tea Room

Map P.118-A1

ダイニング・パブ
伝統音楽演奏

キルケニーのガストロ・パブ・アワードを受賞している名店。食材は極力地元産にこだわっている。ランチのメインは€14.50～21.50、ディナーのメインは€17～21.50。伝統音楽の生演奏が行われることも多い。

住66 High St., R95 TY24　TEL(056) 7761143
URLwww.langtons.ie　📅9:00～23:30　休無休
－🅜MＶ　📶あり

キルケニー・デザイン・センター
Kilkenny Design Centre

Map P.118-B2

民芸品
伝統工芸品

建物はもともと1780年に建てられたキルケニー城の廐舎で、1965年からデザイン・センターとして使われるようになった。奥にはクラフト・センター、さらにその奥には、バトラー・ハウスと庭園があり、まとめてキャッスル・ヤード・コンプレックスを形成している。

住The Castle Yard, R95 CAA6　TEL(056) 7722118
URLwww.kilkennydesign.com　📅10:00～17:30
（日12:00～17:00）　休無休　－🅓MＶ

キルケニー・デザイン・センターの上にカフェがありオススメです。メニューはケーキとティーのセットやキッシュなど。階下のみやげ物屋さんも品数が豊富で良いものが揃っていますが、カフェで使用されるお皿やポットもかわいいです。洗面所も無料で自由に使用可能。キルケニーは観光地なので博物館等が有料の場所が多く、観光ルートによっては、どこで洗面所に行くかで困るかもしれません。そういった場合は、デザイン・センターでお土産を見るついでに洗面所を利用すると良いと思います。　　（東京都　Apricot　'19夏）

キルケニーの名物パブ

遺産目当てで旦那を毒殺したアリスの家

キテラーズ・イン
Kyteler's Inn

14世紀に建てられた石造りの建物を利用しているパブ。質の高い食事と毎晩行われる音楽の生演奏により、いつもにぎわっている。さらにこの店を有名にしているのが、この建物の所有者アリス・キテラーにまつわる逸話。彼女は4度も裕福な男と結婚しては死別し、そのたびに財産を増やした。魔法の秘薬を使って夫を毒殺していると疑われ、魔女および異端として訴えられた。彼女はイングランドに逃亡したが、不幸なことに彼女のメイドは逃げることができず、アイルランド初の異端として火あぶりにされた。

おすすめ料理
キテラーズ・ビーフ・バーガー　€17.50
ライブ情報
冬期は週末を中心に週5回ほど、夏期は毎日行われる。詳細はウェブサイトで確認することができる。

DATA
Map P.118-A1
住St. Kieran St., R95 RP40
TEL(056) 7721064　URLwww.kytelersinn.com

Open	10	11	12	13	14	15	16	17	18	19	20	21	22	23	24	1	2	3
月～木																		
金・土																		
日																		

食事　12:00～21:00　－🅜Ｖ

アイルランドを代表する世界遺産

ニューグレンジ

Newgrange

おわんをかぶせたような形がユニークな古墳

ミース県
Co. Meath

アイルランド国番号353
市外局番041

MAPS

広域地図P.16-B2
ボイン渓谷周辺P.122
ニューグレンジ周辺P.123

世 界 遺 産

ブルー・ナ・ボーニャの遺跡群
*Brú na Bóinne - Archaeological
Ensemble of the Bend of the Boyne*
1993年登録
ニューグレンジ→P.123

Access Guide
ニューグレンジ
ダブリンから

ドロヘダDroghedaへ行き、駅前のバス停でNo.163に乗車。9:00 11:20 13:20発。ブルー・ナ・ボーニャ・ビジターセンターまで約40分。ボイン川古戦場ビジターセンターも経由する。

ダブリンから北西へ約60km、ボイン川流域のなだらかな丘陵にケルト以前、約5000年前の巨大な墳墓群がある。その代表がニューグレンジ。謎の渦巻き文様や古墳としてのスケールなどは、学術的にも極めて貴重なものだ。その南にはケルト人の聖地でアイルランドの人々にとっての心の故郷ともいえるタラの丘の遺跡がある。

起点となる町

ニューグレンジ方面へは2024年より、ドロヘダから1日5便のバスが運行されるようになった。公共交通機関を利用する以外に、ダブリンからのツアー P.68 も便利。

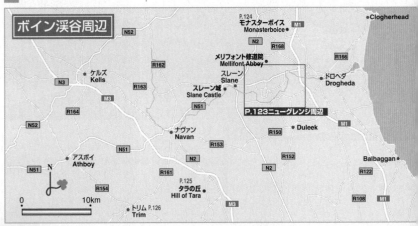

ボイン渓谷周辺

P.124
モナスターボイス
Monasterboice ●

● Clogherhead

N52

M1

N2

R168

R166

R162

メリフォント修道院
Mellifont Abbey ●

スレーン
Slane

ドロヘダ
Drogheda

ケルズ
Kells

R163

スレーン城
Slane Castle

N3

M3

N51

P.123ニューグレンジ周辺

R164

N52

ナヴァン
Navan

R150

● Duleek

M1

アスボイ
Athboy

N51

N51

R161

N2

R153

R152

N2

Balbaggan

R122

P.125
タラの丘
Hill of Tara

R154

M3

R108

M1

0   10km

トリム P.126
Trim

ニューグレンジと周辺の見どころ
見晴らしのよい高台にある巨大古墳　Map P.123

世界遺産 ニューグレンジ
Newgrange

ビジターセンター　ブルー・ナ・ボーニャ・ビジターセンター Brú na Bóinne Visitr Centreは、ニューグレンジおよびノウスへのゲートウェイ。両古墳は、ここを発着する予約制のガイドツアーでのみ見学できる。ビジターセンターにはゆとりをもって到着し、出発時間まで遺跡に関する展示を見るなどして時間を過ごそう。

高度な技術をもった謎の民族　ニューグレンジの巨大古墳は5000年以上前のものとされるが、どのような民族が造り上げたのかはわかっていない。ただ、ヨーロッパ各地の同時代の巨石の遺跡に共通するところもあり、ヨーロッパ南部から移住してきた人々だと考えられている。この付近には同様の古墳がノウス、ダウスなど規模の大きいものを含め、大小40ほど発見されており、大きな連合国家を形成していたと推測されている。ニューグレンジはその中心だったようだ。時代的には新石器時代以前のものとされる。しかし、単純な狩猟民族ではなく、古墳の構造から天文学の知識もあ

■ブルー・ナ・ボーニャ・ビジターセンター
住Donore, A92 EH5C
TEL(041) 9880300
URLheritageireland.ie
開2〜4月9:30〜16:45
　5〜8月9:00〜17:45
　9月9:00〜17:15
　10〜1月9:00〜16:15
※古墳の見学ツアーは要予約。売り切れることが多いので、できるだけ早い時期の予約が望ましい。ニューグレンジのツアーは石室内に入るが、ノウスのツアーは外観のみの見学で石室内には入らない。ツアーは2024年は2/29〜11/6の催行。
休12/24〜27
料ビジターセンターのみ
　€5　学生€3
　ビジターセンター＋
　ニューグレンジツアー
　€10　学生€8
　ビジターセンター＋ノウス・ツアー
　€10　学生€8
　ビジターセンター＋
　ニューグレンジ＋ノウス・ツアー
　€18　学生€16
⊠遺跡内部

ガイドが遺跡を説明してくれる

ニューグレンジ周辺

Obelisk Br. N51　M1
N51　P.124
ポインの戦いビジターセンター
Battle of the Boyne Visitor Centre
0　1km
ノウス
Knowth
P.123
ニューグレンジ
Newgrange
ダウス
Dowth
ブルー・ナ・ボーニャ・ビジターセンター
Brú na Bóinne
Visitor Centre
Donore
Village
River Boyne

ニューグレンジの入口

ニューグレンジの成立がよくわかるビジターセンター内の展示

ニューグレンジの周りに置かれた渦巻き文様の巨石

り、信仰心も厚く高度な文化をもっていたと考えられている。

おわんをかぶせたような形の精巧な墓 古墳には墓の中心まで1本の狭い通路がある。通路と墓室は巨大な石の柱で組み立てられており、墓全体の石の総重量は20万トンに達する。墓室の天井は巧みに組み合わされた石板で、現在にいたるまで一滴の雨水も浸入していないほど精巧に造られている。墓室にはすり鉢状に削った石があり、これは火葬した聖灰を盛ったらしい。現在は灰や副葬品は残っておらず、ヴァイキングによって持ち去られたのではないかと考えられている。

謎の渦巻き文様 周辺の石には渦巻き状や菱形の文様が刻み込まれているが、目に付かない所にもあるので、装飾ではなく宗教的な意味があるとされている。後のケルトの人々が作る十字架などにも同様の文様があることから、大きな影響を与えたようだ。この時代もケルトの時代も文字がなかったので非常に貴重な遺物。墓の外壁には白い石英の石が積まれているが、この種の石は周辺にはなく、遠く80kmも離れたウィックロウあたりから運ばれたという。このことから、当時のこの地方の人々がかなり広い範囲に勢力をもっていたことがうかがえる。

カトリックとプロテスタントの明暗を分けた戦場　Map P.123

ボイン川の戦いビジターセンター
Battle of the Boyne Visitor Centre

　ドロヘダからニューグレンジにいたる道に沿って流れるのがボイン川River Boyne。1690年、こののどかな丘陵地帯でアイルランド、フランス連合軍約2万5000人がイギリスを追われたジェイムズ2世に加担して、イギリス軍と激突した。表面上はイギリスの王位争いだが、実際はカトリックとプロテスタントの宗教戦争で、アイルランド軍は40年前のクロムウェルに代表される、プロテスタントのイギリス軍の残忍な侵略に対する積年の恨みを晴らす戦いであった。戦に長けたイギリス軍は奇襲作戦などを駆使し、アイルランド・フランス連合軍は敗退した。この敗戦によりアイルランドにおけるプロテスタントの支配が決定的なものとなり、カトリックはさまざまな差別を受けることとなった。18世紀の邸宅を利用したビジターセンターでは、戦いに関する解説がされ、武器なども展示されている。

アイルランドで最も有名な十字架がある　Map P.122

モナスターボイス　Monasterboice

　ボイン川渓谷から北へ、いくつかの丘を越えた先に教会跡がある。周辺には大きな建物はなく、菜の花などの畑や牧場が広がっており美しい田園風景だ。大変古い建

物で聖パトリックの弟子の聖ブイトSt. Búiteが5世紀に建て
たものだ。先端が破壊されたラウンドタワーの周囲には多
くの墓標が林立し、そのなかにひときわ高いハイクロスが
ある。これは10世紀のもので、アイルランドで最も有名な
十字架のひとつとされる。このハイクロスには全面に見事
なレリーフが施されている。日輪を配した十字架の中央に
最後の審判を示す聖人を配し、柱状の部分には、キリスト
降誕のときに贈り物を持ってきた東方の三博士、民を率い
るモーセ、禁断の果実を手にしたイブやアダムなど聖書の
物語が描かれている。これは単なる装飾ではなく、文字
がまだ一部の人しか読めなかった時代に、教育のために用
いられていたという。

モナスターボイスのハイクロス

美しい丘にかすかに遺構を残す　　　　　　Map P.122

タラの丘 Hill of Tara

　紀元前200年頃からアイルランドに移住してきたケルト人
は、またたく間に先住民族を駆逐し、大小の国を形成。や
がてタラを中心に緩やかな連合国家を形成した。しかし、
ケルト人は強力な王の下での統制がとれた国家形成を好ま
ず、タラの王は絶対的な行政権はもたない宗教色の強い
象徴的な存在であった。やがてタラを中心とする地域は聖
地となり繁栄。キリスト教が入り込むようになってからは衰
退したが、聖地としてケルトの人々の心に現在も生き続け
ている。

　移民で世界各地に散ったアイルランド人にとって「タラに
帰る」という言葉は「アイリッシュとしての心・望郷」という意
味があるという。丘の麓にはビジターセンターがあり、当
時の様子を再現した映画なども上映されている。

■タラの丘
🚌ダブリンのバスアラスからバス・エー
ランNo.109が6:45（日8:45）～23:45
の1時間に1～2便。所要約1時間のタ
ラ・クロスTara Crossで下車し、徒歩
で約25分。
🚌ダブリンからニューグレンジと一緒
に回るツアーが催行されている。
住Dunsany, C15 P44W
TEL(041)9025903
URLheritageireland.ie
開10:00～17:00 休無休 料無料
●ビジターセンター
開10:00～18:00 ※最終入場は17:00
休9月中旬～5月中旬 料€5 学生€3

タラの丘に立つ石

ラウンドタワーが残るモナスターボイス

125

ミース県
Co. Meath

アイルランド国番号353
市外局番046

MAPS
広域地図P.16-A2
トリムP.127

巨大な城壁が忽然と現れる

トリム
Trim

町の中を流れるボイン川とトリム城

Access Guide
トリム
ダブリンから

🚌 所要:約1時間	運賃:€10.50

月〜土　バス・エーランNo.111がバスアラスから7:15〜18:45の1時間に1〜2便、20:15 21:15 22:15 23:15

日　8:15 10:15〜23:15の1時間おき

アスローンから

所要:約1時間50分	運賃:€15

🚌 バス・エーランNo.190が5:20 6:50〜22:50の2時間に1便

■トリム・ビジターセンター
Trim Visitor Centre
Map P.127
住Castle St., C15 TXA5
TEL(046) 9437227
URLwww.discoverboynevalley.ie
開10:00〜17:00(金10:00〜16:30)
休土・日・祝、クリスマス期間
トリムの❼はビジターセンターが代行している。館内にはノルマン時代の武器、甲冑を紹介する展示(€3)を行っており、多数の武器や防具のレプリカを実際に触ったり、身に着けたりすることができる。

　町の中心にボイン川が流れるトリムは、中世の香りが漂うダブリン近郊の小さな町。町の歴史はアイルランドに進出してきたノルマン人によって城が築かれたことから始まる。城壁内にはアイルランドで最大の大きさを誇るトリム城や、聖パトリック大聖堂など、中世当時の様子を今に伝える建築物が数多く残っている。

 ## トリムの歩き方

　ダブリンからのバスは、いくつかの遺跡の横を通り抜けたあと、町の東のニュー・ロードNew Rd.に停まる。バスが走ってきた道を戻って右折し、キャッスル・ストリートCastle St.を道なりに進むと小さな町の中心だ。❼はトリム城の横にあるトリム・ビジターセンターが兼ねている。

 ## トリムの見どころ

トリムを象徴するノルマン様式の城　　　　　　　Map P.12

トリム城 Trim Castle

　ノルマン人のアイルランド島の占領から数年を経た1183年に、ノルマン人によって、土盛りと木製の塔が建てられた。だが、この地に城を造ることの重要性をいち早く察知したコナートの王、ロデリック・オコナーは、

典型的なノルマン様式のトリム城の本丸

大軍を派遣して、あっという間に破壊してしまう。1200年頃には現在見られるような形の本丸Keepが建てられ始め、ジョン王によって1224年頃に完成した。

　トリム城は典型的なノルマン様式の城で、タウン・ゲートを有する高い城壁を巡らし、壁の内側には複数の石造りの砦がある。中央には本丸と出城があり、アイルランド最大級の規模を誇っており、難攻不落の城として知られる。城内には、城の模型が3つ並べられており、この城がどのように増築されていったかがわかる。また、屋上からの眺めは美しく、トリムの町を一望できる。

町の北に構える　　　　　　　　　　　　　Map P.127

聖パトリック大聖堂 St. Patrick's Cathedral

聖パトリック大聖堂

　　　　　　　ボイン川の北側、城塞の中にある。美しい石造りの塔や独特の造形美を誇る門などが有名。建物は1798年に造られたが、それ以前も教会があり、歴史的に有名な人々の墓も多い。同時代に造られた教会は周辺に点在し、聖パトリック教会St. Patrick's Churchはボイン川の南側にある。こちらも美しい門があり、有名な騎士や、文化人の墓がある。

■トリム城
🏠Trim, C15 HN90
📞(046) 9438619
🌐heritageireland.ie
🕐2/1～3/16・10月 9:30～16:30
　3/17～9/30 10:00～17:00
　11～1月 9:00～16:00
🚫11～2月中旬の月～金、
　12/21～1/1
💴本丸ガイドツアー€5　学生€3
　敷地のみ無料
ビデオ撮影不可

保存状態のよいトリム城

■聖パトリック大聖堂
🏠San Loman's St., C15 YY65
🕐不定期　🚫無休　💴無料

■聖パトリック教会
🏠Patrick St., C15 NC59
🕐不定期　🚫無休　💴無料

聖パトリック大聖堂 P.127
St. Patrick's Cathedral

イエロー・スティープル P.128
Yellow Steeple
聖メアリー修道院
St. Mary's Abbey

Mo's Burger
アスローン
ドロヘダ行き
トリム城 P.126
Trim Castle
トリム・ビジターセンター

Rosemary
Trim Castle P.128
The Bailey Brasserie
P.128
ダブリンから
ダブリン行き

聖パトリック教会
St. Patrick's Church

ウェリントンの塔
P.128 Highfield House

P.128
Castle Arch

聖パトリック教会

トリム城から見た町並み

■イエロー・スティーブル
開随時 休無休 料無料

ボイン川をわたってすぐ

高さ約40mの塔が残る修道院跡　Map P.127

イエロー・スティーブル Yellow Steeple

　イエロー・スティーブルはトリム城とボイン川を挟んで向かい合うように建っている。イエローの名前は夕日に反射して輝いて見えることからきている。もともとは12世紀にアウグスチノ会の修道院として建てられた。現在まで残る塔の一部は1368年に建てられたものだ。

修道院解散によって破壊された教会の一部

　ホテルやゲストハウス、ホステルなどは町の中にもあるが数はそれほど多くなく、料金も若干高め。レストランやパブはマーケット・ストリート沿いを中心に町に点在しているが、数はあまり多くない。きちんとした食事ならホテル内のレストランがおすすめ。

高級 68室	Map P.127	**トリム・キャッスル** Trim Castle

住Castle St., C15 FCY8
TEL(046) 9483000
URLwww.trimcastlehotel.com
i/††🚿🛁🌀📶🚗€115〜
━MV

TV 🚿 🛁 🌀 P 📶Wi-Fi
全室 全室 全室 全室 有料 全館無料

　トリム城の向かいにあり、2階のテラスから城を眺めることができる。レストラン2軒とカフェ1軒のほか、キルケニー・デザイン・ショップも併設されている。

中級 21室	Map P.127	**キャッスル・アーチ** Castle Arch Hotel

住Summerhill Rd., C15 WD92
TEL(046) 9431516
URLwww.castlearchhotel.com
†🚿🛁🌀📶🚗€89〜
††🚿🛁🌀📶🚗€99〜
━AMV

TV 🚿 🛁 🌀 P 📶Wi-Fi
全室 全室 全室 なし 無料 全館無料

　町の中心部から少し南にある3つ星ホテル。レストラン、バーなどを併設しており、結婚式などにも利用される。客室は広々としており、デザイン性も高い。

ゲストハウス 10室	Map P.127	**ハイフィールド・ハウス** Highfield House

住Castle St., C15 XP28
📱086-8577115
URLhighfieldguesthouse.com
†🚿🛁🌀📶🚗€70〜
††🚿🛁🌀📶🚗€120〜　━DMV

TV 🚿 🛁 🌀 P 📶Wi-Fi
全室 全室 全室 なし 無料 全館無料

　バス停を降りて、橋を渡ったすぐの場所にある。敷地は広く、庭もきれい。館内には数多くの絵が飾られ、アンティーク家具が配されている。

Map P.127	**ザ・ベイリー・ブラッセリー** The Bailey Brasserie

グリル バラエティ

　トリム・キャッスル・ホテル内にあるブラッセリー。メインはアイリッシュ・チキン€19.50やウィックロウ・ラムシャンク€27.90など。

住Castle St., C15 FCY8　TEL(046) 9483000
URLwww.trimcastlehotel.com　開15:00〜21:00
（土・日12:30〜21:00）　休無休 ━AMV 📶あり

Map P.127	**ローズマリー** Rosemary Bistro & Cafe

カフェ バラエティ

　ハンバーガーやステーキをはじめ、パスタやカレー、中華風焼きそばなど、多彩なメニューが揃っている。

住Emmet St., C15 Y4E2　TEL(046) 9484814
URLrosemarycafe.ie　開9:30〜17:00　休日
━MV 📶あり

堅固な城に守られた町
アスローン
Athlone

アスローン● ダブリン●

ウエストミース県
Co. Westmeath
ロスコモン県
Co. Roscommon

アイルランド国番号353
市外局番090

MAPS
広域地図P.15-C2
アスローンP.130
クロンマクノイズP.131

聖ピーター教会とシャノン川を航行するザ・ヴァイキング・シップ

中央にシャノン川が流れ、そのそばには13世紀に建てら
れた城がどっしりと構える。アスローンはアイルランド島の
ほぼ中央に位置するため、長い間戦略上の重要地点として
栄えてきた町だ。周辺には初期キリスト教修道院跡のクロ
ンマクノイズがある。

 ## アスローンの**歩き方**

町で最もにぎやかな所は**チャーチ・ストリート**Church
St.と**ダブリン・ゲート・ストリート**Dublin Gate St.。レスト
ラン、銀行のほかショッピングセンターの**アスローン・タウン・
センター** Athlone Town Centreもここにある。鉄道駅とバ
ス・エーランのバスステーションは町の北に位置しているが、
シティリンクのバスはバスステーションには停まらず、さらに
北のアーケイディア通りArcadia St.のバス停に停車する。バ
ス停から町の中心まで徒歩約15分。

堅固な造りで町の象徴となっている城　**Map P.130-A**
アスローン城 Athlone Castle

13世紀に東部、西部、南
部をつなぐ重要な守りの拠
点として建てられた城。ア
イルランドの数多い城のな
かでも、極めて城壁が高く、
多くの大砲を有する堅固な
造りだ。1690年、「ボイン川

最新の映像技術を駆使した解説

Access Guide
アスローン

ダブリンから

所要:1時間15分〜1時間35分
運賃:€20.80

月〜土　ヒューストン駅から7:35 9:25 11:25
12:45 13:30 14:45 15:35 16:30
17:10 17:30 18:15 18:30 19:35

日　8:00 11:40 13:40 14:40 15:40
16:35 18:30 18:45 20:30

所要:約2時間　運賃:€16

シティリンクがクランプトン・キー
Crampton QuayMap P.77-D1から
7:00〜22:00の2〜3時間に1便

ゴールウェイから

所要:約1時間　運賃:€15.75

月〜土　5:25 (土なし) 6:25 7:30 9:30
11:05 13:05 15:05 17:20 18:10
19:20 22:20 (土なし)

日　8:05 11:00 13:00 15:00 17:00
18:00 19:25

所要:約1時間40分　運賃:€14.50

シティリンクが5:00 7:30 10:00
12:00 14:00 16:00 18:00 1:00

■**アスローンの❸**　Map P.130-A
🏠Athlone Castle, N37 A6D7
📞1800-230330
🕙10:00〜17:00　🈵10〜5月

■アスローン城

住Athlone Castle, N37 A6D7
TEL(090) 6442130
URLwww.athlonecastle.ie
開3〜5・9・10月
　10:00〜17:30(日11:00〜17:30)
　6〜8月9:30〜18:00(日10:30〜18:00)
　11〜2月
　10:30〜17:00(日11:30〜17:00)
休月、11〜2月の火、クリスマス期間
料€12　学生€8

アスローン城は町のシンボル

■ザ・ヴァイキング・シップ
The Viking Ship

シャノン川を通り、リー湖へレプリカのヴァイキング船で行くクルージングツアー。不定期だがクロンマクノイズへ行くものもある。出発はアスローン城の前から。
TEL086-2621136
URLwww.vikingtoursireland.ie
休11〜4月中旬
●リー湖クルーズ
所要:1時間15分　**料**€20
●クロンマクノイズへのクルーズ
所要:片道1時間30分
料€30 (往復、帰路はバスを利用)

の戦い」でウィリアム3世のイギリス軍に敗れたジェイムズ2世を支援するアイルランド・フランス連合軍は、この城で態勢を立て直そうとしたが、凄惨な戦いの後、さらに南のリムリックに逃れる。世に知られる「アスローン橋の戦い」だ。現在は❻が入っているほか、町の歴史を紹介する博物館として利用されている。

美しい自然を心ゆくまで堪能　　　　　　Map P.130-

シャノン川クルーズ　Shannon Cruise

アスローンは、クルーズの起点になる町でもある。アーン湖からアスローンを通ってリムリックまで流れるシャノン川流域は、リバークルーズの醍醐味を知るにはもってこいだ。

アスローン城の前から出発するクルーズ船

アスローン周辺にはクロンマクノイズのほか、小さな島々が点在して美しい風景を見せるリー湖Lough Reeもある。

近郊の見どころ

Day out from Athlone　　　　　　Map P.15-C3
聖人と学者の島、アイルランドの象徴

クロンマクノイズ
Clonmacnoise

アイルランド十二使徒が建造　クロンマクノイズは初期キリスト教修道院跡。この修道院の起源はアイルランドの十二使徒のひとりに数えられる聖キアランが545年にタラの大王の援助でこの地に教会を建てたことに遡り、7〜12世紀に全盛期を迎えた。

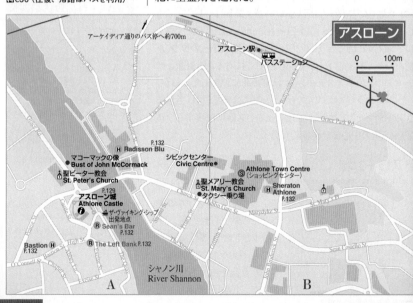

アーケイディア通りのバス停へ約700m

アスローン駅
バスステーション

アスローン

0　　　100m

N

Grace Park Rd.

Southern Station Rd.

P.132
Radisson Blu

マコーマックの像
Bust of John McCormack
聖ピーター教会
St. Peter's Church
P.129
アスローン城
Athlone Castle
❻
ザ・ヴァイキング・シップ
出発地点

シビックセンター
Civic Centre

Athlone Town Centre
(ショッピングセンター)

聖メアリー教会
St. Mary's Church
タクシー乗り場

Sheraton
Athlone
P.132

Sean's Bar
P.132

Bastion H
P.132

The Left Bank P.132

シャノン川
River Shannon

A　　　　　　B

ヴァイキングとイギリス軍の襲来

当時のアイルランドは聖人と学者の島と称えられており、そのなかでもクロンマクノイズは中心的役割を果たしていた。また、この地はタラの大王の埋葬場所でもあった。修道院はたびたびヴァイキングの襲来によって被害を受けてきたが、そのたびに修復がなされている。しかし12世紀を過ぎた頃から徐々に衰退し、1552年にイギリス軍によって占領され、価値のあるものは、そのときほとん

先端が折れてしまっているラウンドタワー、オルークの塔

どが略奪されてしまった。その後も何度か修復されたが、かつてのような輝きを取り戻すことはなかった。

ハイクロスとラウンドタワー

アイルランドの初期修道院の特徴として、ハイクロスとラウンドタワーが挙げられる。クロンマクノイズもその例に漏れず、見事なハイクロスとラウンドタワーを備えている。ハイクロスは3つあり、そのなかで最も美しいとされるのが大聖堂の西にあるもので、聖書の物語を題材にしたレリーフが刻まれている。現在のものは模造品で、オリジナルはビジターセンターに保管されている。ラウンドタワーは先端が折れているオルークの塔は高さが19mあり、10世紀に建てられたもの。もうひとつはフィンギン聖堂にあるもので、この種のものでは最も美しいといわれる。

■クロンマクノイズ
🚌アスローン駅前からTFIローカルリンクNo.850が6:00〜21:00の3時間に1便。所要約35分。戻りは8:15〜23:15の3時間に1便。
🏠Clonmacnoise, Co. Offaly, N37 V292
☎(090) 9674195
🌐heritageireland.ie
🕐3月中旬〜5・9・10月
　10:00〜18:00
　6〜8月9:00〜18:30
　11月〜1月10:00〜17:00
　2〜3月中旬10:00〜17:30
※最終入場は閉館の30分前
休12/24〜26
料€8　学生€4

フィンギン聖堂のラウンドタワー

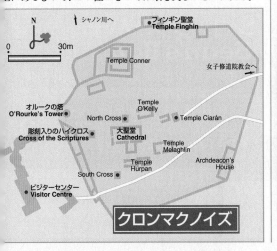

クロンマクノイズ

ビジターセンターで展示している彫刻入りのハイクロスのオリジナル

ホテルは町の中心部には少ない。B&Bは中心部から少し離れた所にあり見つけにくいので場所の確認をしておこう。レストランやファストフード店、カフェテリアなどは、中心部のチャーチ・ストリート沿いにいくつも点在している。

高級 128室	Map P.130-A	**ラディソン・ブル** Radisson Blu

🏠Northgate St., N37 A8X9
☎(090) 6442600
URLwww.radissonblu.ie
🛏💳€99〜
ADMV

| 📺 全室 | 🍵 全室 | 🧴 全室 | 📦 全室 | 🅿 無料 | 📶Wi-Fi 全館無料 |

鉄道駅とアスローン城の間、シャノン川の東岸にある。リバービューの部屋にマリーナ、聖ピーター教会、アスローン城などが見える贅沢な眺め。

高級 167室	Map P.130-B	**シェラトン・アスローン** Sheraton Athlone

🏠Gleeson St., N37 D953
☎(090) 6451000
URLwww.sheratonathlonehotel.com
🛏💳€115〜
ADJMV

| 📺 全室 | 🍵 全室 | 🧴 全室 | 📦 全室 | 🅿 無料 | 📶Wi-Fi 全館無料 |

アスローン・タウン・センター内にあり、何かと便利。レストランやバー、フィットネスセンター、スパなどが併設されている。

ゲストハウス 7室	Map P.130-A	**バスティオン** Bastion B&B

🏠2 Bastion St., N37 R8E2
☎(090)6494954
URLwww.thebastion.net
🛏€55〜　🛏€65〜
🛏€70〜　🛏€80〜
MV

| 📺 なし | 🍵 なし | 🧴 なし | 📦 なし | 🅿 なし | 📶Wi-Fi 全館無料 |

オーナー兄弟がデザインした館内には東南アジアやアフリカなど各地の雑貨が飾られ、エキゾチックな雰囲気。泥炭で作った人形も販売している。

Map P.130-A	**ザ・レフト・バンク** The Left Bank	**アイルランド料理 シーフード**

シーフードが自慢で、使用する食材はすべてアイルランド産。ランチは€10.95〜16.95、ディナーは€23.95〜50。パンやケーキ、スコーンは自家製。

🏠Fry Pl., N37 AX05　☎(090) 6494446
URLwww.leftbankbistro.com
🕐10:30〜21:30　休日・月　ADJMV　📶なし

1100年以上もの歴史を誇るアイルランド最古のパブ

ショーンズ・バー
Sean's Bar

ギネスブックも認定するアイルランド最古のパブ。その歴史は西暦900年にまで遡ることができる。現在の建物は17世紀頃に建てられたもので、店内の重厚な雰囲気にも歴史を感じる。伝統音楽のライブが毎晩行われる。

おすすめドリンク
食事は提供せず、ドリンクのみの店。そのぶんビールはサーバーからの注ぎ方にこだわっている。自社製のウイスキーやジンもある。

DATA
Map P.130-A
🏠13 Main St., N37 DW76　☎(090) 6492358
URLwww.seansbar.ie
🕐10:30〜23:30(金・土10:30〜翌0:30　日12:30〜23:00)
休無休　MV　📶あり

あたたかな南のリゾート

マンスター州

Munster

上：8km にわたるモハーの断崖　左：ケリー周遊路の拠点ケンメア　右：ディングルの港近くにある舟のオブジェ

マンスター州

温暖なコーク県とケリー県 拠点となる**コーク** P.141 周辺には、タイタニック号の最終寄港地でもある**コーヴ** P.157 や、新鮮なシーフードが楽しめる**キンセール** P.160 といった個性ある港町が点在している。

ケリー県には**ケリー周遊路** P.163 や**ディングル半島** P.172、**キラーニー国立公園** P.166 などがあり、心を癒してくれる景勝地が続く。

リムリック周辺 **リムリック** P.177 周辺には「かわいい村」の称号を得た**アデア** P.184 や、中世晩餐会で有名な**ボンラッティ城** P.181 がある。

クレア県 **エニス** P.189 や**ドゥーラン** P.192 には、伝統音楽の演奏会場や音楽パブがありアイリッシュ・トラッドファン必見の場所。**モハーの断崖** P.192 では高さ214mの断崖絶壁から迫力のある眺めを堪能しよう。

風光明媚な光景が広がる
ディングル半島 ➡P.172
Dingle Peninsula

中世マンスター州の政治的中心
キャッシェル ➡P.186
Cashel

落葉樹の森が広がる ➡P.166
キラーニー国立公園
Killarney National Park

アイルランド南部の中心都市
コーク ➡P.141
Cork

ゴールウェイ
バレン
モハーの断崖　エニス
リムリック
アデア
キャッシェル
ディングル半島
ディングル　ウォーターフォード
キラーニー国立公園　ブラーニー
コーク　コーヴ
キンセール

見どころ & アクティビティ

ウォーターフォード・クリスタル
handcraft **詳細記事 P.137**

工場見学もできる

元アメリカ合衆国大統領J.F.ケネディをはじめ、世界各国の著名人が愛するクリスタル製品。なかでも、リスモアというデザインは世界的にコレクターが多い。

モハーの断崖
nature **詳細記事 P.192**

断崖沿いの遊歩道

ドゥーランからハグス岬までの約8kmにわたっている断崖で、高低差は最大214m。断崖周辺には遊歩道が整備され、クルーズツアーも行われている。

絶品！シーフード
gourmet **食べられるお店 P.162, P.176**

シタビラメ（手前）とカキ（奥）

港町のディングルやキンセールでは、シタビラメやカキなど、新鮮なシーフードを堪能することができる。節約派にはシーフードチャウダーもおすすめ。

ブラーニー城
castle **詳細記事 P.149**

キス待ちの行列

城壁の頂上部にある「ブラーニー・ストーン」にキスをすれば雄弁になれるという評判があり、英国首相ウィンストン・チャーチルもキスをしたことがある。

マンスター州 交通ガイド

所要時間の見方
¹10 → 10 分
2³⁰ → 2 時間 30 分

ウォーターフォード～コークと、コーク～キラーニー～リムリック～ゴールウェイ以外の路線の運行本数は少ない。リムリック～ゴールウェイ間は、直通の急行バスもある

アラン諸島へ
ゴールウェイへ
ダブリンへ

ドゥーラン
エニス
15
50
モハーの断崖
ビジターセンター　シャノン空港
45
40
30～50
Thurles
50
キャッシェル
1⁵⁰
ウォーターフォード
リムリック
20
20
1⁰⁵
Cahir
1²⁰
1²⁵
20
30
Limerick Jct.
ヨール
ディングル
1⁰⁰
トラリー
45
1⁰⁰
Abbeyfeale
1⁵⁰～3⁰⁰
35
ブラーニー
20
ミドルトン
28
ケリー空港
25
30
25
コーヴ
キラーニー
Mallow
25
30
ケンメア
40
1⁰⁰
1³⁰
25
コーク空港
コーク
キンセール
30
20

ウォーターフォード県
Co. Waterford

アイルランド国番号353
市外局番051

MAPS
広域地図P.17-C2
ウォーターフォードP.137

クリスタルで世界的に有名な町

ウォーターフォード
Waterford

町の北を流れるシェア川沿いに主要な施設が並ぶ

Access Guide
ウォーターフォード

ダブリンから

🚆 所要:約2時間15分　運賃:€26.15

月～土　ヒューストン駅から7:20 10:15
13:15 15:10 16:10 (金のみ) 16:40
17:35 18:35

日　9:10 14:10 17:45 18:40

所要:約2時間30分　運賃:€17

🚌 エクスプレスウェイNo.4がバスアラスから9:30 11:20 13:35 15:35
18:00 19:45 22:45 23:45

所要:約2時間15分　運賃:€12

🚌 ビッグ・グリーン・バスがバラ・キー
Burgh QuayMap P.55-D2から6:00
～22:00の2時間に1便

所要:約2時間20分　運賃:€18

🚌 JJカヴァナがジョージズ・キー
George's QuayMap P.55-E2から
5:45 6:45 9:15～17:30の1～2時間
に1便、19:15 20:45 24:00

コークから

所要:約2時間15分　運賃:€15

🚌 エクスプレスウェイNo.40が8:40
(日9:40)～20:40の1時間に1便程度

所要:約2時間　運賃:€12

🚌 ビッグ・グリーン・バスがアンダーソンズ・キー Anderson's QuayMap
P.144上から5:05～21:05の2時間
に1便

■ウォーターフォードの🅒
Map P.137-A2
🏛Medieval Museum,
Cathedral Square X91 K10E
🕐9:15～18:00　🗓10～5月頃

　ウォーターフォードはヴァイキングによって9世紀頃につくられた港町。1171年のノルマン征服時にイングランド王ヘンリー2世が上陸した港で、その後ダブリンと並んで王国都市の認可を受けた。王国都市だったことから、王室とのつながりが強く、そのことは中世博物館に収蔵されているウォーターフォード・チャーターロール (勅許状をつなぎ合わせたもの) からも伺い知ることができる。町には教会も数多くあり、アイルランド聖公会 (クライスト・チャーチ大聖堂)とカトリック (ホーリー・トリニティー大聖堂)の大聖堂が同じ建築家、ジョン・ロバーツの作というのも非常に珍しい。

✿ ウォーターフォードの**歩き方** ✿

　各社のバスはシェア川沿いに発着しており、**マーチャンツ・キー** Merchants Quayから**時計塔**Clock Towerを挟んだ**パレード・キー** Parade Quayのあたりが町の中心となる。時計塔から南へと延びる**ブロード・ストリート**Broad St.周辺のエリアはさまざまなショップやレストランがひしめいており、非常ににぎやかな所だ。

　時計塔から川沿いにさらに東に進むと**レジナルドの塔**Reginald's Towerがそびえている。このあたりが

町の中心に建つ時計塔を町歩きの目印にすると便利

ショップが連なるブロード・ストリート

観光の中心で、**ヴァイキング・トライアングル**Viking Triangleといわれる地域。中世博物館、司教館、キング・オブ・ザ・ヴァイキングズなど町を代表する見どころがある。 **⑦** は中世博物館内にあり、6〜9月頃の営業。

■TFIバイクス
URL www.bikeshare.ie
ウォーターフォード市内の自転車シェアシステム。3日間利用は基本料が€3、デポジット€150。30分以内の利用は無料で、1時間までは€0.50、2時間までは€1.50、3時間までは€3.50、4時間までは€6.50かかり、以降は30分ごとに€2かかる。
手続きはレンタルステーションではできず、事前にウェブサイトやスマホアプリを通じて行っておく必要がある。コーク、リムリック、ゴールウェイも同じシステムで、アプリも共通。詳しい利用法は、P.143参照。

ウォーターフォードの見どころ

世界中にその名をとどろかす　　Map P.137-A2
ハウス・オブ・ウォーターフォード・クリスタル
The House of Waterford Crystal

ウォーターフォード・クリスタルは、18世紀末から続く歴史ある伝統産業。豊かな輝きを放つ深い彫り込みの幾何学模様や、手にしたときに感じる重厚さがウォーターフォード・クリスタルの特徴だ。ロンドンのウェストミンスター寺院に特注品のシャンデリアが飾られているなど、最高級のクリスタル・ブランドとして知られている。アイルランド系アメリカ大統領J.F.ケネディは、ここのグラスをこよなく愛したという。

クリスタルの製造過程は所要約50分のガイドツアーで見学することができる。パイプから空気を口で送り込んでクリ

■ハウス・オブ・ウォーターフォード・クリスタル
住The Mall, X91 R652
TEL (051) 317000
URL www.waterfordvisitorcentre.com ▮
●見学ツアー
圓1〜2月10:00〜15:00
　3・11・12月9:30〜15:00
　4〜10月9:30〜16:15
困11〜2月の土、11〜3月の日曜、一部祝　料€19　学生€17
●ショップ
　1・2月9:00〜17:00
　3月9:00〜17:00(日9:30〜17:00)
　4〜10月9:00〜18:00(日9:30〜18:00)
　11・12月9:00〜17:00(日12:00〜17:00)
困1・2月の日曜、1/1・2、3/17

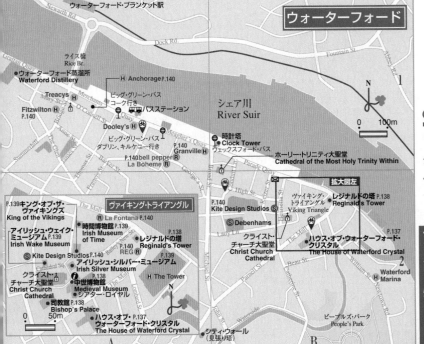

ウォーターフォード・ブランケット駅

Newrath Rd.
Dock Rd.
Fountain St.
ライス橋 Rice Br.
Grattan Quay
●ウォーターフォード蒸溜所 Waterford Distillery
Treacys
Fitzwilton H P.140
Merchants Quay
Mall St.
O'Connell St.
H Anchorage P.140
ビッグ・グリーン・バス コーク行き
バスステーション
Dooley's H
ビッグ・グリーン・バス ダブリン、キルケニー行き
Meagher's Quay
P.140 Granville H
P.140 bell pepper R
La Boheme R
シェア川 River Suir
時計塔 Clock Tower
ウェックスフォード・バス
N
0　100m
ホーリー・トリニティ大聖堂 Cathedral of the Most Holy Trinity Within
Parade Quay
High St.
P.140 Kite Design Studios S
ヴァイキング・トライアングル Viking Triangle
拡大図左
レジナルドの塔 P.138 Reginald's Tower
S Debenhams
クライスト・チャーチ大聖堂 Christ Church Cathedral
P.137 ハウス・オブ・ウォーターフォード・クリスタル The House of Waterford Crystal
Bean St.
Waterford Marina
ピープルズ・パーク People's Park

ウォーターフォード

P.139キング・オブ・ザ・ヴァイキングズ King of the Vikings
アイリッシュ・ウェイク・ミュージアム P.139 Irish Wake Museum
S Kite Design Studios P.140
La Fontana P.140
ヴァイキング・トライアングル
時間博物館 P.139 Irish Museum of Time
P.138 レジナルドの塔 Reginald's Tower REG
アイリッシュ・シルバー・ミュージアム P.138 Irish Silver Museum
H The Tower
P.138 中世博物館 Medieval Museum
＆シアター・ロイヤル
クライスト・チャーチ大聖堂 Christ Church Cathedral
司教館 P.138 Bishop's Palace
0　50m
N
ハウス・オブ・ウォーターフォード・クリスタル P.137 The House of Waterford Crystal
シティ・ウォール (見張り塔)
City Wall

A　　　B

マンスター州

熱したガラスに息を吹き込む

■レジナルドの塔
住The Quay, X91 Y880
TEL(051) 304220
URLheritageireland.ie ■
開3月上旬～12月上旬9:30～17:30
　　12月上旬～3月上旬9:30～17:00
※最終入場は閉館の45分前
休12月上旬～3月上旬の月・火
料€5　学生€3　⊗

手前にはヴァイキングのレプリカ船が置かれている

■フリーダム・オブ・ウォーターフォード
中世博物館、司教館、アイリッシュ・シルバー・ミュージアム、時間博物館の4つの見どころは、フリーダム・オブ・ウォーターフォードFreedom of Waterfordという共通券があり€18。ひとつずつ買うよりもはるかにお得。司教館前から出発する45分のウオーキング・ツアーも含まれている。

■中世博物館
住Cathedral Sq., X91 K10E
TEL(051) 849501
URLwww.waterfordtreasures.com ■
開9～5月9:15～17:00
　（土10:00～17:00、日・祝11:00～17:00）
　　6～8月9:15～18:00
　（土9:30～18:00、日・祝11:00～18:00）
休12/25・26、1/1
料€10　共通券€18　⊗

■司教館
住The Mall, X91 E279
TEL076-1102650
URLwww.waterfordtreasures.com ■
開9～5月9:15～17:00
　（土10:00～17:00、日・祝11:00～17:00）
　　6～8月9:15～18:00
　（土9:30～17:00、日・祝11:00～18:00）
休12/25・26、1/1
料€10　共通券€18　⊗

スタルの形をつくるブローイングという作業や、彫り込みを入れていくカッティング作業など、熟練工たちが腕を振るう様子を間近に見られる。併設するショップの品揃えは直営店だけあり世界最大で、免税手続きや日本への郵送にも対応してくれる。

町の歴史を見続けてきた　　　　　Map P.137-A1
レジナルドの塔 Reginald's Tower

　アイルランドに現存する中世の塔のうちで、最も保存状態がよい歴史的な建造物。1003年、デーン人のレジナルド・マッキーバーにより、要塞として建てられた。

　当初木製だった塔は、歴史とともに貨幣の鋳造所、弾薬庫、牢獄とその役割を変えていった。現存する石造りの塔は、12世紀にノルマン人によって建てられたもの。今は博物館となり、おもにヴァイキング時代に関する展示を行っている。

収蔵品はアイルランド・トップクラス　　Map P.137-A2
中世博物館 Medieval Museum

　中世を通じて豊かな貿易港として栄えたウォーターフォードの歴史を紹介する博物館。この博物館が誇る展示物が**ウォーターフォード・チャーター・ロール** Waterford Charter Rollというイングランド国王の勅

秘宝、ウォーターフォード・チャーター・ロール

許と歴代イングランド国王や有力者が描かれた肖像画をつなぎ合わせたもの。類似するものはイギリス本国にもなく、女王エリザベス2世も2011年のアイルランド訪問の際に見学している。そのほか金糸をふんだんに使った豪華な僧衣や、ヘンリー8世時代の剣など、文化価値の高い品物が多く展示されている。

町を代表する建物　　　　　　　　Map P.137-A2
司教館 Bishop's Palace

　この建物は1096年に建てられ、1743年に当時の司教チャールズ・エステ Charles Esteの邸宅に使用するために修復された。その後2009年まで市庁舎として使用されていたが、現在は博物館として公開さ

豪華な調度品にうっとり

れている。1・2階には18世紀当時の調度品やウォーターフ

ォード・クリスタルの製品、3階には19世紀以降の人々の生
活道具などが展示されている。

VRでヴァイキング時代を体験 Map P.137-A2

キング・オブ・ザ・ヴァイキングズ King of the Vikings

ヴァイキング・トライアング
ルにあるフランシスコ会教会
跡を利用したアトラクション。
教会内にヴァイキング時代の
小屋を復元している。小屋
は広くはないが、VR（ヴァー
チャル・リアリティ）体験には
十分。3D VRのヘッドセット

▲12世紀建造の教会跡にある

を付けると、周囲360度にヴァイキング時代のウォーターフォ
ードが広がり、約30分かけてこの地のヴァイキングについて
の歴史を学ぶことができる。

アイルランドの死生観を学ぶ Map P.137-A2

アイリッシュ・ウェイク・ミュージアム Irish Wake Museum

ウェイクとは、葬式前夜に人々が故人の家に集まり、夜を
明かす儀式のことで、日本における通夜のようなもの。アイ
リッシュ・ウェイク・ミュージアムは、ウェイクをはじめ、アイル
ランドにおける死と儀礼に関して紹介する博物館。見学は
ツアー形式で、喪服に身を包んだガイドによって進められる。
所要約50分。

アイルランド中から集められた銀製品が並ぶ Map P.137-A2

アイリッシュ・シルバー・ミュージアム Irish Silver Museum

中世博物館の隣に2021年にオープンした博物館。ヴァイ
キング時代からヴィクトリア朝時代の1000年にわたるアイル
ランドで造られた銀製品を展示しており、とりわけ18世紀のテ
ーブルセットがすばらしい。ジョージ6世がウォーターフォー
ドの町に贈った剣や、『ガリバー旅行記』の著者であるジョナ
サン・スウィフトゆかりの銀製品なども収蔵している。

さまざまな時代の時計が揃う Map P.137-A2

時間博物館 Irish Museum of TIME

教会跡を利用した博
物館で、アイルランドを中
心としてヨーロッパ各地の
柱時計や壁掛け時計、
腕時計などを展示してい
る。江戸時代末期の日本
製の時計もある。ラフカ

12世紀建造の教会跡にある

ディオ・ハーン（小泉八雲）を紹介するコーナーがあり、日本
で出版された本や、身の回りの品なども見られる。

■キング・オブ・ザ・ヴァイキングズ
住10 Bailey's New St., X91 A0PF
TEL076-1102676
URLwww.waterfordtreasures.com
開10:30～18:00（見学はツアー形式）
休9～5月の月・火、12/25・26、1/1
料€10

■アイリッシュ・ウェイク・ミュージア
ム
住Cathedral Sq., X91 WR8X
TEL(051) 849501
URLwww.waterfordtreasures.com
開9:00～17:00（土10:00～17:00、日
11:00～17:00）
　（見学はツアー形式）
休9～5月の月～水、12/25・26、1/1
料€11

■アイリッシュ・シルバー・ミュージ
アム
住The Deanery Building,
Cathedral Sq., X91 H921
TEL076-1102501
URLwww.waterfordtreasures.com
開9:30～17:00（土10:00～17:00、日
11:00～17:00）
休12/25・26、1/1
料€5　共通券€18

アイルランド屈指のシルバー・コレクション

■時間博物館
住Greyfriars, X91 CF95
TEL(051) 849526
URLwww.waterfordtreasures.com
開9～5月10:00～17:00
　（日・祝11:00～17:00）
　6～8月10:00～18:00
　（日・祝11:00～18:00）
休12/25・26、1/1
料€5　共通券€18

Information
小泉八雲記念庭園

ウォーターフォードの南13kmほどに
あるトラモアTramoreは、ラフカディ
オ・ハーン（小泉八雲）が、幼少期に夏
を過ごしたリゾートタウン。『怪談』を
はじめ多くの著作によって日本文化
を世界へ紹介した彼の業績を記念
し、2015年に日本庭園が造園された。
町の中心部の高台にあるトラモア・ハ
ウスの敷地内に造られたこの庭園は、
ハーンの生涯を象徴的に再現してお
り、順路に従って進むと、彼の波乱
に満ちた一生をたどれるようになって
いる。庭園内の各地点には日本語と
英語による解説板が設置されている。
URLlafcadiohearngardens.com

高級ホテルは川沿いの通りに並んでいる。B&Bは町の中心部には少ないので早めの予約が必要。レストランが多いのはザ・モールThe Mallやショージズ・ストリートGeorge's St.の周辺。パブはマイケル・ストリートMichael St.やジョン・ストリートJohn St.に比較的多い。

高級 100室	Map P.137-A1	**グランヴィル** Granville Hotel

住Meagher Quay, X91 XH5R
TEL(051) 305555
URLwww.granvillehotel.ie
†/††□□€125〜
━ADMV

シェア川を望む4つ星ホテルで、宿泊者のリストにはスチュアート・パーネル、ダニエル・オコンネルといった名士が名を連ねる。レストラン、バーも併設。

高級 133室	Map P.137-A1	**フィッツウィルトン** Fitzwilton

住Bridge St., X91 RC9A
TEL(051) 846900
URLwww.fitzwiltonhotel.ie
†□□□□€124〜
††□□□□€129〜
━MV

モダンでデザイン性の高い4つ星ホテル。鉄道駅、バスターミナルともに徒歩圏内で、駐車場も広い。朝食はひとり€12。

ゲストハウス 12室	Map P.137-A1	**アンカレッジ** Anchorage Guesthouse

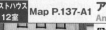

住9 Merchants Quay, X91 ENF7
TEL(051) 854302
URLwww.anchorage.ie
†/††□□□€60〜
━DMV

バスターミナルからほど近い場所にあるゲストハウス。周辺にある宿のなかでも経済的で、客室はゆったり。過度な設備はないが、落ち着いて滞在できる。

イタリア料理

ラ・フォンタナ
Map P.137-A2　La Fontana

川に面した通りにあるカジュアルなレストラン。ピザやパスタのほか、魚介スープZuppa di Pesceも人気。
住124 The Quay, X91 YA22　TEL(051) 844554
開17:00〜22:00(日16:00〜22:30)
休火　━MV　📶あり

アジア料理

ベル・ペッパー
Map P.137-A1　bell pepper

おしゃれで清潔さにあふれるアジア料理店。メニューはタイ風カレーやパッタイ、シンガポール・ヌードル、チャーハンなど。ランチボックスは€8.99。
住36-37 Great George's St., X91 KFV0
TEL(051) 332200　URLwww.bellpepper.ie
開12:00〜22:00　休無休　━AMV　📶なし

**音楽パブ
ダイニングパブ**

レジ
Map P.137-A2　The REG

中には5つのバーがあり、それぞれが趣向の違う内装。ライブ演奏など、エンターテインメイントが充実しており、シーフードを中心とした料理も人気。
住2 The Mall, X91 W866　TEL(051) 583000
URLwww.thereg.ie　開17:00〜23:00
(土・日12:30〜翌1:30)　休無休　━ADMV　📶あり

民芸品

カイト・デザイン・スタジオ
Map P.137-A2　Kite Design Studios

ガラス製品やジュエリーなど、さまざまな職人たちが共同で運営している工房兼ショップ。工房は自由に見学することができる。
住11 Henrietta St., X91 DN22　TEL(051) 858914
開9:00〜17:00(土11:00〜17:00)　休日　━AJMV

アイルランド南部の中心都市
コーク
Cork

リー川に架かるセント・パトリック橋

ダブリン

コーク

コーク県
Co. Cork

アイルランド国番号353
市外局番021

MAPS
広域地図P.19-C3
コーク、コーク中心部P.144-145
イングリッシュ・マーケットP.148
ブラーニーP.149 ヨールP.150
ミドルトンP.151

　アイルランド共和国第2の都市コークは、マンスター州の中心都市。ゲール語の「湿地」を語源としており、リー川River Leeの中洲にその中心部を置く。7世紀に聖フィンバーSt. Fin Barreが訪れ、教会を中心に発展した町だが、その後イギリスとの交易の拠点として、活気のある商都となった。

　今日、かつての水路はほとんど残っていないが、リー川沿いの町並みや、船着場跡などに往時の面影を見ることができる。起伏に富んだ地形に点在する教会の尖塔やカラフルに彩られた町並みが川面に映えて美しい。町角は「歌うように喋る」と形容される独特のアクセントでしゃべるフレンドリーな人々でにぎわい、大都市でありながら親しみやすさも残している。

　国内最大の面積を誇るコーク県は、歴史的名所や景勝地、リゾート地が多く、観光産業も発達している。夏になると、国内のみならず、ヨーロッパ中からやって来る観光客でにぎわう。

コークの歩き方

　コークの市街地はリー川を挟んで南北約1.5km、東西約2km程度で見どころもすべて徒歩圏内。町の中央を流れるリー川の位置を頭の中に入れておけば、町の把握は比較的簡単だ。

中洲東部とその周辺　町の中心部は**リー川の中洲部分**

Access Guide
コーク
ダブリンから

	所要:約2時間30分　運賃:€47.35
月～土	ヒューストン駅から6:00（月～金）7:00～19:00の1時間に1便 21:00
日	8:30 10:00 12:00～19:00の1時間に1便 21:00

	所要:約4時間　運賃:€14
	バス・エーランNo.245Xがバスアラスから8:00 12:00 14:00 18:00

	所要:約3時間　運賃:€19
	シティリンクがクランプトン・キーCrampton QuayMap P.77-D1から6:30～23:30の2時間に1便程度

	所要:約3時間　運賃:€20
	エアコーチがアストン・キー Aston QuayMap P.77-E1から7:00 8:00 11:00～翌1:00の1時間に1便程度

	所要:約4時間15分　運賃:€25
	ビッグ・グリーン・バスがバラ・キー Burgh QuayMap P.56-B1から5:05～19:05の2時間に1便

ウォーターフォードから

	所要:約2時間15分　運賃:€15
月～土	エクスプレスウェイNo.40が8:00～18:00の1時間に1便 19:30 21:00
日	9:00 10:00 11:00 13:00 14:00～18:00の1時間に1便 19:30 21:00

	所要:約1時間50分　運賃:€12
	ビッグ・グリーン・バスが6:25～22:25の2時間に1便。

●コーク　マンスター州

Theatre & Live Music

コーク・ジャズフェスティバル

コークでは毎年オクトーバー・ホリデイ（10月最終週）の週末を中心にジャズフェスティバルが行われる。この音楽祭には世界各国からの1000人を超えるミュージシャンが参加し、コーク市内を中心に80近くの会場で演奏が行われる。

演奏はエブリマン・パレスやオペラ・ハウス、ザ・メトロポール（→P.152）、などさまざまな場所で行われる。パブでは演奏をBGMにし、談笑している人が多く、とてもカジュアルな雰囲気。期間中は路上でも演奏が行われることがあり、お祭り気分をいっそう盛り上げてくれる。

🔗 guinnesscorkjazz.com

セント・パトリック・ストリートでの生演奏

■コーク空港
Map P.19-C3
🏠 Kinsale Rd., T12 P5NF
☎ (021) 4313131
🔗 www.corkairport.com
ロンドン、マンチェスター、エディンバラなどイギリスをはじめ、ヨーロッパ主要都市から便がある。

■バスステーション
Map P.145-D2
🏠 Parnell Pl., T12 K2WR

コークのバスステーション

と隣接する河岸。バスステーションや❼、旅行会社など旅行者にとって必要な施設も、ほぼこのあたりに集中している。メインストリートは**セント・パトリック・ストリート**St. Patrick St.と、南側をほぼ平行に走る**サウス・モール**South Mall、このふたつを西端で結ぶ**グランド・パレード**Grand Parade。この3つの通り周辺がコークで一番の繁華街となっており、レストランやパブなどが所狭しとひしめいている。

中洲西部とその周辺　中洲の西側のマーダイク地区は緑の多い**フィッツジェラルド公園**や**コーク大学**などがある文教地区でB&Bも数多い。**コーク市刑務所ヘリテージセンター**はフィッツジェラルド公園の北、リー川を越えた先にある。

シャンドン地区　リー川の北岸の丘にあるシャンドン地区はバター取引所跡や聖アン教会など古い建物が残る下町。

✈ 空港から市の中心部へ ✈

コーク空港は町から南へ13kmほどの所にある。バス・エーランのNo.226が空港と市内を結ぶ。空港〜市内は所要20〜30分。運行頻度は1時間に1便。運賃はバス・エーランは現金で€2.20（リープ・カード **P.62** 利用なら€1.55）、タクシーなら€20前後。

🚌 バスターミナルから市の中心部へ 🚌

バス・エーラン＆エクスプレスウェイ　バスステーションはリー川の南岸、中洲地帯の東側にあり、中心部から近くて便利。ここにはバス・エーランとエクスプレスウェイのバスが発着し、その他のバス会社は停車しないので注意が必要。ブラーニーやキンセールなど近郊行きのバスのなかにも、バスステーションから出発しない便もある。

そのほかのバス会社　バス・エーランとエクスプレスウェイ以外のバス会社は、バスステーションを利用しない。シティリンクとエアコーチのダブリン方面から来たバスはロウアー・グランメア・ロードLwr. Glanmire Rd.、シティリンクのリムリック、ゴールウェイ方面、ビッグ・グリーン・バスのダブリン方面から来たバスはアンダーソンズ・キー Anderson's Quayのバス停に停車する。また、コーヴコネクトのコーヴからの便はセント・パトリック・キー St. Patrick's Quayに停車する。

🚆 鉄道駅から市の中心部へ 🚆

ダブリンやリムリックからの列車はリー川北岸のコーク・ケント駅Cork Kent Stationに到着する。鉄道駅から町の

中心までは徒歩10分ほど。駅前のロウアー・グランマイア・コードにはB&Bが軒を連ねる。

市内交通

市内バス　中心部からB&B街やコーク大学のあるWestern Rd.へはセント・パトリック・ストリートからNo.208のバスに乗ると便利。市内バスは距離に応じて料金が異なり、現金払いの場合€1.90〜2.20。リープ・カード**P.62**を利用すると約30%安くなり€1.35〜1.55。リープ・カードはコーク・ケント駅内売店や、セント・パトリック・ストリートのセントラCentraなどで販売している。

タクシー　コーク・ケント駅をはじめ、バスステーション西側や大通りの"Taxi"の表示のある場所で乗ることができる。FREENOWなどのタクシー配車アプリを利用して呼び出すこともできる。

シェア自転車　コークの町は36ヵ所に**TFIバイクス**というシェア自転車システムのレンタルステーションが設けられている。中心から離れた見どころへ行く際に便利。

旅の情報収集

観光案内所　コーク市内の情報のほか、コーク県とケリー県全域の観光情報をサポートしている。

■**TFIバイクス**
URL www.bikeshare.ie
コーク市内の自転車シェアシステム。基本料金は€3、デポジットが€150で、利用料は30分以内は無料。1時間までは€0.50、2時間までは€1.50、3時間までは€3.50、4時間までは€6.50かかり、以降は30分ごとに€2かかる。

申し込みはレンタルステーションから直接行うことはできず、事前にインターネットやスマホアプリを通じて3日間チケットを取得する。自分の名前や住所、メールアドレス、電話番号など個人情報を入力し、その後4桁のPINコードを設定する。クレジットカード情報を入れて支払いを済ませたら、画面上に6桁のアクセス番号が表示され、登録したメールアドレス宛にもアクセス番号が記入されたメールが届く。

レンタルする際は、レンタルステーションの端末に6桁のアクセス番号を入力し、次いで4桁のPINコードを入力。利用する自転車の番号を選択すると、4桁の自転車のチェーンロックの番号が表示される。乗るときは自分の選んだ自転車の番号が書かれたスタンドでボタンを押してスタンドから自転車を切り離す。返却は空いているスタンドに自転車を押し込めばよい。

■コークの **ⓘ**
Map P.144上
🏠125 St Patrick's St., T12 AE81
📞(021) 4255103
URL purecork.ie
⏰9:00〜17:00　休9〜6月の日曜

市内と近郊のおもなツアー

🚌 **コーク市内観光バス**
3・4・10月9:30 11:00 12:30 14:00 15:30
5〜9月9:30〜16:15に10便（30〜45分に1便）
所要約1時間15分　料€22　学生€18
ダブルデッカーのバスで聖アン教会やコーク市刑務所、コーク大学など町のおもな見どころを回る乗り降り自由のホップ・オン・ホップ・オフ・ツアー。チケットはネットのほか、バスの運転手からも直接購入することができる。

🚌 **ケリー周遊路1日**
5・9月の日、6〜8月の金・日
所要約9時間　料€50　学生€47
ケリー周遊路ハイライト。大西洋沿いの美しいコーストラインを走り、世界遺産のスケリッグ・マイケルの近くも通る。

コーク・シティ・ツアーズCork City Tours
📞(021)4309090　URL www.corkcitytours.com

🚶 **コーク・シティ・ランブル**
Cork City Ramble
毎日10:30発、3〜10月の月〜土14:15発
所要約1時間15分　料€19.50
ⓘ前から出発。地元出身ガイドがコーク中心部を歩きながら、町の歴史について紹介してくれる。

タイタニック・ツアーズTitanic Tours
📞087-2767218　URL titanic.ie

🚌 **ディングル半島1日**
8:30発（冬期減便）
所要約11時間　料€59　学生€55
ディングルやスリア岬、インチのビーチなどを回る。

🚌 **ケリー周遊路1日**
8:30発（冬期減便）
所要約11時間　料€59　学生€55
ケリー周遊路の村やキラーニー国立公園を回る。

🚌 **モハーの断崖1日**
7:45発（冬期減便）
所要約10時間　料€59　学生€55
モハーの断崖と周辺を回る。モハーの断崖には1時間30分滞在。ランチはドゥーランのパブにて。

🚌 **ブラーニー城とコーク周辺1日**
9:00発（冬期減便）
所要約9時間30分　料€59　学生€55
ブラーニー城、キンセール、コーヴとコーク周辺の主要な見どころを回るバスツアー。ブラーニー城とチャールズ・フォートへの入場料も含まれている。

パディーワゴンPaddywagon
🏠9 Bridge St., T23 KW89
📞(021)4508425　URL www.paddywagontours.com
上記のツアーはセント・パトリック橋北側にあるオフィスMap P.144上から出発。

● コーク　マンスター州

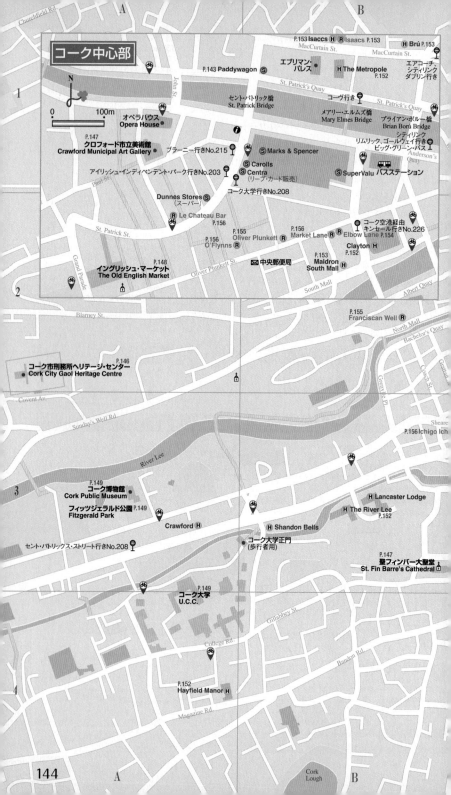

コーク中心部

N
0　100m

P.153 Isaccs Ⓗ Ⓡ Isaacs P.153　　Ⓗ Brú P.153
MacCurtain St.　　　　　MacCurtain St.

P.143 Paddywagon Ⓢ　エブリマン・　Ⓗ The Metropole　エアコーチ
パレス　　　　　　　　P.152　シティリンク
ダブリン行き
St. Patrick's Quay
セント・パトリック橋　　　　　コーヴ行き
St. Patrick Bridge
オペラハウス　　　　　メアリー・エルムズ橋　ブライアン・ボルー橋
Opera House　　　　　Mary Elmes Bridge　Brian Boru Bridge
St. Patrick's Quay
シティリンク
リムリック、ゴールウェイ行き
ビッグ・グリーン・バス

P.147
クロフォード市立美術館　ⓘ
Crawford Municipal Art Gallery　ブラーニー行きNo.215
Ⓢ Marks & Spencer
アイリッシュ・インディペンデント・パーク行きNo.203　Ⓢ Carolls
Ⓢ Centra　　　Ⓢ SuperValu バスステーション
（リープ・カード販売）
Dunnes Stores Ⓢ　コーク大学行きNo.208
（スーパー）
Ⓗ Le Chateau Bar　　　　　　　コーク空港経由
P.156　　　　　　　　キンセール行きNo.226
St. Patrick St.　　　P.155　　P.156
P.156　Oliver Plunkett Ⓡ Market Lane Ⓡ Elbow Lane P.154
O'Flynns Ⓡ　　　　　　　Clayton Ⓗ
P.152
✉ 中央郵便局　　Maldron
イングリッシュ・マーケット　P.148　　　　　　　P.153
The Old English Market　　　　　South Mall
South Mall
Albert Quay

Blarney St.　　　　　　　　　P.155
Franciscan Well Ⓡ
North Mall
Bachelor's Quay

コーク市刑務所ヘリテージ・センター P.146
Cork City Gaol Heritage Centre

Covent Av.

Sunday's Well Rd.　　　　　　　　P.156 Ichigo Ich

River Lee

P.149
コーク博物館　　　　　　　　　Ⓗ Lancaster Lodge
Cork Public Museum
フィッツジェラルド公園 P.149　　Ⓗ The River Lee
Fitzgerald Park　　　　　　　　　P.152
Crawford Ⓗ
Ⓗ Shandon Bells
セント・パトリックス・ストリート行きNo.208
コーク大学正門
（歩行者用）　　　　　P.147
聖フィンバー大聖堂
St. Fin Barre's Cathedral

P.149
コーク大学
U.C.C.

College Rd.

P.152
Hayfield Manor Ⓗ

Magazine Rd.

Cork
Lough

144

A　　　　　　　　B

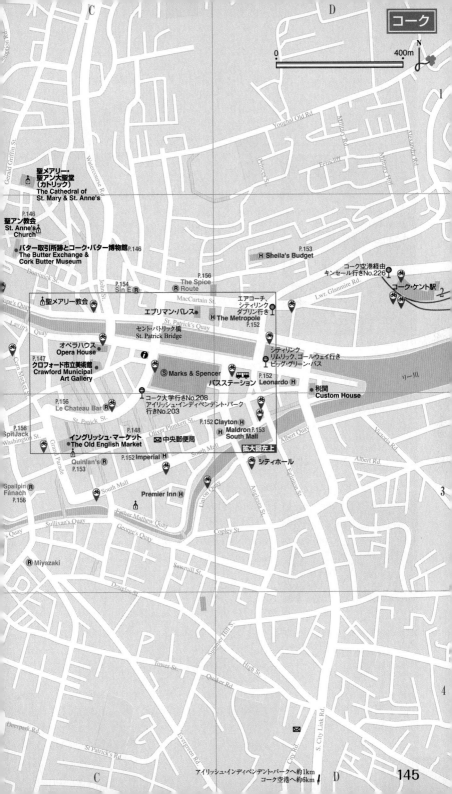

N

0   400m

C

D

1

2

3

4

聖メアリー・
聖アン大聖堂
（カトリック）
The Cathedral of
St. Mary & St. Anne's

P.146
聖アン教会
St. Anne's
Church

バター取引所跡とコーク・バター博物館 P.146
The Butter Exchange &
Cork Butter Museum

P.153
H Sheila's Budget

P.156
The Spice
Route

P.154
Sin E R

コーク空港経由
キンセール行きNo.226
コーク・ケント駅

聖メアリー教会
エブリマン・パレス
MacCurtain St.

St. Patrick's Quay
セント・パトリック橋
St. Patrick Bridge

エアコーチ、
シティリンク、
ダブリン行き
H The Metropole
P.152

シティリンク
リムリック、ゴールウェイ行き
ビッグ・グリーン・バス

オペラハウス
Opera House
P.147
クロフォード市立美術館
Crawford Municipal
Art Gallery

S Marks & Spencer
バスステーション
Leonardo H
P.152

税関
Custom House

リー川

コーク大学行きNo.208
アイリッシュ・インディペンデント・パーク
行きNo.203

P.156
Le Chateau Bar

St. Patrick St.

Oliver Plunkett St.

P.152 Clayton H
Maldron P.153
South Mall

P.156
SpitJack
Washington St.

P.148
イングリッシュ・マーケット
The Old English Market

中央郵便局

South Mall

Quinlan's R
P.153

P.152 Imperial H

シティホール

拡大図左上

Spailpin R
Fánach
P.156

South Mall

Premier Inn H

Albert Quay

Albert Rd.

Union Quay

Victoria Rd.

R Miyazaki

Father Mathew Quay

George's Quay

Copley St.

Anglesea St.

Sawmill St.

Douglas St.

Tower St.

High St.

Quaker Rd.

St Patrick's Rd.

Evergreen Rd.

S. City Link Rd.

Deerpark Rd.

C

D

■聖アン教会
住Eason's Hill, T23 YN88
TEL(021) 4505906
URLwww.shandonbells.ie
開3〜5・10月10:00〜16:00
　（日11:30〜16:00）
　6〜9月10:00〜16:30
　（日11:30〜16:30）
　11〜2月11:00〜15:00
　（日11:30〜15:00）
休クリスマス期間　料€6　学生€5

鐘楼の下にあるひもを引っ張ると上階の鐘が鳴る

■バター取引所跡と
コーク・バター博物館
住O'Connell Sq., T23 H004
TEL(021) 4300600
URLthebuttermuseum.com
開10:00〜16:00（日11:00〜16:00）
休12〜2月の月〜金、10〜5月の月・火、クリスマス、1/1
料€5　学生€4

コーク・バター博物館。歴代のパッケージも展示されている

■コーク市刑務所ヘリテージ・センター
住Convent Av., Sunday's Well, T23 VX25
TEL(021) 4305022
URLcorkcitygaol.com
開3〜10月10:00〜17:00
　11〜2月10:00〜16:00
休12/22〜26
料€11　学生€9
　ガイドツアー€2
　オーディオガイド€2

鐘楼が美しい　Map P.145-C2

聖アン教会 (シャンドン教会) St. Anne's Church

　リー川の北岸シャンドン地区の坂を上った高台にある、グレーの塔に黒い時計の付いた教会が聖アン教会だ。シャンドン教会としても知られている。「胡椒瓶を頭に載せている」と例えられる鐘楼はコークのシンボル的存在。

　1690年のウィリアム3世の侵攻で、教会は隣にあったシャンドン（Sean Dun＝古い砦）城とともに破壊されたが、その後1722年に建て直され、37mの高さの鐘楼は

聖アン教会はコークのシンボル的な存在だ

1750年に完成した。1804年に神父プラウトが『シャンドンの鐘』という詩を書いたことから鐘楼は町のシンボルとなった。鐘楼には登ることができる。

海上交易で栄えたコークの象徴　Map P.145-C2

バター取引所跡とコーク・バター博物館
The Butter Exchange & Cork Butter Museum

　聖アン教会から南西に坂道を下った所に、かつてのバター取引所の跡がある。コークのバターは昔から有名だった。1770年に取引所がオープンし、海上貿易で栄えたコークのビジネスセンターとなった場所だ。

　この取引所でバターが格づけされ、イギリスをはじめヨーロッパ諸国や遠く西インド諸島にまで輸出された。1892年には輸出量が50万樽にも上り、巨万の富を築いた商人もいたという。世界最大のバター市場だったが第1次世界大戦後、景気の後退により1924年に取引所は閉鎖された。

　付属する博物館ではアイルランドにおける牧畜、乳製品産業の変遷のほか、バターを中心としたコークにおける貿易の歴史を紹介している。

ヴィクトリア王朝時代の刑務所を体験　Map P.144-A2

コーク市刑務所ヘリテージ・センター
Cork City Gaol Heritage Centre

　コーク市の中心から西へ歩いて約20分、リー川の北の坂を上った高台に刑務所の建物がある。ここは1824

コーク市刑務所入口

年から1923年まで実際に刑務所として使用され、初期はオーストラリアへ移送される囚人が多く収監されていた。独房には実際の囚人をモデルにしたろう人形が、今にも動きそうな雰囲気で収監されている。見学は基本的にセルフガイド方式だが、毎日14:00(7・8月は毎時)にガイドツアーが行われる。また、別料金でオーディオガイドも借りられるが、残念ながら日本語はない。囚人の生活ぶりや、処罰の様子などが如実に語られ、すさまじさが伝わってくる。

　1923年に刑務所が閉鎖されてからは、刑務所のもつ音響効果のため、しばらくラジオ局として使われた。建物の2階と3階部分にあるラジオ博物館ではラジオの歴史や、当時のスタジオ、アンティークのラジオなどを展示している。

刑務所長の部屋も再現

コークが誇る美術コレクション　　　　　　　Map P.144上
クロフォード市立美術館
Crawford Municipal Art Gallery

■クロフォード市立美術館
🏠Emmett Pl., T12 TNE6
☎(021) 4805042
🔗www.crawfordartgallery.ie
🕐10:00～17:00(木10:00～20:00、
　日・祝11:00～16:00)
※最終入場は閉館の15分前
休聖金曜、クリスマス　料無料

　1923年に税関として建てられた赤レンガの建物が改修、増築され、美術学校兼美術館として活用されている。19～20世紀のアイルランドの作品がコレクションのメインで、アイルランド近代絵画の巨匠ジャック・B・イエーツの常設展示はぜひとも見ておきたい。ほかにもイギリスやフランスなどの有名作家の作品やギリシア・ローマ式の彫刻も収蔵されている。また、随時さまざまな特別展も開催されている。

クロフォード市立美術館

町を造った聖人に捧げられた　　　　　　　Map P.144-B3
聖フィンバー大聖堂　St. Fin Barre's Cathedral

■聖フィンバー大聖堂
🏠Bishop St., T12 K710
☎(021) 4963387
🔗www.corkcathedral.com
🕐夏期9:30～17:30
　(日12:30～17:00)
　冬期10:00～12:45、14:00～17:00
休冬期の日曜　料€8　学生€7
🚫

大聖堂の門に施された彫刻

　コークの起源は聖フィンバーが7世紀にこの場所に教会と神学校を建てたことに由来する。国内外から優れた聖職者を集めたこの神学校は8～9世紀にはとても有名になり、アイルランドが「聖人と学者の島」と呼ばれるゆえんとなった。

　1878年にウィリアム・バーグスの設計で尖塔アーチが美しい典型的なフランス・ゴシック様式に建て直された。教会の内部は石のはざま飾りが美しい。パイプオルガンはアイルランド最大を誇る。教会東端の天井には天使に囲まれたキリストの栄光の絵があり、ステンドグラスにはキリストの生涯が描かれている。また、教会の鐘は改築以前から教会にあったものだ。夜にはライトアップされた大聖堂が閑静な住宅街にひときわ映える。

フランス・ゴシック様式の美しい大聖堂

●コーク　マンスター州

イングリッシュ・マーケット

セント・パトリック・ストリートを南西に行った所にある市場。1610年に始まり、現在の形になったのは1788年。敷地内にあらゆる食材店がひしめき合い、色とりどりの野菜や新鮮な魚が並ぶ。

グランド・バレード側入口

いろいろな種類のオリーブ

グランド・バレード
Grand Parade

地元産のハチミツを販売

巻き寿司の専門店もある

MOYNIHANS
POULTRY
All our Products
are Guaranteed 100% Irish
Produced by Local Farmers
under the Bord Bia Quality
Assurance Scheme

- 肉、卵
- 魚介
- 野菜、果物
- お菓子、パン
- 飲食店、デリ
- 食材、調味料、酒
- 食器、雑貨
- その他

噴水

スモークサーモンの名店

入ってすぐ噴水がある

プリンセス・ストリート
Princes St.

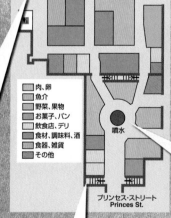

上階のカフェは大にぎわい

■イングリッシュ・マーケット
Map P.144上
URL www.englishmarket.ie
圖8:00～18:00　休日・祝

アイルランド南部の名門　　　　　Map P.144-A3・4

コーク大学　University College Cork

　リー川の南にあるコーク大学は1849年にヴィクトリア女王の命により創設された伝統ある大学で、アイルランドの国立大学の先駆的存在。現在でも学生数が約2万人を数える名門校だ。

　キャンパス内にはキャッシェルのコーマック礼拝堂 P.187 を模したホーナン礼拝堂The Honan Chapelがあり、内部のステンドグラスやモザイクタイルはすばらしい。北側にはリー川の北水路が流れ、眺めもよく、ゆっくりと散歩するにはもってこいの場所だ。

中洲に広がる広大な公園　　　　　Map P.144-A3

フィッツジェラルド公園とコーク博物館
Fitzgerald Park & Cork Public Museum

広大な敷地をもつフィッツジェラルド公園

　市の中心部から西へ約1.6km、リー川の北水路と南水路の間に広がるのがフィッツジェラルド公園だ。

　公園の西側にはクリケット場、東側には大学の運動場がある。公園内には**コーク博物館**がある。博物館の建物もジョージ王朝様式の壮麗なものだ。博物館には4000年前のものとされる出土品をはじめ、コークの町が始まった初期から現在までの歴史が追える、さまざまな貴重なコレクションがある。コークのガラスやシルバー、レース手芸は必見だ。マイケル・コリンズに関する展示もある。

近郊の見どころ　Days out from Cork　　Map P.149

ブラーニー・ストーンで有名

ブラーニー城　Blarney Castle

かつては堅固な守りで知られたブラーニー城

　1446年に領主コーマック・レイダー・マッカーシーによって要塞として建てられた後、改築を重ねながら長年マッカーシー家によって管理されてきた。雄弁になれる**ブラーニー・ストーン**は頂上部城壁の一角にあり、係のおじさんに支えてもらいながら、仰向けに身を乗り出してキスをする。26mの高さゆえに、眺めはとてもすばらしいが、度胸

■コーク大学
グランド・パレードなどからワシントン・ストリートWashington St.を西へ徒歩約20分。
🚌セント・パトリック・ストリートSt. Patrick St.からNo.208のバスに乗り、ウエスタン・ロード・グラクスマン Western Rd Glucksman下車。
🏠College Rd., T12 K8AF
☎(021) 4901876　URL www.ucc.ie
●ビジターセンター
開9:00～17:00（日11:00～17:00）
休無休　料無料　ガイドツアー€5

コーク大学のキャンパス内

■フィッツジェラルド公園
🚌セント・パトリック・ストリートSt. Patrick St.からNo.208のバスに乗り、ウエスタン・ロード・グラクスマン Western Road Glucksman下車。
☎(021) 4270679
開8:30～日没頃
休無休　料無料

■コーク博物館
🏠Fitzgerald Park, Mardyke Walk, T12 V0AA
☎(021) 4270679
開10:00～16:00（土11:00～16:00）
休日・月　料無料

■ブラーニーへの行き方
🚌セント・パトリック・ストリートのバス停Map P.144上からバス・エーラン No.215のバスが1時間に1～2便。所要約25分

■ブラーニー城
🏠Blarney Castle, Blarney, T23 Y598
☎(021) 4385252
URL www.blarneycastle.ie
開11～3月9:00～17:00
　4・5・10月9:00～17:30
　6～9月9:00～18:00
休12/24・25
料€22　学生€17

●コーク　マンスター州

Information

ブラーニー・ウルン・ミルズ
Blarney Woollen Mills

ニットだけでなく衣類、クリスタルグラス、陶磁器やアクセサリーのほか、アイリッシュ・リネンなど、みやげ物全般を扱っているデパートメントストア。敷地内にホテル、パブ、カフェ、グリルが有名なレストランもある。

Map P.149
TEL(021)4516111
URLwww.blarney.com
開9:30〜18:00（日10:00〜18:00）

■ヨールへの行き方
🚌コークのバスステーションからエクスプレスウェイNo.40が1時間に1便。日曜は1〜2時間に1便。約50分、€7.50。

■ヨールの🛈　Map P.150
住Market Sq., P36 VY44
URLyoughal.ie
TEL(024) 20170
開9:00〜17:00（土・日10:00〜16:00）
休無休
●ヨール・ヘリテージ・センター
開9:00〜17:00（土・日10:00〜16:00）
休無休

ヘリテージ・センター内にはヨールの特産品だったヨール・レースに関する展示がある

ヨールのメインストリートとクロック・ゲート

が試される。ブラーニー・ストーンが有名になったのは『シャンドンの鐘』の作者である神父プラウトがブラーニー・ストーン伝説を詩にして「恋しい婦人の寝室に忍び込み恋を語るもよし、政治家になるのもよし」と詠ったことによる。敷地内はとても広く、ほかにも美しい庭や、今も人が住んでいるマナー・ハウス、ブラーニー・ハウスなどがある。

雄弁になりたくて無理な姿勢でブラーニー・ストーンにキスをしていく

Map P.150

近郊の見どころ　中世の城壁が残る美しい港町
ヨール　Youghal

コークの東48km、サケで有名なブラックウォーター川とヨール湾との接点にあるヨールは、アイルランドでも有数の歴史ある港町でかつては織物業で栄えた。

明るい港町、ヨール

ヨール

N

0　　200m

ヘリテージトレイル

ノース・アビー跡
North Abbey

Lwr. Cork Hill

Aherne's HR

コーク方面

マートル・グローブ
Myrtle Grove

聖メアリー参事会教会
St. Mary's Collegiate Church

養老院
Almshouse

ティンツ城
Tyntes Castle

女子修道院
Convent

The Old Imperial R

レッド・ハウス
Red House

ウォーターフォード方面

城壁

Roma Grill R

Priority Cafe R

聖メアリー教会
St.Mary's Church

クロック・ゲート
Clock Gate

ヨール・ヘリテージ・センター
Youghal Heritage Centre

Market Sq.

タウン・ホール
Town Hall

町は城壁に囲まれており、多くの歴史的建築物が残っている。❶でもらえる地図にはルートが書かれているので、それに従って歩くのがいいだろう。また、❶の中はヨール・ヘリテージ・センターになっており、町の模型や、数々の展示品、パネルなどで町の歴史を解説している。

町歩きのルート上の要所には解説パネルが設置されている

　数ある建築物のなかで特に注目したいのが、メイン・ストリートMain St.にある4階建ての**クロック・ゲート**Clock Gate。18世紀に建てられたこの塔は、町にあった5つの門のうちのひとつで、長い間、牢獄としても使われていた。

　町の北側にあるのは、アイルランドでは稀なテューダー朝の邸宅**マートル・グローブ**Myrtle Grove。邸宅の主、ウォルター・ラレイはアイルランドで初めてジャガイモを栽培し、タバコを吸った人だといわれている。邸宅のすぐそばにある教会は、13世紀に建てられた**聖メアリー参事会教会**St. Mary's Collagiate Church。ここには147歳まで生きた（サクランボの木から落ちて死んだとも）といわれるデズモンド伯爵夫人マーガレットの墓がある。

クロック・ゲート

聖メアリー参事会教会

Days out from Cork **Map P.151**

近郊の見どころ
アイルランドで最大の規模を誇る蒸溜所
ミドルトン蒸溜所
Midleton Distillery

ミドルトン蒸溜所の入口

　北アイルランドのブッシュミルズ蒸溜所と並び、世界的に有名なアイルランドのウイスキー蒸溜所。その歴史は1795年に遡る。

　ミドルトン蒸溜所では、ウイスキーの歴史や、ウイスキーができるまでの工程を見ることができる。ツアーはいくつも種類があり、最も一般的なツアーが**ミドルトン・ディスティラリー・エクスペリエンス・ツアー** Midleton Distillery Experience Tour。約1時間15分のツアーで、見学後にはウイスキーの試飲もできる。このほか、同様のツアーだが、最後のウイスキーの試飲をプレミアム・ウイスキーにしたものや、通常のツアーでは訪れない場所にも入れたりするものもある。ツアーの種類によって時間が異なり、人数制限もあるので、訪問前にウェブサイトで予約しておくことが望ましい。ギフトショップではミドルトン蒸溜所限定の銘柄のウイスキーも販売されている。

■ミドルトンへの行き方
🚌コークのバスステーションからバス・エーランNo.240、260、261が1時間に1～2便程度。土は1時間に1便程度、日は1～2便に1便程度。所要約30分、€6.20。ブリュワリー・ハウスBrewery House下車。
🚃コーク・ケント駅から30分に1便、土は1時間に1便、日は1～2時間に1便、所要約25分、€3.90。

■ミドルトン蒸溜所
📮Jameson Heritage Centre, Distillery Walk, P25 Y394
☎(021) 4613594
🌐www.jamesonwhiskey.com
🕐10:00～18:00
🚫クリスマス
🎫ミドルトン・ディスティラリー・エクスペリエンス・ツアー（所要約1時間15分）€26～
ツアー＆プレミアム・ウイスキー・テイスティング（所要約2時間）€56
ビハインド・シーン・ツアー（所要約2時間）€75
ディスティラーズ・アプレンティス・ツアー（所要約2時間45分）€150

0　　100m
P.151 **ミドルトン蒸溜所**
Midleton Distillery
コークへ
ミドルトン駅へ約1km
Main St
Distillery Walk
ヨール方面
R Ferrit & Lee
コーク方面
ヨールへ
N
ミドルトン

●コーク　マンスター州

ホテルとホステルが中心部から歩いて行ける距離にたくさんある。かつてはB&Bやゲストハウスも町中に多くあったが、現在は数を減らしている。ゲストハウスは中心部と大学を結ぶウエスタン・ロードWestern Rd.沿いに比較的多い。近郊のブラーニー村にもホテルやB&Bが多い。

高級 109室	Map P.144 上 リー川北岸	ザ・メトロポール The Metropole

住MacCurtain St., T23 EEC3
TEL(021) 4643700
URL www.themetropolehotel.ie
i/ii€122〜
—AMV

TV 🌬 🍴 🖥 P Wi-Fi
全室 全室 全室 一部 有料 全館無料

歴史的な外観だが、客室の設備は最新で機能的。コーク・ジャズフェスティバルの会場としても知られている。バーやレストラン、屋内プール、ジムなどが併設されている。

高級 125室	Map P.145-C3 市中心部	ジ・インペリアル The Imperial Hotel

住76 South Mall, T12 A2YT
TEL(021) 4274040
URL www.imperialhotelcork.com
i€170〜
ii€180〜
—AMV

TV 🌬 🍴 🖥 P Wi-Fi
全室 全室 全室 全室 有料 全館無料

作家のディケンズやウォルター・スコットも泊まったことのある由緒正しいホテル。高級感あふれるレストランやカクテルバーも併設しており、アフタヌーンティーも人気が高い。

高級 182室	Map P.144-B3 ザ・ラフ地区	ザ・リバー・リー The River Lee Hotel

住Western Rd., T12 X2AH
TEL(021) 4252700
URL www.doylecollection.com/riverlee
i/ii€231〜
—AMV

TV 🌬 🍴 🖥 P Wi-Fi
全室 全室 全室 全室 無料 全館無料

リー川に面し、ガラスを多用した外観が印象的な大型ホテル。館内にはレストランやバー、屋内プール、スポーツジム、ドライサウナなどが併設されている。

高級 88室	Map P.144-A4 ザ・ラフ地区	ヘイフィールド・マナー Hayfield Manor

住Perrott Av., T12 HT97
TEL(021) 4845900
URL www.hayfieldmanor.ie
i/ii€240〜
—ADMV

TV 🌬 🍴 🖥 P Wi-Fi
全室 全室 全室 全室 無料 全館無料

静かな環境にあるマナーハウス。館内はアンティークな調度品がふんだんに使用されており、高級感にあふれている。レストランやスパも併設。

高級 197室	Map P.144 上 中洲東部	クレイトン Clayton Hotel Cork City

住Lapp's Quay, T12 RD6E
TEL(021) 4224900
URL www.claytonhotelcorkcity.com
i€166〜
ii€172〜
—AMV

TV 🌬 🍴 🖥 P Wi-Fi
全室 全室 全室 全室 有料 全館無料

バスステーションのすぐ南側という好立地にある。町の中心ながら、温水プールやジムを完備しているなど充実した設備を誇る。

高級 48室	Map P.149 ブラーニー村	ブラーニー・ウルン・ミルズ Blarney Woolen Mills

住Blarney, T23 P8RP
TEL(021) 4385011
URL www.blarneywoollenmillshotel.com
i€130〜
ii€140〜
—ADMV

TV 🌬 🍴 🖥 P Wi-Fi
全室 全室 全室 全室 無料 全館無料

ブラーニー・ウルン・ミルズの横に併設されている。1823年の建物を使用しており、客室は広めに設計されている。レストランやバーも併設。

中級 133室	Map P.145-D2 中洲東部	レオナルド Leonardo Hotel Cork

住Anderson's Quay, T12 DCR9
TEL(021) 4943000
URL www.leonardo-hotels.com
i/ii€152〜
—ADMV

TV 🌬 🍴 🖥 P Wi-Fi
全室 全室 全室 なし なし 全館無料

バスステーションのすぐ近くにあり、便利な立地。客室は機能的で快適に滞在できる。2023年にジュリーズ・インjury's Innからホテル名が変更された。

中級	Map P.144 上	**アイザックス**
48室	リー川北岸	Hotel Isaacs Cork City

住48 Mac Curtain St., T23 F6EK
TEL(021) 4500011
URLwww.hotelisaacscork.com
🛏🖬💺€99〜
🛏🛏🖬💺€129〜
—MV

	TV				P	🛜Wi-Fi
	全室	全室	全室	なし	なし	全館無料

コーク北岸の中心的通りであるマッカーテン・ストリート沿いにあるホテル。客室はデザイン性が高く、おしゃれな雰囲気。周囲は飲食店が多く、併設するレストランとパブも人気が高い。

中級	Map P.144 上	**マルドロン・サウス・モール**
163室	中洲東部	Maldron South Mall

住93 South Mall St., T12 EE72
TEL(021) 2037000
URLwww.maldronhotelsouthmall.com
🛏🛏🖬💺€124〜
—AMV

	TV				P	🛜Wi-Fi
	全室	全室	全室	全室	なし	全館無料

2018年12月にオープンしたビジネスホテル。客室はゆったりとした造りで、USBコンセントなど、最新の設備を誇っている。館内にはジムもある。

ホステル	Map P.144 上	**ブルー**
ベッド数77	ケント駅周辺	Brú Hostel

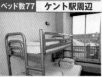

住57 MacCurtain St., T23 CD00
TEL(021)4559667
URLbruhostel.com
DOM🛏🖬💺€38〜
🛏🛏🖬💺€60〜
—MV

	TV				P	🛜Wi-Fi
	なし	希望者	なし	なし	なし	全館無料

ドミトリーのベッド数は4で、男女混合、男女別ともにある。個室は3名まで同料金で宿泊可。連泊は最長で7泊までできる。バーも併設されている。

ホステル	Map P.145-D2	**シーラズ**
ベッド数188	ケント駅周辺	Sheila's Hostel

住4 Belgrave Pl., Wellington Rd.,
T23 XF95
TEL(021) 4505562
URLwww.sheilashostel.ie
DOM🛏🖬💺€26〜
DOM🛏🖬💺€33〜
🛏🛏🖬💺€70〜
—MV

	TV				P	🛜Wi-Fi
	なし	希望者	なし	なし	有料	全館無料

ウェリントン・ロードから坂を上った所にある。広いキッチンやルーフガーデン、テレビルーム、サウナなど設備も整う。ドミトリーのベッド数は部屋により4、6、8、14でいずれも男女混合と女性専用がある。

RESTAURANT　パブやレストランは、コーク中心部のオリヴァー・プランケット通りやセント・パトリック通り、リー川北岸に集中している。アイルランド南部の中心都市なのでエスニック料理の種類も充実している。スタウトはダブリン産のギネスより、コーク産のビーミッシュとマーフィーズのほうが人気。

Map P.144 上	**アイザックス**
リー川北岸	Isaacs Restaurant

アイルランド料理
創作料理

食器等にはお金をかけない代わりに、食材にはとことんこだわっており、いつも地元の人でにぎわう。ランチのメインは€16〜22、ディナーのメインは€18〜36。

住48 Mac Curtain St., T23 F6EK
TEL(021) 4503805 URLisaacsrestaurant.ie
営12:30〜14:30　17:30〜21:30(土・日17:00〜21:00)
休無休 —ADMV 🛜あり

Map P.145-C3	**キンランズ**
市中心部	Quinlan's Seafood Bar

アイルランド料理
シーフード

魚屋が経営するレストランで、アイルランド南西部を中心に複数の店舗を構えている。大西洋で取れた新鮮なシーフードの数々を楽しむことができる。

住14 Princes St., T12 K2HW　TEL(021) 2418222
URLwww.kerryfish.com　営12:00〜21:00
(金・土12:00〜22:00)　休無休 —AMV 🛜なし

●コーク　マンスター州

いつもにぎわいを見せるブリューパブ
エルボー・レーン
Elbow Lane Brew & Smokehouse

2014年にオープンするやいなや、たちまち話題となり、数々の賞も受賞したというクラフトブリュワリー直営のパブ。料理もビールやワインに合うようによく考えられており、ワインと合わせて注文する客も多い。クラフトビール飲み比べセットもあるので、少しずつ試すのもおすすめ。

おすすめ料理（季節などにより変更あり）
炭火焼きリブアイ　€31
カモ胸肉の燻製　€28
クラフトビール
パブの奥はブリュワリーになっており、窓を通して中の様子を見ることができる。
ラガー、エール、スタウト、ペールエール
各€6、4種のテイスティングメニュー €12.50

DATA
Map P.144上
住 4 Oliver Plunkett St., T12 YH24
TEL (021)2390479
URL elbowlane.ie
Open 16 17 18 19 20 21 22
月～日
A M V
あり

ライブ演奏が毎晩行われる
シン・エー
Sin é

1889年に創業した歴史あるパブ。入口には1972年以来、毎晩伝統的音楽の生演奏を行ってきたと書いてあるが、近年は毎晩ライブ演奏が行われている。食事は出さず、ドリンクのみの提供。

ライブ情報
生演奏は通常二部編成で、毎晩18:30～21:00頃と21:00～23:30頃。4～16人のミュージシャンが演奏する。
ドリンク情報
コークの町中に醸造しているマイクロ・ブリュワリー、ライジング・サンズRising Sonsのビールもサーバーで7種類取り揃えている。ギネスやマーフィーズ、ビーミッシュなどもある。

DATA
Map P.145-C2
住 8 Coburg St., T23 KF5N
TEL (021) 4502266
Open 10 11 12 13 14 15 16 17 18 19 20 21 22 23 24 1 2 3
月～木
金・土
日
M V
あり

できたてのビールが飲める醸造所のパブ

フランシスカン・ウェル
Franciscan Well

1998年設立のブリュワリー。店の裏に工場があり、見学ツアーも行っている。ペール・エールやスタウト、ラガーなど常時8種類のほか、季節限定のビールも醸造している。飲める銘柄はカウンター脇のボードでチェックできる。1パイント€5.50〜。

おすすめ料理
ピザ1枚　€12〜
薪のオーブンで焼いている。ベースが€12で、トッピングは種類によりひとつ€1〜1.50。
ライブ情報
日はジャズが18:30、月はフォークかインディーズが19:30、火はトラッドが19:30から行われる。

DATA
Map P.144-B2
🏠14B North Mall, T23 P264
☎(021)4393434　URLwww.franciscanwellbrewery.com

Open	10	11	12	13	14	15	16	17	18	19	20	21	22	23	24	1	2	3
月〜木																		
金・土																		
日																		

食事　14:00〜22:00（金〜日13:00〜22:00）
□AMV 🛜あり

音楽を楽しむならココ！

オリヴァー・プランケット
Oliver Plunkett

コークで人気の音楽パブ。水〜日曜にはさまざまなジャンルのライブ演奏が行われ、演奏に耳を傾けながら食事を楽しむこともできる。店内の壁には各種楽器や写真などが飾られており、ちょっとした博物館のよう。

おすすめ料理
ローストチキン€17.50
アイリッシュ・シチュー €17.95
ベーコン・チーズ・バーガー €18

アイリッシュ・シチューがオススメです。ラムがホロホロとしていて柔らかく驚くほど美味しかったです。一皿も程よい量で、女性ひとりでも入りやすいです。ラグビーの試合がある時は、生中継を店内のスクリーンやTV画面で流しており、アイルランド人と一緒に楽しめます。
（東京都　Apricot '19夏）

DATA
Map P.144上
🏠116 Oliver Plunkett St., T12 P957
☎(021) 4222779　URLwww.theoliverplunkett.com

Open	10	11	12	13	14	15	16	17	18	19	20	21	22	23	24	1	2	3
月〜水																		
木〜土																		
日																		

ランチ　12:00〜16:00　食事　8:00〜20:00（日12:00〜18:00）□MV 🛜あり

Map P.144 上　マーケット・レーン
市中心部　Market Lane

アイルランド料理
各国料理

　新鮮な食材を利用した料理が人気のレストラン。メインはアイルランド料理だが、地中海やアジアなど各国の料理の品も出す。質に対して料金は控えめで、メインは€20前後が中心。建物2階分のほか、屋外にも席がある。

📍5-6 Oliver Plunkett St., T12 T959　📞(021) 4274710
🔗www.marketlane.ie　🕐12:00～21:00(木12:00～21:30、金・土12:00～22:00)　休無休　💳AMV　📶あり

Map P.145-C3　スピットジャック
市中心部　SpitJack Rotisserie Brasserie

ロティサリー
ステーキ

　肉を回転させながら焼く調理器具、ロティサリーを使った料理が人気のレストラン。高品質なアイルランド産の肉を使う料理はどれもすばらしい。肉だけでなく、魚やベジタリアン用のメニューもある。

📍34 Washington St., T12 RY96　📞(021) 2390613　🔗www.thespitjack.com
🕐9:00～21:00(木9:00～21:30、金・土9:00～22:00)　休無休　💳MV　📶あり

Map P.144-B3　一期一会
市中心部　ichigo Ichie Bistro and Natural Wine

日本料理

　2018年のオープン。本格的な日本料理が食べられるとして、高い評価を受けている。アラカルトメニューは、丼ものが€15.50～18.50、そばが€12.50～21.50など。

📍5 Fenns Quay, Sheares St., T12 RY7Y
📞(021) 4279997　🔗www.ichigoichie.ie
🕐17:00～22:00　休日曜　💳MV　📶あり

Map P.145-C2　ザ・スパイス・ルート
リー川北岸　The Spice Route

インド料理
ファストフード

　本格インド料理が良心的な値段で楽しめる店。バルティやビルヤーニなど定番のメニューのほか、ラムのドネルケバブなどケバブ料理も充実。メインは€10～15ほど。

📍35 MacCurtain St., T23 PP80　📞(021) 4508332
🔗spiceroute-cork.com　🕐16:00～翌1:00
休無休　💳不可　📶なし

Map P.144 上　オフリンズ
市中心部　O'Flynn's Gourmet Sausages

ソーセージ
ファストフード

　創業1921年のソーセージ専門店。種類はオリジナルやチョリソなど各種あり€6.50～。テイク・アウエイ可。

📍14 Winthrop St., T12 A367　📞(021) 4274422
🔗www.oflynnsgourmetsausages.ie　🕐10:00～18:00
(金～日10:00～18:30)　休無休　💳MV　📶なし

Map P.144 上　ル・シャトー・バー
市中心部　Le Chateau Bar

パブ

　1793年創業の老舗で、セント・パトリック・ストリートの好立地にある。店内は非常に奥行きがあり、常連客、観光客ともににぎわっている。食事は出さない。

📍93 St Patrick's St., T12 CH98　📞(021) 4270370
🕐14:00～23:30(金・土14:00～翌0:30)
休火　💳MV　📶あり

Map P.145-C3　アン・スポルピン・ファナック
市中心部　An Spailpin Fanach

パブ

　1779年に創業、ビーミッシュビール工場跡地の前にある、コークで最古のパブ。コークを代表する音楽パブでもあり、生演奏が行われることが多い。

📍29-30 South Main St., T12 DYX9　📱086-8062724
🕐17:00～23:30(金12:30～翌0:30、土15:00～翌0:30、日12:00～22:00)　休無休　💳不可　📶あり

大西洋への表玄関

コーヴ
Cobh

カラフルな建物が並ぶ明るい港町

ダブリン

コーヴ

コーク県
Co. Cork

アイルランド国番号353
市外局番021

MAPS
広域地図P.19-C3
コーヴP.158

コーヴの名前は英語で「入江」を意味する"cove"に由来する。町の歴史は17世紀からと比較的浅いが、その道のりは平坦ではなかった。1845～48年にアイルランド全土を襲った大飢饉によって大量の移民が新天地を求め国を去ったが、1950年までの総移民数600万人の内、250万人がコーヴ港から旅立った。

コーヴは1912年に処女航海で沈没したタイタニック号の最終寄港地。コーヴ港はタイタニック号が接岸できる設備ではなかったため、沖合に停泊し、連絡ボートで乗客を町へと運んだ。第1次世界大戦中にはキンセール沖でドイツ軍に撃沈されたルシタニア号の遭難者が漂着し、追悼碑がケースメント・スクエアCasement Sq.に建てられている。

1849年のヴィクトリア女王訪問を機に、コーヴは「クイーンズタウン」と改名された。イギリスからの独立が正式なものとなった1921年、自治体当局はクイーンズタウンを元のコーヴに戻し、表記もゲール語の"Cobh"とした。

コーヴの歩き方

コーヴ駅にはコーヴ・ヘリテージ・センターが隣接しているので、町に到着したらまず最初に立ち寄ってみよう。その後、駅を出て海岸沿いに東へ進むと❼があるケイスメント広場やピアース広場Pearse Sq.に出る。その北側の坂道を上ると町のシンボルの聖コールマン大聖堂St. Coleman's Cathedralがある。

Access Guide
コーヴ

コークから	
🚆 所要:約25分　運賃€3.90	
月～金	5:30 6:30～19:00の30分に1便、20:00～23:00の1時間に1便
土	6:00～16:00の1時間に1便、16:30～18:30の30分に1便、20:00 21:00 22:00 23:00
日	8:00 9:00 11:00 12:00 13:00 14:30 16:00 17:00 18:00 19:40 21:00 22:00

所要:約30分　運賃€4

🚌 コーヴ・コネクトがセント・パトリック・キー St. Patrick's Quay Map P.144上 から7:55（土8:45、日9:45）～21:45の1時間に1～2便、22:45（金～日）、翌0:15（金～日）。コーヴ の パーク・ロードPark Roadで下車。

■コーヴの❼　Map P.158-B
🏠Casement Sq., P24 HP29
☎(021) 4813301
🔗cobhtouristoffice.ie
🕐9:00～17:00(土10:00～16:00、日10:00～14:00)　🚫無休

海に面した公園には人々が集まる

コーヴ

マンスター州

157

■聖コールマン大聖堂
住5 Cathedral Ter., P24 W248
TEL(021) 4813222
URLwww.cobhcathedralparish.ie
開8:00～18:00
休無休　料寄付歓迎

■コーヴ・ヘリテージ・センター
　（クイーンズタウン・ストーリー）
住Cobh Railway Sta., P24 CY67
TEL(021) 4813591
URLwww.cobhheritage.com
開夏期9:30～18:00
　冬期9:30～17:00
※最終入場は閉館の1時間前
休1・2月の月・火　料€15　学生€12

「棺桶船」と呼ばれた移民船を再現した展示

■タイタニック・エクスペリエンス・
　コーヴ
住20 Casement Sq., P24 DW63
TEL(021) 4814412
URLwww.titanicexperiencecobh.ie
開4～9月9:00～18:00
　10～3月10:00～17:30
※ガイドツアーは定員制なので早め
の予約が望ましい。最終ツアーは閉館
の1時間前
休クリスマス期間
料€12　学生€10.50　🚫一部

コーヴの見どころ
Map P.158-B

丘の上に建つコーヴのランドマーク
聖コールマン大聖堂 St. Coleman's Cathedral

　1868年の着工から、完成までに半世紀を要したというフランス・ゴシック様式の壮大な大聖堂。19世紀のアイルランドを代表する教会建築で、港を見下ろす高台に建っている。

町を見下ろす大聖堂

　見どころはアイルランド最大といわれるカリヨン（組み鐘）。49個もの鐘が並び、最大のものはなんと3トンを超えるという。コンサートが行われることもある。

アイルランド移民の歴史を雄弁に語る
Map P.158-A
コーヴ・ヘリテージ・センター（クイーンズタウン・ストーリー）
Cobh Heritage Centre（The Queenstown Story）

　アイルランド移民の歴史を中心にしたコーヴの歴史史料館。「棺桶船」と呼ばれた当時の移民船の様子を再現した展示や、タイタニック号、ルシタニア号についての詳細な展示もある。

最終寄港地で歴史的悲劇を追体験
Map P.158-B
タイタニック・エクスペリエンス・コーヴ
Titanic Experience Cobh

　1912年4月10日にサウサンプトンを出航したタイタニック号は翌11日にコーヴに寄港してからニューヨークへと向か

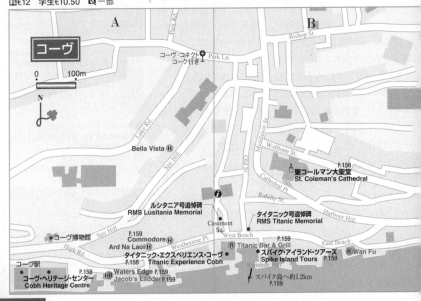

コーヴ

0　　100m

N

コーヴ・コネクト
コーク行き　Park Ln.
Park Rd.
Bishop St.

Bella Vista H
Spy Hill
Lake Rd.

Wolftone St.
Middleton St.

聖コールマン大聖堂 P.158
St. Coleman's Cathedral
Cathedral Pl.
Rahilly St.

ルシタニア号追悼碑
RMS Lusitania Memorial

タイタニック号追悼碑
RMS Titanic Memorial

Harbour Hill

コーヴ博物館
Commodore H
Ard Na Laoi H
High Rd.
Spy Hill
West Beach
East Beach
Casement
Sq.
Westbourne Pl.

P.159
R Titanic Bar & Grill

タイタニック・エクスペリエンス・コーヴ
Titanic Experience Cobh P.158

コーヴ駅
コーヴ・ヘリテージ・センター P.158
Cobh Heritage Centre

Waters Edge P.159
HB Jacob's Ladder P.159

P.159
スパイク・アイランド・ツアーズ
Spike Island Tours P.159

R Wan Fu

Kennedy
スパイク島へ約1.2km
P.159

A　　　　　　B

った。ここはタイタニック号を運行していたホワイト・スター・ライン社の発券所があった場所に建つ。タイタニック号への連絡ボートもここから出発した。

　見学はツアー形式で、まるで実際のタイタニック号の乗客のように、乗船から沈没までを追体験できる。ツアー後は沈没事故をさまざまな側面から解説した展示がある。

タイタニック号の沈没事故に関する展示

星形要塞を利用した刑務所跡が残る　　　Map P.158-B外
スパイク島 Spike Island

　スパイク島はコーヴ湾に浮かぶ小島。島内最大の見どころは24エーカー（東京ドーム約2個分）という巨大な星形要塞で、刑務所としても利用されていた。島内の見学はコーヴ発着のツアーでのみ可能で、上陸してから40分ほどガイドツアーに参加し、その後自由時間になる。島内には博物館やカフェ、みやげ物屋などもある。ツアー全体の所要時間は約3時間30分。

■スパイク島
Spike Island, Kennedy Pier
Cobh, P24 E446
(021) 2373455
www.spikeislandcork.ie
ケネディ・ピアKennedy Pier発のツアーによってのみ 上陸可能。ツアーの時間、回数は日によって異なる。
11・2・3月の月～金、12・1月
€26.95　学生€21.95

　コーヴのB&Bやホテルは、町全体に点在している。海岸通りのウエストボーン・プレイスWestbourne Pl.やウエスト・ビーチWest Beach、ケースメント・スクエアCasement Sq.周辺にはレストランやパブが集中している。

高級 19室　Map P.158-A　**ウォーターズエッジ**　Waters Edge Hotel
Westbourn Pl., Next to Cobh Heritage Centre, P24 HC60
(021) 4815566
www.watersedgehotel.ie
€125～　€140～
ADMV
駅のすぐそばにあり、全19室中15室がオーシャンビュー。客室は暖色系の色が効果的に配され落ち着ける。レストランも併設している。

中級 40室　Map P.158-A　**コモドア**　Commodore Hotel
4 Westbourne Pl., P24 XT93
(021) 4811277
www.commodorehotel.ie
€115～
MV
1854年創業。ジョージ王朝様式の建物を利用したホテル。シービューの部屋は料金が少し高めの設定。レストランやバーも併設。

Map P.158-A　**ジェイコブズ・ラダー**　Jacob's Ladder　シーフード
ウォーターズエッジ・ホテル内にある人気店。海を見ながらおしゃれな食事を楽しむことができる。新鮮な魚介類が自慢。予算はランチ€20～、ディナーで€25～。
Westbourn Pl., P24 HC60　(021) 4815566
www.watersedgehotel.ie　7:30～10:00　12:00～20:00
無休　ADMV　あり

Map P.158-B　**タイタニック・バー・アンド・グリル**　Titanic Bar & Grill　グリル バー
タイタニック・エクスペリエンス・コーヴの地下にあるグリル類が充実したレストラン・バー。ディナーのメイン・メニューは€16.50～30。海に面したテラス席もある。
20 Casement Sq., P24 DW63　(021) 4814585
www.titanicbarandgrill.ie　12:00～15:30　17:00～20:30(日12:00～20:30、月12:00～17:00)
無休　AMV　あり

●コーヴ　マンスター州

ダブリン

キンセール●

コーク県
Co. Cork

アイルランド国番号353
市外局番021

MAPS
広域地図P.19-C3
キンセールP.161

グルメが集まるヨットハーバー

キンセール
Kinsale

高台から眺めたキンセールのマリーナ

コークの南29kmに位置するキンセールは、穏やかな内海沿いの港町。小さいながらアイルランド屈指の景勝地であり、シーフードで有名なグルメの町としても知られる。

17世紀にスペイン・アイルランド連合軍がイギリス軍と戦った「キンセールの戦い」の舞台としても有名。

☘ キンセールの歩き方 ☘

バス停のある港周辺が町の中心で、周辺にはホテル、レストランが多い。❼もすぐそばにある。❼の前はウオーキングツアーの出発場所になっている。ピアー・ロードPier Rd.には湾内を航行する遊覧船などが発着しており、アクティビティも豊富。

キンセールの見どころ

良港キンセールを守る砦　　　　　　　　Map P.161-B1?

チャールズ・フォート　Charles Fort Military Fortress

17世紀に建てられた星形の要塞。18〜19世紀にわたって増築を重ね、すぐ川向こうにあるジェイムズ・フォートJames Fortとともに1921年まで商業都市キンセールを守った。設計はダブリンの王立キルメイナム病院 P.87 と同じウィリアム・ロビンソン。

城塞の中には数々の建物が残ってい

Access Guide
キンセール
コークから

所要約50分　運賃：€8.80

🚌 バス・エーランNo.226がコーク・ケント駅を出発し、町中心部、コーク空港を経由する。5:50〜23:50の1時間に1便

■キンセールの❼
Map P.161-A1
🏠Emmet Pl., P17 C973
☎1800-230330
URLkinsale.ie
🕐9:00〜17:00　休日

■ハーバー・クルーズ
📞086-2505456
URLwww.kinsaleharbourcruises.com
🕐運航は日によって異なる
所要：50分　料€15

■チャールズ・フォート
徒歩だと町から40分ほど
🏠Summer Cove, P17 AY18
☎(021) 4772263
URLheritageireland.ie
🕐3月中旬〜10月10:00〜18:00
　11月〜3月中旬10:00〜17:00
※最終入場は閉館の1時間前
休無休
料€5　学生€3

果たしてきた役割が歴史を物語る　Map P.161-A1

デズモンド城（ワイン博物館）
Desmond Castle (The International Museum of Wine)

かつては刑務所としても使われていた

16世紀に税関として建てられた堅牢な建物。1601～1602年のキンセールの戦いではスペイン軍が弾薬庫として使った。その後はフランス海軍兵の刑務所など、さまざまな用途で使われた。現在はワイン博物館として、アイルランドとワインのかかわり合いや、世界各国のワインについての展示を行っている。

キンセール最古の建物　Map P.161-A1

聖マルトーズ教会 St. Multose Church

12世紀にノルマン様式で建てられたキンセール最古の建物。キンセールの守護聖人、聖マルトーズの名を冠している。西の塔と正面の翼楼が美しく一見の価値がある。ステンドグラスも美しい。

■デズモンド城
住Cork St., P17 TY09
TEL(021) 4774855
URLheritageireland.ie
※2024年5月現在、修復工事のため閉鎖中

■聖マルトーズ教会
住Church St., P17 PK68
TEL(021) 4772220
開夏期10:00～18:00
　冬期10:00～16:00　休無休
料寄付歓迎

アイルランドの教会としては珍しい外観の聖マルトーズ教会

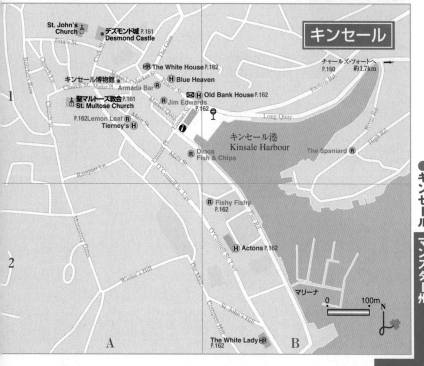

ホテルやB&B、レストランは町なかや海岸沿いに点在する。レストランはシーフード中心で、味のレベルも高い。毎年10月第2週末にはグルメフェスティバルが開催される。

高級 77室	Map P.161-B2	**アクトンズ** Actons Hotel

住Pier Rd., P17 PX80
TEL(021) 4779900
URLwww.actonshotelkinsale.com
♠/♠♠▥▤⬛€175〜
⬛ADMV

羽毛布団と高級マットを使用したベッドは寝心地抜群。レストラン、フィッシャー・ストリートFisher Streetは魚介を中心に地元食材を使った料理で人気。

高級 17室	Map P.161-A1	**オールド・バンク・ハウス** Old Bank House

住10-11 Pearse St., P17 K722
TEL(021) 4774075
URLwww.oldbankhousekinsale.com
♠♠♠▥⬛€157〜　♠♠♠▥⬛€162〜
⬛MV

バス停や港近くの便利な立地。客室は居心地のよい空間づくりに配慮されている。朝食はベジタリアンからフル・アイリッシュまでいろいろ選べる。

ゲストハウス 10室	Map P.161-A1	**ザ・ホワイト・ハウス** The White House

住Pearse St., P17 Y504
TEL(021) 4772125
URLwww.whitehouse-kinsale.ie
♠/♠♠▥⬛€160〜
⬛MV

客室は広めで、真新しく、立地も町の中心。パブやビストロを併設している。パブは夜に生演奏を行うこともあり、その間2階の客室は音が響く。

中級 10室	Map P.161-B2	**ザ・ホワイト・レディー** The White Lady

住Lwr. O'Connell St., P17 X665
TEL(021) 4772737
URLwww.whiteladyhotelkinsale.ie
♠/♠♠▥⬛€150〜
⬛MV

町の南にある。室内には最新の家具が配されている。併設のレストランは受賞歴があり、アジア料理が充実しているほか、地元のシーフードも提供。

Map P.161-A1	**ジム・エドワーズ** Jim Edwards	ダイニングパブ シーフード

建物の右側がパブで、左側がレストラン。オイスターやロブスターなどシーフードに定評がある。人気メニューはフィッシュ＆チップス（写真、€18）、キンセールの蒸しムール貝€17、シーフード・グラタン€20など。上階は宿泊施設になっている。

住Market Quay, P17 H590　TEL(021)4772541
URLwww.jimedwardskinsale.com
営12:00〜21:00　休無休　⬛AMV　🛜あり

Map P.161-A1	**レモン・リーフ** Lemon Leaf Café	カフェ 家庭料理

いつも多くの人でにぎわうメインストリートにあるカフェ。フル・アイリッシュの朝食を夕方まで楽しめる。

住70 Main St., P17 PN28　TEL(021)4709792
URLlemonleaf.ie　営8:00〜16:00
休無休　⬛MV　🛜あり

Map P.161-B2	**フィッシー・フィッシー** Fishy Fishy	シーフード オイスターバー

キンセールを代表するシーフード店で、数多くの受賞歴を誇る。取れたてで良質な魚介を使用している。

住Crowleys Quay, P17 CY80　TEL(021)4700415
URLwww.fishyfishy.ie　営12:00〜20:00(金・土12:00〜20:45)　休火、冬期の月曜　⬛MV　🛜あり

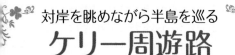

対岸を眺めながら半島を巡る
ケリー周遊路
Ring of Kerry

遠くに世界遺産スケリッグ・マイケルを望む

ケリー県
Co. Kerry

アイルランド国番号353
市外局番064

MAPS
広域地図P.18-A2〜B3
ケンメアP.163
ケリー周遊路P.164

　ケリー周遊路は、大西洋に突き出たアイヴァラ半島の海岸に沿って1周するおよそ170kmほどの道路のこと。山地と大西洋を楽しむ絶好のドライブコースで、夏には景観美を求めて人々が訪れる景勝地でもある。山道のカーブを曲がるごとに、視界にはふたつとない景色が広がる。

起点となる町

　周遊路上にある町で起点となるのは**ケンメア**か**キラーニー** P.166。ただし、ケンメアからは、大型バスのツアーは催行されておらず、プライベート・ツアーを事前に申し込むか、レンタカーが必要。大型バスによるツアーに参加するならキラーニーを基点にするのがおすすめ。

起点の町　**ケンメア Kenmare**

　ケンメアは細長いケンメア湾の最奥部に位置している人

● レース・アンド・デザイン・センター

Pady Foley's
P.165

H Lansdowne
P.165

P.163
ケンメア・ストーンサークル
Kenmare Stone Circle

H Fáilte Lodging
P.165

0　　200m

ケンメア

世 界 遺 産
スケリッグ・マイケル
Sceilg Mhichíl 1986年登録

Access Guide
ケンメア
キラーニーから
所要:約40分　運賃:€9.60

バス・エーランNo.270が7:45
9:00 9:30 11:00 12:00 14:00
15:00 16:00 17:30 18:00 21:40

■ **レース・アンド・デザイン・センター**
Map P.163
住 Courthouse building, The Square,
V93H68P
URL kenmarelace.ie
TEL (064) 6642978
開 10:15〜17:00
休 日・祝、冬期　料 無料

■ **ケンメア・コーチ&キャブス**
TEL (064) 6641491
URL www.kenmarecoachandcab.com
ケリー周遊路などケンメア周辺のプライベートツアーやタクシーを取り扱う

■ **ケンメア・ストーンサークル**
Map P.163
URL www.kenmarestonecircle.com
開 随時　休 無休　料 €2
荒天時、オフシーズンは閉まっていることも

スケリッグ・マイケルに上陸するには、スケリッグ・エクスペリエンス・ビジターセンターかポートマギー、バリースケリッグでボートツアーに参加する。ほとんどのボートツアーはポートマギーから発着する。人気が高く参加人数に限りがあるので、できるだけ早い時期の予約が望ましい。

■**ポートマギー発スケリッグ・マイケルへ行くボートツアー**
●Skellig Michael Boat Trips
☎(066) 9477108
URLskelligmichaelboattrips.com
●Skellig Michael Voyage
☎087-6871261
URLwww.skelligmichael.voyage
●Skellig Coast Adventures
☎087-9017338
URLskelligcoastadventures.ie
●Skellig Michael Boats
☎087-9010994
URLwww.skelligmichaelboats.ie
●Casey's Skellig Islands Tours
URLskelligislands.com
●Skellig Michael Cruises
☎087-6178114
URLskelligmichaelcruises.com
●Skellig Michael Tours
☎087-7110815
URLwww.skelligmichaeltours.ie
■**バリースケリッグ発スケリッグ・マイケルへ行くボートツアー**
●The Skelligs Force Awakens
☎087-2385610
URLwww.theskelligsforceawakens.com
各社ともスケリッグ諸島の周りを巡る周遊ツアーと島に上陸する上陸ツアーを催行。周遊ツアーは4月中旬〜9月下旬の催行で約€50、上陸ツアーは5月中旬から9月下旬の 催行で€125〜150。

口約2500人ほどの小さな町。町の中心はヘンリー・ストリートHenry St.とメイン・ストリートMain St.、シェルボーン・ストリートShelbourne St.に囲まれた一帯。ケンメアはレース編みで知られており、町の中心にはレース・アンド・デザイン・センターがある。

✿ ケリー周遊路の**歩き方** ✿

1周するのに車だと3時間程度。道が狭く、ツアーバスは反時計回りに回る。同じ方向に走るとバスの後ろについて走ることとなり、逆に走ると多くのバスとすれ違う。自転車で回る人も多く、主要な町に点々と宿泊しながらおよそ3日。キラーニーから出発し、いたるところで見かける"Ring of Kerry"の標示を頼りに道を進めば、もう半島の大自然の中だ。途中、対岸のディングル半島を望むことができる。

道沿いの個性豊かな町 半島北岸の森の中深くには"絵入り石"と呼ばれる遺跡も残る。山岳地帯に開けるキローグリンKillorglin、6kmも続く海岸、野鳥の楽園とも呼ばれるグレンベイGlenbeigh、半島で最も人口の多いカハシィヴィーンCahirciveenへと進む。半島先端からはヴァレンシア島、スケリッグ諸島へと渡ることができる。

周遊路に戻り、俳優チャップリンの別荘のあったウォーターヴィルWaterville、スニームSneem、そしてケンメアKenmareの町を通り、半島東部の山岳地帯に入っていくと"貴婦人の眺め"(レディーズ・ビュー Lady's View)と呼ばれるビューポイントにたどり着く。各町に寄り道しながら半島を巡るうちに、1周してキラーニーへと戻ってくる。

絶海の島に残る初期キリスト教の遺跡　　　**Map P.18-A**

世界遺産 # スケリッグ・マイケル
Skellig Michael

アイヴァラ半島の沖合10kmに突如現れるふたつの岩山か

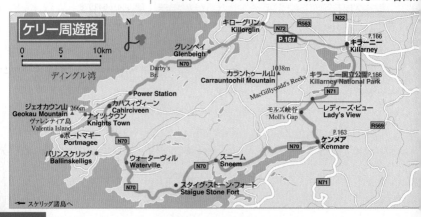

スケリッグ諸島。大きい方の島がスケリッグ・マイケルで、7〜12世紀の初期キリスト教の非常に貴重な遺跡が残る。

スケリッグ・マイケルに渡る起点はいくつかあるが、ヴァレンティア島へ

世界遺産に登録されているスケリッグ・マイケル

は、ポートマギー Portmageeから長い橋を渡ると着く。橋のすぐ近くの**スケリッグ・エクスペリエンス・ビジターセンター**内にある❼で情報を収集しよう。スケリッグ諸島に関する展示や解説をしており、スケリッグ諸島の周りを巡ったり、上陸するクルーズツアーも催行している。

島への上陸は天候次第 スケリッグ・マイケルは大西洋の荒波の中にある絶海の島。上陸するためには、スケリッグ・エクスペリエンス・ビジターセンターやポートマギーなどから出発するボートツアーに参加する。天候が悪い場合には、ボートは出航しない。どうしても行きたいという人は、極力早い時期に予約し、日数にゆとりをもたせておくこと。

■スケリッグ・エクスペリエンス・ビジターセンター
🏠Coarha More, Valentia Island, V23 YD52
☎(066) 9476306
🌐www.skelligexperience.com
🕐3・10・11月10:00〜17:00
　4〜9月10:00〜18:00
※最終入場は閉館の45分前
休3・11月の土・日、12〜2月
€6　学生€5
●周遊クルーズ
4月中旬〜9月下旬
€50　学生€45(ビジターセンターの展示も込み)
●上陸クルーズ
5月中旬〜9月下旬
€125(ビジターセンターの展示含まず)

 キラーニーから日帰りツアーが出ているのでわざわざ泊まらなくてもいいような気がするが、ケンメアの中心部には数多くの宿泊施設や新鮮なシーフードを提供するパブやレストランなどもある。ほかにもカハスィヴィーンやスニームにもB&Bはいくつかある。

中級 26室	Map P.163 ケンメア	**ランズダウン** Lansdowne

🏠Main St., V93 YRC8
☎(064) 6640200
🌐www.lansdownekenmare.com
🚻€155〜
AMV

全室/全室/全室/全室/無料/全館無料

1790年に建てられたヴィクトリア様式の建物を利用したホテル。町の入口にあり便利な立地。客室は広めに設計されており、リラックスできる。レストランやバーも併設されている。

ホステル ベッド数32	Map P.163 ケンメア	**フォールチァ・ロッジング** Fáilte Lodging

🏠Shelbourne St., V93 P297
☎085-1057577
🌐kenmarehostel.com
DOM€30〜
🚻€70〜
🚻€80〜
MV

なし/希望者/なし/なし/なし/全館無料

シェルボーン・ストリートのラウンドアバウトにあるホステル。ドミトリーは1部屋あたり8ベッドで男女混合だが、女性専用へのアレンジも可。キッチンやラウンジなどもある。11〜4月は休業。

Map P.163 ケンメア	**パディ・フォリーズ** Paddy Foley's	ダイニングパブ イン

地元のシーフードを提供しており、チャウダー €8.95やピザ€12.95〜17.95、ケンメア湾の生ガキ€14.50などがある。伝統音楽が演奏されることが多い。上階は宿泊施設となっており、🚻€80〜、🚻€110〜。

🏠16 Henry St., V93 F891　☎(064) 6642162
🌐foleyskenmare.com
🕐12:00〜翌0:30　休12/25　MV　📶あり

●ケリー周遊路　マンスター州

165

ダブリン

●キラーニー
国立公園

ケリー県
Co. Kerry

アイルランド国番号353
市外局番064

MAPS
広域地図P.18-B2
キラーニー国立公園周辺、
キラーニーP.167

Access Guide
キラーニー
コークから

🚌 所要:約2時間　運賃:€20.05

月〜土　直通6:25 9:00 20:55 ほか5便は
マーロウMallow乗り換え

8:55 12:15 14:50 18:50

🚌 所要:約1時間30分　運賃:€21

月〜土　エクスプレスウェイNo.40が8:00
10:00 11:30〜17:30の1時間に1
便 19:00 20:30

日　10:30 12:30〜17:30の1時間に1便
19:00 20:30

リムリックから

🚌 所要:約2時間　運賃:€15

月〜土　エクスプレスウェイNo.14が10:35
〜15:35の2時間に1便

日　10:35〜18:35の2時間に1便

🚌 所要:1時間35分　運賃:€15

ビッグ・グリーン・バスがアーサー
ズ・キー Arthur's QuayMap
P.178-B1か ら9:00 12:00〜
24:00の2時間に1便

ディングルから

🚌 所要:2時間〜2時間45分

トラリーTraleeで乗り換え。
バス・エーランNo.275がディング
ル発7:15 9:00 10:30 12:30 14:00
15:30 17:30 19:30 21:00
日曜10:00 12:30 15:45 17:30 19:30

■ケリー空港
🏠Farranfore, V93 KHF7
☎(066) 9764644
🌐kerryairport.ie

落葉樹が茂る豊かな森と湖
キラーニー国立公園
Killarney National Park

キラーニー国立公園内のダンロー峡谷を進む馬車

　キラーニー国立公園は、3つのつながった湖を中心に落
葉樹の多い美しい森が広がっている。湖の南西部には標
高800m前後の山が迫り、峡谷も美しい。国立公園内には
マックロス・ハウスやロス城、イニシュフォールン島という史跡
も点在している。

起点となる町

　キラーニー国立公園の入口となる町はケリー県最大の観
光都市キラーニー。宿泊施設やレストラン、パブも充実し、
エンターテインメントにも事欠かない。ここから国立公園へ
は徒歩や自転車のほか、各種ツアーやバスが出ている。
ほかにも**コーク** P.141 からツアーで行くことも可能。

起点の町　キラーニー Kilarney

　キラーニーは端から端まで歩いても20分程度の大きさ
の町。中心となるエリアは**メイン・ストリート**Main St.や、
ハイ・ストリート High St.、**ニュー・ストリート**New St.あた
りから**タウンホール周辺**。おみやげ店やレストラン、パブ
などが並んでおり、いつも観光客でにぎわっている。

空港　キラーニーから最も近い空港はトラリー Tralee近郊
のケリー空港Kerry Airport。ダブリンやロンドン、マン
チェスターからのフライトが発着している。空港からキラー
ニーへはバスで約30分、運賃は€5.50。キラーニーとリムリ
ックを結ぶエクスプレスウェイNo.14が経由する。

鉄道駅&バスステーション　キラーニー鉄道駅とバスス

モデルルート

キラーニー国立公園 1日コース

🚌 キラーニー発の1日ツアーに参加した場合の一般的な行程。

午前 ## キラーニー→ケイト・カーニーズ・コテージ→ダンロー峡谷
P.168

キラーニーを10:30頃にバスで出発し、**ダンロー峡谷**の入口にある**ケイト・カーニーズ・コテージ**へ。そこから**ロード・ブランドンズ・コテージ**近くのボート乗り場までは各自徒歩か馬車（別料金）などで移動。コテージで休憩と簡単な軽食もとれる。

午後 ## 上の湖→マックロス・ハウス→ロス城→キラーニー
P.169　　　　P.169

ロード・ブランドンズ・コテージ近くからのボートは14:00頃発なので、迷ったりしないように。ボートで湖を縦断し（ボートを降りて徒歩で移動する区間あり）、**ロス城**からバスでキラーニーへ戻る。

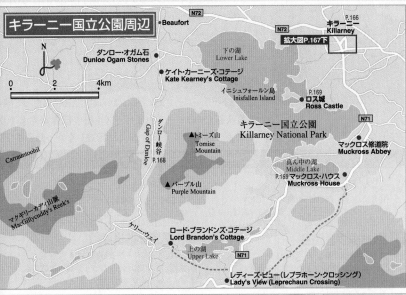

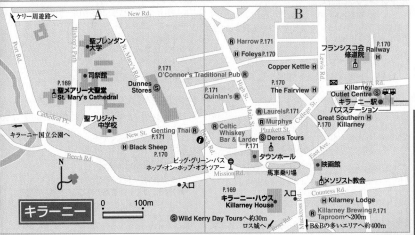

■キラーニーの🄘
Map P.167下-A
🏠Beech Rd., V93 AW26
☎1800-230330
🌐www.killarney.ie
🕐9:00〜17:00
🚫日、クリスマス期間

空が逆三角形に見える展望スポット

テーションは町の東側にある。

キラーニー発着のツアー　キラーニーから参加できるお
もなツアーはキラーニー国立公園（ダンロー峡谷とキラー
ニー湖Gap of Dunloe and Lakes of Killarney）、ディン
グル半島、ケリー周遊路の3つ。ディングル半島とケリー周
遊路はバスツアーだが、キラーニー国立公園のツアーはダ
ンロー峡谷を徒歩（馬車や乗馬も可能）で移動するため
悪天候の場合は中止されることもある。

🍀 キラーニー国立公園の**歩き方** 🍀

　国立公園は広いので、キラーニーからじっくり1日歩くなら
ダンロー峡谷を中心とするか、下の湖を回るかのどちらかを
選ぼう。両方を回るなら車かツアーで行くのが現実的。

🏛 キラーニー国立公園の**見どころ** 🏛

アイルランドでは珍しい峡谷　　　　　　　　　　Map P.167

ダンロー峡谷 Gap of Dunloe

　ケイト・カーニーズ・コテージから約12kmにわたって続く
この峡谷からトミーズ山とパープル山の裾野が合わさり、
空が逆三角形に見える。氷河が発達しなかった日本でに

キラーニー発着のおもなツアー

🚌 ダンロー峡谷1日

3〜10月10:30発　所要約5時間30分　💷€40
キラーニー湖のボート代込み。ダンロー峡谷〜キラー
ニー湖の馬車代は別途。

🚌 ディングル半島1日

10:30発　所要6時間30分　💷€45
ディングルやスリア岬などの景勝ルートを回る。

🚌 ケリー周遊路1日

10:30発　所要約6時間　💷€33
夏期はシープセンターで牧羊犬ショーを見ることも
ある。見学料別途。

🚌 キラーニー半日

14:00発　所要約3時間30分　💷€35
ロス城、マックロス・ハウスなど、キラーニー近郊を
回る午後スタートの半日ツアー。

デロスツアーズDeros Tours
🏠22 Main St., V93 NP74
☎(064) 6631251　🌐www.derostours.com
メイン・ストリートのオフィス前から出発。

🚶 キラーニー国立公園ウオーキング・ツアー
Killarney National Park Guided Walk

11:00発　所要2時間　💷€12
聖メアリー教会の向かいにあるO'Sheas Funeral
Home前に集合。

📱087-6394362　🌐www.killarneyguidedwalks.com

🚌 ケリー周遊路

10:30発　所要6時間30分　💷€39
キローグリンやスニーム、レディーズ・ビューなど、ケ
リー周遊路の景勝ルートを回る。

🚌 ディングル半島1日

5〜9月10:30発　所要6時間30分　💷€40
大西洋に突き出るディングル半島を周遊する。

🚌 ダンロー渓谷1日

5〜9月10:30発　所要5時間30分　💷€40
キラーニー国立公園の主要な見どころを回る。

ワイルド・ケリー・デイ・ツアーズ
Wild Kerry Day Tours
🏠Ard Ross, Ross Rd., V93 VX21
☎(064) 6631052　🌐wildkerrydaytours.com
ロス・ロードRoss Rd.から出発する。

🚌 ホップ・オン・ホップ・オフ・ツアー

ミッション・ロード発 9:30〜15:30の1時間に1便 17:00
💷1日€15
ロス城（17:00発を除く）、トルク滝、マックロス・ハウス
などを周遊する乗り降り自由のバス。

🚌 ケリー周遊路1日

4〜9月9:15発　所要6時間30分　💷€45
🄘の前発。ケリー周遊路の見どころをバスで巡る。

キラーニー・エグゼクティブツアーズ
Killarney Exective Tours
🌐www.killarneytour.com

よく目にする風景だが、アイルランドでは珍しい。峡谷沿いには小さな湖が連なり、野生動物も多く、運がよければ路上に出てきたアカシカなども見ることができる。約10kmの道のりをゆっくり歩いて5時間ほど。周辺には滝が多く、雨上がりには水量が増して迫力満点だ。

3つの湖からなる　　　　　　　　　　　　Map P.167上
キラーニー湖群 Lakes of Killarney

　ダンロー峡谷を抜けると上の湖に出る。ここからボートで真ん中の湖、下の湖へと抜けることができる。

　アイルランドの湖は泥炭層の影響で水は澄んでいても黒く見えるが、この湖の場合、浅い所は湖底まで見通せる。

湖畔にたたずむ堅固な城

ここはフライ・フィッシングの穴場でもあり、釣り人の姿も見かける。上の湖を東に渡りきると、15世紀頃に築城されたと考えられている**ロス城**Ross Castleがそびえ建つ。1652年にイギリスのクロムウェルが遠征の最後に攻略したと伝えられている城だ。

　下の湖は南北5km、東西4kmと大きく、ブラウン島Brown Islandや修道院のあるイニシュフォールン島Insisfallen Islandのほかにも小さな島が点々とある。イニシュフォールンにある7世紀の修道院跡は、この付近の学問の中心となっていた所。初期キリスト教の神聖な場所として知られている。

広大な敷地に建つ　　　　　　　　　　　Map P.167上
マックロス・ハウス Muckross House

ヴィクトリア王朝風の外観が美しいマックロス・ハウス

19世紀にこのあたりを統治したヘンリー・ヒューバートが造らせた邸宅で、周囲の風景に溶け込んだヴィクトリア朝の美しい建物だ。また、敷地内の農場の一角には当時の農村が再現されており、鍛冶屋や鶏、豚を実際に飼っている家畜小屋まである。

存在感のある優美な建築　　　　　　　Map P.167下-A
聖メアリー大聖堂 St. Mary's Cathedral

　キラーニーの町に19世紀に建てられたカトリック教会の大聖堂。どっしりとした正面の門をくぐると広い敷地に真っすぐ道が延びており、ネオ・ゴシックの高い尖塔が見え

■**ロス城**　Map P.167上
住Ross Rd., V93 V304
TEL(064) 6635851
URLheritageireland.ie
開9:30〜17:45　※最終入場は17:00
休11月上旬〜3月初旬
料€5　学生€3（城内はツアー形式でのみ見学可。所要約40分）
一部（ツアー中）

マックロス・ハウス農場の入口

■**マックロス・ハウス**
住Muckross, V93 CK73
TEL(064) 6670144
URLwww.muckross-house.ie
開11〜3月9:15〜17:30
　4〜6・9・10月9:15〜18:00
　7・8月9:15〜19:00
休クリスマス期間
料€9　学生€7.50
●農場
開6〜8月10:00〜18:00
　3〜5・9・10月13:00〜18:00
休3・4・10月の月〜金、11〜2月
料€9　学生€7.50
マックロス・ハウスと農場の共通券
€16　学生€13

●キラーニー国立公園　マンスター州

■聖メアリー大聖堂
住Cathedral Pl., V93 FF80
電(064) 6631014
URLwww.killarneyparish.com
開10:30〜20:00
休無休 **料**無料（寄付歓迎）

る。大飢饉の際には避難所や病院としても使用された。

　内部は独特の曲線で構成された高い天井があり、正面のステンドグラスは聖書の場面とアイルランドの聖人が描かれている。北と南には翼廊があり、バラ窓が特に印象的だ。周りには司祭の館や学校がある。

遠くからでもよく目立つ高い尖塔

町の中心から少し離れたルイス・ロードLewis Rd.やマックロス・ロードMackross Rd.沿いにB&Bやゲストハウスが多い。レストランやパブはカレッジ・ストリートCollege St.やメイン・ストリートMain St.、ハイ・ストリートHigh St.など町の中心部に集中している。

高級 177室	Map P.167 下-B キラーニー	**グレート・サザン** Great Southern Killarney

全室 全室 全室 なし 無料 全館無料

住East Avenue Rd., V93 R866
電(064) 6638000
URLwww.greatsouthernkillarney.com
€169〜
─ADMV

鉄道駅のすぐ前。創業1854年とキラーニーを代表する老舗ホテル。ツタに覆われたクラシカルな雰囲気の外観と、最新の設備が整った屋内が見事に調和している。

中級 31室	Map P.167 下-B キラーニー	**ザ・フェアビュー** The Fairview

全室 全室 全室 全室 €3 全館無料

住College St., V93 Y59V
電(064)6634164
URLkillarneyfairview.com
€119〜
─AMV

中心部にあるブティック・ホテル。客室は広々としており、設備も新しい。朝食はアラカルトで多彩なメニューから選択可能。近くにあるタウンハウス、コッパー・ケトルKopper Kettleも同経営。

中級 28室	Map P.167 下-B キラーニー	**フォリーズ** Foleys

全室 全室 全室 なし 無料 全館無料

住23 High St., V93 X721
電(064) 6631217
URLwww.foleystownhouse.com
€95〜
€130〜
─MV

客室の内装はそれぞれ異なり、アンティーク家具でまとめられている。隣接するレストランでは、地元食材を使った料理を楽しめる。

ホステル ベッド数40	Map P.167 下-A キラーニー	**ブラック・シープ** Black Sheep Hostel

なし 全室 なし なし なし 全館無料

住68 New St., V93 Y02C
電(064) 6638746
URLblacksheephostel.ie
DOM €27〜　DOM €32〜
€100〜
─MV

アイルランドのベスト・ホステルに選ばれたこともある人気のホステルで、屋内は掃除が行き届いておりとても清潔。ドミトリーのベッド数は4〜8。キッチンがあり、自転車のレンタルも可能。

ホステル ベッド数113	Map P.167 下-B キラーニー	**レイルウェイ** Railway Hostel

なし 希望者 なし なし 無料 全館無料

住The Fair Hill, V93 PX23
電(064) 6635299
URLwww.killarneyhostel.com
DOM €22〜　DOM €25〜
€44〜
€68〜
─MV

駅やバスステーションからも近く便利な立地。キッチンは利用無料で、ランドリーサービスもある。ドミトリーはベッド数4〜10で、男女混合のほか女性専用の部屋も用意されている。

Map P.167下-B ハロウ
キラーニー　**Harrow**

アイルランド料理

アイルランド産のビーフやポーク、アトランティック産の魚介など、地元の旬の食材を使った料理の評価が高いブラッセリー・レストラン。ディナーのメインは€28〜45で、3品のコースディナーは€55。日曜ランチのコースは€49.50

🏠27 High St., V93 K164　TEL(064)6630766　URLharrowkillarney.com
🕐17:00〜21:30（日13:00〜18:30）　休月〜水　━MV　🛜あり

Map P.167下-B キンランズ
キラーニー　**Quinlan's**

シーフード

自前の漁船で取れた魚介類を使っている。漁模様によっては注文できない品もあるが、鮮度には絶対の自信をもっている。コークやトラリーにも支店がある。

🏠77 High St., V93 R2X3　TEL(064) 6620666
URLwww.kerryfish.com　🕐12:30〜20:30（金・土12:30〜21:00）　休12/24〜26、1/1　━MV　🛜あり

Map P.167下-A ジェンティング・タイ
キラーニー　**Genting Thai**

タイ料理

20年の歴史を誇る本格的タイ料理レストラン。メニューは野菜、チキン、ポーク、ビーフ、プラウンなど、メインの食材で料金が決まっており€13.50〜21.90。

🏠Beech Rd., V93 TWE5　TEL(064)6637000
URLwww.gentingthai.ie　🕐16:00〜22:00
休無休　━MV　🛜あり

Map P.167下-B ローレルズ
キラーニー　**Laurels**

ダイニングパブ

18世紀創業の町を代表するパブ兼レストラン。人気はケリー産のラムを使ったアイリッシュ・シチュー €22.95。夏期は音楽の生演奏やアイリッシュ・ダンスも楽しめる。

🏠Main St., V93 KR52　TEL(064)6631149
URLwww.thelaurelspub.com　🕐10:30〜23:30（金・土10:30〜翌0:30　日12:30〜23:00）　休12/25　━MV　🛜あり

Map P.167下-B オコナーズ
キラーニー　**O'Connor's Traditional Pub**

パブ

店名にトラディッショナル・パブとあるように、アイリッシュ・パブらしさにあふれたにぎやかな店。料理はサンドイッチなど簡単なものだけ。音楽の生演奏は21:00から。

🏠7 High St., V93 DV26　📱086-0346949
🕐10:30〜23:30（金・土10:30〜翌0:30　日10:30〜23:00）
休無休　━AMV　🛜あり

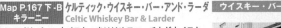

Map P.167下-B ケルティック・ウイスキー・バー・アンド・ラーダ
キラーニー　**Celtic Whiskey Bar & Larder**

ウイスキー・バー

アイリッシュ・ウイスキーをはじめスコッチなどウイスキーの品揃えがすばらしいバーで、クラフトビールやカクテルも取り揃えている。料理も充実している。

🏠93 New St., V93 KXD4　TEL(064)6635700
URLwww.celticwhiskeybar.com　🕐13:00〜23:30（金・土13:00〜翌1:00　日13:00〜23:00）　※冬期は16:00〜
休無休　━AMV　🛜あり

Map P.167下-B外 キラーニー・ブリューイング・タップルーム
キラーニー　**Killerney Brewing Taproom**

クラフトビール ピザ

ミネラルウォーター工場跡地にオープンした醸造所が運営するバー。できたてのビールのほか、炭火で焼かれたピザを堪能することができる。

🏠Muckross Rd., V93 RC95　TEL(064) 6636505
URLwww.killarneybrewing.com　🕐16:00〜23:30
休月　━MV　🛜あり

●キラーニー国立公園　マンスター州

ダブリン

ディングル半島

ケリー県
Co. Kerry

アイルランド国番号353
市外局番066

MAPS
広域地図P.18-A・B2
トラリーP.173
ディングルP.173
ディングル半島P.174

民話や伝説が息づく
ディングル半島
Dingle Peninsula

ディングル半島は遺跡と自然が織りなす魅力にあふれる土地

映画『ライアンの娘』や『遙かなる大地へ』の舞台としても知られるディングル半島の魅力は、雄大かつ繊細な大自然と無数に点在する遺跡、そしてこの環境で生まれるべくして生まれた民話や伝説だ。アイルランド本島の最西端の周約50kmほどのこの半島に、多くの人々が引き寄せられるのはこのためだろう。

ディングル半島は初期キリスト教時代には修道士の修行場だった地。半島北西部のブランドン岬は、聖ブレンダンが、大西洋横断に向けて出発したといわれている所。7月にはこれを祝う聖ブレンダン祭がある。スリア岬から望むグレート・ブラスケット島は、モーリス・オサリバンといった作家たちによっても紹介され、パフィンやアザラシが訪れる島の自然の美しさは、小説の中でも称えられている。

また、ディングル半島は今でも日常的にゲール語を話す、数少ない"ゲール語地域"のひとつ。半島の各地に点在する小さな港町では、ゲール語を話す人々の魅力に触れることもできる。

 ## 起点となる町

ディングル半島の南部にある小さな町、**ディングル** Dingleと、半島の付け根部分にあり、交通の起点でもあるケリー県の県庁所在地、**トラリー** Traleeが滞在の起点となる。また、**キラーニー** P.166 からも1日ツアーで気軽に訪れることができる。

キラーニー P.166

Access Guide トラリー	
コークから	
🚌	所要:2時間～2時間20分　運賃:€26
月～土	直通6:25 9:00 20:55 ほか5便はマーロウ乗り換え
日	8:55 12:15 14:50 18:50 ほか3便はマーロウ乗り換え
🚌	所要:約2時間15分　運賃:€23.50
月～土	エクスプレスウェイNo.40が8:00 10:00 11:30～17:30の1時間に1便 19:00 20:30
日	10:30 12:30～17:30の1時間に1便 19:00 20:30
リムリックから	
🚌	所要:約2時間5分　運賃:€15
月～土	エクスプレスウェイNo.13が8:35 11:35～21:35の2時間に1便
日	8:35 11:35～19:35の2時間に1便 20:35 21:35
🚌	所要:約1時間40分　運賃:€15
	ビッグ・グリーン・バスがアーサーズ・キー Arthur's Quay Map P.178-B1から10:00 11:00～翌2:00の2時間に1便
キラーニーから	
🚌	所要:約50分　運賃:€12
月～土	エクスプレスウェイNo.40が9:35 11:35 13:05～19:05の1時間に1便 20:35 22:05
日	12:05 14:05～19:05の1時間に1便 20:35 22:05

起点の町 **トラリー Tralee**

町の中心はデニー・ストリートDenny St.とその周辺。中心部にはケリー県立博物館やナショナル・フォーク・シアターなど、見どころやエンターテインメントの施設だけでなく、ホテルやレストランも多い。

鉄道駅&バスステーション 鉄道駅とバスステーションは隣接しており、町の中心から徒歩約15分ほど。ただし、バスステーションはバス・エーランとエクスプレスウェイのバスのみで、ビッグ・グリーン・バスは停車しない。ディングルとを結ぶバス・エーランNo.275のバスは、ブランドン・ホテル前のバス停を経由し、バスステーションに停車する。

トラリーのデニー・ストリート

■**トラリーの❼**
Map P.173上
🏠Ashe Memorial Hall, Denny St., V92 HW92
☎1800-230330
URLtralee.ie
開9:30〜17:30 休10〜5月

博物館内にあるトラリーの❼

起点の町 **ディングル Dingle**

ディングル半島の西側にある港町ディングルは、ドルフィン・ウオッチングや、ダイビングセンターなど、周囲の自然を楽しむためのアクティビティが非常によく整っている。また、シーフードや乳製品で有名なグルメの町としても知られており、多くの人が休暇を過ごしにやって来る。

歩き方 バスを降りて海沿いに西へ進むとすぐに❼がある。❼のすぐそばにあるディングル・ドルフィン・ボート・ツアーズやディングル・シー・サファリでは、ドルフィン・ウオッチングやブラスケット諸島へのツアーを申し込める。ディングル名物の新鮮なシーフードは、ストランド・ストリートStrand St.沿いのレストランやパブで提供されている。

Access Guide		
ディングル		
トラリーから		
🚌	所要:約1時間	運賃:€11
月土	バス・エーランNo.275が6:00 8:00 9:00 11:15 12:30 14:00 16:15 18:00 19:30 22:00	
日	9:00 11:15 14:30 16:15 18:00 22:00	

■**ディングルの❼**
Map P.173下
🏠The Quay, V92 HHT0
☎1800-230330
URLwww.dingle-peninsula.ie
開9:00〜17:00 休日

町のほぼ中心に位置する❼。同じ建物にクルーズ会社2社がオフィスを構えている

■**ディングル発のプライベートツアー会社**
●Dingle Tours
📞085-1748075
URLwww.dingletours.com
●Coastline Tours
📞087-9982230
URLwww.coastline-tours.com
●Begley's Tours
📞087-2504767
URLwww.dingleshuttlebus.ie

■ディングル発のバスツアー
●Sciuird Archaeological Tours
☎087-4198617
URLwww.ancientdingle.com
毎日10:00発で、所要約3時間30分。
ディングル半島の遺跡を巡る。最少催行人数4人。

■ダンベッグの砦
住Fahan, V92 YKP5
☎086-1737724
URLdunbeagfort.com
圏10:00～16:00
休11～3月　料€3.50　学生€2.50

ダンベッグの砦

スリア岬で白亜の輝きを見せるキリスト像。
岬からは美しい海岸線を望むことができる

■ガララス礼拝堂
住Ballydavid, V92 Y028
☎(066) 9155333
URLwww.gallarusoratory.ie
圏随時
※ビジターセンターは9:00～19:00
休無休　料無料

ディングル半島の歩き方

　ディングル半島には公共交通が乏しいため、レンタカーかツアーで回ることになる。おもな見どころはディングル半島の西側に集中している。ディングル発のバスツアーは考古学的見どころを回るツアーが毎日催行されているのみで、それ以外はプライベートツアーを申し込む。

ディングル半島の見どころ

ディングル半島の遺跡を代表する　　　　　　　　　　Map P.17
ダンベッグの砦 Dunbeg Fort　　　半島南東部

　ダンベッグの砦は、紀元前800年から10世紀頃まで使われており、当時の住居跡も残る。砦にはビジターセンターも併設されている。

　ここから西へ行くと、山の斜面に蜂の巣形の石の遺跡が点在している。これは**蜂の巣小屋**Beehive Settlementsと呼ばれるものだ。

大西洋を望む白亜のキリスト像　　　　　　　　　　Map P.174
スリア岬の十字架 The Cross at Slea Head　スリア岬

　ディングル半島最西端のスリア岬にある十字架は、光の中で輝くキリスト像の白さが印象的。この岬からは、グレート・ブラスケット島を望むすばらしい景色を眺めることができる。ちなみに岬周辺の海域で、1588年にスペイン・アルマダ艦隊のサンタ・マリア・デ・ラ・ロサ号が沈没した。

ユニークな形をした石造りの礼拝堂　　　　　　　　Map P.174
ガララス礼拝堂 Gallarus Oratory　半島南西部

　ディングルから北西へ約7kmの所にあるガララス礼拝堂は舟を上下にひっくり返したような形をしている。7～9世紀頃の建築で、保存状態も大変よい。

建設当時のままに残るガララス礼拝堂

責石とアーチが見事に融合した　　　　Map P.174

キルマルケダル教会 Kilmalkedar Church　半島南西部

　12世紀頃の建築で、キャッシェルにあるコーマック礼拝堂の影響が色濃く見えるロマネスク様式の教会。そばには、**オガム石**Ogham Stoneと**アルファベット石**Alphabet Stoneと呼ばれる石標がある。

15世紀の町並みを散策しよう　　　　Map P.173上

ケリー県立博物館 Kerry County Museum　トラリー

　トラリーの中心部にある博物館。数ある展示のなかでも、1450年代のトラリーの町を再現したコーナーは必見。町並みだけでなく、マネキンの衣装や町の喧騒、匂いも当時のものに近づけており、見応えがある。

海洋生物に出合えるクルーズ　　　　Map P.173下

ディングル発ボートツアー　ディングル
Boat Tours from Dingle

　ディングルからは多くの種類のボートツアーが発着している。なかでも最も手軽に参加でき、便数が多いのがディングル湾を周遊する約1時間の**ディングル湾ツアー**。かつて湾には「フンギ」というハンドウイルカが37年にわたり住んでおり、ボートツアー中に頻繁に目撃されていたが、残念ながら2020年に死亡が確認された。❼の前にあるイルカの銅像が「フンギ」だ。

　ディングル湾の西に浮かぶ**ブラスケット諸島**Blasket Islandsへ行くボートツアーは所要2時間30分～3時間30分。ブラスケット諸島は、2024年に設定された新たな国立公園、**ケリー海洋国立公園**kerry Seas National Parkの敷地に含まれている。時期によってクジラやイルカ、サメ、アザラシ、パフィンなど多種多様な動物や海鳥を見ることができ、映画『スターウォーズ』のロケ地を訪れるものもある。ツアーによって島の周囲を巡るコースのほか、島に上陸するコースもある。冬期は催行されない。

熱帯魚からペンギンまで　　　　Map P.173下

ディングル・オーシャンワールド　ディングル
Dingle Oceanworld

　港を見下ろすように建つ水族館。ガラス張りのトンネルのような通路や大きなサメが泳ぐ巨大水槽は圧巻。タッチタンクと呼ばれる水槽ではエイやカニなどに実際に触れることができる。ジェンツーペンギンも水族館の人気者。ペンギンをはじめとする動物への餌やり時間は、ウェブサイトで確認できる。2023年にはすぐ近くに、巨大デジタル・スクリーンでディングル近海を体験できる**ウエーブ・ディングル**Wave Dingleがオープンした。

■キルマルケダル教会
🏠kilmalkedar
🕐随時　休無休　料無料

■ケリー県立博物館
🏠Denny St., V92 CXE3
📞(066) 7127777
🔗kerrymuseum.ie
🕐9～5月9:30～17:00
　6～8月9:30～17:30
休9～5月の日・月　料€5

再現されたトラリーの町並み

■ボートツアーを催行する会社
●Dingle Dolphin Boat Tours
Map P.173下
📞(066) 9152626
🔗www.dingledolphin.com
●Dingle Boat Tours
Map P.173下
📞(066) 9151344
🔗dingleboattours.com
●Dingle Sea Safari
Map P.173下
📱086-1937304
🔗dingleseasafari.com
●Blasket Island Sea Life Tours
Map P.173下
📱087-6846655
🔗www.blasketislandsealifetours.com

■ディングル・オーシャンワールド
🏠The Wood, V92 Y193
📞(066) 9152111
🔗www.dingle-oceanworld.ie
🕐10:00～17:00　休無休
料€20　学生€15.50

■ウエーブ・ディングル
🏠The Wood, V92 TC93
📱087-4769319
🔗www.wave-dingle.com
🕐10:00～17:00　休無休
料€14　学生€10

●ディングル半島　マンスター州

トラリー　町の中心部であるデニー・ストリート沿いにホテルやレストランが集中している。

ディングル　ディングル半島観光の起点なので、町の中心には多くの宿泊施設やレストランがある。新鮮なシーフードを楽しめるのも港町ならでは。

高級 52室	Map P.173下 ディングル

ディングル・ベナーズ
Dingle Benners Hotel

住Main St., V92 FTK2
TEL(066) 9151638
URLwww.dinglebenners.com
🛏/🛏🛏💳€129〜
💳ADMV

ディングルの町で最も格式のあるホテル。入口側の建物が約300年前に建てられたマナーハウスで、増築の際に隣接する建物も吸収していった。朝食の種類も豊富。

ゲストハウス 29室	Map P.173下 ディングル

バー・ナ・シュライド
Barr na Sraide Inn

住Upr. Main St., V92 C8HP
TEL(066) 9151331
URLwww.barrnasraide.ie
🛏/🛏🛏💳€160〜
💳MV

30年以上家族で経営しているゲストハウス。近年改装が行われ、最新の設備をもち、高級感のあふれるゲストハウスになった。1階はパブで、週末には伝統音楽の生演奏が行われる。

ホステル ベッド数26	Map P.173下 ディングル

ザ・グレープヴァイン
The Grapevine Hostel

住Dykegate Ln., V92 E183
TEL(066) 9151434
URLwww.grapevinedingle.com
DOM🛏🛏💳€35〜
🛏🛏💳€80〜
💳ADMV

ドミトリーは男女混合と女性専用がある。キッチンやラウンジなどの設備も充実しており、小さいながら中庭もある。収容人数は少なく、人気が高いので、早めの予約が望ましい。

Map P.173下 ディングル	シーフード

ザ・ハーフ・ドア
The Half Door

30年以上、町を代表するレストランとして高い人気を誇っている。料理は、その日に取れたものによって決められ、日替わり料理の種類が多い。アーリーバードメニューは€40〜45。

住John St., V92 AY98　📞083-0734351　URLhalfdoor.ie
🕐17:00〜21:00　休日　💳AMV　📶あり

Map P.173下 ディングル	シーフード

アウト・オブ・ザ・ブルー
Out of the Blue

海沿いにたたずむ人気のシーフードレストラン。常時のメニューはなく、その日に取れた魚を出す。シーフードチャウダー€11、カキは6個で€11.95、ロブスターは500gで€48前後。ワインも各種揃っている。

住Waterside, V92 T181　TEL(066) 9150811
URLwww.outoftheblue.ie　🕐16:00〜21:00
休不漁日、11〜3月　💳AMV　📶あり

Map P.173下 ディングル	アイスクリーム

マーフィーズ
Murphy's

原料に地元ケリー牛の生乳を使い、サッパリとしながらコクのある味が評判。常時16種以上の品揃え。ダブリンやキラーニーにも支店がある。

住Strand St., V92 TR98　📞087-1330610
URLwww.murphysicecream.ie　🕐5〜9月11:00〜22:00
10〜4月11:00〜18:00　休無休　💳MV　📶なし

ヴァイキングによって造られた町
リムリック
Limerick

シャノン川西岸から眺めるジョン王の城

リムリック県
Co. Limerick

アイルランド国番号353
市外局番061

MAPS
広域地図P.19-C1
リムリック周辺P.178
リムリックP.178
ボンラッティP.181

　リムリックはシャノン川河口にあるアイルランド共和国第3の都市で、人口は約10万人。アメリカなどからの大西洋側の空の玄関口としても知られている。町の歴史は、9世紀のヴァイキング時代に遡り、1197年には自治都市として認められた。17世紀に起きたジェイムズ2世とウィリアム3世とのイギリス王位争いでは、ジェイムズ2世に加勢したアイルランド軍の最後の拠点となり、1691年の講和条約を象徴する**条約の石**が町の北端に立っている。ラグビーが盛んな町としても知られており、2023年にはラグビーをテーマにしてアトラクションもオープンした。

 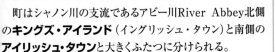

リムリックの歩き方

　町はシャノン川の支流であるアビー川River Abbey北側の**キングズ・アイランド**（イングリッシュ・タウン）と南側の**アイリッシュ・タウン**と大きくふたつに分けられる。

キングズ・アイランド　アビー川北岸にある中世の歴史香る地区。**ジョン王の城** P.179 や**聖メアリー大聖堂** P.179 などの歴史的建造物が多い観光の中心。ただし、夜は一変して人気がなくなるのでひとり歩きはできる限り避けるようにしよう。❼はジョン王の城の中にあるが、5～9月のみの営業となっている。

アイリッシュ・タウン　東にある**ジョンズ・スクエア**John's Sq.や、鉄道駅の南西地区の**ペリー・スクエア**Perry Sq.にはジョージ王朝時代の美しい建物が残る一角がある。特に

Access Guide
リムリック

ダブリンから

	所要:約2時間10分　運賃:38.25
🚆	ヒューストン駅から直通15:30 16:25 17:25 リムリック・ジャンクション乗り換えの便は6:00（土7:00）～21:00の1時間に1便程度
	直通11:25 13:25 15:25 18:25 19:25 21:10 乗り換え便は8:30 10:00 12:00 14:00 16:00 18:00 19:05

	所要:約2時間45分　運賃:€20
🚌	ビッグ・グリーン・バスがバラ・キー Burgh QuayMap P.55-D2から6:15～23:45の30分に1便

コークから

	所要:約1時間45分　運賃:€18
🚌	エクスプレスウェイNo.40が7:25～19:25の1時間に1便 20:55

	所要:約1時間45分　運賃:€21
🚌	シティリンクがアンダーソンズ・キー Anderson's QuayMap P.144上から8:00 11:00 13:00 14:15 16:00 17:00 19:00 20:15

ゴールウェイから

	所要:約2時間15分　運賃:€18
🚌	エクスプレスウェイNo.51がバスステーションから7:05～20:05の1時間に1便

	所要:約1時間30分　運賃:€21
🚌	シティリンクがコーチステーションから8:30 10:30 11:30 13:30 14:30 16:30 17:30 19:30

●リムリック

マンスター州

■リムリックの⑦
Map P.178-B1
住King John's Castle, Nicholas St., V94 FX25
☎1800-230330
URLwww.limerick.ie
開9:30～17:00
休10～4月

■リムリック市立美術館
Map P.178-B2
住Carnegie Building, Pery Sq., V94 E67F
☎(061) 310633
URLgallery.limerick.ie
開10:00～17:00(日12:00～17:00)
休祝　料無料

ペリー・スクエアに並ぶ建物はジョージ王朝様式の先駆者として功績を称えられ、リムリック伯爵となったエドモンド・ペリーにより1839年に建てられた。その向かいにあるのが、緑いっぱいの**ピープルズ・パーク**Peoples Park。ヴィクトリア王朝時代の噴水があり、中央の小さな丘には1829年に建てられたスプリング・ライス記念碑がある。公園内には**リムリック市立美術館**Limerick City Gallery of Artもある。

　市町地の南北を結ぶのは、**パトリック・ストリート**Patrick St.と**オコンネル・ストリート**O'Connell St.。オコンネル・ストリートとそれに交差する**ウィリアム・ストリート**William St.が繁華街。

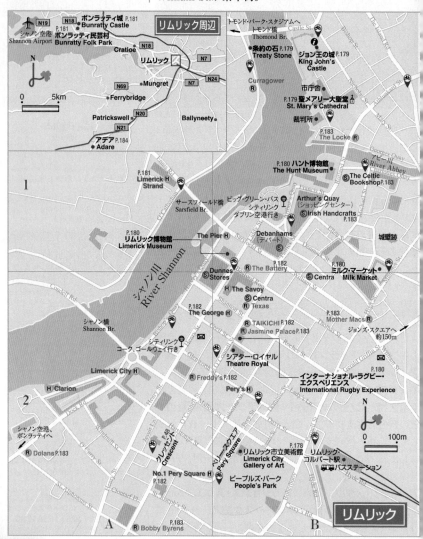

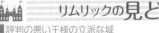

ターミナルから市の中心部へ

シャノン空港 空港は町から西へ24kmほどの所にある。空港とバスステーションをエクスプレスウェイNo.51とバス・エーランNo.343が結ぶ。運賃はNo.51が€9.50でNo.343が€6.80。タクシーなら€50〜70。

鉄道駅&バスステーション 町の南に鉄道駅とバス・エーランとエクスプレスウェイのバスステーションがあり、市内バスも発着する。それ以外のバス会社の便はダブリン方面はヘンリー・ストリートHenry St.、コーク、ゴールウェイ方面はアーサーズ・キー Arthur's Quayのバス停に発着する。

リムリックの見どころ

評判の悪い王様の立派な城　　　　　　　Map P.178-B1

ジョン王の城
King John's Castle

塔からシャノン川を眺める

　　　　　　　リムリック城、通称「ジョン王の城」は、トモンド橋を渡ってくる外敵を発見するためにジョン王が1210年に建てさせた城。隣接するビジターセンターでは、最新の映像技術を駆使して城の変遷を紹介。1535年当時のジオラマも展示している。塔からの眺めも美しい。

イギリスの裏切りのシンボル　　　　　　Map P.178-B1

条約の石　Treaty Stone

　1690年に勃発した**ボイン川の戦い** P.297 でジェイムズ2世に加勢したアイルランド軍は、最後の拠点リムリックを守り、イギリス軍を相手に善戦した。1691年ウィリアム3世はアイルランド軍が降伏する代わりに、カトリックの信仰の自由と地位の保証を認める**リムリック条約**を結び、その署名が条約の石の上で行われたとされている。しかし、この条約は議会で認可されず、反対にカトリックの権利を弱める法律が定められてしまったため、この石はイギリスの裏切りのシンボルになってしまった。

リムリック最古の建造物　　　　　　　　Map P.178-B1

聖メアリー大聖堂　St. Mary's Cathedral

　キングズ・アイランドの丘に建つリムリックで最古の建物。かつてはヴァイキングの集会場で、次いでマンスター王、ドナル・モア・オブライエンの宮殿となり、1168年に宮殿内に教会が建てられたといわれている。教会の建物はゴシック様式だが、西側の入口はそれより古いロマネスク様式で造ら

■**シャノン空港**　Map P.178-A1
住Shannon Airport, V14 EE06
URLwww.shannonairport.com
国内便はないが、ヨーロッパの主要都市やアメリカのボストン、ニューヨーク、シカゴなどから便が発着する。

■**TFIバイクス**
URLwww.bikeshare.ie
リムリック市内の自転車シェアシステム。3日間利用は基本料が€3、デポジット€150。30分以内の利用は無料で、1時間までは€0.50、2時間までは€1.50、3時間までは€3.50、4時間までは€6.50かかり、以降は30分ごとに€2かかる。手続きはレンタルステーションではできず、事前にネットブラウザーやスマホアプリを通じて行っておく必要がある。ウォーターフォード、コーク、ゴールウェイも同じシステムで、アプリも共通。詳しい利用法はP.143参照。

■**ジョン王の城**
住Nicholas St., V94 FX25
TEL(061) 370501
URLkingjohnscastle.ie
開4〜9月9:30〜18:00
　10〜3月9:30〜17:00
※最終入場は閉館の1時間前
休12/24〜27、1/1
料€15　学生€11.50

1535年当時を再現したジオラマ

■**条約の石**
町の北、ジョン王の城の西にあるトモンド橋を渡ってすぐ左にある。

条約の石。対岸にジョン王の城

■**聖メアリー大聖堂**
住Bridge St., V94 E068
TEL(061) 310293
URLwww.cathedral.limerick.anglican.org
開11:00〜16:00
※最終入場は閉館の30分前
休日、12/26・27、1/1
料€5　学生€3.50

●リムリック

マンスター州

聖メアリー大聖堂

■ミルク・マーケット
🏠Corn Market Row, V94 R602
☎(061) 214782
🔗www.milkmarketlimerick.ie
🕐金曜（アウトドア・カフェ）
　11:00～15:00
　土曜（食品市）8:00～15:00
　日曜（アウトドア・カフェ、
　フェアなど）11:00～15:00

土曜には多くの食品店が出店される

■ハント博物館
🏠The Custom House, Rutland St.
V94 EV8A
☎(061) 312833
🔗www.huntmuseum.com 📶
🕐10:00～17:00（日11:00～17:00）
❌月、クリスマス期間
💰€12.50　学生€10

■リムリック博物館
🏠The Old Franciscan Friary,
Henry St., V94 C7W1
☎(061) 557740
🔗www.limerick.ie/limerick-museum
🕐10:00～17:00
　（土10:00～13:00　14:00～17:00）
❌日、クリスマス期間
💰無料

**■インターナショナル・ラグビー・
エクスペリエンス**
🏠40 O'Connell St., V94 8F78
☎(061) 544800
🔗www.internationalrugbyexperience.
com 📶
🕐9:30～18:00　※最終ツアー16:30
❌不定休
💰€17.50

れており、宮殿の入口だったと伝わっている。

　教会は16世紀にクロムウェル軍が町を占領した際に、厩として利用されるなど大きな被害を受けたが、見るべきものは多い。北側廊に展示されている15世紀の慈悲の椅子（ミゼリコード）は、美しい彫刻が施されており、見応えがある。

今も庶民の暮らしに密着している　　　　　　Map P.178-B2
ミルク・マーケット　Milk Market

　1852年以来続くマーケットで、当時は穀物や乳製品の市場として開かれていた。以前は週1日のみの開催だったが、近年は食への関心の高まりとともに人気が高まり、アウトドア・カフェが出店し、音楽の演奏が楽しめるなど、地元の人ばかりでなく、観光客も楽しめるスポットになっている。

アイルランド有数の博物館　　　　　　　　Map P.178-B1
ハント博物館　The Hunt Museum

左側の建物がハント博物館への入口

　美術収集家で学者でもあるジョン・ハント氏のコレクションを展示する博物館で、18世紀建造の税関だった建物を利用している。

　建物は3階建てで、ステンドグラスや十字架などキリスト教美術品や古代地中海世界やヨーロッパ、アイルランドの考古学的資料、世界各国の陶磁器などさまざまなものを展示している。ルノワールやピカソ、イエーツの作品も含め、収蔵品は計2000点に上る。

町の歴史を語る博物館　　　　　　　　　　Map P.178-B1
リムリック博物館　Limerick Museum

　旧フランシスコ会修道院を利用した博物館で、リムリックの町の歴史に焦点を当てている。石器時代の発掘品に始まり、中世、近現代と時代順に紹介するが、レース編みや時計、銀製品といった、特に町の産業に関して詳しい解説がなされている。

最新技術を用いた施設でラグビーを体験　　　Map P.178-B2
インターナショナル・ラグビー・エクスペリエンス
International Rugby Experience

　2023年にオープンしたばかりのラグビーをテーマにした施設。全部で6つのゾーンからなっており、各ゾーンには、情熱、規律、品位、結束、尊重などのラグビーが重視する徳目が当てられている。インタラクティブの展示や体験型アトラクションを通じて、ラグビーについて学ぶことができ、ラグビーを知らないファミリー層から生粋のラグビーファンまで楽しめる内容になっている。

近郊の見どころ

Days out from Limerick　Map P.181

19世紀の生活を見事に再現
ボンラッティ民芸村
Bunratty Folk Park

ボンラッティ民芸村の農村

リムリックの町から西へ約15kmの所にある、19世紀のアイルランドの住宅や生活環境を再現したテーマパーク。鍛冶屋や機織り小屋、漁夫の家などがあり、実際に内部を見学することができる。村の通りでは学校やパブ、病院、郵便局など、国内各地から運ばれてきたさまざまな建築物が移築されている。

近郊の見どころ

Days out from Limerick　Map P.181

中世晩餐会で有名な
ボンラッティ城
Bunratty Castle

ボンラッティ民芸村の敷地内にある。現存する城は1425年に建てられ、16～17世紀にはトモンド伯オブライアン一族

堂々たる佇まいのボンラッティ城

の重要な砦だった。本館は3階建て、4つの塔は6階建てだ。大広間にはフランスやフランドル製の壁掛け、そしてオーク材の棚には家族の紋章が見える。一般礼拝堂の天井はスタッコ仕上げで、15世紀のスワビアン式の祭壇をはじめ、美しく貴重な品がある。伯爵の寝室には机と

しても使える珍しい扉などがあり、どれもじっくりと見学したい。夜には中世の衣装に身を包んだ人々にもてなされながら食事を楽しむ、**中世晩餐会**が開かれる。

■ボンラッティへの行き方
🚌バス・エーランNo.343とビッグ・グリーン・バスが停車する。1時間に1～3便、所要15～35分。

■ボンラッティ民芸村
🏠Bunratty, V95 WP63
☎(061) 711222
URLwww.shannonheritage.com
圓4～9月9:00～17:30
　10～3月9:30～17:00
休10月下旬～11月上旬、
12月～1月上旬
料€17.05（ボンラッティ城と共通）

■ボンラッティ城
URLwww.shannonheritage.com
圓4～9月9:00～17:30
　10～3月9:30～17:00
休10月下旬～11月上旬、
12月～1月上旬
料€17.05
（ボンラッティ民芸村と共通）
●中世晩餐会
圓17:30～、20:30～（予約必須）
休不定休
料€72

ボンラッティ

P.181 **ボンラッティ民芸村**
Bunratty Folk Park
エニス、シャノン空港へ　H The Courtyard　出入口
ボンラッティ城
Bunratty Castle
P.181
H Bunratty Castle
0　200m　N18　E20　リムリックへ　L3129

リムリックと『アンジェラの灰』

リムリックの町は、1997年にピューリッツァー賞を獲得したフランク・マコート原作の自伝的小説『**アンジェラの灰Angela's Ashes**』の舞台でもある。カトリックの保守的な空気のなか、極貧の生活を送りながらもたくましく生き抜く筆者の少年時代を描いたこの作品は、決して重苦しくなりすぎず、ユーモアを交えながら1930～40年代のリムリックの様子を生き生きと描写している。

1999年には、アラン・パーカー監督の手によって映画化され、原作と同様に高い評価を得た。現在はDVD、Blu-rayにもなっており、日本でも手に入る。作品を読んでから訪れると、リムリックの町も作品もさらに興味深いものとなるだろう。

小説の日本語訳は、新潮社から出版されている（土屋政雄訳『アンジェラの灰』）。

●リムリック　マンスター州

ホテルは町全体に点在しているが、数はそれほど多くなく、ほとんどが中級以上の宿だ。経済的な宿はほとんどない。
　また、リムリックはアイルランド有数の美食の町であり、世界中の料理が楽しめる。特にオコンネル・ストリート周辺は、レストランやパブ、おしゃれな店が並び、そぞろ歩きが楽しい。

ナンバー・ワン・ペリー・スクエア
No.1 Pery Square

高級 20室　Map P.178-A2

住1 Pery Sq., Georgian Quarter, V94 EKP9
TEL(061) 402402
URLoneperysquare.com
🛏️🗂️€165〜
🛏️🗂️€245〜
━AMV

| 👤 | 📺 全室 | 🍳 全室 | 🧴 全室 | 🧺 全室 | 🅿️ なし | 📶Wi-Fi 全館無料 |

ペリー・スクエアに面した美しいジョージ王朝風建物を利用したホテル。当時の様子を見事に再現した館内は、過ぎ去った華やかな時代を思い起こさせる。併設のスパではヴォヤVoyaの製品を使用している。

リムリック・ストランド
Limerick Strand Hotel

高級 184室　Map P.178-A1

住Ennis Rd., V94 03F2
TEL(061) 421800
URLwww.strandhotellimerick.ie
🛏️🗂️€143〜
━AMV

| 👤 | 📺 全室 | 🍳 全室 | 🧴 全室 | 🧺 全室 | 🅿️ 有料 | 📶Wi-Fi 全館無料 |

サースフィールド橋をわたってすぐにある4つ星ホテル。川沿いに町並みが眺められるリバービューの部屋がおすすめ。プールをはじめとして、レストランやスパ、サウナなどの設備も充実。

ザ・ジョージ
The George

高級 125室　Map P.178-B2

住Shannon St., V94 FC65
TEL(061) 460400
URLwww.thesavoycollection.com
🛏️🗂️€125〜
━AMV

| 👤 | 📺 全室 | 🍳 全室 | 🧴 全室 | 🧺 全室 | 🅿️ 有料 | 📶Wi-Fi 全館無料 |

町の中心部に建つ4つ星ホテルだが、フィットネスセンターなどはないため、料金が低めに設定されている。グリル料理のレストランが併設されている。すぐ北にあるサヴォイ・ホテルは同じ経営。

フレディーズ
Freddy's Restaurant

Map P.178-A2

アイルランド料理

何度も賞に輝いている名店で、ラムシャンクの煮込みやステーキが人気。メインは€21〜36。週3日でディナーのみという限られた営業時間なので予約が望ましい。

住Theatre Ln., Lwr. Glentworth St., V94 T3K1
📱083-0160166　URLwww.freddysrestaurant.com
休日〜水　16:30〜23:00　━AMV　📶なし

ザ・バッテリー
The Buttery

Map P.178-B1

カフェ

町の中心にあるカフェ・レストラン。ブレックファストは1日中提供されており、€13〜17.50。料理の中心はサンドイッチやバインミー、ハンバーガー、サラダなど。

住10 Bedford Row, V94 A667
TEL(061) 412484　URLthebuttery.ie　9:00〜17:00
（日・祝10:00〜17:00）休無休　━MV　📶あり

外側からだと内部がよく見えないので入りづらいかもしれませんが、内装がかわいいカフェです。店員さんも親切でした。
（東京都　Apricot　'19夏）

タイキチ
TAIKICHI

Map P.178-B2

日本料理

メニューはラーメン、焼きそば、うどんのほか、丼、寿司、さしみなど。ディナーではてんぷらなども出す。

住35 O'Connell St., V94 PX3T　TEL(061)313725
URLwww.taikichi.ie　12:30〜21:30
休無休　━MV　📶あり

ジャスミン・パレス
Jasmine Palace

地元で圧倒的な人気を誇る。ランチビュッフェ（13:00〜16:30）は平日€24、土曜€30、日曜€35。ディナービュッフェは€35。アラカルトのメニューもある。

🏠38 O'Connell St. V94 N8CC　☎(061) 412484
🌐www.jasminepalace.ie　🕐13:00〜22:00(日13:00〜21:00)　休月・火　💳MV　📶あり

ザ・ロック
The Locke Bar

ジョージズ・キー沿いにある。下がパブで上階がレストランになっており、テラスでアビー川を眺めながら、食事を楽しめる。21:00〜23:00に音楽の生演奏あり。

🏠3 Georges Quay, V94 K8KX　☎(061) 413733
🌐lockebar.com　🕐9:00〜23:30(金・土9:00〜翌0:30、日9:00〜23:00)　休12/25　💳AMV　📶あり

ドランズ
Dolans Pub & Restaurant

アイルランド伝統音楽のライブで有名な音楽パブ。木〜日の21:00から演奏開始で、ジャンルや演者はウェブサイトをチェック。料理のメインは€18.50〜28.95。

🏠3-4 Dock Rd., V94 VH4X　☎(061) 314483　🌐dolans.ie
🕐16:00〜23:30(金16:00〜翌0:30、土14:00〜翌2:00、日14:00〜23:00)　休無休　📶あり

マザー・マックス
Mtoher Macs

マイクロブリュワリーのビールとウイスキーの品揃えがすばらしいパブ。ウイスキーのテイスティングやウイスキー・ウオーキング・ツアーも催行している。

🏠9 High St., V94 W8XF　☎(061) 414900
🌐www.mothermacs.ie　🌐www.whiskeyexperience.ie
🕐13:00〜23:30(金13:00〜翌0:30、土11:00〜翌0:30、日12:30〜23:00)　休無休　💳MV　📶あり

ボビー・バーンズ
Bobby Byrens

朝食からディナーまで料理が一日中提供されるガストロ・パブ。壁にはラグビーのジャージが多数飾られており、スポーツ中継時には地元の人が数多く集まる。

🏠3 O'Connell Av., V94 CD73　☎(061) 316949
🌐www.bobbybyrnes.ie　🕐10:00〜23:30(金・土9:00〜翌0:30、日12:00〜23:00)　休無休　💳MV　📶あり

アイリッシュ・ハンドクラフツ
Irish Handcrafts

100年以上の歴史を誇る家族経営のニットショップ。店員は親切で、冗談を交えながらセーターに織り込まれた文様の意味を説明してくれる。日本への郵送も可能。

🏠26 Patrick St., V94 R2T1　☎(061) 415504
🌐www.irishhandcraft.com　🕐10:00〜18:00　休日、12/25・26・1/1　💳MV

ザ・ケルティック・ブックショップ
The Celtic Bookshop

アイルランド関連書籍の専門書店。蔵書数は約3万冊。ケルトデザインのしおりやコースターなどもある。

🏠2 Rutland St., V94 DX89　☎(061) 401155
🌐celticbookshop-limerick.ie　🕐12:00〜17:00
休12/24〜27・1/1、1月中旬に数日　💳MV

アイルランドで最もかわいい村
アデア
Adare

メイン・ストリート沿いには藁葺きの家屋が建ち並ぶ

リムリック県
Co. Limerick

アイルランド国番号353
市外局番061

MAPS
広域地図P.19-C1
アデアP.184

Access Guide
アデア
リムリックから

	所要：約20分　運賃：€6
月～土	エクスプレスウェイNo.13、14が8:35～21:35の1～2時間に1便
日	8:35～21:35の1～2時間に1便

所要：約25分　運賃：€8

ビッグ・グリーン・バスがアーサーズ・キー Arthur's Quay Map P.178-B1 から9:00～翌2:00の毎正時

キラーニーから

所要：約1時間40分　運賃：€15

エクスプレスウェイNo.14が10:00 12:00 14:00 16:00 18:00（日・祝のみ）

所要：約1時間15分　運賃：€15

ビッグ・グリーン・バスがミッション・ロードMission Rd. Map P.167下-B から4:30 6:30 7:30 9:30 11:30 14:30 16:30 18:30

■アデアの **ℹ**
住Main St., V94 DWV7
TEL(061) 396255
URL discoverireland.ie
開夏期9:00～17:00
　冬期10:00～16:30　休12/25

アデアの **ℹ** はアデア・ヘリテージ・センター内にある

　アデアは「アイルランドで最もかわいいIreland's Most Tidy」といわれている村。1976年に「かわいい村コンテスト」で優勝したあとも、その素朴な美しさは失われていない。

　リムリックの南西、メーグ川のほとりにある13世紀にはキルデア伯フィッツジェラルド、19世紀にダンレイブン伯クインの領地だった所。現在のようなたたずまいになったのは、1820～1830年代のことだ。村には色とりどりの石造りの建物が並び、夏には赤や黄色の花が咲き乱れる。

アデアの歩き方

　バス停のあるメイン・ストリートMain St.周辺がアデアの中心。メイン・ストリート沿いには **ℹ** や宿泊施設などがあり、アデアの象徴でもある茅葺きの家屋が建ち並ぶ。レストラ

ンやパブも、メイン・ストリートとラスケール・ロード Rathkeale Rd.沿いに点在している。毎週土曜には、ヴィレッジ・ホールにてファーマーズ・マーケットが開催され、手作りのソーダブレッドや農産物などを購入できる。

まずはここに寄ろう　　　　　　　　　　　　　　Map P.184
アデア・ヘリテージ・センター　Adare Heritage Centre

　バス停のすぐ近くにあるアデア・ヘリテージ・センターは、町の観光をスタートするのにぴったりの場所。館内には、🛈のほか、カフェと土産物屋が入っているが、カフェ内は展示エリアを兼ねており、町の歴史を紹介するパネルや、中世のアデアの村のジオラマなどが置かれている。デズモンド城のツアーも申し込むことができる。

近年、修復が終わり公開された　　　　　　　　Map P.184
デズモンド城　Desmond Castle

　アデア村の入口にあるデズモンド城は、13世紀前半に建てられたノルマン様式の城で、アイルランド総督も務めたキルデア伯爵家が所有していた。1534年に第10代キルデア伯トーマス・フィッツジェラルドがイギリス王ヘンリー8世に対し反乱を起こしたため没収され、1536年にデズモンド伯爵家に与えられた。

■アデア・ヘリテージ・センター
🏠Main St., V94 DWV7
☎(061) 396666
🌐adareheritagecentre.ie
🕐夏期9:00～17:00
　冬期10:00～16:30
休12/25

■デズモンド城
🏠Desmond Castle, V94 962X
☎(061) 396666
🌐adareheritagecentre.ie
🕐6～9月10:00
休10～5月
料€10　学生€8（城内はツアー形式でのみ見学可。ツアーの申し込みは上記上部サイトのほか、アデア・ヘリテージ・センターで行うことができる）

メーグ川沿いに建つデズモンド城

　川沿いにあるマナーハウスのアデア・マナーのほか、宿泊施設はそれほど多くはないが観光客は多いので予約が必要。
　レストランはメイン・ストリート沿いに数軒あるが、ランチの時間帯は休業。パブはランチの時間帯も営業している。

最高級 103室	Map P.184	アデア・マナー Adare Manor

🏠Adare Village, V94 W8WR
☎(061) 605200
🌐www.adaremanor.com
👤👥🛏€595～
■ADJMV

📺全室 🍴全室 📱全室 🧺全室 🅿全室 📶Wi-Fi 全館無料

アイルランドを代表する古城ホテルで、歴史的な外観のなかに、最新かつ最高級の設備が整っている。広大な敷地にはゴルフ場が設けられており、2027年ライダーカップの開催予定地になっている。

Map P.184	ショーン・コリンズ Sean Collins & Sons	ダイニングパブ 音楽パブ

メニューはピザやフィッシュ＆チップス、ハンバーガー、カレーなど。クラフトビールの種類も充実。月・金20:30より伝統音楽の演奏が行われる。

🏠Rathkeale Rd., V94 F2X6　☎(061) 396400
🕐12:30～23:30（金・土12:30～翌1:30）
休12/25　■MV　📶あり

Map P.184	アーンティ・リーナズ Aunty Lena's	ダイニングパブ 音楽パブ

ふたつの建物からなるパブで、奥の建物は2階が裁判所、1階が留置所として利用された歴史的見どころでもある。食事は20:30まで。土曜の夜は生演奏もある。

🏠Main St., V94 HC91　☎(061) 396114
🌐www.auntylenas.com　🕐10:00～23:30（金・土10:00～翌0:30、日10:00～23:00）　休無休　■MV　📶あり

●アデア　マンスター州

185

中世マンスター州の政治の中心

キャッシェル
Cashel

ティペラリー県
Co. Tipperary

アイルランド国番号353
市外局番062

MAPS
広域地図P.19-D1
キャッシェルP.186

丘の上に建つロック・オブ・キャッシェル

Access Guide
キャッシェル

ダブリンから

所要:約2時間10分　運賃:€14

バス・エーランNo.245Xが8:00 12:00 14:00 18:00

コークから

所要:約1時間40分　運賃:€14

バス・エーランNo.245Xが8:00 12:00 14:00 18:00

リムリックから

所要:約1時間50分　運賃:€13

バス・エーランNo.332が6:30 9:30 12:00 14:30 17:40 20:30

■**キャッシェルの❶、キャッシェル・ヘリテージ・センター**
Map P.186
⊞City Hall, Main St., E25 W594
☎(062) 61333
URLwww.cashel.ie
⊞9:30〜17:30
⊞11〜2月の土・日

町の中心にあるキャッシェルの ❶

リムリックの南東、キャッシェルはアイルランドの町にしては珍しく、川や湖が視界に入ってこない。鉄道も通っておらず、奥地に来たという感じだ。平地の多いティペラリー県の岩の上に建つ要塞、ロック・オブ・キャッシェルが最大の見どころ。キャッシェル・パレス・ホテルはかつては大司教の邸宅でもあった。丘の麓には13世紀のドミニコ会の修道院がある。

❀ キャッシェルの**歩き方** ❀

　町の中心はメイン・ストリートMain St.。バス停や❶、おもなショップやレストラン、パブなどはすべてこの通り沿いにある。ロック・オブ・キャッシェルへは、❶の横から北へ延びるドミニク・ストリートDominic St.を通って行く。

　❶に隣接する**キャッシェル・ヘリテージ・センター**には、歴史を説明するパネルや、模型が展示されており、町を治める証である蜜蝋でできたメダルもある。

ブルー・ボルー
P.187 Brú Ború
ロック・オブ・キャッシェル
P.187
Rock of Cashel
Ladyswell St.
Rockville House Ⓗ
P.187**キャッシェル民芸村**
Cashel Folk Village
Orchid Garden Ⓡ
P.186
キャッシェル・ヘリテージ・センター
Feehan's
Bar
Cashel Palace Ⓗ
P.188
P.188
Main St.
P.188
Baileys Ⓗ
0　　　100m
キャッシェル

キャッシェルの見どころ

キャッシェルの町を見下ろす要塞　　　Map P.186

ロック・オブ・キャッシェル
Rock of Cashel

　高さ約90mの石灰岩の丘に堂々とそびえ建つ要塞は、1000年以上もマンスターの権力と宗教の象徴だった。4世紀頃からマンスターの王の城があり、伝説によると5世紀中頃に聖パトリックがマンスター王をキリスト教に改宗させ、洗礼を施した場所とされている。1101年にマンスター王が土地を教会に寄進したことで、現在まで見られる多くの宗教建築が建てられ、1647年のクロムウェルの侵攻まで宗教の中心地として栄えた。

　敷地内で最大の建物は**聖パトリック大聖堂**St. Patrick's Cathedralで、13世紀にゴシック様式で建てられたものだ。大聖堂の北に隣接するのは高さ28mある**ラウンドタワー**。キャッシェルが教会の所有になった直後に建てられたものと考えられている。大聖堂の南には、1134年に建てられたアイルランドを代表するロマネスク建築の傑作として知られる**コーマック礼拝堂**がある。かつて内部はフレスコ画によって装飾されており、現在でも部分的にその痕跡を見ることができる。また、柱頭部やアーチ周辺には人や想像上の動物などの彫刻が施されており美しい。礼拝堂内の見学は、保存の観点からガイドツアーでのみ可能。

　入口を入ってすぐ右の建物は、中世の合唱ホールで、12世紀に造られた**聖パトリックの十字架**St. Patrick's Crossを見ることができるほか、ロマネスク様式の彫刻などが多数展示されている。

キャッシェル周辺の生活を紹介　　　Map P.186

キャッシェル民芸村　Cashel Folk Village

　19世紀中頃〜20世紀前半のアイルランドが再現されており、教会や荷馬車などがある。キャッシェルの歴史紹介や、ビデオの上映も行われている。

アイルランドの音楽文化にスポットを当てた　　　Map P.186

ブルー・ボルー　Brú Ború

ブルー・ボルーの入口

　古代から現代までのアイルランドの音楽の歴史を、映像と音楽、展示品によって解説する。コンサートホールもあり、夏期を中心に伝統的アイルランド音楽やアイリッシュダンスが楽しめる。レストラン、カフェも併設されている。

■ロック・オブ・キャッシェル
住Rock of Cashel, E25 KX44
TEL(062) 61437
URLheritageireland.ie
開3月中旬〜10月上旬
　9:00〜16:45(最終入場)
　10月中旬〜3月中旬
　9:00〜15:45(最終入場)
休12/24〜26
料€8　学生€4
⊗コーマック礼拝堂
※チケットは上記ウェブサイトから購入できるが、コーマック礼拝堂のガイドツアーは現地で直接にしか申し込めない。人数に限りがあるので、できるだけ早く行って申し込みたい。

ロック・オブ・キャッシェル周辺はのどかな田園風景が広がる

ロマネスク様式のコーマック礼拝堂

■キャッシェル民芸村
住Dominic St., E25 A470
📱087-9151316
URLwww.cashelfolkvillage.ie
開10:00〜17:45
※日曜は午前または午後のみオープンの日もある
休10月下旬〜3月中旬
料€8　学生€7

キャッシェル民芸村

■ブルー・ボルー
住Brú Ború, E25 YE89
TEL(062) 61122
URLwww.bruboru.ie
開9:00〜17:00　**休**土・日
料€5　学生€4　コンサート€20〜

キャッシェルの宿泊施設はメイン・ストリートを中心に点在している。全体的に数が少ないので、できるだけ早い時期の予約が望ましい。ダブリンやコーク、リムリックなどから日帰りで訪れてもよい。レストランはメイン・ストリート沿いに何軒かある程度。

高級 42室　Map P.186　キャッシェル・パレス
Cashel Palace

🏠Main St., E25 EF61
☎(062)62002
URLwww.cashelpalacehotel.ie
🛏️€289〜
👫€309〜
AMV

司教館を利用したホテルで、2022年に全面改装が行われたばかり。豪華な館内はまさにパレスというにふさわしい。併設するビショップス・バッテリーBishop's Butteryはミシュランの星付きレストラン。スパ施設も併設している。

中級 19室　Map P.186　ベイリーズ
Baileys

🏠42 Main St., E25 XF79
☎(062)61937
URLwww.baileyshotelcashel.com
🛏️€155〜
👫€180〜
AMV

4つ星のブティックホテル。ホテルの建物は1709年に建てられた。客室は落ち着いた色合いの内装。併設するレストラン、ベイリーズ42Balieys 42も評価が高い。

Map P.186　フィアンズ
Feehan's Bar

パブ

週末は地元客を中心ににぎわう。食事は月〜土曜のランチの時間帯のみ可能。メニューはフィッシュ＆チップス、ステーキ、カレーなどがあり€14.50〜。

🏠105 Main St., E25 T386　☎(062)61929
🕐11:00〜24:00(金・土11:00〜翌0:30　日11:00〜23:30)
🛑無休　MV　📶あり

バトラー家ゆかりのティペラリー県をめぐる

バトラー家は、オーモンド伯爵、公爵位を保持するアイルランド屈指の貴族として長い間歴史にその名を残してきた。居城としては、キルケニー城(→P.118)が名高いが、ティペラリー県にもバトラー家ゆかりの建物を多く見ることができる。

■ケア Cahir　Map P.19-D2
1961年までバトラー家が代々所有してきた保存状態のよい古城と茅葺きが美しいスイス・コテージがある。
🚌キャッシェルからバス・エーランNo.245Xのコーク行きが10:13、14:11、16:11、20:13発、所要15〜20分。

●ケア城 Cahir Castle
🏠Castle St., E21 P652　☎(052)7441011
URLheritageireland.ie
🕐10月中旬〜2月9:30〜16:30　3月〜6月中旬、9月〜10月中旬9:30〜17:30　6月中旬〜8月9:00〜18:30
🛑12/24〜30　💶€5　学生€3

●スイス・コテージ Swiss Cottage
ガイドの案内に沿って見学する。
🏠Ardfinnan Rd., E21 DX07
☎046-9407005　🕐10:00〜18:00　🛑11〜3月中旬　💶€5　学生€3

■クロンメル Clonmel　Map P.19-D2
初代オーモンド公爵ジェイムズ・バトラー(1610〜1688年)によって建てられたメイン・ガードがある。
🚌キャッシェルからの直通はバーナード・キャヴァナーのNo.394の11:55と18:15発のみ。ケアからはエクスプレスウェイNo.55とバス・エーランNo.355が7:00〜21:28の1〜2時間に1便、所要20〜30分。

●メイン・ガード Main Guard
🏠Sarsfield St., E91 P7Y8　☎(052)6127484
URLheritageireland.ie　🕐9:00〜16:15(最終入場)
🛑月、9月下旬〜4月上旬　💶無料

■キャリック・オン・シュア Carrick on Suir　Map P.17-C2
バトラー家発祥の地で、「ブラック・トム」の異名をもつオーモンド伯トーマス・バトラー(1531〜1614年)によって建てられたエリザベス様式のオーモンド城がある。
🚌キャッシェルから直通はなく、ケアで乗り換え。エクスプレスウェイNo.55とバス・エーランNo.355が7:00〜21:28の1〜2時間に1便、所要40〜50分。

●オーモンド城 Ormond Castle
🏠Castle Park, off Castle St., E32 CX59
☎(051)640 787　URLheritageireland.ie
🕐10:00〜18:00　🛑11〜3月中旬　💶€5　学生€3

歴史と伝統を今に伝える町
エニス
Ennis

かつて広大な敷地を有していたエニス修道院

クレア県
Co. Clare

アイルランド国番号353
市外局番065

MAPS
広域地図P.19-C1
エニスP.190

リムリックから北西へ37kmの所に位置するエニスは、大西洋とシャノン川に三方を囲まれたクレア県の中心都市。モハーの断崖やバレンへの拠点となる町だが、13世紀に建てられた修道院をはじめ、博物館や伝統音楽用の演奏会場などの観光スポットもある。また、毎年5月の下旬はフラー・ヌアFleadh Nuaというアイルランド伝統音楽の祭りが開かれる。

エニスの歩き方

　駅とバスステーションは町の南東にあり、ビッグ・グリーン・バスのバス停はクレア博物館の近くにある。鉄道とバスステーションから中心部は徒歩15分ほど。メインストリートはレストランや店が並ぶ**オコンネル・ストリート**O'Connell St.。町の中心はオコンネルの像が建つ、**オコンネル・スクエア**O'Connell Sq.。❼はクレア博物館内にあり、スタッフがいるのは夏期のみだが、それ以外の時期でも地図やパンフレットが置かれている。

エニスの見どころ

町を見守るフランシスコ会の修道院　　　Map P.190-B
エニス修道院　Ennis Friary

　13世紀にオブライアン家によって建てられたフランシスコ会の修道院。敷地内には、数々のレリーフが残されており、非常に興味深い。特にマクマホンの墓は、キリストの捕縛から復活までの5つのシーンが彫られており、この修道院

Access Guide
エニス
ダブリンから	
所要：約3時間30分	運賃：€25

🚌 ビッグ・グリーン・バスがバラ・キーBurgh QuayMap P.55-D2から6:45〜23:45の1時間に1便

リムリックから	
所要：30〜40分	運賃：€9.10

🚌 月〜土 5:55 8:40 9:20 12:30 14:20 16:30 18:05 19:50 20:30
日 6:50 9:00 10:45 12:28 14:10 15:55 18:15 20:50

所要：約1時間	運賃：€11

🚌 エクスプレスウェイNo.51が7:25〜20:25の1時間に1便

所要：約45分	運賃：€8

🚌 ビッグ・グリーン・バスがアーサーズ・キー Arthur's QuayMap P.178-B1から9:30〜翌2:30の1時間に1便

ゴールウェイから	
所要：約1時間15分	運賃：€13.50

🚌 エクスプレスウェイNo.51が7:05〜20:05の1時間に1便

ドゥーランから	
所要：約1時間10分	運賃：€10.50

🚌 月〜金 バス・エーランNo.350が7:56 10:01 12:01 15:06 17:03
土 7:58 9:55 11:55 15:00 17:00
日 7:54 9:54 11:54 14:54 16:54

■エニスの❼　Map P.190-B
住Arthur's Row, V95 EC92
℡(065) 6828366
URLwww.visitennis.com
開9:30〜17:00 　休10〜5月

■エニス修道院

住Abbey St., V95 AN28
TEL(065) 6829100
URL heritageireland.ie
開3月中旬～10月10:00～18:00
※最終入場は17:15
休11月～3月中旬
料€5　学生€3

マクマホンの墓に彫られたレリーフは、ガラスケースに移されて展示されている

■クレア博物館

住Arthur's Row, V95 EC92
TEL(065) 6823382
URL claremuseum.ie
開6～9月9:30～17:00
　10～5月9:30～13:00 14:00～17:00
休日・祝、10～5月の月　料無料

グローア・アイルランド音楽センターの入口

■グローア・アイルランド
　音楽センター

住Causeway Link, V95 VHP0
TEL(065) 6843103
URL www.glor.ie
開10:00～15:00
夜にイベントがあるときは開館時間延長あり
休日、12/24～26・1/1
料イベントによって異なる。出演者はウェブサイトで確認できる。

センター内の展示

最大の見どころになっている。

　5つ目の復活を描いたレリーフの中で、キリストの横に卍マークがあるのに注目してみよう。卍マーク（スワスティカ）はキリスト教世界でも神聖な印とされており、ナチス・ドイツはこの印を逆にして国旗に取り入れたのだ。

クレア県の魅力をテーマ別に紹介　　　　　　　　Map P.190-B

クレア博物館 Clare Museum

　白壁のモダンな博物館。映像と音声を駆使したハイテクな展示が自慢で、年代順ではなく、「土、力、信仰、水」という4つのキーワードに沿った展示が続く。例え

❼はクレア博物館の中にある

ば「水」のコーナーでは大西洋とシャノン川、ヴァイキング関連の展示がある。クレア県から出土した発掘品の数々やデ・ヴァレラゆかりの品など興味深いものが多い。

アイルランドが誇る音楽を体験しよう　　　　　　Map P.190-B

グローア・アイルランド音楽センター
Glór Irish Music Centre

　グローアとは「声」を意味するゲール語。クレア県はアイルランドのなかでも特に伝統的音楽が息づいていることで知られ、アイルランドを代表するアーティストが年間を通じて演奏を行っている。

　併設のギャラリーはおもに現代アートを中心に展示されている。館内のカフェの評判も高く、オーガニック食材を使った料理を出している。

ホテルは町の中心のアビー・ストリートAbbey St.沿いに中級ホテルが数軒ある程度で数は多くない。B&Bは町の中心には少なく郊外に点在している。レストランやパブはアビー・ストリートやハイ・ストリート、オコンネル・ストリートなどに多い。

高級 70室 | Map P.190-B

テンプル・ゲート
Temple Gate Hotel

TV / 全室 | / 全室 | / 全室 | / 全室 | P 無料 | Wi-Fi 全館無料

住The Square, V95 H0XK
TEL(065) 6823300
URLwww.templegatehotel.com
♥/♥♣🛁📶€149〜
━ADMV

かつての女子修道院を改装したホテルで、本館の建物は教会だった。教会の身廊部分は結婚式などのイベントに利用される大ホールになっている。レストランや、ホテルバー部門での受賞歴のあるバーも併設している。

高級 105室 | Map P.190-A

オールド・グラウンド
Old Ground Hotel

TV / 全室 | / 全室 | / 全室 | / 全室 | P なし | Wi-Fi 全館無料

住Station Rd., V95 WDX2
TEL(065) 6828127
URLwww.oldgroundhotelennis.com
♥/♥♣🛁📶€155〜
━ADMV

18世紀創建のマナー・ハウスを改装した4つ星ホテル。クラシカルな雰囲気で、設備は最新のものが揃っている。レストランとダイニングパブが併設しており、パブでは金〜日曜の夜に生演奏あり。

Map P.190-A

ザ・タウン・ホール・ビストロ
The Town Hall Bistro

アイルランド料理 創作料理

かつての市庁舎を改装した雰囲気のよいビストロ。伝統的アイルランド料理に独自のアレンジを加えたメニューは、見た目も美しい。

住O'Connell St., V95 WDX2　TEL(065)6828127
URLwww.oldgroundhotelennis.com
🕙10:00〜16:00　18:00〜21:45（日12:00〜16:00　18:00〜21:45）　休12/25　━MV　📶あり

Map P.190-A

カフェ・アロマ
Café Aroma

カフェ

町の中心にあるカフェ。奥行きはないが、2〜3階にも座席があり、100人以上を収容可能。食事はサラダやパニーニ、タイカレーなど。朝食も出す。

住3 Bank Pl., V95 X3TR　📱089-4845309
URLwww.facebook.com/cafearomaennis/
🕙8:30〜18:00　休無休　━MV　📶あり

Map P.190-A

エニス・グルメストア
Ennis Gourmet Store

カフェ オーガニック食品

オーナー夫妻はフランス人で、エニスで最初にオープンテラスのカフェを開いたという。写真のスモークサーモンのサンドイッチ€14が人気。

住1 Barrack St., V95 TV77　TEL(065) 6843314
URLennisgourmet.com　🕙11:00〜20:00
休日　━AMV　📶あり

Map P.190-B

キアランズ・バー
Ciaráns Bar

音楽パブ ドリンクのみ

エニスの数あるパブのなかでも、特に伝統音楽の演奏レベルが高いことで知られ、演奏が行われる金・土曜の夜は非常に混み合う。演奏開始時刻は21:30前後。

住1 Francis St., V95 R9CT　📱086-8674695　🕙16:00〜23:00（金16:00〜翌1:00、土14:00〜翌1:00、日14:00〜23:00）　休12/25　━不可　📶なし

●エニス　マンスター州

ダブリン●
●モハーの断崖

クレア県
Co. Clare

アイルランド国番号353
市外局番065

MAPS
広域地図P.14-B3
ドゥーランP.192
ドゥーラン～モハーの断崖P.193
バレンとその周辺P.194

大西洋に突き出た断崖絶壁
モハーの断崖
Cliffs of Moher

見渡す限り続く断崖の海岸線

アイルランドの西海岸、クレア県の沿岸に思わず息を飲む断崖絶壁が大西洋に突き出ている。8kmにわたる絶壁には海鳥が巣を作り、強風に吹かれながら崖の周りを飛び交っている。

起点となる町

モハーの断崖の最寄りの町は**ドゥーラン**で、徒歩や自転車でも行ける距離。また、クルーズ船も出ている。**ゴールウェイ**からはバスのほか、バレンなど近郊の見どころと一緒に回る1日ツアー P.204 が数社より出ている。

起点の町　　　ドゥーラン Doolin

アラン諸島の対岸にある小さな村。モハーの断崖、バレンにも近く、ここからサイクリングやウオーキングをする人も多い。また、この村は伝統音楽が今も息づく所として特に評判が高く、村にあるパブでは生演奏が楽しめる。ホテル

Access Guide
モハーの断崖
ドゥーランから

所要:11～15分　運賃:€2.60

月～金　バス・エーランNo.350が7:56 10:01 12:01 15:06 17:03
土　7:58 9:55 11:55 15:00 17:00
日　7:54 9:54 11:54 14:54 16:54

ゴールウェイから
所要:約2時間10分　運賃:€13.50

バス・エーランNo.350が8:00 10:00 13:00 15:00

エニスから
所要:約50分　運賃:€10.50

バス・エーランNo.350が10:30 12:30 14:30 17:30 18:30

Access Guide
ドゥーラン
ゴールウェイから
所要:約2時間　運賃:€13.50

バス・エーランNo.350が8:00 10:00 13:00 15:00 18:00

イニシュモア島（アラン諸島）から
所要:約45分　運賃:€30

10:45 16:00（11～3月中旬運休）

イニシュマーン島（アラン諸島）から
所要:約25分　運賃:€30

11:00 16:15（11～3月中旬運休）

イニシィア島（アラン諸島）から
所要:約15分　運賃:€9

10:30 11:30 13:45 16:45（11～3月中旬運休）

ゴールウェイへ
Rainbow Hostel
P.196 McGann's R
P.196 Aille River H
ドゥーラン港
（アラン諸島行きフェリー、モハーの断崖クルーズ）
Hotel Doolin P.196
0　300m
P.196 Gus O'Connor's R S
Doolin Rent a Bike H Doolin Inn
P.193
ドゥーラン
モハーの断崖、エニスへ
N

ドゥーランの周辺とガス・オコナーズの周辺にはカフェやみ
やげ物屋が多い。

214mからの眺めは迫力満点　`Map P.14-B3`

モハーの断崖
Cliffs of Moher

モハーの断崖は南のハグス岬からドゥーランまで8kmにわたって続いている断崖絶壁。その高さは最も高い地点で214m。モハーの断崖は、霧に覆われていても大西洋の強風に吹かれていても、息を飲むようなすさまじさだ。強風が吹くと、海

荒々しい崖はさまざまな海鳥のコロニーになっている

水が水しぶきとなって雨のように降ってくるので、冬の寒さが厳しいときにはフード付きのコートを持って行くとよい。岩肌には黒い泥板岩と砂岩の層が美しいラインを描いている。岩棚にはウミガラスやウミバトなどの海鳥が巣を作り、キイキイと鳴いている。

■レンタル自転車
● Doolin Rent a Bike　Map P.192
🏠Fisher St., V95 D6V4
📞087-6569837
🕐8:00〜19:00　休無休

Information
ドゥーランからのクルーズ

崖の上から眺めるモハーの断崖もすばらしいが、海から見上げるとまた違った視点で楽しめる。夏期はドゥーラン港からボート・クルーズが催行されており、断崖の側までボートで近づくことが可能。下から眺める大迫力の断崖は圧巻の一言に尽きる。海鳥の営巣地でもあるので、4〜5月に行けばかわいいパフィンに出合えるかも?

Cliff of Mohar Cruises
📞(065) 7075618
🌐www.cliffsofmohercruises.ie
🕐1日2〜5便
休11〜2月　料€28　学生€26

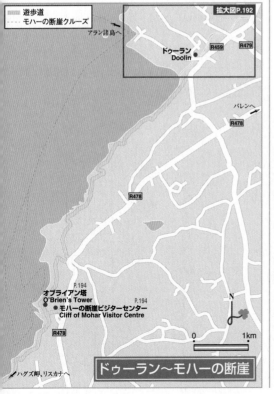

凡例
━━ 遊歩道
---- モハーの断崖クルーズ

拡大図P.192

アラン諸島へ

ドゥーラン
Doolin

R459　R479

バレンへ

R478

R478

P.194
オブライアン塔
O'Brien's Tower
P.194
●モハーの断崖ビジターセンター
Cliff of Mohar Visitor Centre

R478

N

0　　　　1km

ハグズ岬、リスカナへ

ドゥーラン〜モハーの断崖

Footpath & Cycling
ドゥーランからモハーの断崖へ

ドゥーランからモハーの断崖へは、徒歩で行くこともできる。ドゥーラン〜モハーの断崖ビジターセンター〜ハグス岬〜リスカナでは、全長20kmの遊歩道が整備されている。ドゥーランからモハーの断崖ビジターセンターまでの距離は8kmあり、所要2時間〜2時間30分。ドゥーランからリスカナまでは所要4〜5時間。モハーの断崖と大西洋の景色は迫力満点。絶壁沿いから大西洋も眺めることができる。安全面には最大限の注意を払いながら進もう。

モハーの断崖周辺の遊歩道。迫力のある眺めを堪能できる

●モハーの断崖　マンスター州

風景に溶け込んだビジターセンター

■モハーの断崖ビジターセンター
🏠Liscannor, V95 KN9T
☎(065)7086141
URLwww.cliffsofmoher.ie
🕐11〜2月9:00〜17:00
　3・4・9・10月8:00〜19:00
　5〜8月8:00〜21:00
休12/24〜26　料€7〜
※断崖エリア、ビジターセンター、オブライアン塔を含む入場料。入場料金は日時によって異なる変動制で、時間ごとの入場者数が決められているので、早めの予約が望ましい。ツアーに参加している場合はツアー代金に含まれていることが多い。

📝 断崖は気を付けて歩こう

モハーの断崖は圧倒的に美しく、行ったほうがよい場所のひとつです。つい「もっと先まで行って景色を見たい」と思って歩行ルートを歩んでしまいます。注意点としては、オブライアン塔付近までは道が整備されていますが、その先は長年の間に人が踏み固めた道を歩くことです。風が非常に強く、手すりや柵もないので落下しないよう注意が必要です。
（東京都　Apricot　'19夏）

モハーの断崖ビジターセンター　ビジターセンター内はモハーの断崖周辺の生態系や歴史などをパネルや映像を用いて紹介する展示が行われている。なかでも、最新の映像技術を使って、モハーの断崖やその周辺に生息する生物などを紹介する「4Dリッジ・エクスペリエンスThe 4D LedgeExpeience」は迫力満点だ。

断崖で最も高い場所にある　　　　　　　　　　　Map P.19
オブライアン塔　O'Brien's Tower

　モハーはゲール語で「廃虚になった崖」を意味する。かつて要塞として使われたが、18世紀のナポレオン戦争で破壊された。その後、珍しもの好きの領主コーネリアス・オブライアンが塔を建て、お客たちを楽しませたと

すばらしい眺望が楽しめるオブライアン塔

いう。この塔のてっぺんは、断崖で最も高い位置にあり、アラン諸島やコネマラ地方の山々までもが一望のもとだ。

石灰岩の丘陵が広がる不思議な景観　　　　　　　Map P.194
バレン
The Burren

　ゲール語のバレンBhoireannとは「石の多い場所」を意味する。石灰岩は水による侵食を受けやすく、洪積世に氷板で凝固や融解作用を起こした。さらに約2億6000万年

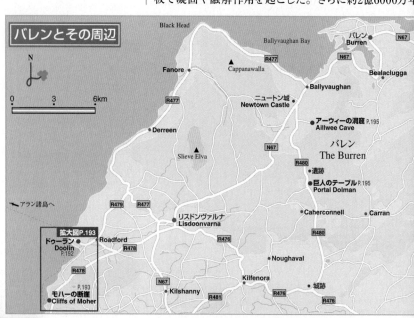
バレンとその周辺

Black Head
Ballyvaughan Bay
バレン Burren
N67
N67
Fanore
Cappanawalla
R477
Bealaclugga
Ballyvaughan
ニュートン城 Newtown Castle
N
0　　3　　6km
アーウィーの洞窟 P.195 Aillwee Cave
Derreen
N67
バレン The Burren
R480
Slieve Elva
遺跡
巨人のテーブル P.195 Portal Dolman
アラン諸島へ
R479　R477
Caherconnell　Carran
リスドンヴァルナ Lisdoonvarna
R480
拡大図 P.193
ドゥーラン Doolin P.192
Roadford
R478
R476
Noughaval
モハーの断崖 P.193 Cliffs of Moher
N67
R478
Kilshanny
Kilfenora
城跡
R481
R476　R476

ルメンという自然の石を立てた大きな墓石。まさに巨人のテーブルだ

バレン周辺では石灰岩の丘陵が広がる

前に起こった地殻変動で海底から押し上げられて、現在のように石灰岩が広がる光景となったという。どこまでも続く石灰岩の丘陵は、まるでどこか別の惑星に降り立ったかのような光景だ。クロムウェルがこの地に侵攻したとき、「人を吊るす木もなく、溺れさせる水もなく、生き埋めにする土もない」と拷問の方法を考えるのに途方に暮れたという。

巨人のテーブル この地域では太古の民族が自然石を立てたドルメンDolmenと呼ばれる支石墓や古い教会、修道院の跡など、さまざまな時代の遺物を見ることができる。特に「巨人のテーブル」とも呼ばれるプルナブロン・ドルメンPoulnabrone Dolmenは必見だ。

多様な動植物 5〜8月には特殊なバラなど、地中海やアルプスでしか見られない植物が楽しめる。蝶の種類は28種類にのぼり、丘や牧草地ではヒバリやカッコウが、沿岸ではウミガラスなどが見られる。

バレンで唯一公開されている洞窟　　　　　　Map P.194

アーウィーの洞窟　Aillwee Cave

巨人のテーブルから5kmほど北にあるアーウィーの洞窟は、バレンにある何千もの洞窟のなかで唯一、一般公開されているものだ。洞窟が形成され始めたのは何百万年も昔に遡る。

水分がアーウィー山の地下にしみ込み、溝が石灰岩に

●モハーの断崖　マンスター州

アーウィーの洞窟入口

広がって、現在の洞窟が少しずつ形成された。氷河時代には、雪や氷が深く積もり、地面はほとんど埋まっていたという。氷が溶けたとき、一気に水がどっと流れ出し、現在のような洞窟になった。

洞窟の内部はまるで芸術作品のような美しさ。その形状から"祈りの手"とも呼ばれている、気の遠くなるような時を経て造られたこの洞窟を見るとき、私たちは自然に対する畏敬の念を感じずにはいられないだろう。

また、敷地内にはワシやタカ、フクロウなどの猛禽類の保護、飼育をしている**猛禽類センター** Birds of Prey Centreが併設されている。チケットは洞窟と共通のもの。

Hotel Restaurant

ドゥーランには中級ホテルこそ少ないが、B&Bの数は多い。ただし、夏期のシーズン中は早めの予約が必須。村に3軒あるパブは、いずれも食事を出し、夜は音楽演奏も楽しめる。名物のカニ、ドゥーラン・クラブも試してみよう。

中級 17室 ｜ Map P.192 ドゥーラン ｜ ホテル・ドゥーラン Hotel Doolin

住Fitz's Cross, V95 DE2X
TEL(065) 7074111
URL www.hoteldoolin.ie
€140～
M V

TV 全室 / ドライヤー 全室 / ポット 全室 / セーフティボックス 全室 / P 無料 / Wi-Fi 全館無料

村では数少ない中級ホテル。設備と規模はドゥーランでは一番。部屋は広くてゆったりしている。館内にはレストラン、バーなどがある。

ホステル ベッド数42 ｜ Map P.192 ドゥーラン ｜ アイリー・リバー Aille River Hostel

住Doolin, V95 AN80
TEL(065) 7074260
URL www.ailleriverhosteldoolin.ie
DOM €30～
€70～
M V

TV なし / ドライヤー 希望者 / ポット なし / セーフティボックス なし / P 無料 / Wi-Fi 全館無料

村のちょうど真ん中あたりあるホステル。ドミトリーのベッド数は6で、男女混合。個別のロッカー付き。ドミトリーのほか、個室の数も多い。キッチンは無料で使用可。

Map P.192 ドゥーラン ｜ ガス・オコナーズ Gus O'Connor's ｜ ダイニングパブ 音楽パブ

数々の賞に輝いており、いつもにぎわっているパブ。夏期は毎晩、冬期は週末に音楽の演奏が行われ、日曜は夕方頃からのスタート。食事のメインはフィッシュ&チップスやギネスシチューなどがあり€16.95～30。

住Fisher St., V95 FY67 TEL(065) 7074168
URL www.gusoconnorsdoolin.com
開10:00～深夜 食事12:15～21:00(金～日12:15～21:30) 休無休 M V Wi-Fiなし

Map P.192 ドゥーラン ｜ マクガンズ McGann's ｜ ダイニングパブ イン

村の中心部にあるパブ。音楽の演奏は夏期は毎晩行われており、冬期は金～日曜のみ。食事は伝統的なアイルランドのパブフードを提供しており、メインの料理は€14.50～22。

住Main St., V95 TKF8 TEL(065)7074133
URL www.mcgannspubdoolin.com 開12:00～23:30(金12:00～翌0:30、土10:00～翌0:30、日10:00～23:00)
休無休 A M V Wi-Fiあり

厳しい自然の造形美

コナート州

Connaught

上：イニシュモア島で見られる天然のプール、ポル・ナ・ビースト　左：スライゴーは詩人ウィリアム・バトラー・
イェーツがこよなく愛した土地　右：コリブ湖沿いに建つアシュフォード城

コナート州

ゴールウェイ アラン諸島やモハーの断崖などへの起点となる町。音楽パブでは質の高い演奏が毎晩行われ、多くの旅行者でにぎわっている。

アラン諸島 海藻を乾燥させて土を作り、風防の石垣で囲んだ不思議な景観が広がる。イニシュモア島の**ドン・エンガス** P.217 などで知られるコナート州随一の観光地。

コネマラ地方 **コネマラ国立公園** P.221 に代表される緑が多い地域だが、木も生えない泥炭層をもつ地域も併せもっており、地球上とは思えない風景が広がっている。

スライゴー ノーベル賞作家イエーツにゆかりのある町。郊外にはサーフィンと海藻風呂で有名な**ストランドヒル** P.234 や、古代墳墓群**キャロウモア古代遺跡** P.235 などがある。

荒涼とした大地を散策 ➡P.221
コネマラ国立公園
Connemara National Park

アイルランド北西部の中心都市
スライゴー ➡P.232
Sligo

ドネゴール●
スライゴー●
●ウエストポート
コネマラ国立公園● ●コング
●アスローン
ゴールウェイ●
アラン諸島●
●バレン
●モハーの断崖

独自の景観と遺跡に彩られた島
アラン諸島 ➡P.213
Aran Islands

評判の音楽パブが軒を連ねる
ゴールウェイ ➡P.200
Galway

見どころ ＆ アクティビティ

アランセーター

詳細記事 P.213

ゴールウェイでも購入できる

アランセーターは、脱脂されていない羊毛を使っており、防水性と耐久性に優れている。セーターの文様は、種類によって込められた意味が異なる。

ドン・エンガス

nature **詳細記事 P.217**

迫力のある眺め

アラン諸島のなかで最大の見どころの古代要塞。砦は3000年以上前に造られたといわれている。砦の先にある断崖は海面から90mの高さにある。

クラダリング

詳細記事 P.201

ネックレスタイプもある

ゴールウェイの宝飾店やおみやげ店にて、友愛のシンボルでもあるクラダリングを手に入れることができる。指輪のつける方向でも意味合いが異なる。

音楽パブ

music **楽しめるお店 P.210, 231**

気軽に演奏を楽しめる

ウエストポート中心部や、ゴールウェイのハイ・ストリート周辺とウエスト・エンドにある音楽パブでは、レベルの高い伝統音楽の演奏が毎晩行われている。

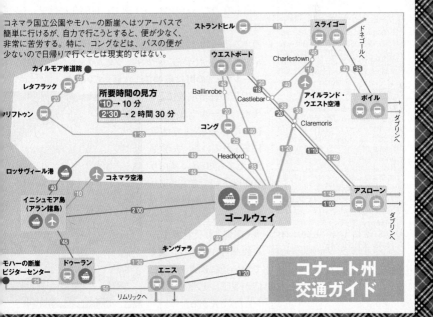

コネマラ国立公園やモハーの断崖へはツアーバスで簡単に行けるが、自力で行こうとすると、便が少なく、非常に苦労する。特に、コングなどは、バスの便が少ないので日帰りで行くことは現実的ではない。

所要時間の見方
10 → 10 分
2:30 → 2 時間 30 分

コナート州
交通ガイド

アイルランド西部の中心都市
ゴールウェイ
Galway

ゴールウェイ県
Co. Galway

アイルランド国番号353
市外局番091

MAPS
広域地図P.14-B3
ゴールウェイ、ソルトヒルP.202
ゴールウェイ市街拡大図P.203
ショップ・ストリート〜
キー・ストリートP.206

中心部では路上パフォーマンスが頻繁に見られ

Access Guide
ゴールウェイ
ダブリンから
🚆 所要:約2時間30分　運賃:€29.30
ヒューストン駅から7:35（金なし）
9:25 11:25 13:30 15:35 16:30
17:30 18:30 19:35
日 8:00 11:40 14:40 16:35 18:45 20:30
所要:2時間30分〜3時間30分
運賃:€20
🚌 シティリンクがクランプトン・キー
Crampton Quay P.77-D1から
6:45〜翌0:15の1時間に1〜3便程度
ダブリン空港から
所要:3〜4時間　運賃:€20
🚌 シティリンクが6:15〜23:55の1
時間に1〜3便
所要:約2時間30分　運賃:€26
🚌 シティリンクNo.760エーライーグ
ルが11:15〜19:15の1時間に1便
0:30 1:15（土・日・月のみ）3:15
リムリックから
所要:約2時間20分　運賃:€18
🚌 エクスプレスウェイNo.51が7:25
〜20:25の1時間に1便
所要:約1時間20分　運賃:€21
🚌 シティリンクがヘンリー・ストリー
トHenry St.Map P1.78-A2から
9:45 12:45 14:45 16:00 17:45
18:45 20:45 21:45
スライゴーから
所要:約2時間40分　運賃:€19
🚌 エクスプレスウェイNo.64が6:00
（日なし）8:00〜18:15の2時間に
1便程度

　ゴールウェイは"古代アイルランド"と呼ばれる時代に、こ
リブ川河口の小さな漁村として生まれた。1236年にはリチ
ャード・ド・ブルゴRichard de Burgoが城を築き、その後
中世には都市国家として発展した。15世紀になるとトライ
ブズ・オブ・ゴールウェイTribes of Galwayという裕福な1
家族の商人がゴールウェイで権勢をふるっていた。なかで
も最も有力だったのがリンチ家で、1484年にはジェイムズ・
リンチがゴールウェイ初の県知事となった。この時代を象
徴する建造物として、聖ニコラス教会やリンチ家の城、スペ
イン門が残っている。その後、クロムウェルらの攻撃により
ゴールウェイの町は破壊され、衰えていった。

　近年の経済成長により
現在のゴールウェイは西
部の中心都市として活気
にあふれている。大学都
市としても知られ、約8万
5000の人口で学生が2万
人以上上る。国際的に有
名なフェスティバルが数
多く開催され、世界中か
ら観光客が集まる。細く
て狭い道にはカラフルな
店が並び、パブやレストラ
ンもたくさんある。

世界に名高いゴールウェイ産のカキ。9月に
オイスター・フェスティバルが開かれる

モデルルート

ゴールウェイはモハーの断崖やアラン諸島への起点となる町。ツアーは数多く催行されているので、自分に合ったプランを選ぼう。

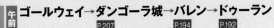
1泊2日　モハーの断崖&アラン諸島コース

ゴールウェイに到着した日にモハーの断崖へのツアーや、アラン諸島へのフェリーを手配しておこう。もう1日ゆとりがあれば、コネマラ国立公園へのツアーもおすすめ。

午前 ゴールウェイ→ダンゴーラ城→バレン→ドゥーラン
P.207　　　P.194　　P.192

行き先はツアー会社によっても異なるが、大体上記のルートを回り、ドゥーランのパブでランチタイムとなる。安いツアーの場合、ダンゴーラ城やバレンの見学が割愛される場合が多い。

午後 ドゥーラン→モハーの断崖→ゴールウェイ
P.192　　　P.193

午後はモハーの断崖で自由時間（所要2時間）。遊歩道の散策や、モハーの断崖ビジターセンターを見学しよう。ビジターセンターの入場料が含まれているツアーもある。

自由時間で遊歩道を散策しよう

午前 ゴールウェイ→ロッサヴィール港→イニシュモア島（アラン諸島）
P.213　　　　　　P.214

ドン・エンガスやナ・ショフト・ジャンピルなど、多くの見どころがあるイニシュモア島へのツアーが人気。自由行動のツアーがほとんどなので、島に到着したらレンタサイクルかバスや馬車などで島を巡ろう。

午後 キルロナン村→ドン・エンガス→ロッサヴィール港→ゴールウェイ
P.214　　　P.217

ランチは港のあるキルロナン村かドン・エンガスのあるキルマーヴィー村で。ドン・エンガスの見学後は船の出航時間までキルロナン村でショッピング。

ゴールウェイの**歩き方**

中心部　別名、ケネディ・パークと呼ばれる**エア・スクエア**Eyre Sq.から始まり、**ウィリアム・ストリート**William St.、**ショップ・ストリート**Shop St.、**ハイ・ストリート**Higt St.、**キー・ストリート**Quay St.へ続くエリアは最もハイセンスな通り。キー・ストリートの北側、**キルワンズ・レーン**Kirwan's Ln.は、中世の面影が残る所。聖ニコラス教会前の**チャーチ・ヤード・ストリート**Church Yard St.では週末にマーケットが開催され、地元のアーティストによる手作り雑貨や食べ物の出店が軒を連ね、多くの人でにぎわっている。

エア・スクエア　別名、ケネディ・パーク。1963年にゴールウェイを訪問した故ケネディ・アメリカ大統領にちなんで名づけられた。日光浴をしたり、のんびりと過ごせる憩いの場だ。

ウエスト・エンド　コリブ川の西側にあり、おしゃれなレストランやパブが集まっているエリア。また、ウルフ・トーン橋のたもとにはアメリカ大陸発見500年祭のときに建てられた記念碑がある。

ソルトヒル　市内から3km西に広がる沿岸リゾート地。ゴールウェイ湾を望める高級ホテルやB&Bも多い。約4kmに

エア・スクエアは学生にとっての憩いの場

クラダリング

●ゴールウェイ　コナート州

ソルトヒルでサイクリング！

■アイルランド・ウエスト空港
■ゴールウェイ市内へ行くエクスプレスウェイNo.64のバスは8:55、10:55、12:55、14:50、16:55発。
住Kilgariff, Charlestown, Co. Mayo, F12 P8P9
TEL(094) 9368100
URLwww.irelandwestairport.com

も及ぶ海岸線ではすがすがしい散歩ができ、海に沈む夕日の眺めも最高。町の中心からも近いのでサイクリングコースとしてもおすすめ。エア・スクエアまでの市内バスも頻繁している。

✈ 空港から市の中心部へ ✈

アイルランド・ウエスト空港 正式名称はアイルランド・ウエスト・空港Ireland West Airportだが、ノック空港Knock Airportという名前でもよく知られている。ゴールウェイの北92kmにあり、イギリスの主要都市を中心にスペインやイタリアのリゾート地などにも便がある。ゴールウェ

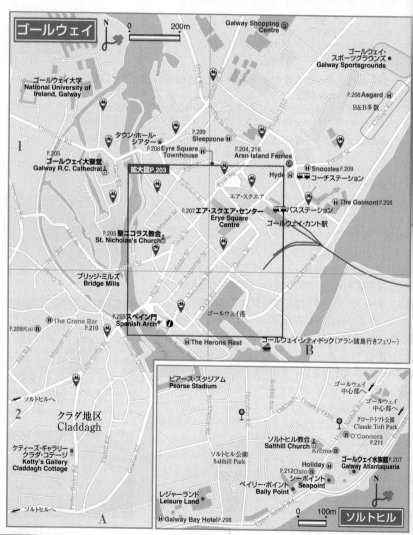

ゴールウェイ

- Galway Shopping Centre
- ゴールウェイ・スポーツグラウンズ Galway Sportsgrounds
- ゴールウェイ大学 National University of Ireland, Galway
- P.208 Asgard B&B多数
- タウン・ホール・シアター
- P.209 Sleepzone
- P.208 エア・スクエア・タウンハウス Eyre Square Townhouse
- P.205 ゴールウェイ大聖堂 Galway R.C. Cathedral
- 拡大図P.203
- P.204, 216 Aran Island Ferries
- Hyde
- Snoozles P.209
- コーチステーション
- エア・スクエア
- P.207 エア・スクエア・センター Erye Square Centre
- バスステーション
- The Galmont P.208
- P.205 聖ニコラス教会 St. Nicholas's Church
- ゴールウェイ・カント駅
- ブリッジ・ミルズ Bridge Mills
- P.209 Kai
- The Crane Bar P.210
- P.209 Kai
- P.205 スペイン門 Spanish Arch
- ゴールウェイ港
- ゴールウェイ・シティ・ドック(アラン諸島行きフェリー)
- The Herons Rest
- クラダ地区 Claddagh
- ケティーズ・ギャラリー クラダ・コテージ Ketty's Gallery Claddagh Cottage
- ソルトヒルへ
- ソルトヒルへ
- Galway Bay Hotel P.208

ソルトヒル

- ピアース・スタジアム Pearse Stadium
- ゴールウェイ中心部へ
- ゴールウェイ中心部へ
- クロード・トフト公園 Claude Toft Park
- O'Connors P.211
- ソルトヒル教会 Salthill Church
- Krema
- ゴールウェイ水族館 P.207 Galway Atlantaquaria
- ソルトヒル公園 Salthill Park
- P.212 Oslo
- Holiday
- シーポイント Seapoint
- ベイリー・ポイント Baily Point
- レジャーランド Leisure Land

市内へは、エクスプレスウェイNo.64で所要約1時間50分、運賃€15.50。

コネマラ空港　アラン諸島への便が発着する空港で、インヴェラン空港Inverin Airportとも呼ばれる。市内と空港はエア・アラン・アイランズの送迎バスによって結ばれている。

　また、ダブリン空港やシャノン空港からもゴールウェイ行きバスが頻発している。

🚃 鉄道駅から市の中心部へ 🚃

　ゴールウェイの鉄道駅はエア・スクエアの前。町の中心部にあるので利用価値が高い。

🚌 バスターミナルから市の中心部へ 🚌

バスステーション　鉄道駅に隣接したバスステーションからはバス・エーランとエクスプレスウェイの便が発着する。

コーチステーション　紛らわしい名前だが、こちらからはシティリンクのバスが発着する。

■TFIバイクス

🔗www.bikeshare.ie

ゴールウェイ市内の自転車シェアシステム。3日間利用は基本料が€3、デポジット€150。30分以内の利用は無料で、1時間までは€0.50、2時間までは€1.50、3時間までは€3.50、4時間までは€6.50かかり、以降は30分ごとに€2かかる。

手続きはレンタルステーションではできず、事前にインターネットやスマホアプリを通じて行っておく必要がある。ウォーターフォード、コーク、リムリックも同じシステムで、アプリも共通。詳しい利用法は、P.143参照。

バス・エーランとエクスプレスウェイ以外のバスが発着するコーチステーション

ゴールウェイ市街拡大図

ゴールウェイの❼

■ゴールウェイの❼
Map P.203-A2
🏠Galway City Museum,
Spanish Parade, H91 CX5P
☎1800-230330
🕐9:00～13:00 14:00～17:00
🚫10～5月の日曜

🚌 おすすめバスツアー
コネマラ地方とカイルモア修道院のバ
スツアーに参加しました。モハーの断
崖ツアーに比べると地味な印象を受け
るかもしれませんが、満足度の高いツ
アーでした。特にキラリー湾のフィヨ
ルドは、まるでファンタジーの世界の
ように美しく、忘れられません。
（東京都　Apricot　'19夏）

市内交通

市内バス　エア・スクエア周辺に発着している。運賃は現
金払いが€1.90～、リープ・カード P.62 利用では€1.35～。
ソルトヒルに行くときなどに便利。リープ・カードは、フォル
スター・ストリートForster St.のセントラCentraなどで販売
している。

市内観光バス　市内の観光名所を回るオープントップバ
スは、エア・スクエア前やソルトヒルに発着する。

タクシー　駅前やエア・スクエア周辺などに多い。

旅の情報収集

観光案内所　❼はコリブ川沿いに建つゴールウェイ市立
博物館と同じ建物の中にある。

旅行会社　アラン諸島行きのフェリーや、バスツアーを扱う
旅行会社のオフィスはエア・スクエア周辺に集中している。

ゴールウェイ発着のツアー

🚌 モハーの断崖とバレン
9:30発　所要約8時間　📋€50　学生€45
モハーの断崖やバレンを散策する。アーウィーの洞
窟では30分のツアーで洞窟内を探検。

🚌 コネマラ地方とカイルモア修道院
10:00発　所要7時間30分　📋€50　学生€45
カイルモア修道院やアイルランド唯一のフィヨルド地
形のキラリー湾を見学する。

🚌 コネマラ国立公園とダイアモンド・ヒル
10:00発　所要7時間30分　📋€40　学生€35
コネマラ国立公園に2時間滞在し、ダイアモンド・ヒ
ルにも登る。キラリー湾にも訪れる。

🚌 モハーの断崖エクスプレス
12:00発　所要5時間30分　📋€45
モハーの断崖への往復バスで、ガイドはつかない。

🚌 シティ・サイトシーイング・ゴールウェイ
冬期9:30～15:30の1時間30分に1便、
夏期9:30～16:15の45分に1便　所要約1時間
📋24時間€16　学生€14　48時間 €19　学生€17
市内13ヵ所を巡る乗り降り自由のバスツアー。

ラリー・ツアーズ Lally Tours Map P.203-B1
☎(091) 562905　🌐www.lallytours.com 🚌
郊外バスツアーはハイド・ホテルHyde Hotel前出発。

🚢 イニシュモア島とモハーの断崖ツアー
4～9月中旬の9:30発　所要約8時間30分　📋€49
イニシュモア島に4～5時間滞在。ゴールウェイに戻
る途中にモハーの断崖を海の上から眺める。

アラン・アイランド・フェリーズ Aran Island Ferries
Map P.202-B1 P.203-B1　☎(091) 568903
🌐www.aranislandferries.com 🚌
ゴールウェイ・シティ・ドックGalway City Dock出発。

🚌 アラン諸島とモハーの断崖クルーズ
3～10月の9:00発　所要約10時間30分　📋€75　学生€70
午前中はイニシィア島へ、午後は下からモハーの断崖を
ボートで、昼食後は断崖を上から見学。

🚌 モハーの断崖
12:00発　所要6時間45分　📋€50　学生€45
モハーの断崖で2時間過ごすお昼出発のツアー。見
学後はドゥーラン村のパブにも訪れる。

🚌 モハーの断崖とバレン
10:00発　所要約8時間15分　📋€50　学生€45
モハーの断崖を2時間見学し、バレンでは巨人のテー
ブルも見学する。

🚌 コネマラ地方とカイルモア修道院
10:00発　所要約8時間　📋€40　学生€35
カイルモア修道院や映画『静かなる男』のロケ地にも
なったコングなどに立ち寄る。

ゴールウェイ・ツアー Galway Tour Map P.203-B1
☎(091) 566566　🌐www.galwaytourcompany.com 🚌
キンレイ・ホステル前から出発。

🚌 コネマラ地方
10:00発　所要約9時間　📋€45　学生€40
コネマラ地方を訪れるツアーで、途中カイルモア修
道院かコネマラ国立公園のどちらを訪れるか選べる。

🚌 モハーの断崖とバレン
9:30発　所要約8時間　📋€50　学生€45
バレンをはじめとするアイルランド西部の景色を堪能
し、ドゥーランでランチ。モハーの断崖では2時間滞
在する。

ワイルド・アトランティック・ウェイ・デイ・ツアー
Wild Atlantic Way Day Tour
☎(091) 778778　🌐wildatlanticwaydaytours.com 🚌
キンレイ・ホステル前から出発。

ゴールウェイの見どころ

コロンブスが安全祈願した

Map P.203-A1

聖ニコラス教会 St. Nicholas's Church

ウィリアム・ストリートを西に向かうと右側に尖塔が見えてくる。これが聖ニコラス教会だ。1477年にコロンブスが大西洋へ船出する前に旅の安全を祈願した教会として知られている。1320年に教会は聖ニコラスに捧げるために建てられた後、15、16世紀に拡張された。

聖ニコラスは子供の守護聖人、またはサンタクロースのモデルとして知られているが、漁師の守護聖人としてもあがめられている。

コリブ川沿いにそびえる壮麗な大聖堂

Map P.202-A1

ゴールウェイ大聖堂 Galway Roman Catholic Cathedral

サーモン・ウェア橋を西に渡った中洲にあるカトリックの大聖堂。もともと刑務所があった所に聖堂が建てられ、1965年にボストン大司教のクッシング枢機卿から公式に献呈された。ルネッサンス様式の立派な外観をもつ大聖堂で、教会の床にはコネマラ地方産の有名な緑色の大理石が使われている。杉材の荘厳な天井と淡いグレイの石灰岩の壁に緑の床はとてもよく合っていて美しい。

過去の栄光を物語る

Map P.203-A2

スペイン門とゴールウェイ市立博物館
Spanish Arch & Galway City Museum

コリブ川沿いにあるスペイン門とゴールウェイ市立博物館

町の中心地からウルフ・トーン橋を渡る手前に、スペイン門と呼ばれる古びたアーチ跡がある。1594年に波止場を守るために4つの門が建てられたが、現在残っているのは、このスペイン門だけ。中世には、スペイン門の前に波止場が建設され、イギリスやヨーロッパ大陸との貿易でにぎわっていた。現在ある門は、スペインの船からワインやブランデーの積み荷をおろしていた所だ。門の周辺には芝生が広がり、市民の憩いの場として誰もがくつろげる。

ゴールウェイ市立博物館は、スペイン門の近くにある近代的な建物。中世から現代にわたるゴールウェイの歴史にスポットをあてており、美術品や民芸品まで幅広い。博物館にはカフェが併設されているので、鑑賞後にひと休みすることができる。

■聖ニコラス教会
住Lombard St., H91 PY20
TEL089-4898084
URLwww.stnicholas.ie
開10:00～17:00（水11:00～17:00）
休日 料€7 学生€5

聖ニコラス教会

■ゴールウェイ大聖堂
住University Rd., H91 A780
TEL(091) 563577
URLwww.galwaycathedral.ie
開8:30～18:30 休祝
料希望寄付額€3

緑色のドームが印象的なゴールウェイ大聖堂

■ゴールウェイ市立博物館
住Spanish Parade, H91 CX5P
TEL(091) 532460
URLwww.galwaycitymuseum.ie
開10:00～17:00（日12:00～17:00）
休日・月、1/1、聖金曜、12/25・26
料希望寄付額€5 Ⓢ

📝 充実の展示

ゴールウェイ市内を訪れたら、ゴールウェイ市立博物館をぜひ見学するとよいと思います。歴史関係だけでなく、自然環境に関する展示や、CGを使って昔の町並みを再現した映像等があり、とても充実しています。特にキーパーズ・オブ・ザ・ゲールKeepers of the Gaelという展示コーナーがよかったです。詩人や音楽家、自然の捉え方等のテーマに沿って、古代のアイルランド人の考え方が分かるようになっていました。
（東京都　Apricot　'19夏）

●ゴールウェイ　コナート州

パブが建ち並びパフォーマンスが行われる

ショップ・ストリート〜キー・ストリート

リンチ家の城のショップ・ストリートからジュリーズ・インのキー・ストリートの間には、伝統音楽の演奏が行われるパブや、さまざまな路上アーティストによるパフォーマンスが行われている。

マーケットで手作りアイテムをゲット！

サンドアートの職人も登場！

N

P.207 **リンチ家の城**
Lynch's Castle

McCambridge's
おしゃれなデリ&カフェ

リンチ記念碑 P.207
Lynch Memorial Window

McDonald's

0　　　　　　　50m

聖ニコラス教会 P.205
St. Nicholas's Church

書店
eason

ファストファッション
River Island

週末に開催
ストリート・マーケット

伝統音楽のライブが
毎晩18:00と21:00開始
Tig Cóilí

Sheridans P.212
チーズとワイン

ダブリンなどに支店もある
Claddagh Jewellers
P.212

伝統音楽のライブが
毎晩17:30と21:30開始
Taaffes

ベーカリー
Griffin's

料理も音楽も人気
King's Head P.210

Ó Máille P.212
最高級セーター

昔ながらのお菓子
Aunty Nellies

人気のデザイン雑貨
Kilkenny Design

Jブースのあるパブ
The Front Door

おみやげ各種
Carrolls

地元の人に人気
Tigh Neactain's

クラダリングの老舗
Thomas Dillon's
P.212

旅行者にも人気のレストラン
The Quay
Street Kitchen

フィッシュ&
チップスの人気店
McDonagh's P.209

クラダリングを中心におみやげが並ぶ
Claddagh and Celtic Jewellery

夜のハイ・ストリート

ターフェスでの伝統音楽の演奏

中世の壁や塔が残るショッピングセンター　Map P.203-B1
エア・スクエア・センター Eyre Square Centre

　ショッピングセンター内のところどころに古い遺跡が残っており、中世と現代が混ざり合った興味深い造り。中央広場にあるふたつの石塔は17世紀に時を告げていた鐘楼だ。これは地中深くに埋没していたのをショッピングセンターの建設中に偶然発見され、修復された。壁は13世紀、ノーマン・ド・ブルゴがコリブ川に到着したときに、地元のアイルランド人から身を守るために建てたものだといわれる。

ゴールウェイの名家の城　Map P.203-A1
リンチ家の城 Lynch's Castle

　リンチ家は町を支配した14家族のなかで最も有力であり、最初の知事を出した名家。リンチ家の城は1320年に建てられ、19世紀に修復された。現在はAIB銀行（Allied Irish Banks）の支店として使われている。正面の石壁にはリンチ家の紋章などが彫られている。内部にはヘンリー8世の治世に造られたといわれる暖炉が残っている。

初代リンチ事件は実の息子　Map P.206
リンチ記念碑 Lynch Memorial Window

　聖ニコラス教会のそば、マーケット・ストリートにはリンチ記念碑がある。ゴシック様式の入口の上に、黒の大理石の碑があり「1493年ゴールウェイ県知事だったジェイムズ・リンチ・フィッツスティーブンが自分の息子を殺人罪で絞首刑に処し確固たる正義を守った」と綴られている。一説にはこの事件から「リンチ＝私刑」という言葉が生まれたという。ちなみにリンチ知事の墓は、聖ニコラス教会の入口から右奥のほうにある。

エイと触れあうことができる　Map P.202下
ゴールウェイ水族館 Galway Atlantaquaria

　ソルトヒルにある水族館。主にアイルランド西海岸に生息する水中生物が見られ、エイが泳ぐ広大なプールが自慢。水深4mほどの大型水槽オーシャン・タンクThe Ocean Tankでは、係員が水槽に潜り、魚にエサをあげる場面も見られる。

近郊の見どころ　Day out from Galway　Map P.14-B3
スモークサーモンで有名な美しい港町
キンヴァラ Kinvara

　ゴールウェイ湾の南東に位置し、バレンへの入口となる港町。美しい尖塔で知られ、有力な修道院とかかわりが深く、中世から繁栄していた。港には釣り船が浮かび、網やロブスター用の壺が干されている。カラフルに塗られた店やバー、レストランも並び、町の外れには**ダンゴーラ城** Dunguaire Caslteもある。

■エア・スクエア・センター
住Eyre Sq., H91 Y1X2
TEL(091) 568302
URLwww.eyresquarecentre.com
開8:30～19:00（日10:30～19:00）
休12/25

遺跡と共存するエア・スクエア・センター

リンチ家の城は現在AIB銀行として使われている

聖ニコラス教会の北側にあるリンチ記念碑

■ゴールウェイ水族館
エア・スクエアのバス停からソルトヒル行きの市内バスが出ている。
住Seapoint Promnade, H91 T2FD
TEL(091) 585100
URLwww.nationalaquarium.ie
開10:00～17:00（土・日～18:00）
休12/25・26　料€15

■キンヴァラへの行き方
バス・エーランのNo.350が8:00 10:00 13:00 15:00 17:00 18:00発（17:00発は土・日曜運休）
所要:約35分　運賃:€7.60

ダンゴーラ城はバレン＆モハーの断崖ツアーで寄ることが多い

ゴールウェイ　コナート州

207

HOTEL

　コーチステーションから東へ延びるカレッジ・ロードには、多くのB&B、ゲストハウスがある。ほかにも中心部からソルトヒルに向かう通り、町の西側のニューキャッスル・ロード沿いなどにも眺めのいい宿がある。ゴールウェイは非常に混み合い、宿探しが困難なので予約しておきたい。

高級 282室	Map P.202-B1 鉄道駅周辺	**ザ・ガルモント** The Galmont Hotel & SPA

住Lough Atalia Rd., H91 CYN3
TEL(091) 538300
URLwww.thegalmont.com
i/ii●□□€156〜
━ADMV

🛗 📺 🗑 🧴 🔌 P €12 📶Wi-Fi
全室 全室 全室 全室 全館無料

　駅から徒歩約3分の所にあるゴールウェイを代表する高級ホテル。充実したスパ施設が自慢で、スチームバスやジャクージ、18mの屋内スイミングプールなども備えている。

高級 153室	Map P.202-下 ソルトヒル	**ゴールウェイ・ベイ** Galway Bay Hotel

住The Promenade, Salthill, H91 W295
TEL(091) 514645
URLwww.galwaybayhotel.net
i●□□€121〜
ii●□□€132〜
━ADMV

🛗 📺 🗑 🧴 🔌 P 📶Wi-Fi
全室 全室 全室 全室 無料 全館無料

　ソルトヒルのプロムナード沿いの4つ星ホテルで、大西洋に向かって建つすばらしい立地。伝統的アイリッシュ・パブやレジャーセンターを併設しており、リゾート滞在に最適。

中級 82室	Map P.203-B1 エア・スクエア	**インペリアル** Imperial Hotel

住35 Eyre Sq., H91 X529
TEL(091) 563033
URLwww.imperialhotelgalway.ie
i●□□€112〜
ii●□□€122〜
━ADMV

🛗 📺 🗑 🧴 🔌 P €10 📶Wi-Fi
全室 全室 全室 全室 全館無料

　エア・スクエアに面しているホテル。館内のパブは観光客に人気がある。客室は広々としていて快適。部屋によっては騒音が気になることもある。日〜木曜の宿泊料金は安めに設定されている。

中級 16室	Map P.203-B1 エア・スクエア周辺	**ザ・レーン** The Lane Butique Residence

住Park Ln., H91 Y2EW
TEL(091) 567779
URLwww.thelanegalway.ie
i/ii●□□€139〜
━MV

🛗 📺 🗑 🧴 🔌 P 📶Wi-Fi
全室 全室 全室 全室 なし 全館無料

　鉄道駅、バスステーションの近くにあるブティックホテルで、観光にぴったり。客室にはデロンギのコーヒーメーカーや冷蔵庫などが備わっており、機能的にまとまっている。

中級 10室	Map P.202-A1 エア・スクエア周辺	**エアスクエア・タウンハウス** Eyre Square Townhouse

住35 Eyre St., H91 X5CE
TEL(091) 568444
URLwww.eyresquaretownhouse.com
i/ii●□□€115〜
━MV

📺 🗑 🧴 🔌 P 📶Wi-Fi
全室 全室 全室 なし なし 全館無料

　エア・スクエアから徒歩3分ほど。周囲にあるホテルのなかでは少し料金が低く設定しており、設備も一通りそろっているなどバランスがよい。

ゲストハウス 8室	Map P.202-B1 カレッジ・ロード	**アスガード** Asgard

住21 College Rd., H91 Y048
TEL(091) 339514
URLgalwaycityguesthouse.com
i●□□€77〜
ii●□□€99〜
━MV

📺 🗑 🧴 🔌 P 📶Wi-Fi
全室 全室 全室 なし 無料 全館無料

　ゲストハウスが並ぶカレッジ・ロード沿いにあり、鉄道駅からは徒歩10分ほど。ガラス張りで日当たりのよい朝食サロンが自慢。ゲストラウンジもある。

ホステル	Map P.202-B1	スヌーズルズ
ベッド数130	エア・スクエア周辺	Snoozles Hostel

住Forster St., H91 D378
TEL(091) 530064
URLsnoozleshostelgalway.ie
DOM □□□□□€90～
†□□□□□€120～
━MV

	TV				P	Wi-Fi
	なし	希望者	なし	なし	なし	全館無料

コーチステーションの横にある。ドミトリーひと部屋あたりのベッド数は4～10。ドミトリーは男女混合や女性専用の部屋がある。朝食はコンチネンタル。プライベートルームの客室数も多い。

ホステル	Map P.203-B1	キンレイ・ホステル
ベッド数260	エア・スクエア周辺	Kinlay Hostel

住Merchants Rd., H91 F2KT
TEL(091) 565244
URLwww.kinlaygalway.ie
DOM □□□□□€21～   DOM □□□□□€21～
†□□□□□€49～   ††□□□□□€60～

	TV				P	Wi-Fi
	なし	希望者	なし	なし	なし	全館無料

2023年に改装され設備が新しい。ドミトリーひと部屋あたりのベッド数は6～12。1階にはゴールウェイ・ツアーのオフィスがあり、ツアーはホステル前出発。

ホステル	Map P.203-B1	ゴールウェイ・シティ・ホステル
ベッド数55	エア・スクエア周辺	Galway City Hostel

住Frenchville Ln., H91 TF62
TEL(091) 535878
URLgalwaycityhostel.com
DOM □□□□□€41～
†/††□□□□□€164～
━MV

	TV				P	Wi-Fi
	なし	希望者	なし	なし	なし	全館無料

町の中心に建つ人気のホステル。ドミトリーはひと部屋につき4、5、6、10、12ベットで、女性専用の部屋もある。キッチンが完備されており、ツアーの申し込みもできる。

国際ユース	Map P.202-B1	スリープゾーン
ベッド数200	エア・スクエア周辺	Sleepzone YHA

住Bóther na mBan, H91 TD66
TEL(091) 566999
URLwww.sleepzone.ie
DOM □□□□□€18.75～
DOM □□□□□€32.50～
†/††□□□□□€75～

	TV				P	Wi-Fi
	なし	希望者	なし	なし	なし	全館無料

町の北にある国際ユース。ドミトリーはひと部屋につき6～10ベットで、女性専用の部屋もある。キッチンは自由に使え、ランドリーサービスもある。モハーの断崖など各種ツアーの申し込み可。

RESTAURANT

レストランは町の中心部やウエスト・エンド、エア・スクエア周辺に集中している。特に中心部のハイ・ストリートとキー・ストリートや、ウエスト・エンドには評判のレストランや音楽パブなどがひしめき合っている。周辺に港が多いので、新鮮な魚介類もおすすめ。

Map P.206	マクドーノズ
キー・ストリート	McDonagh's

フィッシュ&チップス
シーフード

1902年創業。100年以上の歴史をもつ評判の店。店内はレストランとフィッシュ&チップス・コーナーに分かれている。フィッシュ&チップスの魚の種類は数多くあり€8.50～13。1人前でもすごいボリューム。

住22 Quay St., H91 N902   TEL(091) 565001
URLwww.mcdonaghs.net
開12:00～22:00（日13:00～21:00）
休12/24～26 ━MV 令なし

Map P.202-A2	カイ
ウエスト・エンド	Kai

創作料理
シーフード

コナート州を代表するシェフが営むレストラン。シーフードが人気で、ランチのメインは€18前後、ディナーのメインは€30前後。予約はランチは不可で、ディナーのみ可能。

住22 Sea Rd., H91DX47   TEL(091) 526003
URLkaicaferestaurant.com
開12:00～15:00 18:15～23:30
休祝、日・月 ━MV 令あり

●ゴールウェイ　コナート州

処刑人への報酬として与えられた建物

キングズヘッド
King's Head

1649年にイギリス王チャールズ1世を処刑した処刑人に報酬として与えられた建物を使用している。ビール片手にパブの内部を博物館のように巡ることができるのが魅力的。

おすすめ料理
キング・チャールズ・バーガー　€17.95
ベーコンとチーズ入りのハンバーガー
フィッシュ＆チップス　€21
地元の魚介を使用
アイリッシュ・ビーフのリブ・ステーキ　€29.95
ライブ情報
21:30頃から23:00頃まで。演奏は伝統音楽とポップスが中心。

DATA
Map P.203-A2
住 15 High St., H91 AY6P　TEL (091)566630
URL www.thekingshead.ie

Open	10	11	12	13	14	15	16	17	18	19	20	21	22	23	24	1	2	3
月〜木																		
金・土																		
日																		

食事　13:30〜20:00
ADMV　🛜あり

伝統的アイルランド音楽の老舗パブ

ザ・クレーン・バー
The Crane Bar

ドリンクのみの音楽パブ。過去にはトラディショナル・アイリッシュ・ミュージック・パブ・オブ・ザ・イヤーを受賞したこともある。夜の演奏は混み合っているが、日曜昼の演奏は比較的すいている。

ライブ情報
毎日21:30から行われ、伝統音楽が中心。金曜日にブルースの演奏が行われることもある。日曜日午後の演奏時刻は14:00頃から。

DATA
Map P.202-A2
住 2 Sea Rd., H91 YP97　TEL (091)587419
URL www.thecranebar.com

Open	10	11	12	13	14	15	16	17	18	19	20	21	22	23	24	1	2	3
月〜金																		
土・日																		

食事　なし
MV
🛜なし

立地も雰囲気も最高

オコンネルズ
O'Connell's

エア・スクエアに面したパブで、エド・シーランの『ゴールウェイ・ガール』のミュージック・ビデオが撮影された。内部は非常に奥行きがあり、部屋ごとにテイストが異なる。ビアガーデンもある。料理はピザとチップスなど。

ライブ情報
生演奏は水・木・日、DJは金・土どちらも開始は20:00から。

DATA
Map P.203-B1
住8 Eyre Sq., H91 FT22　TEL(091)563634
URLoconnellsgalway.ie

Open	10	11	12	13	14	15	16	17	18	19	20	21	22	23	24	1	2
月～木																	
金・土																	
日																	

食事　17:00～22:00　─AMV　奈あり

ソルトヒルの名物パブ

オコナーズ
O'Connors

ソルトヒルにあるパブで、壁や天井にいろいろなものが飾られており、雑多でにぎやかな雰囲気。営業開始が19:30と少し遅めだが、毎晩音楽が演奏される。上記のオコンネルズ同様、『ゴールウェイ・ガール』のミュージック・ビデオのロケ地として使われた。テレビもなく、食事も出さない。

ライブ情報
生演奏は毎晩2時間以上行われる。

DATA
Map P.202下
住Salthill House, Upr. Salthill Rd., H91 W4C6
TEL(091)561757　URLwww.oconnorsbar.com

Open	18	19	20	21	22	23	24	1	2	3
月～木										
金										
土・日										

─MV　奈あり

Map P.206　シェリダンズ
ハイ・ストリート周辺　Sheridans

ワインバー
チーズ

チーズ専門店直営のワインバー。ワインはヨーロッパ産が中心でチーズは農家から直接仕入れている。チーズは盛り合わせでオーダーすることができる。

住14-16 Churchyard St., H91 X2R5　TEL(091)564832
URL www.sheridanscheesemongers.com
営16:00～22:30（木16:00～23:30、金・土12:00～23:30）
休日・月　カードMV　令あり

Map P.202 下　オスロ・マイクロ・ブリュワリー
ソルトヒル　Oslo Micro Brewery

ダイニングパブ
クラフトビール

ソルトヒルにあるマイクロブリュワリー「ゴールウェイ・ベイ」直営のダイニングパブ。自社製のできたてビールはもちろん、世界各地のクラフト・ビールも取り扱っている。

住226 Upr. Salthill Rd., H91 K7WF　TEL(091)448390
URL www.galwaybaybrewery.com　営12:00～24:00（金・土12:00～翌1:00）　休無休　カードMV　令なし

エア・スクエアからウィリアム・ストリートや、コリブ川へ向かう通り沿いには、ブティックや楽器店などいろいろな店が並んでいる。アランセーターやケルティックグッズを取り扱うみやげ店は、ショップ・ストリートとハイ・ストリートに集中している。

Map P.203-A2　チャーリー・バーンズ
Charlie Byrne's

書店
新書・古本

アイルランドの「ベスト・ブックショップ」の受賞歴もある書店。蔵書数は12万冊を超え、小説や手芸、ケルティック・デザインなどの新書と古本を取り扱っている。

住The Cornstore, Middle St., H91 AH7A
TEL(091) 561766　URL www.charliebyrne.com　営9:00～
18:00（日12:00～18:00）　休12/25・26、1/1　カードMV

Map P.203-A2　オモール
Ó'Máille

ニット

1938年創業。決して安くはないが、最高級の手編みセーターを提供するというのがポリシー。日本人でもぴったりのSサイズも揃えている。日本に郵送もしてくれる。

住16 High St., H91 HC91　TEL(091) 562696
URL www.omaille.com　営10:00～18:00
（日12:00～18:00）　休冬期の日曜　カードAMV

Map P.203-A2　トーマス・ディロンズ
Thomas Dillon's

貴金属
クラダリング

1750年以来クラダリング（→P.201）を制作している最古のクラダリングのショップ。店内にはクラダリングに関する小さな博物館もある。

住1 Quay St., H91 CP22　TEL(091) 566365
URL claddahring.ie　営10:00～17:00（日12:00～16:00）
休無休　カードMV

Map P.203-A1　クラダ・ジュエラーズ
Claddah Jewelers

貴金属
クラダリング

クラダリングをはじめ、アイルランドらしさにあふれた宝飾品を販売。店内ではクラダリングを紹介する映像が見られるほか、窓越しに作業風景も見学できる。

住25 Mainguard St., H91 TC03　TEL(091) 562310
URL www.thecladdagh.com　営9:00～18:00
（日11:00～18:00）　休イースター、12/25　カードAMV

セーターで有名な絶海の島々
アラン諸島
Aran Islands

アラン諸島● ダブリン

イニシュモア島の風景

ゴールウェイ県
Co. Galway

アイルランド国番号353
市外局番099

MAPS
広域地図P.14-A・B3
アラン諸島P.214-215
キルロナン村P.214

　大西洋岸のゴールウェイ湾の先に浮かぶアラン諸島は、まさにケルト文化の中心。アイルランド語＝ゲール語が日常語として使われている地域だ。アラン諸島はゴールウェイ県に属するが、クレア県のバレンと同じ石灰岩の地が広がっている。先史時代や初期キリスト教時代の古代遺跡が多く、アイルランドで最も人気のある観光地となった。ケルト人がアラン諸島に渡ってきたときにはすでに先住民族のモニュメントがあったという。ケルト人もこの遺跡に新たな石を積み、現在の遺跡群となった。

　アランセーターの故郷としても知られ、セーターの文様「トレリス」は石の壁の風景を写したものといわれる。さまざまなデザインには幸運や不滅などの意味があり、とても興味深い。

イニシュモア島のショップで販売されているアランセーター

起点となる港、空港

ロッサヴィール港　ゴールウェイ近郊にあるロッサヴィール港からはイニシュモア島行きのほか、イニシュマーン島経由イニシィア島行きの2路線が出ている。

ドゥーラン港　モハーの断崖 P.193 からほど近い**ドゥーラン** P.192 の村はずれにある。イニシュモア島行きの船は、イニシィア島とイニシュマーン島を経由する。

コネマラ空港　エア・アラン・アイランズがイニシュモア、イニシュマーン、イニシィアの3島への便を出している。ゴールウェイ市内から空港までの送迎バスは所要約45分、€4。

ロッサヴィール港

Access Guide
ロッサヴィール港
ゴールウェイから
所要:50分
運賃片道€5　往復€9

フェリーが出発する1時間～1時間30分前に、ゴールウェイのクイーン・ストリートに集合する。ARAN SHUTTLE BUSなどと表示されたバスに乗ろう。送迎バスの往復チケットはフェリーのチケット購入時に一緒に渡されるのでなくさないように。

■エア・アラン・アイランズ
URL aerarannislands.ie

●アラン諸島　コナート州

アラン諸島の歩き方

アラン諸島を構成するのは、最も大きな**イニシュモア島**と、中央部分にある**イニシュマーン島**、最も小さな**イニシィア島**の3つ。観光のメインはイニシュモア島で、多くの旅行者でにぎわっている。

■イニシュモア島の🛈
Map P.214下
住Kilronan, H91 PH96
TEL (099)61263
開9:00〜17:00
休冬期の日曜

■レンタル自転車
キルロナン村に数軒ある
●Aran Bike Hire
Map P.214下
住The Pier, H91 PK7P
TEL (099)61132
URLaranislandsbikehire.com
開9:00〜日没
料1日€10〜40

■ミニバス・ツアー
埠頭に何台か停まっている。ドン・エンガスなどで下車して観光できる。
所要:2時間30分〜3時間
料€10〜15

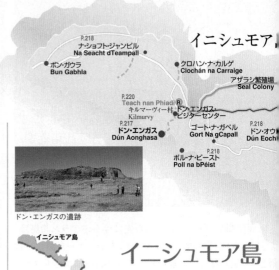

ドン・エンガスの遺跡

イニシュモア島のキルロナン村

イニシュモア島
Inis Mór

イニシュモアはゲール語で「大きな島」を意味する。面積は31km²。イニシュモア島は14の村から成り立ち、人口は約800人。年間20万人以上の観光客が訪れる、アラン諸島のなかで最も人気のある島でもある。島民は日常的にゲール語を使い、独特な訛りの英語も話す。手にする地図はゲール語だけで書かれているものもある。

イニシュモア島のフェリー発着所周辺に広がるのは**キルロナン村**Kilronanだ。みやげ物屋や、レンタル自転車の店、🛈、レストランなどがある。埠頭周辺ではミニバス・ツアーやポニーの周遊ツアーの勧誘が行われている。

晴れた日に到着したなら、自転車でサイクリングしながら一つひとつ遺跡や自然を味わうのもおすすめ。中央部へ通じる**レッドルート**は内陸で坂が多い。一方、海岸側の**グリーンルート**は多少距離が長いが起伏は少なく、島一番の美しいビーチを望め、潮風を感じながらサイクリングすることもできる。

イニシュモア島のサイクリングコース

キルロナン村

ドン・エンガスへ
Tí Joe Watty's Ⓡ P.220
P.219 Claí Bán Ⓗ
Ard Mhuiris Ⓗ
Bank of Ireland Ⓢ
P.220 Kilronan
Inishmore Bike Hire
SPAR(ATM) The Bar Ⓡ P.220
Pier House Ⓗ P.219
AranBike Hire Ⓢ
Dive Academy Ⓢ
アーキン城へ
フェリー発着場
0 100 200m N

地図ラベル: P.218 ナ・ショフト・ジャンビル Na Seacht dTeampall / ポン・ガウラ Bun Gabhla / クロハン・ナ・カルゲ Clochán na Carraige / アザラシ繁殖場 Seal Colony / P.220 Teach nan Phiadi キルマーヴィー村 Kilmurvy ドン・エンガス・ビジターセンター / P.217 ドン・エンガス Dún Aonghasa / ゴート・ナ・ガベル Gort Na gCapall / P.218 ドン・オウ Dún Eoch / P.218 ポル・ナ・ビースト Poll na bPéist / イニシュモア

イニシュモア島

イニシュマーン島

イニシュマーン島
Inis Meáin

「イニシュマーン島＝真ん中の島」は素朴で美しい島だ。人口は約200人で、観光客は少ない。

港を基点に所要2〜3時間、3〜4時間、4〜5時間の3種類のウオーキングコースがあり、時間と体力に応じて選ぶことができる。いずれも標識が設置され、迷う心配がない。

島を見下ろす高台にあり、訪れる観光客も少ないドン・ホンフル

イニシュマーン島の西にあるシングのイスからは海峡沿いにイニシュモア島を眺めることができる

P.218
ブル・ヒーヴィーン
all Chiarain

ロッサヴィールへ
（40分）

ン村

P.218
キン城
Castle

チャンピル・バニン
Tempall Bheanán

エル
hathair

イニシュマーン島

アラン諸島

0　　1000　　2000m

N

P.219
シングのコテージ
Teach Synge

An Dún H
P.219

H Tig Congaile

教会

シングのイス
Cathaoir Synge

砦

ドン・ホンフル
Dún Chonchúir

P.220
Brú Radharc H
na Mara

S Rothaí Inis Oírr P.215

チャンピル・ホイマン
Teampall Chaomháin

スーパーマーケット S
P.219, 220 Óstán Inis Oírr HR

オブライアン城
Caisleán Uí Bhriain

7人の娘たちの教会
Cill na Seacht nIníon

塔
Túr Faire
（閉鎖中）

イニシィア島

灯台

ドゥーランへ

イニシィア島
Inis Oírr

「イニシィア島＝東の島」は3島のなかで最も小さい島で、クレア県のドゥーランからわずか8kmと近い。普段は静かな島でのんびりするのにちょうどよく、10kmあるイニシィア・ウエイを歩いてみるのも楽しい。

港近くの砂浜

オブライアン城や、7人の娘たちの教会Cill na Seacht nInión（キル・ナ・ショフト・ニーニオン）はいずれも高台にあり、そこからすばらしい眺めを楽しむことができる。また、港のすぐそばには砂浜が広がっており、夏は海水浴もできる。

■イニシィア島のレンタル自転車
●Rothaí Inis Oírr
Map P.215
住Inis Oírr, H91 X7X6
TEL(099)75049
URLwww.rothai-inisoirr.com
開9:00〜18:00
休10〜3月　料1日€16〜

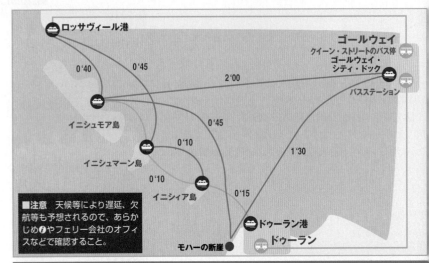

ロッサヴィール港

ゴールウェイ
クイーン・ストリートのバス停
ゴールウェイ・
シティ・ドック

バスステーション

0'40　　0'45

2'00

イニシュモア島

0'45

0'10

イニシュマーン島

0'10　　イニシィア島

1'30

0'15

ドゥーラン港

ドゥーラン

モハーの断崖 ●

■注意　天候等により遅延、欠航等も予想されるので、あらかじめ❼やフェリー会社のオフィスなどで確認すること。

ロッサヴィール～イニシュモア島　片道 €20　往復 €30

ロッサヴィール港発	イニシュモア島発
9/23 ～ 3/28	9/23 ～ 3/28
8:15（月～土）9:00（日）17:00	10:30 18:00（土～木）18:30（金）
3/29 ～ 5/17・9/16 ～ 9/22	3/29 ～ 5/30・9/1 ～ 9/22
8:15（月～土）9:00（日）12:00 17:00	10:30 18:00（土～木）18:30（金）
5/18 ～ 6/28・8/26 ～ 9/15	5/31 ～ 6/28・8/26 ～ 8/31
8:15（月～土）9:00（日）12:00 16:00 17:00	10:30 13:00 18:30
6/29 ～ 8/25	6/29 ～ 8/25
8:15（月～土）9:00（日）12:00 16:00 17:00 18:30	10:30 11:45 13:00 18:30

ロッサヴィール～イニシュマーン／イニシィア島　片道 €20　往復 €30

ロッサヴィール港発	イニシィア島／イニシュマーン島発
9/30 ～ 5/4	9/30 ～ 5/4
10:30 18:00（土～木）18:30（金）	8:00（月～土）8:45（日）16:30
5/5 ～ 5/30・9/2 ～ 9/29	5/5 ～ 6/28、9/2 ～ 9/29
10:30 13:00（日）18:00（土～木）18:30（金）	8:00（月～土）8:45（日）11:30（日）16:30
5/31 ～ 6/28	6/29 ～ 9/1
10:30 13:00（日）18:30	8:00（月～土）8:45（日）11:30（土・日）16:30
6/29 ～ 9/1	※イニシィア島を出発した約10分後にイニシュマーン島を出発
10:30 13:00（土・日）18:30　18:30	

ゴールウェイ→イニシュモア島→モハー→ゴールウェイ

ゴールウェイ往復 €49　学生 €44
ゴールウェイ→イニシュモア島 €35　学生 €30
イニシュモア島→モハー→ゴールウェイ €35　学生 €30

	3/29 ～ 9/22
ゴールウェイ・シティ・ドック発	9:30
イニシュモア着	11:00
イニシュモア発	15:30
モハーの断崖着	16:15
モハーの断崖発	16:30
ゴールウェイ・シティ・ドック着	18:00

アラン・アイランド・フェリーズ Aran Island Ferries

🏠 37-39 Forster St., Galway, H91 FXA6
Map P.202-B1
🏠 1 Victoria Pl., Merchants Rd., Galway, H91 FD72
Map P.203-B1
📞 (091) 568903
🌐 www.aranislandferries.com 🔳
ゴールウェイからロッサヴィール港へのバスは、フェリー出発時間の1時間～1時間30分前にクイーン・ストリートQueen St.を出発する。

ドゥーラン～イニシィア島　片道 €20　往復 €30

	3/1 ～ 3/28・9/16 ～ 11/3			
ドゥーラン発	10:00（9/16 ～ 10/6）11:00 13:00 15:00			
イニシィア島発	10:30（9/16 ～ 10/6）13:45 16:45			
	3/29 ～ 9/15			
ドゥーラン発	10:00 11:00 13:00 15:00 17:00			
イニシィア島発	10:30 13:45 16:45			

アラン 2 ドゥーラン・フェリーズ Aran 2 Doolin Ferries

🏠 The Pier, Doolin, Co Clare, V95 DR74
📞 (065) 7075555
🌐 www.doolinferries.com 🔳

ドゥーラン～イニシュモア島　片道 €20　往復 €30

	3/1 ～ 3/28・9/16 ～ 11/3
ドゥーラン発	10:00 15:00
イニシュモア島発	12:00 16:15
	3/29 ～ 9/15
ドゥーラン発	9:00 11:00（5/1 ～ 9/15）15:00
イニシュモア島発	10:00 12:00（5/1 ～ 9/15）16:15

ドゥーラン～イニシュマーン島　片道 €20　往復 €30

	3/1 ～ 3/28・9/16 ～ 10/6
ドゥーラン発	15:00
イニシュマーン島発	11:15
	3/29 ～ 9/15
ドゥーラン発	15:00
イニシュマーン島発	10:15

アラン諸島の見どころ

断崖に建てられた古代要塞

ドン・エンガス
Dún Aonghasa

Map P.214上
イニシュモア島

■ドン・エンガス
住Kilmurvy, H91 YT20
TEL(099) 61008
URLheritageireland.ie
開4〜10月9:30〜18:00
　11〜3月9:30〜16:00
休クリスマス期間
料€5　学生€3
キルロナン村から自転車で約30分

アラン諸島を代表する見どころで南岸の丘に眠る半円の古代遺跡。フェリー発着所から西へ約7kmの村、キルマーヴィー Kilmurvyから丘を上った所にある。砦は3000年以上も前に造られたといわれている。

断崖から下を眺めるときは寝そべって！

　砦の先は大西洋に面する断崖で、海面から約87mの高さにあり、すごい迫力で圧倒される。風も強く吹くが、遮るものは何もないので断崖の近くでは注意が必要。ドン・エンガスは軍事要塞としての役割だけでなく、政治、経済、宗教の中心地であったといわれているが、儀式のための聖地として使われたという意見もあるように、いまだ解明されていない点が多い。

崖の上からの景色は大迫力

ドン・エンガスの断崖

●アラン諸島　コナート州

■ポル・ナ・ビースト

ドン・エンガスから歩いて行く人もいるが、途中私有地があるので、本来は禁止されている。自転車でゴート・ナ・ガベルGort Na gCapallまで行き、そこから徒歩で約20分。
随時 無休 無料

神秘の長方形

巨大な自然にできた真四角な岩の穴です。50mプールを上からのぞきこむような感じです。どうしてこんな長方形ができたのか、大自然の驚異を感じます。
（静岡県　小出勝義　'19春）

自然にできたとは信じられない

高台にあるドン・オウレ

イニシュモア島に残る教会跡、ナ・ショフト・ジャンピル

チャンピル・バニン

SNSで話題になった

ポル・ナ・ビースト　Poll na bPéist
イニシュモア島　Map P.214上

ワームホールWormholeとも呼ばれる。一見するとプールのようにみえるが、人の手によって切り出されたのではなく、自然による造形だ。絶景スポットである一方、非常に危険な場所であり、中に入って泳ぐのは絶対にやめよう。潮が満ちる時間は波が押し寄

自然によって造られた絶景だが、時間によっては波が入ってきてかなり危険だ

せてくるので、近づくことすら危険。訪れる人は、事前に❶などで潮の状態などを聞き、近づいても大丈夫なのか確認してから訪れよう。

はるか対岸を望む砦

ドン・オウレ　Dún Eochla
イニシュモア島　Map P.214上

キルロナン村の北西のドン・エンガスに向かう途中にある青銅器時代の円形の砦で、イニシュモア島のなかで最も高い位置にあるものだ。砦の上からはアラン諸島をはじめ、コネマラ地方やバレンを眺めることができる。

古代の日時計がある

チャンピル・ヒーヴィーン　Tempall Chiarain
イニシュモア島　Map P.215

ドン・オウレの北東にある12世紀に建てられた聖キーラン修道院の遺跡。古代の日時計や先史時代に造られた墓チェンバー・トゥームChamber Tomb、石の十字架も残っている。

2つの教会が残る

ナ・ショフト・ジャンピル　Na Seacht dTeampall
イニシュモア島　Map P.214上

イニシュモア島の西部に位置している、9～15世紀に聖ブレコンのために建てられたという修道院で、ゲール語で「7つの教会」を意味する。しかし教会跡はふたつしかなく、敷地の北側には、15世紀後半に建てられた修道士のための住居跡がある。

塔のような形をした廃城

アーキン城　Arkin Castle
イニシュモア島　Map P.215

キルロナン村の南東にある、1587年に建てられた城跡。後にクロムウェル軍によって占領され、18世紀頃まで使われていた。

また、アーキン城の南の小さな丘に、グレンダーロッホに見られるのと同形式の初期キリスト教会跡、チャンピル・バニンTempall Bheanánもある。

シングがゲール語を習得した　　　　　　　Map P.215

シングのコテージ Synge's Cottage
イニシュマーン島

アイルランドの有名な劇作家ジョン・ミリントン・シングJohn Millington Syngeは、1898年から1902年にかけて毎年イニシュマーン島を訪れていた。島での滞在に使っていたコテージがイニシュマーン島の中央に現存している。道から外れてそばにあるのが円形の石の砦**ドン・ホンフル**Dún Chonchúirで、1世紀頃に造られたといわれている。

シングのコテージ

イニシィア島の高台に建つ　　　　　　　　Map P.215

オブライアン城 O'Brien's Castle
イニシィア島

16世紀までこの地を支配していたオブライアン家が建てた3階建ての城。ゲール語でCaisleán Uí Bhriainクシュラン・ウ・ヴラインという。クロムウェル軍によって陥落させられた後は、イニシュモア島のアーキン城の修復のために城の資材が持ち去られた。

オブライアン城

HOTEL

各島にB&Bやゲストハウスなどが数軒ある程度で、設備の整ったホテルは少ない。11～3月のオフシーズンは休業するところがほとんど。オフシーズンに訪れる場合は、事前に宿の確保をしておくこと。

中級	Map P.215	**オースターン・イニシィア**
14室	イニシィア島	Óstán Inis Oirr

🏠Inis Oirr, H91 HT02
☎(099)75020
URLwww.inisoirrhotel.com
🛏📶🅿🚗€105～　　🛏🛏📶🅿🚗€135～
━MV

TV 📺　📞　🅿　📶Wi-Fi
全室　全室　全室　なし　なし　全館無料

イニシィア島の港近くにある中級ホテル。レストラン・バーを併設しており、シーフードを中心に伝統的なアイルランド料理が楽しめる。

ゲストハウス	Map P.214下	**ピア・ハウス**
12室	イニシュモア島	Pier House

🏠Kilronan, Inis Mór, H91 Y7RW
☎(099)61167
URLwww.pierhousearan.com
🛏🛏📶🅿🚗€140～
━MV

TV 📺　📞　🅿　📶Wi-Fi
全室　全室　全室　なし　なし　全館無料

港のすぐ近くにある3つ星のゲストハウス。イニシュモア島にある宿泊施設のなかでは最も高級な宿のひとつ。地元のシーフードを提供するレストランも併設している。11～3月は休業。

ゲストハウス	Map P.214下	**クライー・ボーン**
6室	イニシュモア島	Claí Bán

🏠Kilronan, Inis Mór, H91 D8EC
☎(099)61111
URLwww.claiban-house.com
🛏📶🅿🚗€100～
🛏🛏📶🅿🚗€130～
━不可

TV 📺　📞　🅿　📶Wi-Fi
全室　全室　全室　なし　なし　全館無料

キルロナン村で唯一、通年営業しているB&B。村の北にある一軒家を利用している。11～1月には閉まることもあるが、電話してくれたら対応してくれる場合もあるとのこと。

ゲストハウス	Map P.215	**アン・ドゥーン**
7室	イニシュマーン島	An Dún

🏠Inis Meáin, H91 WC61
📱087-6806251
URLinismeainaccommodation.ie
🛏📶🅿🚗€112～
🛏🛏📶🅿🚗€120～
━MV

TV 📺　📞　🅿　📶Wi-Fi
全室　全室　全室　なし　なし　全館無料

オーナー夫妻のあたたかいもてなしが評判のゲストハウス兼レストラン。地元の食材を利用したレストランの評価も高い。フルアイリッシュの朝食は追加料金が必要。11～3月は休業。

ホステル	Map P.214下	キルロナン
ベッド数40	イニシュモア島	Kilronan Hostel

TV なし ７ 希望者 なし 全室 P なし Wi-Fi 全館無料

🏠Kilronan, Inis Mór, H91 K7HW
☎(099)61255
URLwww.kilronanhostel.com
DOM 🛏🖥🍴€36〜
👤🛏🖥🍴€50〜
👫🛏🖥🍴€88〜
━MV

港を見渡す景色のよい場所に立地。ドミトリーのベッド数は5と6で、女性専用もあり。部屋はとてもきれいで公共エリアも広い。隣はパブになっていて、スタッフもフレンドリー。

ホステル	Map P.215	ブルー・ライアーク・ナ・マラ
ベッド数40	イニシィア島	Brú Radharc na Mara

TV なし ７ 希望者 なし 全室 P なし Wi-Fi 全館無料

🏠Inis Oírr, H91 W5CE
☎087-6951236
URLbruinisoirr.ie
DOM 🛏🖥🍴€200〜
👫🛏🖥🍴€100〜
━MV

イニシィアの港沿いにあるホステル。ベッド数6のドミトリーがあるが、同一グループでのみ利用可能になっている。キッチンがあり、洗濯も可能。タオルのレンタルは有料。11〜3月は休業。

イニシュモア島 キルロナン村にはカフェやレストランがたくさんあるが冬期は閉まり、スパー SPAR以外に開いている店がなくなる。

イニシュマーン島 レストランとパブは1軒のみ。B&Bでもチェックイン時に頼めば食事を出してくれる。

イニシィア島 レストランやパブなどは、夏期の観光シーズン以外はほとんど閉まってしまう。B&Bでは、追加料金を払えば夕食を出してくれるところもある。

Map P.214下	ティ・ジョー・ワッティーズ	ダイニングパブ
イニシュモア島	Tí Joe Watty's	音楽パブ

キルロナン村の北側にあるダイニングパブ。アラン諸島産の新鮮なシーフードを提供している。夏期は伝統音楽を毎晩演奏する。

🏠Kilronan, Inis Mór, H91 N889　☎086-0494509
URLwww.joewattys.ie　🕐12:00〜24:00
（金・土11:30〜翌0:30）　休冬期　━MV　📶あり

Map P.214下	ザ・バー	ダイニングパブ
イニシュモア島	The Bar	音楽パブ

イニシュモア島で最古のパブ。サーモンやムール貝はアラン諸島産を使用している。ランチは€9〜18、ディナーのメインは€15〜29。

🏠Cottage Rd., Kilronan, Inis Mór, H91 DP95
☎(099)61130　URLinismorbar.com　🕐10:30〜24:00
休冬期　━MV　📶あり

Map P.215	オースターン・イニシィア	ダイニングパブ
イニシィア島	Óstán Inis Oirr	音楽パブ

ホテルに併設されたダイニングパブ。フィッシュ＆チップスをはじめとした魚料理はアラン諸島産。夏期には毎晩、伝統音楽を楽しめる。

🏠Inis Oírr, H91 HT02　☎(099)75020
URLwww.inisoirrhotel.com
🕐11:00〜24:00　休12/25　━MV　📶あり

Map P.214上	ティヤック・ナン・パディ	カフェ
イニシュモア島	Teach nan Phaidi	

ドン・エンガスへの入口にあたるカフェ。自家製ケーキが自慢。食事もでき、ギネスシチュー（写真）が€16、ラザニア€15、アラン・チーズ・サラダ€13など。

🏠Kilmurvy, Inis Mór, H91 VX31　☎(099)20975
🕐夏期10:00〜16:00　冬期11:00〜14:30　休不定休
━MV　📶なし

アイルランド有数の国立公園
コネマラ国立公園
Connemara National Park

ダイヤモンド・ヒルを望む

ゴールウェイ県
Co. Galway

アイルランド国番号353
市外局番095

MAPS
広域地図P.14-A2
レタフラックP.221
クリフトゥン、コネマラ国立公園P.222
クレガン周辺P.224
スカイロードP.224

　おわんをかぶせたようなダイヤモンド・ヒルを中心とした森と渓谷、岩山に囲まれた国立公園。冬は訪れる人も少ないが、シーズン中は林間学校が開かれ、トレッキングなどを楽しむ人も多い。国立公園の周辺にはかなりの数のアカシカが生息しており、時おり姿を見せる。

起点となる町

レタフラックの中心部からダイヤモンド・ヒルを眺める

　国立公園の入口となるのは**レタフラック**Letterfrack。村の中心部からでも日帰りで国立公園の散策を楽しむことができる。**クリフトゥン**Clifdenはゴールウェイからのバスの便も多く、B&Bやレストランなども充実している。ゴールウェイからはコネマラ地方とカイルモア修道院を巡る1日ツアー P.204 がラリー・ツアーズ社とゴールウェイ・ツアー社などから出ている。

Access Guide
レタフラック
ゴールウェイから
所要:約2時間　運賃:€18

シティリンクがコーチステーションから8:00 10:00 16:00 17:30

起点の町
レタフラック Letterfrack

　レタフラックは国立公園の入口にある小さな村。村の中心部は国道59号線とコネマラ・ループConnemara Loopの交わる所で、その周辺にゲストハウスやパブなどが集中している。ゴールウェイからのバスも国道59号線沿いに停車する。村の中心部からは、国立公園のダイヤモンド・ヒルを望むこともできる。カイルモア修道院は国道59号線沿いにあり、徒歩での所要時間は約1時間。

●コネマラ国立公園　コナート州

Access Guide
クリフトゥン

ゴールウェイから

所要:約1時間30分　運賃:€13

🚌 バス・エーランNo.419がバスステーションから11:00 18:30

所要:約1時間30分　運賃:€16

🚌 シティリンクがコーチステーションから8:00 9:00 10:00 12:00 14:00 16:00 17:00 17:30 19:00 20:00

ウエストポートから

所要:約1時間30分　運賃:€13

🚌 バス・エーランNo.423が7:10 9:10 11:55 13:45 16:15 18:15

■クリフトゥンの🛈　Map P.222上
🏠Galway Rd., H71 P659
☎1800-230330
🕐10:00～17:00
休10～5月

■レンタル自転車
●Mannion Bike Hire
Map P.222上
🏠Bridge St., H71 E167
☎(095) 21160
📱087-4182051
URL clifdenbikes.com
🕐9:00～18:00(日10:00～13:00 17:00～18:00)
休クリスマス期間
料1日€20～

■コネマラ国立公園ビジターセンター
Map P.221
🏠Letterfrack, H91 K2Y1
☎(095) 41054
URL www.connemaranationalpark.ie
🕐10:00～16:30
休12/25・26　料無料
ビジターセンターでは、コネマラ国立公園の自然や生態系に関する展示を行っている。

起点の町　　クリフトゥン Crifden

　クリフトゥンは荒涼としたコネマラの大地への入口で、この地方の中心都市。レタフラックや**イニシュボーフィン島** P.224 へ行くバスの便があり、日帰りで訪れることもできる。また、サイクリングで**スカイロード** P.224 を回るのも、この地方の美しさを堪能するよい方法だ。

歩き方　町はぐるっと1周しても20分程度。アンティーク店、釣り具の店などがあり、町の規模で考えると、パブやホテル、レストランも多い。クリフトゥン行きのバスはバス・エーランとシティリンクの2社が運行しており、どちらも**マーケット・ストリート**Market St.のバス停から出る。🛈はゴールウェイ・ロードGalway Rd.沿いにある。

クリフトゥン
0　100m

コート・ハウス Court House
ゴールウェイへ
ゴールウェイ・ロード Galway Rd.
Main St.
Off The Square P.225
Ben View House P.225
Mannion Bike Hire P.222
Bridge St.
Hulk St.
Foyle's P.225
O'Dalaigh Jewellers
ザ・スクエア The Square
Mitchell's
スカイロードへ P.224
Abbeyglen Castleへ P.225
マーケット・ストリート Market St.
G. Stanley & Son
P.225
The Connemara Hamper
クリフトゥン湾

コネマラ国立公園の**歩き方**

　ゴールウェイ発のツアーの多くはカイルモア修道院のみの見学。コネマラ国立公園の景観をゆっくりと楽しみたい場合はバスでレタフラックまで移動しよう。ゴールウェイやクリフトゥンからなら日帰りでの観光も可能だ。国立公園にはいくつかの散策コースがあり、どのコースからでもダイヤモンド・ヒルの眺めを堪能できる。コースは4種類あり、全長500m～6.7km。所要時間の目安は15分～3時間。

コネマラ国立公園
ウエストポートへ
カイルモア修道院 Kylemore Abbey P.223
Kylemore Lough
N59
Barnaderg Bay
拡大図 P.221
レタフラック Letterfrack
コネマラ国立公園ビジターセンター P
N59
クリフトゥンへ
Owengarve River
ダイヤモンド・ヒル P.223
Knockbrack
0　　1km
──コネマラ国立公園敷地
Glenmore

コネマラ国立公園の見どころ

コネマラ国立公園最大の見どころ Map P.222下

ダイヤモンド・ヒル Diamond Hill

`レタフラック`

岩に腰掛けー休み

レタフラックからも眺められる円錐型の岩山で、標高は約440m。シーズン中にはトレッキングを楽しむ人たちでにぎわっている。ダイヤモンド・ヒル一帯には泥炭やヒースが生い茂り、全長約3kmのコースからは、ダイヤモンド・ヒルや大西洋のパノラマも堪能できる。

かつては富豪の城として使われていた Map P.222下

カイルモア修道院
Kylemore Abbey

`レタフラック`

コネマラの宝石 コネマラ国立公園の北、大きくえぐられたU字峡谷の湖畔にある城。数あるアイルランドの城のなかでも、周辺の風景に溶け込んだ美しさはまるで絵のように美しい。

カイルモア城 城は1868年にイギリスの下院議員でマンチェスターの富豪だったミッシェル・ヘンリーが建てたもの。1902年にマンチェスター公爵に売却され、1910年からはベネディクト会の女子修道院として使われるようになった。城内はミッシェル・ヘンリーや修道院に関する展示がされており、書斎や大広間などいくつかの部屋は、ミッシェル・ヘンリーやマンチェスター公爵が利用していた頃の装飾に復原されている。

教会と霊廟 城を湖沿いに東に進むと教会にたどり着く。1881年にミッシェル・ヘンリーが亡くなった妻のために建てたネオ・ゴシック様式の建物で、ミニチュア大聖堂とも呼ばれている。さらに東に行った先にある霊廟Mausoleumも、妻の亡骸を収めるために建てられたもので、ミッシェル自身も死後、妻と一緒にここで眠っている。

ヴィクトリア朝ガーデン 修道院から1kmほど西には、アイルランド西部で最も美しいといわれるヴィクトリア朝ガーデンがある。城とガーデンは歩いて行けるが、無料のシャトルバスも運行されている。

所要1時間のコースからは大西洋の風景も楽しめる

■**カイルモア修道院**

🚌レタフラック、クリフトゥンからバス・エーランNo.423が2〜3時間に1便

🏠Kylemore Abbey, Renvyle, H91 VR90

☎(095) 52001

🌐www.kylemoreabbey.com

🕐3月中旬〜10月中旬10:00〜18:00
　10月中旬〜3月中旬10:00〜17:00
※最終入場は閉館の1時間前

休クリスマス期間、1月の火・水

料€17　学生€13.50

立派なたたずまいの教会

ヴィクトリア朝のウオールガーデンもある

湖畔にたたずむカイルモア修道院

コネマラ国立公園　コナート州

■イニシュボーフィン島への行き方
🚌ゴールウェイ発クリフトゥン経由で
クレガンClegganへ行くシティリンク
の便が8:00 10:00 16:00 17:30発。
⛴毎日11:30を含む1日2～3便。運航は
荒天時や季節によって変わるので、下
記ウェブサイトなどで確認のこと。
●イニシュボーフィン・フェリー
Island Discovery
☎(095) 37228
🌐inishbofinferry.ie

イニシュボーフィン島でサイクリング

イニシュボーフィン島
Inisbofin Island
P.224
0   5km N
クレガン
Cleggan
コネマラ国立公園
P.221
クレガン周辺
クリフトゥン
Clifden P.222

スカイロードから眺めたクリフトゥンの町

牧場でのんびりと過ごしているポニー

アイルランドを代表する野鳥の楽園　　　　Map P.224上

イニシュボーフィン島 Inisbofin Island
コネマラ地方

　島は最も広い所でも幅が約5kmで、人口も200人たらず。
港は南岸にあり、ほとんどの人が漁業で生計を立ててい
る。フェリーで**クレガン**Clegganの村と結ばれており、島
には数軒のホテルなどもある。

　愛鳥家には知られた島で、極北に分布する海鳥のほと
んどが記録されている。特にイースト・エンド・ビーチは、
冬になると多くの渡り鳥が集まり、渡り鳥の中継地としては
アイルランド最大規模とされる。

　島の南東にある、崩れかけた石造りの**聖コルマン修道
院跡**St. Colman Monastic Ruinは、7世紀にスコットラン
ドからこの地に渡ってきた聖コルマンゆかりの修道院。島
の南端にある城は、1657年にイギリスのクロムウェル軍が
建てたものだ。

サイクリングで景色を楽しもう　　　　　Map P.224下

スカイロード Sky Road
クリフトゥン

アイルランドらしい風景のなかをサイクリング

　クリフトゥン城の背後から小さな岬に続くスカイロードは
周約15kmのサイクリングコースだ。有名な名所、旧跡はない
が、寒冷地の花が咲き乱れるとても景色のよい所だ。岬を
周して町に戻ることができる。町の中心から岬への道は上り
坂なので、急な所はゆっくりのんびり走ろう。道端には春な
らサクラソウやスイセン、夏にはヒースやワタスゲなどが咲い
ており、コヒヨドシやクジャクチョウといった、日本では高原
でしか見られない美しいチョウが舞っている。

Kill
N59
N
0   1km
P.224 Abbeyglen Castle Ⓗ
（クリフトゥン城）
クリフトゥン湾
スカイロード
クリフトゥン
拡大図P.222下

レタフラック　村の中心部である国道59号線沿いや、コネマラ・ループ沿いに貸別荘やダイニング・パブが点在している。

クリフトゥン　拠点の町だけあって宿泊施設は充実しているが、夏期は非常に混み合うので予約していったほうがいい。レストランやパブはマーケット・ストリートMarket St.沿いに集中している。

世界各国の名士達を迎えてきた

アビーグレン・キャッスル

Abbeyglen Castle

クリフトゥンの町外れにあり、クリフトゥン湾を見下ろす古城を改装したホテル。 この地方では最も格式があり、クリントン元米大統領やスパイスガールズをはじめ、多くの有名人が滞在した。

52室　Map P.224（クリフトゥン）

TV				P	Wi-Fi
全室	全室	全室	全室	無料	全館無料

住Sky Rd., H71 NX28　TEL(095)21201
URLwww.abbeyglen.ie
€135～　€175～　AMV

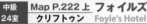

中級 24室	Map P.222 上	**フォイルズ**
	クリフトゥン	Foyle's Hotel

住Main St., H71 FP99
TEL(095)21801
URLwww.foyleshotel.com
€110～
MV

TV				P	Wi-Fi
全室	全室	全室	全室	無料	全館無料

ザ・スクエアの近くにある。ヴィクトリア朝様式の雰囲気が漂う上品なホテルで、客室は広め。館内のレストランでは、シーフードなどの地元産食材を使った料理が楽しめる。

ゲストハウス 8室	Map P.222 上	**ベン・ビュー・ハウス**
	クリフトゥン	Ben View House

住Bridge St., H71 HH28
TEL(095)21256
URLwww.benviewhouse.com
€90
€90～120
MV

TV				P	Wi-Fi
全室	全室	全室	なし	無料	全館無料

3代続く人気のゲストハウスで、オーナー夫妻も親切。ダイニングルームには趣味のよいアンティーク家具や小物が置かれている。

Map P.222 上	**オフ・ザ・スクエア**
クリフトゥン	Off The Square

地元産のラムやステーキなど肉類も充実しているが、ここの名物は何といってもシーフード。大西洋産のサーモンやクレガン湾産のホタテ貝など、新鮮な魚介類が楽しめる。ディナーのメインは€16～28。

住Main St., H71 FC03　TEL(095)22281
URLwww.offthesquare.ie　圏10:00～15:00（水・木10:00～20:00、金・土18:00～、日10:00～17:00）
休12/24～26　MV　あり

シーフード
ステーキ

Map P.222 上	**ザ・コネマラ・ハンパー**
クリフトゥン	The Connemara Hamper

地元で人気のデリ。オーガニック野菜を使ったサンドイッチやキッシュなどが人気。一部メニューは持ち帰り可。アイルランド産のチーズや海苔なども販売する。

住Market St., H71 T996　TEL(095) 21054
URLwww.connemarahamper.com
圏9:00～17:00（日9:30～16:30）　休祝　MV　なし

カフェ
デリカテッセン

●コネマラ国立公園　コナート州

緑豊かなリゾート地
コング
Cong

コリブ湖クルーズでアシュフォード城をフェリーから眺める

メイヨー県
Co. Mayo

アイルランド国番号353
市外局番094

MAPS
広域地図P.14-B2
コング中心部P.226
コングP.226

ゴールウェイから北へ約40km、コングはコリブ湖の北端に位置する村。ゲール語ではCungaと表記し、「細長い場所」を意味する。その名のとおり、コリブ湖とマスク湖の間にある細長い小さな村だ。自然が豊かで、サーモンやマス釣りのスポットとして知られる。1951年に公開されたジョン・フォード監督の映画『静かなる男』のロケ地としても有名だ。

コングの歩き方

1周しても10分もかからないほど小さい。ただし、アシュフォード城は少し離れている。バス停は村から東に10分程度歩いた所にあるアシュフォード門Ashford Gateの前と、村の中にあるライアンズ・ホテル前のふたつある。

Access Guide
コング

ゴールウェイから
所要:1時間10分〜　　運賃:€13

🚌 直通なし。ヘッドフォードHead-ford、マアム・クロスMaam Cross、バリンロープBallinrobeなどで乗り換える。最もスムーズなのはバス・エーランNo.456の12:15 18:15発で、ヘッドフォードでバス・エーランNo.422に乗り換える。戻りは7:01 12:37 18:39発。

■コングの**ℹ**　Map P.226左
🏠Old Courthouse, Abbey St., F31 Y681
🕙10:00〜17:00
🚫冬期

コング中心部

SPAR Ⓢ

P.228 Ryans Ⓗ
P.228 The Crow's Nest Ⓡ
静かなる男博物館 P.227
Quiet Man Museum
P.228 Danagher's Ⓗ
P.227 コング修道院 ♦
Cong Abbey

0　　100m

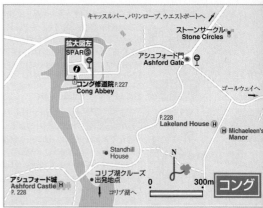

キャッスルバー、バリンロープ、ウエストポートへ

ストーンサークル
Stone Circles

拡大図左
SPAR Ⓢ
ℹ
コング修道院 P.227
Cong Abbey

アシュフォード門
Ashford Gate

ゴールウェイへ

P.228
Lakeland House Ⓗ

Ⓗ Michaeleen's
Manor

Standhill
House

コリブ湖クルーズ
出発地点

アシュフォード城
Ashford Castle
P. 228

コリブ湖へ

0　　300m

コング

コングの見どころ

Jの人々に愛され続けている　Map P.226左

静かなる男博物館
Quiet Man Museum

登場人物になりきって記念撮影

ここは1951年のジョン・フォード監督の映画『静かなる男』に出てくるコテージだ。撮影に実際使われた暖炉やテーブルもある。家具や天蓋つきベッドがある寝室、衣装などは再現されたもの。2階ではコングの歴史や遺跡が紹介されており、みやげ物も売っている。

■静かなる男博物館
Abbey St., F31 TF64
(094) 9546089
www.quietmanmuseum.com
10:00～16:00
※イースターから9月下旬まで行われる映画のロケ地を巡るウオーキングツアーは毎日12:00に開始
9月下旬～イースター
€5.50

見事な彫刻が刻まれた　Map P.226左

コング修道院　Cong Abbey

コング修道院の回廊跡

❶の前にイチイの木の影に隠れるように建っているアウグスチノ会の修道院。かの有名な「コングの十字架」（ダブリンの国立考古学博物館蔵）はかつてここに安置されていた。創建は623年で、現存する建物は120年にコナートの王ターロッホ・オコナー Turlough O'Connorにより建てられた。ロマネスク様式やゴシック様式の門や窓がところどころ残されており、石の彫刻が美しい。回廊部分は修道院のなかでも最も保存状態がよく、回廊の柱には、一つひとつ異なった彫刻が施されている。

ゴシック様式の教会

■コング修道院
随時　無休　無料

コングの自然と見事なまでに調和した　Map P.226右

コリブ湖クルーズ　Lough Corrib Cruise

アシュフォード城の近くから出発

アシュフォード城の南には、365の島が浮かぶといわれるコリブ湖が広がっている。コリブ湖を航行するクルーズは、アシュフォード城入口前の橋近くの出発。クルーズ船の上から眺めるアシュフォード城は絶景だ。通年行われる1時間のヒストリー・クルーズは11:00発。そのほか、初期キリスト教会跡が残るインシャギル島Inchagoillへ上陸する2時間のアイランド・クルーズも夏期のみ催行され、ガイドと一緒に島内の遺跡を見て回る。

■コリブ湖クルーズ
●コリブ・クルージズ
Corrib Cruises
087-9946380
www.corribcruises.com
ヒストリー・クルーズ　11:00発
アイランド・クルーズ
6～9月14:45発
12/25·26
ヒストリー・クルーズ€20
アイランド・クルーズ€30

インシャギル島に残る初期キリスト教会の門。人の顔が彫られている

●コング　コナート州

宿泊施設はすべてコングの村の中にあるが、軒数は多くないので、夏期は予約して行くのが望ましい。レストランやパブもホテルと同様に町の中心部にあるが数は多くない。また、宿泊施設やレストランは冬期になると閉まるところもある。

ジョージ5世やレーガン米大統領、グレース・ケリーも滞在した古城ホテル

アシュフォード城
Ashford Castle

　1228年に築城されたアシュフォード城は豪奢な雰囲気を活かした高級ホテルとして利用されている。約140ヘクタールの敷地では狩猟や乗馬、テニス、ゴルフが存分に楽しめる。素晴らしい内装を眺めながら楽しめるアフタヌーンティーも人気。

82室　Map P.226 右

TV 全室　7 全室　🪥 なし
📺 全室　P 無料　📶 Wi-Fi 全館無料

🏠Cong, F31 CA48
☎(094) 9546003
🌐www.ashfordcastle.com
🛏️€525～
💳ADMV

中級 13室	Map P.226 左	ライアンズ
		Ryans Hotel

🏠Main St., F31 XF75
☎(094) 9546243
🌐www.ryanshotelcong.ie
🛏️€130～
💳MV

TV 全室　7 全室　🪥 全室　📺 なし　P 無料　📶 Wi-Fi 全館無料

　バス停の前にある、立地のよいホテル。部屋にはテレビ、ティーセットなどを完備。1階にはレストラン、バーが併設されており、食事には困らない。

中級 11室	Map P.226 左	ダナハーズ
		Danagher's Hotel

🏠Abbey St., F31 Y529
☎(094) 9546028
🌐www.danaghershotel.com
🛏️€70～
🛏️€110～
💳MV

TV 全室　7 全室　🪥 全室　📺 なし　P 無料　📶 Wi-Fi 全館無料

　村の中心にあるホテル。室内はやや古いが広々としている。パブも併設されており、料理も食べられる。パブでは伝統音楽の生演奏が行われることもある。

ホステル ベッド数60	Map P.226 右	レイクランド・ハウス
		Lakeland House

🏠Lisloughry, Quay Rd., F31 XD56
☎(094) 9546089
🌐www.lakelandhouse.net
DOM €28
🛏️€40
🛏️€55
💳MV

TV なし　7 希望者　🪥 なし　📺 なし　P 無料　📶 Wi-Fi 全館無料

　アシュフォード・ゲートのバス停から徒歩7～8分。キッチンや洗濯機が完備されており、『静かなる男』のビデオ上映もする。向かいには同経営のゲストハウスがある。

	Map P.226 左	クロウズ・ネスト
		The Crow's Nest

ダイニングパブ
アイルランド料理

　ライアンズ・ホテルに隣接するパブ&レストラン。料理は日替わりで、フィッシュ&チップスやピザ、コナート州産の肉料理、アイリッシュ・シチューなどがあり、メインは€12.50～23。

🏠Main St., F31 Y932　☎(094) 9546243
🌐www.ryanshotelcong.ie　🕙10:00～21:00(夏期～22:00)　休12/25　💳MV　📶あり

コネマラ地方の北の玄関口

ウエストポート
Westport

オクタゴン周辺

メイヨー県
Co. Mayo

アイルランド国番号353
市外局番098

MAPS
広域地図P.14-B2
ウエストポート周辺P.230
ウエストポートP.230

　西海岸の中心都市、ウエストポートは船、鉄道などの交通の要衝。ウエストポート・ハウスなど歴史的建造物もあるが、旅行者にとってはコネマラ地方への中継地として重要な所だ。

ウエストポートの**歩き方**

　ウエストポートはアイルランドのなかでは珍しく計画的に設計された町。町の中心は**オクタゴン**The Octagonと呼ばれる広場と時計塔の建っている広場。オクタゴンからは北東にジェイムズ・ストリートJames St.が、それと並行して時計塔からはブリッジ・ストリートBridge St.が延びる。❶はタウン・ホール・シアター Town Hall Theatre内に、バス亭はミル・ストリートMill St.にある。

ウエストポートの**見どころ**

楽しいアトラクションがいっぱい　　　　　　　Map P.230下

ウエストポート・ハウス　Westport House

　18世紀に建てられた邸宅。女海賊グレース・オマリーとも縁があるこの地域の名門ブラウン家が所有していたが、2018年からヒューズ家の所有となった。館内は、往時を再現した美しい部屋の展示と一族の歴史を紹介している。

広大な公園の敷地内にひっそりと建つ

Access Guide
ウエストポート

ダブリンから
所要:2時間50分～3時間20分
運賃:€33.30

🚂 月～土　ヒューストン駅から7:35(金のみ)
12:45 14:45 17:10(金のみ)18:15
日　13:40 15:40 18:30

ゴールウェイから
所要:約1時間40分　運賃:€13.50

🚌 バス・エーランNo.456がバスステーションから9:15 12:15 15:15
18:15 21:15

■ウエストポートの❶
Map P.230下
🏠Town Hall Theatre, The Octagon,
F28 R240
☎(098)28459
URLwww.westporttheatre.com
🕐9:30～17:00　休日

■ウエストポート・ハウス
🏠Westport House, F28 TY45
☎(098)27766
URLwww.westporthouse.ie
●敷地、ガーデン
🕐6～9月7:30～23:00
　10～5月7:30～20:00
休冬期未定　料無料
●館内
🕐9～6月10:00～16:00
　7・8月10:00～17:00
休冬期の月～金
料€14.50　学生€11.50

ウエストポート　コナート州

アールデコの家具が配された図書室

■クロッグ・パトリックへの行き方
🚌バス・エーランNo.450のバスでムラスクMurrisk下車、所要約20分。そこから徒歩で登る。登山にかかる時間は3〜4時間。バスはウエストポート発7:25 8:43 11:44 13:53 16:18 18:12（日・祝10:54 14:30)、戻りの便はムラスクを8:13 10:13 12:43 14:48 17:28 19:03(日・祝12:27 15:28 18:12)発

■クレア島への行き方
ウエストポートからルーズバラLouisburghまでは、バス・エーランNo.450が7:25 8:43 11:44 13:53 16:18 18:12（日・祝10:54 14:30)の出発。ルーズバラから先はタクシーのみ。ルーナウ港からクレア島までは、4〜9月は1日2〜5便、10〜3月のスケジュールは未定。
●Clare Island Ferry
☎(098) 23737
URL www.clareislandferry.com

広大な敷地はキャンプやピクニック・エリアになっており、スワンボートもある。ほかにもミニ鉄道やミニ動物園など子供に人気のアトラクションが多い。

Days out from Westport — Map P.230 上
近郊の見どころ　聖パトリックゆかりの聖地
クロッグ・パトリック Croagh Patrick

町の西に三角に見える山は「聖なるクロッグ・パトリック」。紀元前3000年ともいわれる昔、このあたりに住んでいた先住民族の聖地で、聖パトリックがこの山で40日間の修行をしたことで有名。現在は教会が建てられているが1905年のもの。毎年7月の最終日曜にはアイルランド全土から数千人にも及ぶ巡礼者が山を登り、テレビで紹介されるほど。宗教上の理由で裸足で登る年輩の人も多い。

ウエストポートから眺めたクロッグ・パトリック

Days out from Westport — Map P.230 上
近郊の見どころ　クルー湾に浮かぶ美しい島
クレア島 Clare Island

ウエストポートから西に30km。ルーナウ港Roonaghからフェリーで約15分。クルー湾に浮かぶクレア島は、美しい自然と、数々の遺跡で知られる。とりわけこの島を有名にしているのが、16世紀にこの地域一帯を支配した女海賊グレース・オマリーとのかかわり。ゆかりのある城や、彼女が埋葬されたといわれているシトー会の修道院などが残っている。

ウエストポート周辺

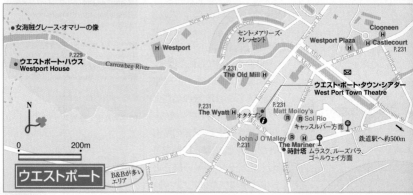
ウエストポート

Days out from Westport　Map P.14-B1

近郊の見どころ

ダブリン以外にある唯一の国立博物館

国立カントリーライフ博物館
National Museum of Ireland, Country Life

　緑豊かなターロッホ公園Turlough Park内にある地方の生活に焦点を当てた博物館。日常の生活やお祭りなどで使われた工芸品、民俗資料を豊富に取り揃えているほか、映像や写真のコレクションも充実している。無料のガイドツアーも行われている。

■国立カントリーライフ博物館

🚃🚌鉄道またはバス・エーランNo456でキャッスルバーCastlebarに行き、TFIローカルリンクNo.454に乗り換える。キャッスルバーを9:00、14:00(日・祝9:15、14:00)発で所要約20分。戻りは12:40、17:10(日・祝12:55、17:55)
🏠Turlough Park, F23 HY31
☎(094) 9031755
🌐www.museum.ie
🕐10:00～17:00(日・月13:00～17:00)
休聖金曜、12/25・26　料無料

　ホテルはジェイムズ・ストリート、キャッスルバー・ストリートCastlebar St.に点在している。B&Bやゲストハウスは中心から西へ行ったキー・ロードQuay Rd.にいくつかある。レストラン、パブはブリッジ・ストリート沿いに雰囲気のよい店が集まる。

高級 69室	Map P.230 下	**キャッスルコート** Castlecourt Hotel

🏠Castlebar St., F28 NX84
☎(098) 55088
🌐www.castlecourthotel.ie
🛏/🍴🚗💳€78～
—ADMV

	TV 全室	🌀 全室	🧴 全室	🎁 全室	P なし	📶Wi-Fi 全館無料

　町の中心にある高級ホテル。20mの温水プールをもつレジャーセンターをはじめ、充実の設備を誇る。コース料理のみのファインダイニングのレストランとビストロも併設している。隣のウエストポート・プラザも同系列。

中級 63室	Map P.230 下	**ザ・ワイヤット** The Wyatt Hotel

🏠The Octagon, F28 TD76
☎(098) 25027
🌐www.wyatthotel.com
🛏/🍴🚗💳€78～
—AMV

	TV 全室	🌀 希望者	🧴 全室	🎁 全室	P なし	📶Wi-Fi 全館無料

　オクタゴンの近くにあるホテルで、レストラン、バー、会議室などがある。室内は明るい色調のモダンなインテリアでまとめられており、部屋の設備もよく整っている。朝食込みのプランもある。

ホステル ベッド数56	Map P.230 下	**ジ・オールド・ミル** The Old Mill Hostel

🏠James St., F28 VX58
☎(098) 27045
🌐www.oldmillhostel.com
DOM🚗💳€23～
—MV

	TV なし	🌀 希望者	🧴 なし	🎁 なし	P なし	📶Wi-Fi 全館無料

　1780年頃に建てられた建物を利用している。ドミトリー1部屋あたりのベッド数は4～12。男女混合と女性用のドミトリーがある。冬期は休業。

Map P.230 下	**ジョン・ジェイ・オマーリー** John J O'Malley	ダイニングパブ アイルランド料理

　黒光りする木材が印象的な店内には、真鍮の鍋や楽器が飾られている。1階がパブで2階がレストラン。新鮮な魚介類や丹念に下味をほどこしたステーキが自慢。

🏠Bridge St., F28 DY02　☎(098) 27307
🕐夏期14:00～22:00(金・土13:00～翌0:30)　冬期16:00～23:30　休水、冬期の月・火　—MV　📶あり

Map P.230 下	**マット・モロイズ** Matt Molloy's	音楽パブ ドリンクのみ

　チーフタンズのアイリッシュ・フルート奏者であるマットが経営するパブ。昼間はアットホームな感じだが、夜は世界中の旅行者でにぎわう。毎晩伝統的アイルランド音楽の生演奏が行われており、演奏のレベルは非常に高い。

🏠Bridge St., F28 FV40　☎(098) 26655　🌐www.mattmolloy.com
🕐16:00～23:30(金・土14:00～翌0:30、日12:30～23:00)
休聖金曜、12/25　—MV　📶あり

●ウエストポート　コナート州

スライゴー●

ダブリン●

スライゴー県
Co. Sligo

アイルランド国番号353
市外局番071

MAPS
広域地図P.15-C1
スライゴー中心部、スライゴー
広域図、ストランドヒルP.233
ボイルP.237

W.B.イエーツの愛した土地
スライゴー
Sligo

スライゴー近郊には古代遺跡が点在す

Access Guide
スライゴー
ダブリンから

🚆	所要:約3時間15分	運賃:€30.45

月〜土 コノリー駅から6:55(土なし)
9:05 11:00 13:00 15:00 16:00
17:10 19:15

日 9:05 13:00 15:00 16:00 17:10 19:05

| 🚌 | 所要:約3時間50分 | 運賃:€22 |

月〜土 エクスプレスウェイNo.23が8:10
11:00 13:45 17:30 20:00 23:00

日 8:00 11:00 13:45 17:30 20:00

ゴールウェイから
🚌 所要:2時間25分〜2時間50分
運賃:€19

月〜土 エクスプレスウェイNo.64が6:00
8:45 10:30 12:00 14:10 16:00
18:10

日 8:45 12:00 14:10 16:00 18:10
20:15

ドネゴールから
所要:約1時間10分 運賃:€18

🚌 エクスプレスウェイNo.64が6:25
8:40 10:40 12:40 14:40 (日・祝な
し) 16:55 19:55

■スライゴーの🛈
Map P.233上-A1
🏠Old Bank Building, O'Connell St.,
F91 VAK2
📞1800-230330
🕐10:00〜17:00(日12:00〜17:00)
🚫クリスマス期間

スライゴー湾とギル湖をつなぐガラボーグ川Garavogu
沿いを中心に広がる、アイルランド北西部の中心都市。
世紀にヴァイキングによって開かれたのが最初とされ、1
世紀には数々の教会などが造られ繁栄した。後にイギリス
軍による徹底した破壊を受けたが、かつてを偲ばせる修
道院などが残っている。小さな島が浮かぶギル湖と海との
温度差などで、しばしば町全体が霧に包まれ幻想的な雰
囲気となる。湖を囲む森林、アシなどの湿原にハクチョウ
が浮かび、大きなマスが群れ泳ぐ風景はとても美しい。

詩人イエーツは母親の故郷であり、子供時代に多くの時
間を過ごしたこの地をしばしば訪れ、「Sligo has alway
been my home.(我が心の故郷スライゴー)」と書き残した。

🍀 スライゴーの**歩き方**

スライゴー中心部　ゆっくり回っても30分ほどで1周でき
ほどの大きさ。鉄道駅は町の西にあり、駅のある高台から少
し下った所にバスステーションもある。駐車場は中心部に
〜6ヵ所あるので困ることはないだろう。**町の中心は川沿い**
にあり、博物館やイエーツ館
などもここにある。🛈をはじ
め銀行などもこのあたり。**オ
コンネル・ストリート**
O'Connell St.には、多くのレ
ストランやショップが並ぶ。

町の中心オコンネル・ストリー

The Address Sligo

P.238
Railway H
スライゴー・マクディアマダ駅

バスステーション
he Sligo P.237
Southern

Knappagh Rd.
Joe Banks Rd.

Quayside S.C.S
The Glasshouse
P.237

Coach Lane P.238

P.234, 235 スライゴー県立博物館
Sligo County Museum & Library

ハイド橋
イェーツ館 P.234

WB's Coffee House
P.238

ザ・モデル
Home of The Niland
Collection

Stephen St.
ガラボーグ川
P.237
Riverside H

Adelaide St.

Penneys S

Tesco S

Hargadons
P.238

ストランドヒル行き
アイルランド聖公会
大聖堂

Church Hill

カトリック大聖堂

ホークス・ウェル・シアター
Hawks Well Theatre

Wine St.

Rockwood Pde.

Bistro Bianconi
P.238

スライゴー修道院
Sligo Abbey

ドアリー・パークへ約1km

John St.
Grattan St.

Gracie's Bar P.238

Castle St.

Markets St.

J.F.K. Parade

Abbey St.

Chapel St.
Crammore Rd.

Pearse Rd.

Old Market St.

Burton St.

Temple St.

P.234
Chain Driven Cycles S

N

0   200m

スライゴー中心部

A
P.236
ベンバルベン
Benbullben

N15

N15

イェーツの墓
Yeats's Grave
P.234

ドラムクリフ
Drumcliffe

ラスコーマック
Rathcormack

N15

N16

N16

スライゴー空港
Sligo Airport

ストランドヒル
Strandhill

拡大図上
スライゴー
Sligo

ドアリー・パーク
Doorly Park

R292
R286
R278
R278

N15
N16

バークス・キャッスル
Parkes Castle
P.235

P.235
キャロウモア古代遺跡
Carrowmore Megalithic Cemetery

チャーチ島
Church Island

教会跡

ギル湖 P.235
Lough Gill

ビーズィーズ島
Beezie's Island

イニシュフリー島
Innisfree

R292

R292

N4

N

0   4km

スライゴー広域図

ストランドヒル
N

0   100m

The Strand
Shore Rd.

ナショナル・サーフ・センター
National Surf Centre
Voya Seaweed Baths P.236

N4
N4

P.235
ボイル修道院、キング・ハウスへ
Boyle Abbey, King House

A
B

■レンタル自転車
●Chain Driven Cycles
Map P.233上-B2
🏠23 High St., F91 P2WC
☎(071) 9129008
URL www.chaindrivencycles.com
🕐10:00～18:00
🈳日、12/25・26、1/1　🈺1日€20～

■ストランドヒルへの行き方
🚌ジョン・ストリートJohn Streetの
バス停からバス・エーランのS2が1時
間に1～2便程度
所要：約15分　運賃：€1.90

■スライゴー修道院
🏠Abbey St., F91 K796
☎(071) 9146406
URL heritageireland.ie
🕐10:00～18:00　※最終入場は17:15
🈳11月上旬～3月中旬
🈺€5　学生€3

スライゴーからギル湖へ　町から川に沿った道は、ギル湖の入口の**ドーリー公園**Doorly Parkまで続いている。この公園の散策路を歩くだけでも、ギル湖やこの地方の自然の美しさを十分満喫できるだろう。

ストランドヒル　スライゴー湾の西にあるストランドヒルはサーフィンやゴルフが楽しめる人気のリゾート地。小さい村ながらパブやレストラン、B&Bも多数ある。

スライゴーの見どころ

町の人々に愛され続ける Map P.233上-B
スライゴー修道院 Sligo Abbey

　町の東にあるドミニコ会修道院の跡。1253年に建てられた、スライゴーでも最も古い建物だ。1414年の火災や1〜17世紀の戦禍によって被害を受け、廃虚となったが、修道士の生活の場であった回廊や、すばらしい彫刻を施され

イエーツゆかりの見どころめぐり

ハイド橋近くにあるイエーツ像

　ウィリアム・バトラー・イエーツ（1865〜1939年）は、アイルランド、特にスライゴーとその周辺をこよなく愛した詩人。彼はアイルランドの口承伝説などの民話を集め、文字に残した。著作は世界各国で翻訳され、1923年にはノーベル文学賞も受賞している。
　後に彼は日本の民話にも興味を示し、輪廻転生にまつわる幽玄の世界は、ケルトの心に通じるものと感じたようだ。また、能楽に対しても強い関心を寄せていた。

イエーツ館
Yeats Building

イエーツの展示が行われている

　建物は1895年に銀行として造られたもの。1973年にイエーツ協会に無償で贈られた。建物内では、イエーツに関する展示が行われているほか、無料のアート展示も行われている。

スライゴー県立博物館
Sligo County Museum

　博物館の一画には1938年のイエーツの直筆の

手紙や愛用していた小物、ノーベル文学賞のメダルの複製などが展示されている。

イエーツの墓
Yeats's Grave

緑豊かな田園地帯に眠る

　1939年2月28日、フランス、コートダジュールのリゾート地マントンのホテルで息を引き取った。その後、近くのロクブリュヌ・カップ・マルタンで密葬が営まれ埋葬された。「マスコミのほとぼりが冷めたら私を掘り起こしてスライゴーに移してほしい」というイエーツの言葉通り、1948年にスライゴー近郊のドラムクリフの教会に再埋葬された。

■イエーツ館　Map P.233上-B1
🏠Hyde Br., F91 DVY4　☎(071) 9142693
URL www.yeatssociety.com
●イエーツ展示
🕐3月の金・土、4・5・9〜12月の木〜土、6〜8月の水〜土11:00〜15:00　🈳日〜火、9〜5月の水、3月の木、1・2月、不定休　🈺€6
●アート展示
🕐10:00〜15:00　🈳日・月、1〜4月、不定休　🈺無料

■イエーツの墓　Map P.233下-A1
🏠Drumcliffe Church, F91 PK50
エクスプレスウェイNo.64、バス・エーランNo.480、TFIローカルリンクNo.982のバスに乗り、15分ほどのドラムクリフDrumcliffeで下車した、ドラムクリフ教会の敷地内にある。

スライゴー修道院でのガイドツアー

た祭壇跡などは保存状態もよく、アイルランドの修道院の姿をよく伝えている。伝説によると、この修道院には銀製の鐘があったが、1641年の戦乱の際に信者たちがイギリス軍に奪われないように持ち去り、ギル湖に沈めたという。澄んだ心をもつ人は、今でもギル湖から響く、この鐘の音を聞くことができるといわれている。

町の歴史を物語る　　　　　　　　　Map P.233上-B1
スライゴー県立博物館
Sligo County Museum & Library

　140年ほど前の教会を改築した小さな博物館。市民の図書館としても親しまれている。イエーツ直筆の手紙のほか、スライゴーの歴史にまつわる品々が展示されている。W.B.イエーツの弟であるジャック・B・イエーツの作品など、アイルランド人芸術家の絵画作品も収蔵している。

近郊の見どころ　Days out from Sligo　Map P.233下-A2
ケルト以前の古代墳墓群
キャロウモア古代遺跡
Carrowmore Megalithic Cemetery

　キャロウモア遺跡は5000年以上前のものとされるが、さらに1000年以上も古いとも考えられており、今後の解明が注目されている。

　ここに住んでいたのはアイルランド島東部の先住民族と同じ人々と考えられているが、文化圏は違うようだ。ビジターセンター周辺には巨石で組まれた墓やストーンサークルがあり、学芸員が細かく説明、案内してくれる。

　丘の上には祭礼用と考えられる石積みの遺跡が見える。周辺の私有地にも多くの墓が点在し、地下に石室が確認されているものもあるが、発掘されていないものも多い。

近郊の見どころ　Days out from Sligo　Map P.233下-B2
山裾に広がる美しい湖
ギル湖と周辺　Lough Gill

ギル湖とパークス・キャッスル

　アイルランドには無数の湖があるが、特に西海岸部の湖は山に囲まれ、複雑に入り組んでおり、とても美しい。なかでもこのギル湖はその典型的なものだ。

　ギル湖は想像以上に大きな湖で、湖面にはイニシュフリー島Innisfreeをはじめ大小の小島が浮かぶ。島を回る遊覧ボートなどもある。

■ スライゴー県立博物館
🏠 Stephen St., F91 X264
☎ (071) 9111679
URL sligolibrary.ie/museum/
🕐 5〜9月9:30〜12:45 14:00〜16:45
　10〜4月9:30〜12:45
🚫 日・月　無料

スライゴー県立博物館

■ キャロウモア古代遺跡
🚌 TFIローカルリンクのNo.981が9:15
10:25 12:25 13:25 16:23 17:23
19:03 20:03 23:05発、キャロウモア
Carrowmore下車、所要約10分
🏠 Carrowmore, F91 E638
☎ (071) 9161534
URL heritageireland.ie
🕐 10:00〜18:00　※最終入場は17:00
🚫 11月上旬〜3月中旬
💰 €5　学生€3

謎が多く残るキャロウモア古代遺跡

■ ギル湖への行き方
🚌 TFIローカルリンクのNo.563が7:10
9:00 10:30 14:45 17:00 18:30発、パークス・キャッスルParke's Castle下車、所要約30分
🚗 スライゴー中心部から所要約40分
● ロッホ・ギル遊覧船
● The Rose of Innisfree
パークス・キャッスルParkes Castleより乗船。7・8月の13:30からは、スライゴーの町近くのドーリー・パークDoorly Parkからも出港する。
🏠 Lough Gill, Kilmore, F91 FP71
📱 087-2598869
URL roseofinnisfree.com
🕐 12:30発　🚫 11月〜イースター
💰 €25　学生€20

■ パークス・キャッスル
🏠 Kilmore, Co. Leitrim, F91 FP71
☎ (071) 9164149
URL heritageireland.ie
🕐 10:00〜18:00　※最終入場は17:15
🚫 11月上旬〜3月中旬
💰 €5　学生€3

●● スライゴー　コナート州

近郊の見どころ
イェーツの詩にも影響を与えた
ベンバルベン　Benbulben

　氷河によって削り取られた石灰岩のテーブルマウンテン。標高は約526mあり、山頂部分には高山植物が生育する。テーブルマウンテン状としての景色はラスコーマック村やドラムクリフ村で堪能することができる。ドラムクリフ村にはイェーツの墓があり、墓標には晩年の詩『Under Ben Bulben』の一節が刻まれている。

🚌バスではベンバルベンの麓まで行くことはできないが、ラスコーマック村Rathcormackやドラムクリフ村Drumcliffから景色を楽しむことができる。それぞれの村へのアクセスは、スライゴーのバスステーションからバス・エーランのNo.480、TFIローカルリンクNo.982などを利用する。

■ヴォヤ・シーウィード・バス
🏠Strandhill, F91 FYW3
📞(071) 9168686
🌐www.voyaseaweedbaths.com
🕐9:45～18:00(祝9:00～17:00)
🚫1/1、イースター、12/25・26
💰シーウィードバス50分€45
※夏期と週末は予約が必須

ヴォヤ・シーウィード・バスで販売されているハンドクリームや海藻入りのバスソルト

南側から眺めたベンバルベン

近郊の見どころ
ミネラルたっぷりの海藻風呂でつるつるお肌
ヴォヤ・シーウィード・バス
Voya Seaweed Baths

　ストランドヒルにある、ヴォヤ・シーウィード・バスというスパ施設では、アイルランドの伝統的な民間療法で、豊富なミネラルを含む海藻の入った風呂（シーウィードバス）を体験することができる。リラグゼーション効果やデトックス、美肌効果があるとされる。

　ほかにも海藻を使ったボディラップやマッサージなどの各種トリートメント、海藻入りバスソルトやハンドクリームなどのオリジナルグッズを販売している。

Access Guide
ボイル
スライゴーから

🚌 所要約35分　運賃€10.45

月〜土	5:40 (土なし)	6:40	9:05	11:05
	13:05	15:05	16:55	19:05
日	9:05	11:05	13:05	15:05	16:30	19:00

🚌 所要約40分　運賃€14.50

月〜土	エクスプレスウェイNo.23が8:00
	12:15　15:30　18:27　1:00
日	12:15　15:30　19:00　1:00

Days out from Sligo　　　　　　　Map P.237

近郊の見どころ
数々の悲劇の舞台となった
ボイル修道院　Boyle Abbey

　1161年にこの地方の有力者のマクダーモット一族によって建てられたシトー会修道院で、ボイルの東、ボイル川に面して建っている。当時のものとしてはアイルランドでも最も保存状態がよいとされる。

右側は円形アーチのロマネスク様式、左側は先端が尖ったアーチのゴシック様式で建てられている

History
ボイルの悲劇

ボイルの町の悲劇は、1534年にイングランドのヘンリー8世がローマ教皇に反し、英国国教会を設立したことに始まる。当時この地方に勢力を広げていたのはシトー会などの修道院だった。ボイル修道院はその重要な拠点のひとつで、当然のごとくヘンリー8世の改革に抵抗した。イングランド軍はアイルランド的といわれるものをすべて抹殺すべく精鋭を送り込み、イングランドに属していたノルマン人貴族を含め攻撃をかけた。戦いは凄惨な状況で長期にわたったが、ヘンリー8世がアイルランド王を兼ねるようになると、状況は修道院側に不利に傾き、徹底的に征服されてしまった。

17～18世紀の動乱期にはボイル修道院は改装されて要塞として使われ、数々の悲劇の舞台となり、戦乱が収まった後に再び教会となった。修道院はロマネスクとゴシックの複合で、教会の身廊は一方が丸いアーチ、他方が尖ったアーチで取り囲まれた珍しい造り。

Days out from Sligo　　　　　　Map P.237

近郊の見どころ

キング・ハウス　King House
さまざまな展示が楽しめる貴族の館

キング・ハウスの館内展示

ボイル修道院の近くにあるキング・ハウスは、1730年にボイルの貴族ヘンリー・キング卿によって建てられたジョージ王朝様式の館。キング家は16世紀、エリザベス女王の時代にこの地を支配するようになったイングランド出身の家系で、その後350年にわたりアイルランド西部で最も影響力のある貴族家のひとつだった。館内では、18世紀当時の屋敷の様子が再現されているほか、古代から現代までのアイルランドの歴史を紹介するなど、多彩な展示を見ることができる。

■ボイル修道院
🏠Boyle, Co. Roscommon, F52 XE16
TEL(071) 9662604
URLheritageireland.ie
🕐10:00～18:00　※最終入場は17:15
🚫9月下旬～3月中旬
💰€5　学生€3

■キング・ハウス
🏠Military Rd., Boyle, Co. Roscommon, F52 WR26
TEL(071) 9663242
URLwww.visitkinghouse.ie
🕐11:00～17:00(日11:00～16:00)
🚫4・5・9・10月の月曜、11月～イースター
💰€10　学生€7

HOTEL

スライゴーは、コナート州ではゴールウェイに次いで大きな町だが、ホテルの数はそれほど多くなく、ハイド橋Hyde Br.から東西に延びる大通り沿いにいくつかある。B&Bやゲストハウスは町の中心部にはほとんどなく、郊外に点在している程度。

高級 93室	Map P.233上-A1 スライゴー中心部	ザ・スライゴー・サザン The Sligo Southern Hotel

🏠Strandhill Rd., F91 EW24
TEL(071) 9162101
URLwww.sligosouthernhotel.com
♟/♟♟□□□€129～
━ＡＤＭＶ

TV 🍴 ☎ 🔒 📶 P 📶Wi-Fi
全室 全室 全室 なし 無料 全館無料

鉄道駅とバスステーションのすぐそばにある4つ星ホテル。レストラン、バーのほかにスイミングプール、サウナなどを備えるレジャーセンターが併設されている。

高級 116室	Map P.233上-B1 スライゴー中心部	ザ・グラスハウス The Glasshouse

🏠Swan Point, F91 NCA4
TEL(071) 9194300
URLwww.theglasshouse.ie
♟/♟♟□□□€119～
━ＡＤＭＶ

TV 🍴 ☎ 🔒 📶 P €4 📶Wi-Fi
全室 全室 全室 なし 全館無料

ガラボーグ川沿いに建つ、ガラス張りでおしゃれな雰囲気のブティックホテル。併設するザ・キッチンThe Kitchenはアイルランド北西部を代表するシェフがいるレストランとして知られている。

中級 66室	Map P.233上-B1 市街地東部	リバーサイド Riverside Hotel Sligo

🏠Riverside, F91 X92V
TEL(071) 9194480
URLwww.riversidesligo.ie
♟/♟♟□□□€70～
━ＭＶ

TV 🍴 ☎ 🔒 📶 P 📶Wi-Fi
全室 全室 全室 なし 無料 全館無料

その名のとおりガラボーグ川沿いに建つ中級ホテル。中心部から少し東に行った所にあり、駅やバスターミナルから徒歩15分ほど。客室は広めで、レセプションは24時間オープン。

スライゴー　コナート州

ホステル	Map P.233上-A1	レイルウェイ
ベッド数15	鉄道駅周辺	Railway Hostel

🏠1 Union Pl., F91 V297
☎087-6489049
URL www.therailway.ie
DOM 🛏️ €25～
🛏️ €60～ 🛏️ €60～
🛏️ €50～
💳不可

全室 希望者 全室 なし 無料 全館無料

スライゴー駅のすぐそばにあり便利な立地。ドミトリーは男女混合。キッチンやテレビルームがある。チェックインは16:00以降。

RESTAURANT

スライゴーのパブやレストランは、町の中心のオコンネル・ストリートO'Connell St.やワイン・ストリートWine St.に多い。ほかにもガラボーク川沿いにもある。リゾート地のストランドヒルには海に面したダイニングパブもあり、新鮮なシーフードを楽しめる。

Map P.233上-B1	ビストロ・ビアンコーニ	イタリア料理
スライゴー中心部	Bistro Bianconi	ピザ

イタリアン・クオーターにある30年以上の歴史を誇る老舗。オープンキッチンの石窯で焼き上げたピザは20種類前後あり€15.50～。テイク・アウェイも可能。

🏠Tobergal Ln., F91 FD42　TEL(071) 9141744
URL www.bistrobianconi.ie　🕐17:05～21:00(金17:05～22:00、土16:05～22:00)　休日・月　💳MV　📶あり

Map P.233上-A1	コーチ・レーン	ダイニングパブ
スライゴー中心部	Coach Lane	

地元の人にも観光客にも人気があり、ダイニング・パブ・オブ・ザ・イヤーも受賞したことも。2・3階のレストランではアイルランド産ビーフを使ったステーキが人気。

🏠1-2 Lord Edward St., F91 K6EV
TEL(071) 9162417　URL www.coachlanesligo.com
🕐バー14:30～21:00　レストラン17:30～21:00
休バー火・水　レストラン月～水　💳MV　📶あり

Map P.233上-B1	ダブリュービーズ・コーヒー・ハウス	カフェ
スライゴー中心部	WB's Coffee House	オイスターバー

カキの養殖所が経営するカフェで、直送のカキは生ガキが€14、焼きガキが€16。特別なテイスティング・プログラムは予約制で、下記ウェブサイトから申し込む。

🏠11 Stephen St., F91 AH90　TEL(071) 9141883
URL wbscoffeehouse.ie　🕐9:00～16:30
休日　💳MV　📶あり

✎ リムリックやゴールウェイでもカキを食べましたが、スライゴーのカキもベリーグッドです。どこのカキも味が違うので、予算に余裕がある方は、食べ比べてみてください。店の奥にカキの資料や食べられるスペースがあります。　（東京都　高島淳　'19夏）

Map P.233上-A1	ハーガドンズ	ダイニングパブ
スライゴー中心部	Hargadons	音楽パブ

1864年開業。個室スペースの多さが特徴的なヴィクトリア朝期のパブ。高級ダイニング・パブとして、料理の評価も非常に高く、食材はアイルランド産にこだわっている。金曜の夜は音楽の生演奏も行われる。

🏠4-5 O'Connell St., F91 XPN2　TEL(071) 9153709
URL www.hargadons.com　🕐12:00～22:00(金・土12:00～翌0:30)　休日・月　💳AMV　📶あり

Map P.233上-B1	グレイシーズ・バー	音楽パブ
スライゴー中心部	Gracie's Bar	ドリンクのみ

2022年にオープンしたばかりだが、すでに多くの受賞歴があり、音楽の演奏が毎晩行われる。ビールはもちろん、ワインやカクテルも人気。食事は出さない。

🏠24 Grattan St., F91 E544　TEL(071) 9149862
URL graciesbars.com　🕐12:00～22:00(金・土12:00～24:00)　休無休　💳AMV　📶あり

伝説の残る最北の秘境
アルスター州
Ulster

上：六角形の石柱が続く奇観ジャイアンツ・コーズウェイ　左：ベルファストのタイタニック・クオーターに建つ
タイタニック・ベルファストとSSノマディック号　右：イギリス王家ゆかりのヒルズバラ城

アルスター州

アルスター州は、イギリス領の北アイルランドとアイルランド共和国のドネゴール県、モナハン県、キャヴァン県から成り立っている。

ベルファスト　かつて造船業で知られた工業都市。町にはヴィクトリア王朝時代の建物が並んでおり、ほかのアイルランドの町とはずいぶん違い、イギリスの印象が強い。

コーズウェイ・コースト　アルスター州を代表する観光地。世界遺産に登録されている**ジャイアンツ・コーズウェイ** P.266 とその周辺には美しい景観が広がっている。パフィンやアザラシが多数生息する**ラスリン島** P.268 も近い。

ドネゴール県　アイルランドの原風景が広がる未開発の場所。**グレンヴェー国立公園** P.284 は、幾重にも連なる山々と、氷河によって削られたU字渓谷をもつ美しい秘境。

六角柱が敷き詰められた世界遺産の奇観
ジャイアンツ・コーズウェイ
Giant's Causeway ➡P.266

北アイルランドの中心都市
ベルファスト ➡P.242
Belfast

グレンヴェー国立公園　　コーズウェイ・コースト
デリー／ロンドンデリー
スリーヴ・リーグ　ドネゴール
ベルファスト
スライゴー　エニスキレン　アーマー

北アイルランド西部の観光拠点
ドネゴール ➡P.279
Donegal

湖に挟まれた水郷
エニスキレン ➡P.275
Enniskillen

見どころ & アクティビティ

コーズウェイ・コースト
nature **詳細記事 P.260**

ジャイアンツ・コーズウェイをはじめ、世界最古のウイスキー蒸溜所や断崖に建つ古城など、多くの見どころが集まった観光エリア。効率よく回るならツアーがおすすめ。

六角形の岩が続く海岸

ドネゴール・ツイード
handcraft **詳細記事 P.282**

ドネゴール・ツイードで織られたジャケットや帽子、ショールなどはアラン・セーターと同様アイルランドを代表するファッション・アイテム。アーダラ村では機織り見学も可能。

ドネゴール・ツイードで織られたポケット付きのストール

アルスター州交通ガイド

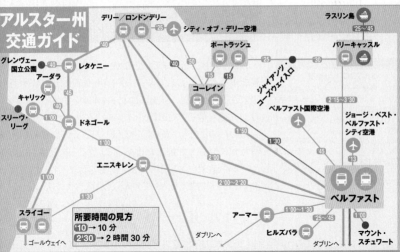

所要時間の見方
`10` → 10分
`2'30` → 2時間30分

北アイルランド（イギリス領）の基本データ

正式国名	グレートブリテン及び北アイルランド連合王国 United Kingdom of Great Britain and Northern Ireland		
国歌	神よ国王を守り給え God Save the King	面積	1万4139km²（福島県ほどの面積）
人口	約191万500人（2022年）	主要都市	ベルファストBelfast
元首	国王チャールズ3世 Charles III	政体	立憲君主制
宗教	プロテスタント43%、カトリック46%	使用言語	英語、ゲール語
通貨	ポンド（£）、補助単位はペンス（p）。£1＝100p≒200円（2024年5月現在）**旅の予算とお金 P.311**		
電圧とプラグ	電圧は220〜240Vで周波数50Hz、プラグは3本足のBFタイプが一般的		
税金	北アイルランド（イギリス）でのVATの標準税率は20%	年齢制限	18歳未満の酒類と16歳未満のタバコの購入は不可
祝祭日	北アイルランドには年によって変化する移動祝祭日（※印）がある。また、アイルランド共和国の祝祭日は北アイルランドとは異なるので注意。 新年 1/1、セント・パトリックス・デイ 3/17、聖金曜日 ※ 4/18（'25）4/3（'26）、イースター・マンデイ ※ 4/21（'25）4/6（'26）、アーリー・メイ・バンク・ホリデイ ※ 5/5（'25）5/4（'26）、スプリング・バンク・ホリデイ ※ 5/26（'25）5/25（'26）、ボイン川の戦い ※ 7/12（'24）7/14（'25）、サマー・バンク・ホリデイ ※ 8/26（'24）8/25（'25）、クリスマス 12/25、セント・スティーブンズ・デイ12/26		

ヴィクトリア朝の栄光を今に伝える

ベルファスト
Belfast

町のシンボル、シティホール。

アントリム県 Co. Antrim
ダウン県 Co. Down

 イギリス国番号44
市外局番028

MAPS
広域地図P13-D2
ベルファスト周辺P.244
ベルファストP.244-245

Information
ベルファストの治安

テロなどの怖いイメージをもたれることが多かったベルファストだが、和平合意から25年以上がたち、そのような印象はすっかり薄らいだ。実際町を歩いていても、治安が気になることはほとんどなく、安心して滞在できる。ただし、何かのきっかけで急に治安が悪化しないとも言い切れない。滞在中は最新情報の入手に努め、危険な場所には近づかないこと。

もともと小さな漁村でしかなかったベルファストは、造船業を中心とする工業によってヴィクトリア女王の統治時代に大きく発展した。一説には北アイルランドがアイルランドの独立後もイギリス領に残ったのは、ベルファストのもつ工業力のためだともいわれているほどだ。そんなヴィクトリア朝時代に発達した都市だけあって、クイーンやヴィクトリアという名前の付いた建物が多い。近年はタイタック・クオーターを中心に観光地としての人気も増しつつある。

モデルルート

ベルファストは見どころが町全体に散っており、意外と回るのが大変。市内バスや乗り降り自由のツアーバスを利用して、効率よく回ろう。

ベルファストハイライト1日コース

午前中にタイタニック関連の見どころを見学し、午後はウエスト・ベルファストや市内の見どころを見学する。

午前 **タイタニック・ベルファスト → SS ノマディック → タイタニック蒸溜所**
P.249　　　　　　　　　　　　　　P.249　　　　　　　　　　P.250

タイタニック・ベルファストは人気アトラクションなのでオープンと同時に見学しよう。その後**タイタニック・ドックス**を見学したら町の中心に戻って昼食。

午後 **ウエスト・ベルファスト → アルスター博物館 → 植物園**
P.243　　　　　　　　　　　　　　P.251　　　　　　　　　　P.251

午後は**ウエスト・ベルファスト**へ。フォールズ・ロード、シャンキル・ロードを歩いて、戻りは市バスを利用するのが便利だ。最後に**クイーンズ大学**を横目に見ながら、**アルスター博物館**、**植物園**を訪れよう。もう1日あるなら、シティホール内部やストーモント・エステートなども見ておきたい。

シャンキル・ロード沿いの壁画

ベルファストの**歩き方**

　ベルファストの中心はシティホール。町は広く、エリアごとの特徴をつかんでおくと位置関係を把握しやすい。

シティホール周辺　大型ショップやデパートが並ぶ繁華街になっている町の中心部。市バスもここを中心に発着しており、町のどこからもアクセスがよい。❶もあるので、まずはここで情報収集するといいだろう。

クイーンズ大学周辺　シティホールから南へ約1kmほど行くと、**クイーンズ大学**のある文教地区。**アルスター博物館**や植物園があるのがこのエリアで、のんびりとくつろぐにぴったりの場所だ。

ラガン川周辺　シティホールから東、ラガン川との間のエリアは、アルバート時計塔や税関など、19世紀の建築物が多く見られる**歴史地区**。ラガン川周辺は、ウォーターフロント・ホールや多目的施設のオデッセイなど、大型のレジャー施設が多いエリアだ。ボートツアーも催行されている。

クイーンズ・アイランド　タイタニックが建造された造船地区で、タイタニック・クオーターと呼ばれる。**タイタニック・ベルファスト**や**SSノマディック号**、**HMSキャロライン**、**タイタニックス・ドック&パンプ・ハウス**があり、近年特に多くの観光客を集めているエリアだ。

ウエスト・ベルファスト　ウエスト・ベルファストは、北アイルランドが抱える最大の問題であるカトリック系住民（ナショナリスト）とプロテスタント系住民（ユニオニスト）との対立を強く感じさせる地域。通りを歩くと、政治的な意味合いをもった壁画を見ることができる。テロの犠牲者を追悼するために造られた庭園などもある。

1981年にハンガー・ストライキで獄中死したボビー・サンズ

　カトリック系住民は**フォールズ・ロード**Falls Rd.を中心に、プロテスタント系住民は**シャンキル・ロード**Shankill Rd.を中心に住んでおり、その間には、**ピースライン**Peace Lineと呼ばれる壁が造られている。

イースト・サイド　コンズウォーター川周辺のイースト・サイドは近年新たに開発が進むエリア。**C.S.ルイス・スクエア**C.S. Lewis Sq.は、ベルファスト出身のファンタジー作家C.S.ルイスを記念した広場で、代表作である『ナルニア国物語』のキャラクターの像を多く見ることができる。イースト・サイドの❶もここにある。

Access Guide
ベルファスト

ダブリンから

🚆 所要約2時間10分　運賃€30.40

月〜土	コノリー駅から7:35 9:30 11:20 13:20 15:20 16:50 19:00 20:50
日	10:00 12:00 13:00 14:00 16:00 19:00

🚌 所要約2時間50分　運賃£17

ゴールドラインX1がバスアラスから6:45〜 翌0:45の1時間に1便 2:45 4:45、ダブリン空港を経由する

🚆 所要約2時間50分　運賃€18.50

ダブリン・エクスプレスが5:20〜翌0:10の1〜2時間に1便、出発はウエストランド・ロウWestland RowMap P.55-E2で、途中カスタムハウス・キー Custom House QuayMap P.55-E2、ダブリン空港を経由する

🚌 所要約2時間30分　運賃€18.50

エアコーチが1〜2時間に1便、出発はオコンネス・ストリートO'Connell StreetMap P.55-D2で、途中ダブリン空港を経由する

デリー／ロンドンデリーから

🚆 所要約2時間20分　運賃£15.50

月〜土	6:12（月〜金）6:42（土のみ）7:38〜20:38の1時間に1便 21:38（月〜金）
日	9:38〜19:38の2時間に1便

🚌 所要約2時間　運賃£14.50

月〜金	ゴールドラインNo.212、X212が5:00〜23:00の1時間に1〜4便、No.273も行くが、所要約3時間。
土	6:00〜23:00の1時間に1〜3便
日	6:00〜19:00の1時間に1便

■ウエスト・ベルファストへの行き方
●フォールズ・ロード
Map P.244-B1・2
🚌 メアリー・ストリート・シティ・ホールMary Street City HallからグライダーG2
●シャンキル・ロード
Map P.244-A・B1
🚌 チチェスター・ストリートChichester St.からメトロバスNo.11A〜D

■ウエスト・ベルファストの❶
Map P.244左下
🏠217 Falls Rd., BT12 6FB
🌐www.visitwestbelfast.com
🕐9:00〜17:00　休土・祝
🚌 メアリー・ストリート・シティ・ホールMary Street City HallからグライダーG2でビーチマウントBeechmount下車

■イースト・サイドの❶
Map P.244右上
🏠CS Lewis Sq., BT4 1HH
🌐www.visiteastside.com
🕐10:00〜16:00　休不定休
🚌 ウェリントン・プレイスWellington Pl.からグライダーG1でコンズウォーターConswater下車

ベルファスト

アルスター州

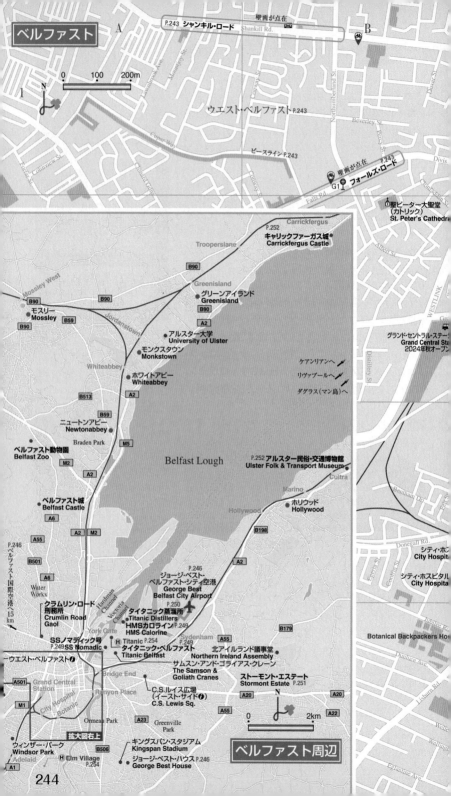

ベルファスト

A

P.243 シャンキル・ロード
Shankill Rd.

壁画が点在

B

0　100　200m

N

ウエスト・ベルファスト P.243

ピースライン P.243

壁画が点在 P.243
フォールズ・ロード
Falls Rd.

聖ピーター大聖堂
（カトリック）
St. Peter's Cathedra

P.252
キャリックファーガス城
Carrickfergus Castle

Carrickfergus

Trooperslane

Greenisland

グリーンアイランド
Greenisland

モスリー
Mossley

アルスター大学
University of Ulster

ケアンリアンヘ

リヴァプールヘ

ダグラス（マン島）へ

グランド・セントラル・ステー
Grand Central Sta
2024年秋オープン

モンクスタウン
Monkstown

Whiteabbey

ホワイトアビー
Whiteabbey

ニュートンアビー
Newtonabbey

Braden Park

ベルファスト動物園
Belfast Zoo

Belfast Lough

P.252 アルスター民俗・交通博物館
Ulster Folk & Transport Museum

Cultra

Marino

ベルファスト城
Belfast Castle

ホリウッド
Hollywood

Hollywood

シティ・ホ
City Hospit

シティ・ホスピタル
City Hospita

Water
Works

ジョージ・ベスト・
ベルファスト・シティ空港 P.246
George Best
Belfast City Airport

タイタニック蒸溜所
Titanic Distillers

クラムリン・ロード
刑務所
Crumlin Road
Gaol

HMSカロライン P.249
HMS Calorine

Sydenham

York Gate

Botanical Backpackers Ho

SSノマディック号
SS Nomadic P.249

タイタニック・ベルファスト
Titanic Belfast P.254

Titanic P.254

北アイルランド議事堂
Northern Ireland Assembly

ウエスト・ベルファスト

サムソン・アンド・ゴライアス・クレーン
The Samson &
Goliath Cranes

ストーモント・エステート
Stormont Estate P.251

Grand Central
Station

Bridge End

Ranyon Place

C.S.ルイス広場
（イースト・サイド）
C.S. Lewis Sq.

Ormeau Park

Greenville
Park

N

0　　　　　　2km

ウィンザー・パーク
Windsor Park

キングスパン・スタジアム
Kingspan Stadium

ジョージ・ベスト・ハウス P.246
George Best House

Elm Village
P.254

ベルファスト周辺

■ベルファスト国際空港
Map P.244左下外
(住)Belfast, BT29 4AB
(URL)belfastairport.com
●ベルファスト国際空港の⒤
(開)7:30〜19:00 (土7:30〜17:00、日8:00〜11:00)
※フライトスケジュールに応じて変更あり
(休)無休

■ジョージ・ベスト・
　ベルファスト・シティ空港
(住)Belfast, BT3 9JH
Map P.244左下
(TEL)(028)90939093
(URL)www.belfastcityairport.com

Key Person
ジョージ・ベスト

偉人や有名人の名前が冠された空港は世界中にあるが、サッカー選手の名前が付けられた空港は世界でもほとんど例がない。ベルファスト生まれのジョージ・ベストはマンチェスター・ユナイテッドのフォワードとして60年代に活躍した選手。実力はもちろんルックスも注目を浴び、ベッカムやクリスティアーノ・ロナウドのようなアイドル的人気を集めるサッカー選手の先駆けとなった。彼の少年時代の家は東ベルファストにあり、4〜9月の金曜の14:00からガイドツアーが催行され、内部を見ることができる。ゲストハウスとしても運営されており、宿泊することもできる。

ジョージ・ベスト・ハウス
Map P.244左下
(住)16 Burren Way, BT6 0DW
(TEL)(028)90451900
(URL)www.georgebesthouse.com
(開)4〜9月の金14:00〜 (料)£12

メトロの車両はピンク色

紫色の車体がBRTのグライダー

空港から市の中心部へ

ベルファスト国際空港　おもにイージージェットEasyJetやライアン・エアRyanairの便が発着する。エアポート・エクスプレスNo.300がヨーロッパ・バスセンターとを結んでおり、24時間運行。昼間は15〜20分に1便、深夜は1時間に1便、所要約45分。片道£9、往復£13.50。

ジョージ・ベスト・ベルファスト・シティ空港　おもにブリティッシュ・エアウェイズやエア・リンガスAer Lingus、KLM、ルフトハンザ、イージージェットなどの便が発着する。エアポート・エクスプレスNo.600がヨーロッパ・バスセンターとを結んでおり、5:30〜22:05(土6:10〜21:45、日7:40〜21:45)の20〜50分に1便、所要約13分。片道£2.30。

バスターミナルから市の中心部へ

ヨーロッパ・バス・センター　ダブリンやデリー／ロンドンデリー、エニスキレンなど、ゴールドラインの長距離バスが発着するほか、両空港とを結ぶバスもここから発着する。ヨーロッパ・バス・センターは2024年秋頃に閉鎖され、そのすぐ西側に鉄道駅とバスステーションを兼ねた**グランド・セントラル・ステーション**Grand Central Stationがオープンする予定。

ラガンサイド・バス・センター　アルスター民俗・交通博物館やマウント・スチュワート行きなど、ベルファスト郊外とを結ぶ便が多い。

鉄道駅から市の中心部へ

　ダブリンからの列車は、ラニヨン・プレイス駅Lanyon Placeに到着しているが、2024年秋を予定しているベルファスト・グランド・セントラル・ステーションのオープン後は、グランド・セントラル・ステーションに発着する予定。ヨーロッパ・バス・センターに隣接していたグレート・ヴィクトリア・ストリート駅は2024年4月をもって廃駅となった。

市内交通

　地下鉄や路面電車の走っていないベルファストでは、バスが主要な市内交通手段。市内バスはピンクの車体である**メトロ**Metroと、紫の車体のBRT(バス高速輸送システム)の**グライダー**Gliderがあり、乗り方が異なっている。

　メトロの車両は前のドアから乗り込み、乗車時に行き先を運転手に告げて運賃を支払う。支払い方法は現金、タッチ決済可能なクレジットカード、デビットカードのほか、後

述する各種交通カードにも対応している。

　一方、グライダーの車両にはどのドアから乗ってもよい。運転席と客席は完全に分かれており、接触できないようになっている。チケットは停留所にあるタッチパネル式の券売機で事前購入しなければならず、乗車してから購入することはできない。どちらも1回券は距離に応じて£1.80～。スマホアプリの**エム・リンク**mLinkで購入することもできる。

　デイ・リンクdayLinkという交通カードもあり、メトロとグライダーの両方が、1日、5日、10日分乗り放題になる。カードは£1で*i*などで購入できる。料金のチャージはグライダーの自動券売機などで行うことができ、1日分は£4、5日分が£18.50、10日分が£37。利用方法は、メトロでは乗車時に運転席近くにある端末にタッチし、グライダーは乗車前にバス停に設置されている端末にタッチする。

　このほか、長距離バスと列車も含め、決められたエリアですべての公共交通が乗り放題になる交通カード、**アイ・リンク・トラベル・カード**iLink Travel Card P.318 を利用しても乗ることができる。

 ### ベルファストの市内交通 タクシー

タクシー　タクシーはシティホール周辺や鉄道駅、バス・センター前に乗り場があり、流しのタクシーも捕まえやすい。電話やアプリで呼び出すこともできる。北アイルランドのタクシーは最高料金 P.320 が定められているが、あくまで目安なので、それより低く設定されていることが多い。

ライドシェア　2024年4月現在、アイルランド共和国ではライドシェアは法的に認められていないが、北アイルランドでは合法なので利用可能。ライドシェアとは、ウーバーUberに代表されるスマホアプリを使って、一般のドライバーと顧客を結びつける配車サービスのこと。タクシーに比べて料金が低く設定されており、料金が事前にわかり、支払いもアプリを通して行えるのが特徴だ。

 ### ベルファストの市内交通 シェア自転車

　ベルファスト・バイクス Belfast Bikesは市内50ヵ所以上にレンタルドックがある自転車シェア・システム。一般的な旅行者が使うプランとして、30分ごとに£1かかるペイ・アズ・ユー・ゴー Pay as You Goか、3日間£6の基本料金を払い、30分以内には追加料無料、それ以上は時間に応じた追加料を払うカジュアル・プランCasual Planの2種類がある。**ネクストバイク**nextbikeのアプリをスマホにダウンロードして、利用都市にベルファストを選択し、登録作業を行う。

グライダーにカードで乗車するときは、乗る前に端末をタッチする

■**ベルファストのおもなタクシー会社**
●バリュー・キャブ Value Cabs
TEL (028)90809080
URL www.valuecabs.co.uk
ベルファスト最大のタクシー会社で、自社専用のアプリを使って予約ができる。タクシー・ツアーは1時間につき、乗客4人までで£32。

■**ベルファスト・バイクス**
URL www.belfastbikes.co.uk
●利用料金
ペイ・アズ・ユー・ゴー
30分ごとに£1
カジュアル・プラン
基本料金£6
30分以内無料
1時間以内£0.50
1～4時間の1時間ごとに£1
4～24時間の30分ごとに£2

Please scan the QR code.

サドル下のQRコードを読み取って利用開始

借りる際には、レンタルドックに停車している自転車のサドル下にあるQRコードをスマホのカメラでスキャンするか数字を入力する。レンタル中に一時停車するときは、アプリでParkを選択した上でサドル下にある鍵をかける。再開するときにはアプリでOpen Lockを選択する。返却する場合は、レンタルドックで鍵をすれば自動的に返却完了。スマホの画面に無事返却されたことがポップアップで表示され、利用時間と料金もわかる。

ベルファストの市内交通 観光バス

ウエスト・ベルファスト、タイタニック・クオーターなど市内19ヵ所を巡る乗り降り自由の観光バスが通年運行されている。シティ・サイトシーイングとベルファスト・シティツアーの2社が行っているが、ルートとチケットは共通しており、料金も同じ。

■乗り降り自由観光バス
開夏期10:00〜16:30
　　冬期10:00〜16:00
1時間に1〜2便の運行で、1周約1時間10分
料1日有効£20　2日有効£25
●シティ・サイトシーイング・ベルファスト
TEL(028)90321321
URLbelfastcitysightseeing.com
●ベルファスト・シティ・ツアー
TEL(028)90321912
URLwww.citytoursbelfast.com

旅の情報収集

ベルファストの **i** は、シティホールのあるドネゴール・プレイスDonegall Pl.の北側に面している。ベルファストだけでなく、北アイルランド全体の旅行情報が集まっており、地図やパンフレットが各種揃うほか、交通カードやベルファスト・ビジター・パス、みやげ物の販売も行っている。

■ベルファストの **i**　Map P.245-C2
住9 Donegall Sq. North, BT1 5GB
TEL(028)90246609
URLvisitbelfast.com
開9:00〜17:30（日11:00〜16:00）
休クリスマス期間

市内と近郊のツアー

鉄語島とジャイアンツ・コーズウェイ

7:30発　所要約10時間　料£49　学生£45
人気海外ドラマ『ゲーム・オブ・スローンズ』のロケ地を巡るバスツアー（→P.46）で、途中世界遺産のジャイアンツ・コーズウェイも訪れる。開催日は要確認。出発はレオナルド・ホテルLeonardo Hotelの前（Map P.245-C2）。

ウィンターフェル・ロケーション・トレック

8:00発　所要約9時間　料£49　学生£45
『ゲーム・オブ・スローンズ』のロケ地を巡る。途中3kmほどのトレッキングを2回行う。ダブリン発のツアーもある（→P.69）。開催日は要確認。

ゲーム・オブ・スローンズ・ツアーズ
Game of Thrones Tours
TEL(028)95680023
URLwww.gameofthronestours.com

ジャイアンツ・コーズウェイ日帰り

8:30発　所要約9時間30分　料£35
ユースホステル前発。キャリックファーガス城、ブッシュミルズ蒸溜所、ジャイアンツ・コーズウェイなどを訪れる。ユースホステル滞在者には割引あり。

マッコムズ・ツアーズMcComb's Tours
TEL(028)90315333
URLwww.mccombscoaches.com

ジャイアンツ・コーズウェイ日帰り

9:30発　所要約9時間　料£30
ユースホステルの向かいから出発。キャリックファーガス城、ブッシュミルズ蒸溜所、ジャイアンツ・コーズウェイなどを訪れる。

アレンズ・ツアーズAllens Tours
TEL(028)90915613
URLallensbelfastbustours.com

ヒストリー・オブ・テラー
A History of Terror

10:30　所要約2時間30分　料£22
シティホール前発。1971年から1998年にかけての北アイルランド問題をテーマにしたウオーキングツアー。北アイルランドの悲劇的な現代史について学ぶ。

DCツアーズDC Tours
TEL077-16949460　URLwww.deadcentretours.com

リバー・ツアー
River Tour

夏期毎日12:00、14:00、16:00発、冬期木〜日曜の日12:00、14:00発　所要1時間30分　料£25
出発はACホテル・バイ・マリオットAC Hotel by Marriottの前（Map P.245-D1）。ラガン川を航行しながら、造船所などタイタニックにまつわる見どころやアザラシの繁殖地といった見どころを回る。

レディ・オブ・ザ・ラガン Lady of the Lagan
URLladyofthelagan.com

ベルファストの見どころ

タイタニック号に関する世界最大の展示　　Map P.244左下

タイタニック・ベルファスト
Titanic Belfast　　クイーンズ・アイランド

ユニークなフォルムの外観

1912年4月15日に氷山に衝突して沈んだ悲劇の貴婦人、タイタニック号。その沈没事故から100周年の2012年に記念行事の一環として建てられた。

6階建ての巨大な建物はすべてがタイタニック号について。館内はセルフガイド方式で、タイタニック号建造以前のベルファストの産業に始まり、タイタニック号の建造にいたるまでの経緯が紹介され、造船の様子は、立体的に動くカートに乗りながらコンピュータグラフィックを駆使して解説される。沈没事故についても詳細な解説のほか、海底からの発掘品も展示されている。

タイタニック号の連絡船　　Map P.244左下

SSノマディック号　SS Nomadic
クイーンズ・アイランド

タイタニック号へと乗客を運んだ

タイタニック・ベルファストのすぐ南にあるハミルトン・ドックに停泊している。SSノマディック号は1911年にタイタニック号などオリンピック級客船の連絡船として造られた。1912年のタイタニック号の処女航海では1等と2等の乗客計172名がこの船からタイタニック号へと乗り込んだ。船内はガイドツアーによって見学可能。

100年近くも活躍した軍船　　Map P.244左下

HMSカロライン　HMS Caroline
クイーンズ・アイランド

冬期はガイドツアーでのみ見学できる

HMSカロラインは、1916年のユトランド沖海戦にも従軍した歴史ある軍船。第1次、第2次世界大戦を経験し、戦後はイギリス海軍の訓練艦として長らく利用され、建造から100年近くの2011年になって退役した。ユトランド沖海戦の100周年にあたる2016年に博物館船として一般に公開されるようになり、内部が見学できるようになった。

■タイタニック・ベルファスト
🚃ウエリントン・プレイスWellington Placeからグライダー G2でタイタニックTitanic下車
🏠1 Olympic Way, Queen's Rd, Titanic Quarter, BT3 9EP
☎(028)90766386
🌐titanicbelfast.com
🕐4・5・9・10月9:00〜18:00
　6月9:00〜19:00
　7・8月9:00〜19:30
　11〜3月10:00〜17:00
🈺12/24〜26
💷£24.95　学生£19
SSノマディック号と共通券

History
タイタニック号

タイタニック号は1912年4月15日、イギリスのサウサンプトンからニューヨークへ向けての処女航海中に氷山に衝突して沈んだ悲劇の豪華客船。タイタニック号の沈没は約1500人の死者を出した当時最悪の海難事故であった。姉妹船にオリンピック号とブリタニア号があり、オリンピック号が最初に造られたことから、同タイプの船はオリンピック級客船といわれた。いずれもホワイト・スター・ライン社が注文し、製造はベルファストのハーランド・アンド・ウルフ社が行った。

コンピュータ・グラフィックで再現された船内の様子

■SSノマディック号
🚃ウエリントン・プレイスWellington PlaceからグライダーのG2でタイタニックTitanic下車
🏠Hamilton Dock, Queen's Rd., BT3 9DT
☎(028)90766386
🌐titanicbelfast.com
🕐4・5・9・10月10:00〜17:30
　6月10:00〜18:30
　7・8月10:00〜19:00
　11〜3月11:00〜16:30
🈺12/24〜26　💷£24.95　学生£19
タイタニック・ベルファストと共通券
📷内部

■HMSカロライン
🚃ウエリントン・プレイスWellington PlaceからグライダーのG2でカタリスト・インクCatalyst Inc下車
🏠Alexandra Dock, Queens Rd., BT3 9DT
🌐www.nmrn.org.uk
🕐11〜5月10:00 11:30 13:30 15:00発のツアーで見学可
　6〜10月10:00〜16:30
※最終入場は15:30
🈺9〜6月の月・火、12/24〜26
💷£11〜

タイタニック号の大きさを物語る乾ドック

■タイタニック蒸溜所
🚌ウエリントン・プレイスWellington Placeからグライダー G2でカタリスト・インクCatalyst Inc下車。
🏠Queen's Rd., BT3 9DT
☎(028)90992992
🔗www.titanicdistillers.com ■
🕐10:00〜19:00　※最終入場は17:30
休月
💷ドック・ツアー £10
　シグナチャー・ツアー £25
　プレミアム・ツアー £40

パンプ・ハウス内に設置された蒸溜窯

■シティホール
🏠Donegall Sq., BT1 5GS
☎(028)90270456
🔗www.belfastcity.gov.uk/cityhall
🕐展示 9:30〜17:00（土・日・祝 10:00〜17:00）　※最終入場は16:00
　ツアー
　月〜金11:00、14:00、15:00発
　土・日12:00、14:00、15:00発
休不定期　💷無料

1895年に建てられたオペラハウス。独特の円形の窓と尖塔、カラフルな外壁が特徴的。以前にテロに遭い、かなりのダメージを受けたが、現在は修復されて痕跡も残っていない。年間を通じて、オペラ、バレエ、ミュージカルなどの公演が行われている。
Map P.245-C2
☎(028)90241919
🔗www.goh.co.uk ■

タイタニック号ゆかりの場所でウイスキー造り　Map P.244左下

タイタニック蒸溜所 Titanic Distilers
クイーンズ・アイランド

　トンプソン・ドックThompson Dockは、タイタニック号とその姉妹船オリンピック号を収容できるように造られた当時世界最大の乾ドック。タイタニック号はベルファストを出発する直前までここに収容されていた。ドックは注排水をする必要があるが、ドックの横に建つパンプ・ハウスは、そのための動力室だった場所。現在はタイタニック蒸溜所として利用されており、ウイスキー造りが行われている。内部はツアーで見学することができ、シグナチャー・ツアー Signature Tourではパンプ・ハウスを巡りながらウイスキー造りを学び、ドック・ツアー Dock Tourではタイタニック号ゆかりの乾ドックを見て回る。

ベルファストのシンボル　Map P.245-C2

シティホール City Hall
ベルファスト中心部

シティホールとその前に立つヴィクトリア女王の像

　1906年に建てられた市庁舎。特徴的な中央のドームは高さ53mに達する。正面玄関にはヴィクトリア女王の像があり、四方にも像があるが、倒れた人々の上に冠をかざす像は、タイタニック号の沈没追悼碑。

　周囲は2012年のタイタニック号沈没100周年を記念し、メモリアルガーデンとして整備された。館内では無料のガイドツアーが催行されているほか、ベルファストの歴史を紹介する常設展示もある。

地元の人に交じってショッピング　Map P.245-D2

セント・ジョージズ・マーケット
ベルファスト中心部
St. George's Market

　金〜日曜のみオープンするセント・ジョージズ・マーケットは、年間60万もの人が訪れる大型屋内マーケット。19世紀末のヴィクトリア朝時代に建てられ、壁面は重厚なれんが造り、内部は開放感のある鉄

さまざまな屋台が出店してにぎわう

筋構造になっている。金曜はバラエティ・マーケット、土曜
は食料&クラフト・マーケット、日曜は食料、工芸品&アン
ティーク・マーケットと、日によって販売されるものが変わ
るほか、音楽演奏などさまざまなイベントが開かれる。

パームハウスが印象的な市民の憩いの場　　　**Map P.245-C4**

植物園 Botanic Gardens
クイーンズ大学周辺

クイーンズ大学とラガン
川に挟まれるように広がる。
敷地はかなり広いが、暖か
い日はそれを埋め尽くすよう
に人が集まるベルファスト
市民の憩いの場だ。

　最大の見どころはパーム
ハウスで、正面のドームが
非常に美しい。入口付近に

植物園のパームハウス

は色とりどりの花が植えられ、ベンチもあるのでのんびり本
を読んでいる人をよく見かける。

スペイン・アルマダ艦隊の財宝は必見　　　**Map P.245-C4**

アルスター博物館 Ulster Museum
クイーンズ大学周辺

　植物園の敷地内にある総合博物館で、大きく歴史部門、
自然科学部門、美術部門に分かれている。広いスペースを
使った展示は見やすく、参加体験型の展示も多い。特に
歴史の展示が興味深い。先住民族の石に刻まれた文様、
ケルト人の銀杯、ヴァイキングの兜など貴重なものも多く、
スペイン・アルマダ艦隊の財宝は最大の見どころ。

北アイルランド議会がおかれる　　　**Map P.244左下**

ストーモント・エステート
ベルファスト郊外
Stormont Estate

ベルファストの中心部の
東約5kmにあるストーモン
ト・エステートは、北アイ
ルランド議事堂がおかれてい
る場所。議事堂は1932年
に建てられ、1972年の北ア
イルランド議会閉鎖まで議
場として使われた。

広い敷地をもつ北アイルランド議会

　その後は政府系のオフィ
スなどとして使用されたが、自治が再開された1998年に再
び議場として使われるようになった。広大な敷地は公園と
して一般に開放されており、のんびりと過ごす人々でにぎわ
う。議事堂内に入ることもでき、無料のガイドツアーも行
われている。

■セント・ジョージズ・マーケット
🏠12-20 East Bridge St., BT1 3NQ
📞(028)90435704
金8:00～14:00　土9:00～15:00
日10:00～16:00

■植物園
🏠College Park, Botanic Av.,
BT7 1LP
開早朝～日没　料無料

■アルスター博物館
🚌ドネゴール・スクエア・イーストDonegall
Sq. EastからメトロのNo.8A～D、93
でクイーンズ・ユニヴァーシティ・ベルファ
ストQueen's University Belfast下車。
🏠Botanic Gdns., BT9 5AB
📞(028)90440000
🔗www.ulstermuseum.org
開10:00～17:00　休月　料無料
🚫アートギャラリー

アルマダ艦隊の財宝『サラマンダーのペンダ
ント』

■ストーモント・エステート
🚌チチェスター・ストリートChichester
Streetからグライダー G1でストーモン
トStormont下車。
🏠Upr. Newtownards Rd., BT4 3SH
📞(028)90521802
🔗www.niassembly.gov.uk 🚫
●敷地内
開10～3月7:30～18:00（土・日9:00～
18:00）
4・9月7:30～20:00（土・日9:00～）
5～8月7:30～21:00（土・日9:00～）
休無休　料無料
●議事堂
開9:00～16:00　休土・日・祝　料無料
●議事堂ツアー
開水～金12:00、14:00発（要予約）
休土～火　料無料
※予約はwww.eventbrite.co.ukを通
して行う

散策にぴったり

●ベルファスト

アルスター州

さまざまな時代の乗り物を展示

■アルスター民俗・交通博物館
🚃ラニョン・プレイス駅から1時間に2便程度（日曜は1時間に1便程度）。カルトゥラ駅Cultra下車。所要約15分。
🏠153 Bangor Rd., Cultra, Holywood, BT18 0EU
☎(028) 90428428
🌐www.nmni.com
🕐3〜9月10:00〜17:00
　　10〜2月
　　10:00〜16:00（土・日11:00〜16:00）
休月
💷民俗博物館£11.50　学生£9
　交通博物館£11.50　学生£9

■キャリックファーガス城
🚃ラニョン・プレイス駅から1時間に2〜3便（日曜は1時間に1便）。キャリックファーガスCarrickfergus下車。所要約25分。駅から城へは徒歩約5分。
🏠Marine Highway, Carrickfergus, BT38 7BG
☎(028) 93351273
🕐夏期9:00〜17:00
　冬期9:00〜16:00
※最終入場は閉館の30分前
休月
💷£6　学生£4.50

■マウント・スチュワート
🚃ラガンサイド・バスセンターからニュートナーズNewtownardsへ行き、ポートフェリー Portferry行きの便に乗り換える。所要約1時間。
🏠Portaferry Rd., Newtownards, BT22 2AD
☎(028) 42788387
🌐www.nationaltrust.org.uk
●庭園
🕐5〜10月10:00〜17:00
　11〜4月10:00〜16:00
休12/25・26　💷£11〜14
●館内
5〜10月 11:00〜16:00
11〜4月 11:00〜15:00
休12/25・26
💷£11〜14（庭園と共通）

Map P.244 左下
近郊の見どころ

Days out from Belfast
広大な屋外博物館
アルスター民俗・交通博物館
Ulster Folk & Transport Museum

　民俗博物館は広大なスペースに20世紀初頭のアルスター州の町と田舎を見事に再現している。ここに展示されている建物は、教会など実際に使われていたものを修復し、ここに移築されたものだ。

　道路を挟んだ反対側にある交通博物館にはさまざまな時代の自動車や、アイルランド最大の蒸気機関車が展示されている。タイタニック号に関する展示室も人気だ。

Map P.244 左下
近郊の見どころ

Days out from Belfast
アルスターを代表する名城
キャリックファーガス城
Carrickfergus Castle

　ベルファストから北東に15kmほど行った港町キャリックファーガスにある。1180年に建造されたノルマンの城で、ジョン王が1210年に訪

頑強そうなキャリックファーガス城

れている。また、この地はウィリアム3世がジェイムズ2世と英王の座をかけた戦いのためにアイルランドに上陸した場所でもある。城内は人形や大砲などが置かれ、大きなすごろくなどもある。

Map P.13-D2
近郊の見どころ

Days out from Belfast
アイルランドで最も美しい庭園
マウント・スチュワート
Mount Stewart

　1744年以来、スチュワート家が代々所有してきた屋敷に現在見られるような庭園が造られたのは、第7代ロンドンデリー侯爵夫人イーディ

美しい花が咲き乱れるマウント・スチュワート

ス・スチュワートの手による。1921年に夫とともにこの地に移り住んだイーディスは、シャムロック・ガーデンやスパニッシュ・ガーデン、イタリアン・ガーデンなどの庭園を加え、一代でヨーロッパ中に知られる庭園へと育て上げた。庭園には世界各地から取り寄せた、さまざまな地域の植物が混在している。館内はガイドツアーでのみ見学可能。

近郊の
見どころ
Days out from Belfast — Map P.13-D2
イギリス王室の北アイルランドにおける住居

ヒルズバラ城
Hillsborough Castle

南側から眺めるヒルズバラ城

1922年にアイルランドがアイルランド自由国と北アイルランドに分割されると、北アイルランドでは、ダブリン城に替わる北アイルランド総督のための公邸が必要になった。そこで選ばれたのがヒルズバラ城。1972年に北アイルランド総督が廃止されてからは、北アイルランド担当大臣の公邸として利用され、北アイルランド和平の重要な交渉の場となった。また、イギリス王室が北アイルランドに滞在するときの公邸でもあり、現在はヒストリック・ロイヤル・パレスというイギリス王室の歴史的王宮を管理する団体によって管理、運営されている。

ヒルズバラ城は、もともと17世紀にダブリンとキャリックファーガス間の道を守るために築かれた要塞を起源としており、代々ヒル家によって管理されてきた。現在見られる城と庭園は、18世紀に初代ダウンシャー侯爵ウィルズ・ヒルの手によるものが大きい。城内はガイドツアーによって見学でき、さまざまな逸話を聞きながら、美しい絵画や調度品によって装飾された部屋を見学する。広大な敷地には池やウォールド・ガーデンがあり、のんびり散策が楽しい。

近郊の
見どころ
Days out from Belfast — Map P.13-D3
名作海外ドラマの世界に浸る

ゲーム・オブ・スローンズ・スタジオ・ツアー
Game of Thrones Studio Tour

2011年から2019年にかけて放送された人気海外ドラマの『ゲーム・オブ・スローンズ』は、世界各地をロケ地としたほか、北アイルランドのスタジオ・セットを使って撮影が行われた。撮影終了後の2022年2月にバンブリッジにあったスタジオは改装され、ゲーム・オブ・スローンズ・スタジオ・ツアーとしてオープン。ドラマの撮影で利用されたセットや衣装、小道具などを展示している。ファンタジーの世界を現実のものとするため、画面には映らない設定の深さや細部へのこだわりなどもよくわかり、作品のファンならぜひ訪れたい充実の内容だ。

見学の順路のちょうど中間にはレストランがあり、休憩するのにぴったり。併設するショップは世界最大の品揃えを誇っており、みやげ物探しも楽しい。

■ヒルズバラ城
🚌ヨーロッパ・バスセンターからゴールドラインNo.238でヒルズバラ・ウオー・メモリアルHillsborough War Memorial下車、所要約25分。アルスターバスNo.538なら所要約45分。バス停はヒルズバラの町中にあり、敷地内へはステープル・ヤードStaple Yardの入口を通って入る。ただし、城内のガイドツアーが行われていない時期は、ステープル・ヤードの入口は閉まっており、敷地の反対側にあるパイナップル・ヤードPineappple Yardの入口のみオープン。パイナップルヤードへはヒルズバラの町から徒歩30分。
🏠The Square, Hillsborough, BT26 6AG
☎(028)92681342
URLwww.hrp.org.uk
●庭園
🕐10:00～18:00　休月・火
料£10　学生£8
●城内
11:00～15:00(要予約)
休月・火、3月中旬と10月の水～金、11～3月上旬
料£20.20　学生£16.10(庭園と共通)

ヒルズバラの町から眺めるヒルズバラ城

■ゲーム・オブ・スローンズ・スタジオ・ツアー
🚌バンブリッジBanbridgeまで、ヨーロッパ・バスセンターからゴールドラインNo.238で約45分、またはアルスターバスNo.538で約1時間20分。バンブリッジ・バス・ステーションから徒歩約30分。
🚌下記公式サイトから予約できるトラベル・パッケージで、送迎バスが利用できる。ベルファストは❶の前、ダブリンはバスアラスから出発し、2～3時間滞在した後に戻りの便が出発する。
🏠Banbridge, BT32 4LF
☎(028)40464777
URLgameofthronesstudiotour.com
🕐10:00～18:30
※チケットは日時指定の予約制で、最終入場は15:00
休無休
料£29.50　学生£24
トラベル・パッケージ
ベルファスト発着　£45　学生£37
ダブリン発着　£55　学生£49.50

町の中心部には高級ホテルやチェーン系の中級ホテルが多い。B&Bやゲストハウスは少ない。レストランやパブはシティ・ホール周辺からクイーンズ大学にかけて数多く並んでおり、世界中の料理が楽しめるなど、店選びも楽しい。

高級	Map P.245-C2	ヨーロッパ
272室	ベルファスト中心部	Europa Hotel

	TV				P	🛜Wi-Fi
全室	全室	全室	全室	£25	全館無料

住Great Victoria St., BT2 7AP
TEL(028)90271066
URLwww.europahotelbelfast.com
🛏⛪�́💳£120〜
💳ADMV

立地、設備とも申しぶんないベルファストを代表するホテル。紛争時は幾度もテロの標的となり、世界で最も爆弾被害を受けたホテルともいわれる。クリントン米大統領夫妻も滞在した。

高級 119室	タイタニック
Map P.244左下 クイーンズ・アイランド	Titanic Hotel Belfast

	TV				P	🛜Wi-Fi
全室	全室	全室	全室	£15	全館無料

タイタニックを建造したハーランド・アンド・ウルフの本社を利用したブティックホテル。
住Queen's Rd.,
Titanic Quarter, BT3 9DT
TEL(028)95082000
URLwww.titanichotelbelfast.
com 🛏⛪🚌💳£199〜
💳AMV

中級 34室	タラ・ロッジ
Map P.245-C3 ボタニック駅	Tara Lodge

	TV				P	🛜Wi-Fi
全室	全室	全室	全室	無料	全館無料

ゲストハウスだがホテル並みの設備。朝食はひとり£10で、フル・アイリッシュのほか、ポリッジなども選べる。
住36 Cromwell Rd., BT7 1JW
TEL(028) 90590900
URLwww.taralodge.com
🛏⛪🚌💳£70〜
🛏⛪🚌💳£80〜
💳AMV

国際ユースベッド数208	ベルファスト・インターナショナル
Map P.245-C3 ボタニック駅	Belfast International Youth Hostel

	TV				P	🛜Wi-Fi
	なし	希望者	なし	全員	無料	無料 ロビー周辺のみ可

町の中心からも近いユースホステル。ツアー会社が併設している。
住22-32 Donegall Rd.,
BT12 5JN
TEL(028)90315435
URLwww.hini.org.uk
DOM🛏⛪🚌💳£22〜
🛏⛪🚌💳£46〜
💳MV

学生寮 1125室	エルム・ビレッジ
Map P.244左下 クイーンズ大学周辺	Elm Village

P	🛜Wi-Fi
有料	全館無料

クイーンズ大学の学生寮で6月下旬〜8月下旬のオープン。棟によって部屋は変わるが、キッチン、ランドリー、テレビ室等を完備。バスで行くならドネゴール・スクエア・イーストからNo.8A〜D、93でサン・スーシー・パークSan Souci Park下車。
住78 Malone Rd., BT9 5BW
TEL(028)90974403
URLwww.qub.ac.uk
🛏⛪🚌💳£65
💳MV

Map P.245-C2	ジェイムズ・ストリート	創作料理 フランス料理
ベルファスト中心部	James St.	

地元産食材を、伝統的フランス料理の手法で調理している。アラカルトのメインは£18.95〜37。ランチとプレシアター・メニューは2品£26.50、3品£29.50。
住21 James St. South, BT2 7GA TEL(028)95600700
URLwww.jamesstandco.com 営17:00〜21:30(金・土13:00〜21:30、日13:00〜20:00) 休不定休 💳AMV 🛜なし

Map P.245-C4	ホロハンズ	アイルランド料理
ボタニック駅	Holohan's Pantry	

ポテトのパンケーキ、ボクスティ Boxty(£15〜20)が人気。営業時間は季節により変動(ウェブサイトで確認可)。
住43 University Rd., BT7 1ND TEL(028)90291103
営12:00〜14:30 17:00〜21:00(日13:00〜19:30)
休月、冬期のランチ 💳MV 🛜あり

モーン・シーフード・バー

Map P.245-C1 ベルファスト中心部 Mourne Seafood Bar

シーフード

新鮮な魚介類を手軽に楽しんでもらうというのがコンセプトの人気店。生ガキが6個で£12.50〜、シーフードのキャセロールは£22。

🏠34-36 Bank St., BT1 1HL ☎(028)90248544
URLwww.mourneseafood.com 🕐17:00〜21:30（金・土12:00〜15:00　17:00〜22:00、日12:00〜21:00）🛑12/24〜26 ━MV ☞あり

モーニング・スター

Map P.245-C1 ベルファスト中心部 Morning Star

ステーキ
ガストロパブ

北アイルランド産の最高級ビーフを使ったステーキが楽しめるガストロパブ。ステーキは10オンス(283g)が£28〜。

🏠17-19 Pottinger's Entry, BT1 4DT ☎(028)90235986
URLwww.themorningstarbar.com 🕐11:00〜24:00（金・土11:00〜翌1:00、日11:30〜23:30）🛑一部祝 ━MV ☞なし

ヴィラ・イタリア

Map P.245-C4 ボタニック駅 Villa Italia

イタリア料理

手頃な料金で人気が高いイタリア料理店。メインは£11.95〜29.95。ボタニック・アベニューにはスカリーニScaliniという姉妹店もある。

🏠39-41 University Rd.,BT7 1ND ☎(028)90328356
URLwww.villaitaliarestaurant.co.uk 🕐17:00〜22:00（土16:00〜22:00、日12:30〜20:30）🛑一部祝 ━JMV ☞あり

クラウン・リカー・サルーン

Map P.245-C2 ベルファスト中心部 Crown Liqor Saloon

パブ

外観、内装ともにヴィクトリア朝風の老舗パブで、観光地的人気を誇っている。彫刻が施された木製のドアによってテーブル席は区切られている。

🏠46 Great Victoria St., BT2 7BA ☎(028)90243187
URLwww.nicholsonspubs.co.uk 🕐11:30〜24:00（日12:30〜24:00）🛑一部祝 ━AMV ☞あり

ケリーズ・セラーズ

Map P.245-C1 ベルファスト中心部 Kelly's Cellars

パブ

1720年に創業という歴史あるパブ。改装はほとんどされず、かつての雰囲気が良く残っている。月曜を除き毎日音楽の生演奏が行われ、多くの人でにぎわう。

🏠30-32 Bank St., BT1 1HL ☎(028)90246058
URLkellyscellars.co.uk 🕐11:30〜翌1:00（日12:00〜翌0:30）🛑一部祝 ━ADJMV ☞あり

ホワイツ・タヴァン

Map P.245-C1 ベルファスト中心部 White's Tavern

パブ

1630年に建てられたベルファスト最古の酒場を利用している。敷地内は広く、ビアホールやガーデン、ギネス専用バーなどさまざまなパートに分かれている。

🏠Winecellar Entry, BT1 1QN ☎(028)90312582
URLwhitestavernbelfast.com 🕐12:00〜翌1:00（日12:00〜24:00）🛑一部祝 ━MV ☞あり

フレンド・アット・ハンド

Map P.245-C1 ベルファスト中心部 The Friend at Hand

ウイスキー

南北アイルランドのウイスキーを広範に取り揃えるウイスキー専門店。ブッシュミルズに依頼した自社ブランドのウイスキーも13種類あり、この店でしか購入できない。

🏠35-43 Hill St., BT1 2PB ☎(028)90237807
URLdukeofyorkbelfast.com 🕐11:00〜18:00
🛑日 ━ADJMV

アーマー●

ダブリン●

アーマー県
Co. Armagh

イギリス国番号44
市外局番028

MAPS
広域地図P.13-C3
アーマーP.257
アーマー近郊P.257

聖パトリック大聖堂（カトリック）は町のどこからでも見ることができ

Access Guide
アーマー
ベルファストから
🚌 所要：約1時間10分　運賃：£11

月〜金	ゴールドラインNo.251、270、271が ヨーロッパ・バスセンターから7:45〜 18:35の1時間に1〜2便　20:05
土	9:05 10:35 12:35 15:35 17:35 18:35 20:05
日	13:35 15:35 17:35 20:30

ダブリンから
🚌 所要：約2時間　運賃：€19
ゴールドラインNo. X4がバスアラス から7:00 12:00 16:00 18:00 23:00

■アーマーの🅘
アーマーに観光案内所はない。地図や
観光関連のパンフレットなどは、アー
マー県立博物館で手に入る。

アルスター神話の舞台であり、聖パトリックが教会を建て
た地でもあるアーマーは、アイルランドの歴史を語るうえて
欠かすことのできない町。近代初期には町は衰退したが
18世紀になるとリチャード・ロビンソン大司教の出資のもと
数多くのジョージ王朝時代の建築物が建てられ、小さいな
がらもダブリンを彷彿とさせる美しい町に生まれ変わった

✤ アーマーの歩き方 ✤

　アーマーには鉄道は通っていないので、町の唯一の文
関はバスステーションになる。ここから西へ行くと、町の中
心の通りであるイングリッシュ・ストリートEnglish St.に出
る。2本の尖塔をもつカトリックの聖パトリック大聖堂は町
の北側にあるので、目印にしておけば、位置関係を把握て
きる。

🏛 アーマーの見どころ 🏛

聖パトリックが建てたといわれる由緒ある教会　　Map P.257-A
聖パトリック大聖堂 （アイルランド聖公会）
St. Patrick's Cathedral, Church of Ireland

■聖パトリック大聖堂
（アイルランド聖公会）
🏠Cathedral Close, BT61 7EE
📞(028)37523142
🌐www.stpatricks-cathedral.org
🕐4〜9月9:00〜17:00
　10〜3月9:00〜13:30
🚫10〜3月の火
💷£4　学生£3.50

　ここは445年、聖パトリッ
ク自身が石造りの教会を建
てたと伝わる場所。現在の
教会は13世紀に建てられた
ゴシック様式のものに改築
を重ねたものだ。

聖パトリックゆかりの大聖堂

教会内には、キリスト教が伝わる以前の神像や、ハイク
ロスといった貴重な歴史的遺物が置かれている。教会の西
端は石造りの納骨堂で、スタッフに頼んでカギを開けても
うう。また、1014年のクロンターフの戦いでヴァイキングを
撃退したアイルランドの大王(ハイ・キング)ブライアン・ボル
ーは、教会の北翼廊の外側に埋葬されたといわれている。
教会の北にはウォールガーデンが広がる。

納骨堂にはリチャード・ロビンソン大司教を
はじめ、町の有力者が埋葬されている

ルト的な内部装飾が印象的　　　　　　　Map P.257-A1

聖パトリック大聖堂 (カトリック)
St. Patrick's Cathedral, Catholic

事な装飾が施された大聖堂の天井部分

町の北西の丘に建つゴシ
ック聖堂。ひときわ高くそび
える2本の尖塔が印象的。
1840年に建設が始められ
たが、大飢饉時に建設費
を市民救済の費用に転用し
たため、作業は大幅に遅れ、
1904年になってようやく完
成した。のびやかな外観も
すばらしいが、ケルト的な

■聖パトリック大聖堂 (カトリック)
住Cathedral Rd., BT61 7QY
TEL(028) 37522813
URLwww.armaghparish.net
開9:00～17:00頃　休無休
料無料

側廊にはイエスの生涯を再現した彫刻が飾
られている

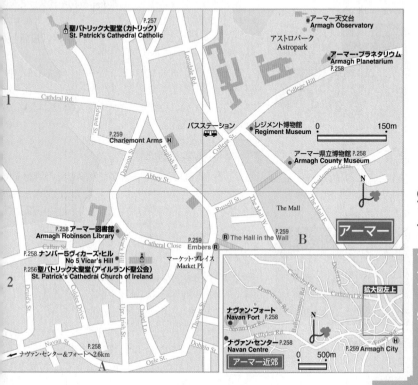

■アーマー図書館
🏠43 Abbey St., BT61 7DY
☎(028)37523142
🌐armaghrobinsonlibrary.co.uk
🕐10:00～13:00 14:00～16:00
休土・日・祝　料寄付歓迎

■ナンバー5ヴィカーズ・ヒル
🏠5 Vicar's Hill, BT61 7ED
☎(028)37511420
🌐armaghrobinsonlibrary.co.uk
📧admin@armaghrobinsonlibrary.co.uk
🕐上記メールアドレス宛てに要予約
料寄付歓迎　♿

ナンバー5ヴィカーズ・ヒルのアーマーの歴史に関する展示

■アーマー・プラネタリウム
🏠College Hill, BT61 9DB
☎(028)37523689
🌐www.armagh.space 🌐
🕐10:00～17:00
休月、クリスマス期間
料£9.50　学生£8.50
（館内展示のみは£4.50）

館内には天文学に関する展示コーナーがある

■アーマー県立博物館
🏠The Mall East, BT61 9BE
☎(028)37523070
🌐visitarmagh.com
🕐10:00～17:00（土10:00～16:00）
休日
料寄付歓迎

アーマー県立博物館の民俗学に関する展示

渦巻き文様を多用した内装も、アイルランドらしさが前面に押し出されていて見応えがある。内部を彩るステンドグラスやイエスの生涯を再現した彫刻群などにも注目したい。

北アイルランド最古の図書館　Map P.257-A

アーマー図書館 Armagh Robinson Library

　1771年にリチャード・ロビンソン大司教が設立した図書館。多くの貴重な本を展示しており、なかでもスウィフトの『ガリバー旅行記』の初版本は必見。ただの初版本ではなく、増刷のために、初版にあった綴りの間違いの修正に使われたもので、スウィフトによる手描きの修正が施されている。残念ながら手描きの修正が加えられたページは本の保存上の問題で見ることはできないが、代わりにそのページのコピーが見られる。

　図書館のすぐ近くには同じくロビンソン大司教が建てた旧登記所、ナンバー5ヴィカーズ・ヒルNo.5 Vicar's Hillがあり、ローマ時代のコインやさまざまな印刷物などを展示している。

最新型プラネタリウムで宇宙を観賞　Map P.257-B

アーマー・プラネタリウム Armagh Planetarium

　アーマーには1790年にリチャード・ロビンソン大司教によって創建された天文台があり、現在も英国を代表する天文学研究機関として知られている。アーマー・プラネタリウムは、その天文台に併設された施設で、投影機は最新型のデジタル方式のものを備えている。

　周囲の広大なエリアはアストロパークAstroparkと呼ばれる公園になっており、太陽系のスケールモデルや、ストーン・サークルのカレンダーなどが置かれている。公園から眺める町並みも必見。

小さいながらも幅広い展示　Map P.257-B

アーマー県立博物館 Armagh County Museum

　緑豊かな公園ザ・マルThe Mallに隣接した博物館で新古典様式のファサードが印象的。開館は1937年とアイルランドにある県立博物館のなかで最も古い歴史を誇っている。考古学、歴史、民俗学、生物学、美術作品など、総合的な展示内容になっており、特別展も行われる。

北アイルランドを代表する古代遺跡　Map P.257右上

ナヴァン・センター&フォート
Navan Centre & Fort

　アーマーの中心から西に2.6kmほどの所にある。ナヴァン・フォートは、アルスター最初の首都で、アルスター神話では英雄クー・フリンや赤枝騎士団の本拠地とされた場所。ゲール語ではエヴァン・ヴァハEmain Machaと呼ばれてお

り、かつてここには巨大な木造の神殿が建てられていた。直径240mほどの敷地にはふたつの丘が築かれており、ここからは青銅器時代から1世紀までにわたる遺物が発掘されている。

ナヴァン・フォートの近くにあるナヴァン・センターでは、発掘物やケルト神話に関する展示が行われ、夏

ヴァン・センターでは神話と歴史が交錯
るナヴァンについて詳しく紹介

月や週末を中心にさまざまなイベントも開かれる。

■ナヴァン・センター
アーマーの中心から公共交通機関はなく、タクシーか徒歩で行く。
住81 Killylea Rd., BT60 4LD
TEL(028) 37529644
URLvisitarmagh.com/places-to-explore/navan-centre-fort/ 地
開4〜9月10:00〜17:00
　　10〜3月10:00〜16:00
休月
料イベントにより異なる
　ガイドツアー£11　学生£9.25

■ナヴァン・フォート
住Killylea Rd.
開随時　休無休　料無料

アーマーの中心部に宿泊施設は少ないので、特に週末はできるだけ早めに確保すること。ベルファストから比較的近いので、日帰りを検討してもよい。レストランは、町のメインストリートであるイングリッシュ・ストリート沿いに多い。

中級 101室	Map P.257 右下

アーマー・シティ・ホテル
Armagh City Hotel

住2 Friary Rd., BT60 4FR
TEL(028) 37518888
URLwww.armaghcityhotel.com
†/⊞⊟⊡⊡£99〜
─AMV

TV 全室	🍴 全室	🛁 全室	なし	P 無料	Wi-Fi 全館無料

町の中心から少し外れた場所に建つ大型ホテル。3つ星ながらジムやプール、スパ、サウナを備えるなど充実した設備が自慢。スパ・トリートメントが含まれた宿泊プランもある。

中級 30室	Map P.257-A1

チャールモント・アームズ
Charlemont Arms Hotel

住57-65 English St., BT61 7LB
TEL(028) 37522028
URLcharlemontarmshotel.com
†⊞⊟⊡£89〜
††⊞⊟⊡£119〜
─MV

TV 全室	🍴 全室	🛁 全室	なし	P 無料	Wi-Fi 全館無料

イングリッシュ・ストリート沿いにある家族経営のホテル。外観はやや古びた感じだが、内部は改装されており、清潔感にあふれる。1階部分はパブとビストロになっている。

Map P.257-B2	**エンバーズ** Embers	アイルランド料理 バラエティ

マーケット・プレイスに面しているレストラン。店内は広く、いつも人でにぎわう。豊富なメニューが自慢で、特にグリル類が充実している。ワインの品揃えもよい。

住7 Market St., BT61 7BW　TEL(028) 37518544
開9:00〜21:30(金・土9:00〜22:30、日10:00〜21:00)
休12/25・26、1/1　─MV　🛜あり

Map P.257-A2	**ホール・イン・ザ・ウオール** The Hall in the Wall	パブ ドリンクのみ

マーケット・プレイスの東の細い道沿いにある隠れ家的パブ。地元に密着したフレンドリーな雰囲気で、居心地がよい。400年前の建物で、刑務所として利用されていたという異色の経歴をもっている。食事の提供はない。

住9 Market St., BT61 7BW　TEL(028) 37523515
開11:30〜24:00 (金・土11:30〜翌2:00、日12:00〜24:00)
休無休　─AMV　🛜あり

●アーマー　アルスター州

コーズウェイ・コースト●

ダブリン●

伝説が残る石柱の海岸

コーズウェイ・コースト
Causeway Coast

六角形の石柱が敷き詰められた奇景

アントリム県
Co. Antrim

イギリス国番号44
市外局番028

MAPS
広域地図P13-C・D1
バリーキャッスル、ポートラッ
シュ、ブッシュミルズP.262
コーズウェイ・コースト
P.262-263

世 界 遺 産
ジャイアンツ・コーズウェイと
コーズウェイ・コースト
Giant's Causeway and Causeway Coast
1986年登録 →P.266

コーズウェイ・コーストは北アイルランドを代表する観光地。なかでも無数の六角形の石柱群で知られるジャイアンツ・コーズウェイは世界的にも十指に入る奇景として知られており、世界遺産にも登録されている。この石畳は大昔に「巨人が造った土手道」という伝説も残っている。

ほかにもコーズウェイ・コーストには世界最古のウイスキー蒸溜所であるブッシュミルズ蒸溜所や、迫力満点の吊り橋、キャリック・ア・リードなど見どころ満載だ。

 # モデルルート

効率よく回るのならベルファストからのツアーがおすすめだが、バスの便数が多いので公共交通機関を利用しながら、自分のペースで回ることもできる。

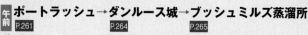
コーズウェイ・コースト1日コース
No.402コーズウェイ・ランブラーを利用するコース。ポートラッシュを出発して、コーズウェイ・コーストのおもな見どころをバスで巡る。

午前 ポートラッシュ→ダンルース城→ブッシュミルズ蒸溜所
P.261　　　P.264　　　P.265

断崖に建つ廃城ダンルース城

ポートラッシュを9:05に出発し**ダンルース城**へ。城の見学は外観のみにして、9:45発のバスで**ブッシュミルズ蒸溜所**へ行き蒸溜所を見学し、昼食。その後**ジャイアンツ・コーズウェイ**へ12:56バスで向かう。

午後 ジャイアンツ・コーズウェイ→キャリック・ア・リード吊り橋
P.266　　　　　　P.268

ジャイアンツ・コーズウェイに着いたらまずはビジターセンターで情報収集。周囲のウオーキングを楽しんだら、15:26のバスで**キャリック・ア・リード吊り橋**へ。帰りのバスは17:19発でポートラッシュへの到着は17:59。

起点となる町

コーズウェイ・コースト東の端でラスリン島への起点でもある**バリー・キャッスル**と西の端の**ポートラッシュ**が観光の起点となる。また、**コーレイン**Map P.262下は、このエリアの交通の起点。コーレインからポートラッシュへはアルスターバスNo.140が1時間に2便、日曜1時間に1便、所要約20分。ベルファストやデリー／ロンドンデリーなどの主要都市からのアクセスは悪いが、ジャイアンツ・コーズウェイ周辺でウオーキングを楽しむなら、**ブッシュミルズ** P.263 に宿泊するのもおすすめ。また、ジャイアンツ・コーズウェイにもホテルがある。

起点の町 バリーキャッスル Ballycastle

コーズウェイ・コーストの東に位置しており、ラスリン島のフェリーが発着する港町。夏期は多くの観光客が訪れるので、町の規模に比べホテル

のどかな港町、バリーキャッスル

やレストランが多い。

また、バリーキャッスルの❼は通年オープンしており、情報収集にも便利。

歩き方 バス停は近くのマリーン・コーナーにあり、バスステーションは町の中心ザ・ダイヤモンド近くにある。便によって発着場所が異なるので注意。

起点の町 ポートラッシュ Portlush

コーズウェイ・コーストの西の起点となる町。周辺の人々にはリゾート地としても知られており、遊園地やサーカスが来たりとにぎやか。ただし、冬期は人影も少な

ビーチが広がるポートラッシュの町並み

くなる。町の東に広がるロイヤル・ポートラッシュ・ゴルフ・クラブは、全英オープン会場にもなる世界的な名コース。

歩き方 ポートラッシュは1周して30分もかからない小さな町。駅前が町の中心で、駅前から延びるエグリントン・ストリートEglinton St.やカー・ストリートKerr St.にホテルが集

Access Guide
バリーキャッスル
ベルファストから

	所要:2時間15分〜3時間30分
月〜金	ゴールドラインNo.218がラガンサイド・バスセンター発 7:45〜19:45の1時間に1〜2便。バリーメナBallymenaでアルスターバスNo.131か217に乗り換える。バリーメナ発7:30〜17:45の1〜2時間に1便。グランド・セントラル・ステーションのオープン後は出発場所要確認
土	8:45 10:45〜19:45の1時間に1〜2便。バリーメナで乗り換える。バリーメナ 発9:05 10:30 12:05 17:45
	バリーメナ〜バリーキャッスル間運休

■バリーキャッスルの❼
Map P.262右上
🏠14 Bayview Rd., BT54 6BT
☎(028) 20762024
URL www.visitcausewaycoastandglens.com
🕐10〜5月 9:00〜17:00
　6・9月 9:00〜17:00
　(日12:00〜16:00)
　7・8月 9:00〜18:00
　(日12:00〜18:00)
🚫10〜5月の日曜

Access Guide
ポートラッシュ
ベルファストから

	所要:約1時間30分　運賃:£19.50
月〜金	ラニョン・プレイス発6:15 7:20〜21:20の1時間に1便 22:50。コーレインColerainで乗り換える
土	7:20〜21:20の1時間に1便。コーレインで乗り換える
日	9:20〜20:20の1時間に1便 21:50。コーレインで乗り換える
	所要:2時間20分〜3時間
月〜土	ゴールドラインNo.218がラガンサイド・バスセンター発 7:45〜19:45の1時間に1〜2便。コーレインで乗り換える
土	8:45 10:45〜19:45の1時間に1〜2便。コーレインで乗り換える
日	10:45〜19:45の1時間に1便程度。コーレインで乗り換える

デリー／ロンドンデリーから

	所要:約1時間20分　運賃:£15.50
月〜金	6:12 7:38〜21:38の1時間に1便。コーレインで乗り換える
土	6:42 7:38〜21:38の1時間に1便。コーレインで乗り換える
日	9:38〜19:38の1〜2時間に1便。コーレインで乗り換える

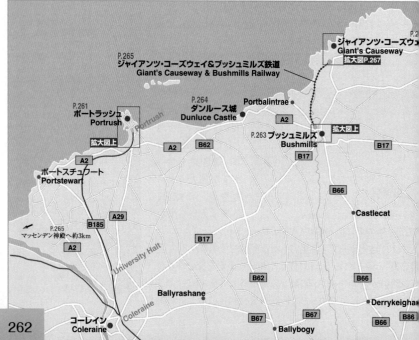

中している。**❼**は駅からカー・ストリートに入ってすぐ。駅から　ダンルース・ストリートDunluce St.を進んだ突きあたりのラウンドアバウト（ロータリー）にバス停がある。町の北にある岬の突端は見晴らしのよい草原だ。

起点の町 ブッシュミルズ Bushmills

ブッシュミルズ村の中心、ザ・ダイヤモンドに建つ戦争記念碑

ブッシュミルズは人口約1300人という小さな村ながら、ウイスキーによって世界中にその名が知られている。世界最古とされるウイスキーの

■ポートラッシュの❼
Map P.262左上
🏢 Portrush Town Hall, 2 Kerr St., BT56 8DX
☎ (028)70823333
🕐 9:00〜17:00(日12:00〜16:00)
休 10〜5月の日曜、冬期

Access Guide ブッシュミルズ		
コーレインから		
🚌	所要:約35分	
月〜金	アルスターバスNo.172と402が 8:30〜17:50の1時間に1〜2便	
土	8:50〜17:50の1時間に1〜2便	
日	9:50〜17:50の1時間に2便	

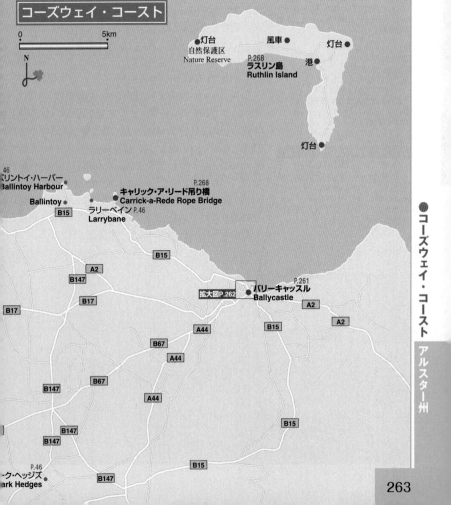

コーズウェイ・コースト

0　　　　　5km

N

灯台
自然保護区
Nature Reserve

風車●　　灯台●

P.268
ラスリン島
Ruthlin Island

港●

灯台●

P.46
バリントイ・ハーバー
Ballintoy Harbour

P.268
キャリック・ア・リード吊り橋
Carrick-a-Rede Rope Bridge

Ballintoy

B15　ラリーベイン P.46
Larrybane

B15

A2
B147

B17

B17

B17

B15

拡大図P.262　P.261
バリーキャッスル
Ballycastle

A2

A2

A2

A44

B15

B67

A44

B67

A44

B147

B15

B147

B147

B15

P.46
ーク・ヘッジズ
ark Hedges

B147

●コーズウェイ・コースト　アルスター州

■ブッシュミルズの ⓘ
Map P.262右中
住44 Main St., BT57 8QA
TEL(028) 20730390
開3〜5・10月9:00〜17:00
　6・9月9:00〜17:00
　　(日12:00〜16:00)
　7・8月9:00〜18:00
　　(日12:00〜16:00)
休3〜5・10月の日、11〜2月

■ゴールドラインNo.221
ゴールドラインNo.221は、ベルファスト・ラガンサイド・バスセンターを出発し、ドネゴール・スクエア・ノースを経由して、ブッシュミルズ、ジャイアンツ・コーズウェイへ向かう。ベルファスト8:20 (月〜金)、9:20、10:20発でブッシュミルズには9:45 (月〜金)、10:45、11:45、ジャイアンツ・コーズウェイには9:55 (月〜金)、10:55、11:55に着する。戻りはジャイアンツ・コーズウェイ発14:10 (月〜金)、15:10、16:10、ブッシュミルズ発14:15 (月〜金)、15:15、16:15で、ベルファスト到着は15:45 (月〜金)、16:45、17:45。冬期は要確認。

■ダンルース城
住87 Dunluce Rd., BT57 8UY
TEL(028) 20731938
開2〜11月9:30〜17:00
　1・12月9:30〜16:00
※最終入場は閉館の30分前
休1/1、12/24〜27
料£6　学生£3.50

蒸溜所があるほか、ジャイアンツ・コーズウェイをつなぐ╴ニ鉄道の駅もある。

歩き方　バスが発着するのは、ザ・ダイヤモンドThe Diamondと呼ばれる広場。ブッシュミルズ蒸溜所はここから南へ徒歩10分ほど。一部のバスは蒸溜所の駐車場前にも停車する。

周辺地域の交通

　コーズウェイ・コースト内の移動は、アルスターバスNo.172とNo.402がコーレインとバリーキャッスルを結んでおり、途中にあるダンルース城、ブッシュミルズ蒸溜所、ジャイアンツ・コーズウェイ、キャリック・ア・リード吊り橋にも停車する。運行は1時間に1〜2便程度。運賃はバリーキャッスルとコーレインの片道で£7.60。バスで見どころを巡るなら、エリア間のバスと鉄道が乗り放題になるアイリンク・トラベル・カードiLink Travel Card P.318 を利用することで、運賃を安く抑えることができる。

コーズウェイ・コーストの見どころ
コーズウェイ・コーストの名城　　　　　　Map P.262

ダンルース城　Dunluce Castle

　コーズウェイ・コーストには点々と古城が残っているが、そのなかで最も大きな城。この付近を治めていたマクドネル家の居城として使われてきた。陸と城がある岬を結ぶのは小さな橋1本のみで、周囲は断崖になっていて容易に攻め込めない。天然の地形を巧みに利用した難攻不落の要塞だ。さらに城の真下からは大きな洞窟が外洋に抜けており、脱出用の船を格納できるようになっている。城の夕見は崩れかけているが、内部は中世の頃のままに再現された部屋もあり、ビジターセンターも併設されている。

絶壁に建つ廃城

世界最古のウイスキー蒸溜所　Map P.262右中

ブッシュミルズ蒸溜所　Bushmills Distillery

ウイスキーファン必見の蒸溜所

ブッシュミルズはダンルース城とジャイアンツ・コーズウェイの間にある小さな村。この村の外れにアイリッシュ・ウイスキーで有名な「ブッシュミルズ」の蒸溜所がある。1608年にジェイムズ1世によって認可を受けた世界で最古のウイスキー蒸溜所だ。蒸溜所内の見学もできる。最後は特設バーで実際に試飲することができる。

コーズウェイ・コーストの2大見どころをつなぐ　Map P.262下

ジャイアンツ・コーズウェイ&ブッシュミルズ鉄道
Giant's Caueway & Bushmills Railway

のどかな自然を走る保存鉄道

ブッシュミルズとジャイアンツ・コーズウェイを約20分で結ぶ保存鉄道。2002年にかつてポートラッシュとジャイアンツ・コーズウェイを結んでいた鉄道の一部を復活する形で開業した。ブッシュミルズ駅は蒸溜所から徒歩約10分。ジャイアンツ・コーズウェイ駅は、ビジターセンターから丘を下った所にある。

■ブッシュミルズ蒸溜所
🏠2 Distillery Rd., BT57 8XH
☎(028)20733218
URL www.bushmills.com
🕐10:00～17:00（日11:00～17:00）
🚫冬期の日曜
💴1時間ツアー £15～
　1.5時間ツアー £35～
　2.5時間ツアー £50～
※1時間ツアーが基本となり毎日複数回催行されているが、そのほかのツアーは1日1回だったり、催行されない日もある。いずれのツアーも人数制限があるので、上記のウェブサイトからできるだけ早い時期に予約しておきたい。

■ジャイアンツ・コーズウェイ&
　ブッシュミルズ鉄道
🏠Runkerry Rd., Bushmills,
BT57 8SZ
☎(028)20732844
URL www.facebook.com/GCBRNI/
7・8月は毎日運行。イースターから6月、9・10月は土・日に運行。そのほかの時期でも運行されることがあり、スケジュールは上記のフェイスブックで確認できる。
💴片道£8　学生£7

移り変わる自然を楽しみながらの移動

崖の上にたたずむマッセンデン神殿

見どころの多いコーズウェイ・コーストだが、その西にも見逃せない見どころがある、それがマッセンデン神殿Mussenden Templeだ。北大西洋からの風を受け、そそりたつ崖の上にたたずむ姿は、息を呑むほど美しい。もともとはここまでギリギリに建ってはいなかったが、手前の崖が崩落し、現在見られるようになった。建設は18世紀後半で、古代ローマのウェスタ神殿をモデルにしている。

マッセンデン神殿は、もともと図書館として建てられたもの。伯爵司教の姪の名前にちなんで名付けられた

神殿は広大な敷地をもつダウンヒル・ディメイン

Downhill Demesneのなかにあり、マッセンデン神殿のほかにダウンヒル・ハウスDownhill House、ベルヴェディアBelvedere、霊廟Mausoleumといった建築物が点在している。いずれもブリストル伯爵でデリー司教も務めた伯爵司教フレデリック・ハーヴィー Frederick Herveyによって建てられた。敷地内には遊歩道が整備されている。

■マッセンデン神殿 Map P.13-C1
🚂コーレイン駅からキャッスルロック駅Castlerockへは1時間に1便（日曜2時間に1便）の運行、所要約8分。キャスルロック駅から徒歩約45分。
🚌コーレインからアルスターバスNo.134でマッセンデン・ロードMussenden Road下車。所要約23分。日曜運休。
🏠Mussenden Rd., BT51 4RP　☎(028)70848728
URL www.nationaltrust.org.uk
🕐日の出～日没　※神殿内は通常入場不可
🚫無休　💴無料

■ビジターセンター

ナショナル・トラストが運営しており、ジャイアンツ・コーズウェイの成り立ちや伝説を解説している。展示に加えてガイドツアーや日本語のオーディオガイドも入場料に含まれており、解説を聞きながら、周囲を散策できる。チケットは日時指定で要予約。

住 44 Causeway Rd., BT57 8SU
TEL (028)20731855
URL www.nationaltrust.org.uk
開 3〜6・9・10月9:00〜17:00
　　7・8月9:00〜18:00
　　11〜2月10:00〜16:00
※最終入場は閉館の30分前
休 12/24〜26
料 £15.50（ジャイアンツ・コーズウェイへの入場は無料）

六角柱の形を模したビジターセンター

■海岸までのミニバス

ビジターセンターの先から周遊路までミニバスが往復している。運賃£1。

海岸までのミニバス

世界遺産 ジャイアンツ・コーズウェイ
Giant's Causeway

マグマと氷河が造りあげた自然の芸術　アイルランドに地殻が安定しており、地震もほとんど起こらない。しかし恐竜が闊歩した中生代が終わり、哺乳類が勢力を広げ始めた新生代の初期にあたる約6100万年前、この地に大規模な地殻変動があり、膨大なマグマ（溶岩流）が流れ出した。日本などのマグマは多くの不純物が混ざり粘りもあるので火山となりやすいが、この地方では流れ出したマグマが周辺に広がり溶岩台地となった。やがて台地の上にも堆積物が層をなす。約5800万年前にまたしても同じ地域にマグマが噴き出し、新たな台地が重なるようにできた。その後、地殻はかなり安定し、また堆積物の層ができた。約1万5000年前になると大規模な氷河がこの地域を覆った。その後も数度の間氷期を挟みながら、長い歳月をかけて氷河が台地を大きく削り、海岸線は海水が凍ってできた氷が岩肌を磨くように削っていった。その結果、古い溶岩台地の地肌が露出したのが現在のジャイアンツ・コーズウェイだ。

柱状節理　独特の六角形の柱群は、吹き出したマグマが徐々に固まるときにできたものだ。水田から水を抜くと、泥の表面に六角形のひび割れが無数にできるのと基本的に同じ原理とされている。このような地形を柱状節理といい、日本でも青森県のかんざし岩など同じような風景を見ることができるが、その規模は小さい。

伝説では巨人が造ったといわれている

花咲く周遊路を歩く　海岸線は、バス停やビジターセンターがあるあたりから約8kmにわたって高さ30～80mの断崖になっており、周遊路が続く。周辺には春はサクラソウ、夏はツリガネソウなどの可憐な花が群れ咲く。上空には海から吹き上げる上昇気流に乗って多くの海鳥が舞い、ときどきこれらの鳥を狙う猛禽類のハヤブサも見られる。

ジャイアンツ・コーズウェイは海に向かって延びており、大きな六角柱が見事で、自由に歩くことができる。断崖を縫うように遊歩道が延びているので、ベンチに座って雄大な景色を心ゆくまで楽しもう。遊歩道はしっかりと色分けされており、時間と体力に応じたウオーキングが楽しめる。体力に自信のない人は、ビジターセンター前から発着する

ミニバスが海岸部まで往復しているので、これを利用するとよい。おすすめなのはブルーコースとレッドコースをまわる環状コースで所要60分ほど。ビジターセンターの見学も含めて2時間程度は見ておきたい。

海沿いに進むウオーキングルート

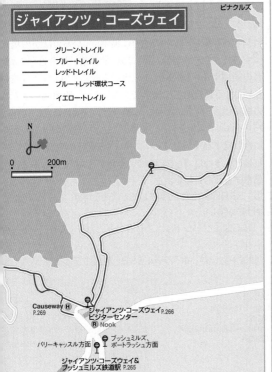

ジャイアンツ・コーズウェイ

ピナクルズ

― グリーン・トレイル
― ブルー・トレイル
― レッド・トレイル
― ブルー＋レッド環状コース
― イエロー・トレイル

N

0　　200m

Causeway H
P.269
ジャイアンツ・コーズウェイ P.266
ビジターセンター
R Nook
ブッシュミルズ、
バリーキャッスル方面　　ポートラッシュ方面
ジャイアンツ・コーズウェイ＆
ブッシュミルズ鉄道駅 P.265

伝説の巨人フィン・マックール

伝説ではジャイアンツ・コーズウェイはフィン・マックールという巨人が造ったとされるが、何のために造ったのかというと諸説ある。

スコットランドのヘブリディーズ諸島のひとつ、スタファ島に住んでいる女性に恋をしたフィン・マックールが、彼女をアイルランドに渡らせるために造ったという伝説がある一方で、スコットランドに住む巨人を渡らせて、迎え撃つために造ったという伝説もある。こちらの伝説によると、スコットランドの巨人はフィン・マックールよりも大きく、このまま戦うと負けるかもしれないと思った彼の妻が、スコットランドから渡ってきた巨人に、フィン・マックールは留守であると告げ、彼が戻るまで待とうとしていたその巨人に、赤ん坊の服を着せたフィン・マックールを見せた。スコットランドの巨人は、赤ん坊がこんなに大きいのだから、フィン・マックールはとてつもなく大きく強いのだろうと考え、慌ててスコットランドに逃げ帰ったという。

「巨人のクツ」といわれる岩

上へとまっすぐ伸びる「巨人のオルガン」

●コーズウェイ・コースト　アルスター州

■キャリック・ア・リード吊り橋

住119a Whitepark Rd., BT54 6LS
TEL(028)20733335
URLwww.nationaltrust.org.uk
開3～6·9·10月9:00～18:00
　7·8月9:00～18:30
　11～2月10:00～16:00
※最終入場は閉館の1時間30分前
　（天候によっては閉鎖される）
休12/24～26
料£14～15.50
※入場は日時指定になっており、上記
ウェブサイトで要予約。

キャリック・ア・リード吊り橋

■ラスリン島への行き方
バリーキャッスルからフェリーで行く。フェリーは要予約。運休することもある。
🚢バリーキャッスル発
10～3月 8:30（月～金のみ）10:00
14:00 16:00 16:30（11～1月のみ）
17:00（10·2·3月のみ）
4～9月 8:30（月～金のみ）10:00
11:00 12:00 13:00 16:00 17:00
18:00 18:30（7·8月のみ）
所要:25～45分　運賃:£8（片道）
●ラスリン・アイランド・
　フェリー・サービス
Ruthlin Island Ferry Service
住Bayview Rd., Ballycastle
BT54 6BT
TEL(028)20769299
URLwww.rathlin-ferry.com

君は渡れるか？　Map P.26

キャリック・ア・リード吊り橋
Carrick-a-Rede Rope Bridge

　ジャイアンツ・コーズウェイからバリーキャッスルへ行く間にある長さ20mほどの吊り橋。駐車場から1kmほど歩くと断崖と小さな島とを結ぶ吊り橋が現れる。橋を渡るときにしっかり横のロープを持って進もう。揺れるのでちょっとスリルがあって楽しい。島から見るコーズウェイ・コーストはとても美しく、ラスリン島や遠くにはスコットランドのキンタイヤー半島も眺めることができる。

バードウォッチングの聖地　Map P.26

ラスリン島　Ruthlin Island

　バリーキャッスルの北8kmほど沖合に浮かぶ小さな島。逆L字型に曲がった形をしたこの島は、たくさんの鳥たちが生息しており、その姿を見に、夏には大勢のバードウォッチャーがここへやって来る。

断崖が続くラスリン島の海岸線

　島の中心は小さな船着場。ゲストハウスや郵便局、教会などの施設がこのあたりに集中している。ほかの場所はすべて鳥たちのもの。特に島の最西端、灯台近くには海鳥の観測ポイントがあり、4～9月のシーズン中はパフィンをはじめとする島を間近に見学できる。また、船着場のすぐ南の海岸は、アザラシなどの海獣の群れが見られる。島へはバリーキャッスルから小さなフェリーで行く。フェリーの到着に合わせて島を周遊するツアーバスも運行されているが、それほど大きな島でもないので、ウオーキングを楽しみながら島を周遊する人も多い。

HOTEL

バリーキャッスル　B&Bは町全体に点在しているが、特にキー・ロード沿いから港近くにかけてが多い。

ポートラッシュ　B&Bはエグリントン・ストリート、カー・ストリートに集中している。

ブッシュミルズ　数は少ないが、ホステル、B&B、高級ホテルと揃っている。

中級 51室	Map P.262 右上	マリーン
	バリーキャッスル	Marine Hotel

住1-3 North St., BT54 6BN
TEL(028)20762222
URLwww.marinehotelballycastle.com
🚹/🚹🍴🛜📶£70～
💳MV

全室　全室　全室　なし　無料　全館無料 Wi-Fi

　キー・ロードとノース・ストリートの交差点にある3つ星ホテル。中間色を基調とした客室は居心地がよく、多くの部屋からは海が眺められる。レストラン、カフェも併設している。

Map P.267 コーズウェイ Causeway Hotel
中級 28室 ジャイアンツ・コーズウェイ

住40 Causeway Rd., BT57 8SU
TEL (028)20731210
URL thecausewayhotel.com
†/††🅰️🔲💷£100〜
🟰MV

ジャイアンツ・コーズウェイの入口そばにある。1836年創業という歴史あるホテルだが、内装はモダンでスタイリッシュ。海を眺められるテラス付きの客室もあり、料金が少し高くなる。

Map P.262左上 ポートラッシュ・アトランティック Portrush Atlantic Hotel
中級 69室 ポートラッシュ

住73 Main St., BT56 8BN
TEL (028)70826100
URL www.portrushatlantic.com
†/††🅰️🔲💷£78〜
🟰ADMV

北アイルランド・ホテル・オブ・ザ・イヤーの受賞歴がある。港のすぐ近くというよい立地で設備も最新。すぐ近くにあるスパと提携したスパ、マッサージ込みのプランもある。

ハーバーハイツ Harbour Heights
B&B 9室 Map P.262左上 ポートラッシュ

海に向き合うテラスハウスを利用したB&B。4人が泊まれるファミリールームが2室あるほか、シービューの部屋もある。スタッフはフレンドリー。

住17 Kerr St., BT56 8DG
TEL (028)70822765
🟰MV 💷£105〜

コーズウェイ・ベイ Causeway Bay
B&B 12室 Map P.262左上 ポートラッシュ

ポートラッシュ駅を出て右折しすぐの所にある。立地のよさに加えて、設備も新しく、清潔感にあふれている。ベッドはストライプ柄のリネンでまとめられている。朝食の提供は行っていない。
住73 Eglinton St., BT56 8DZ
📱077-37007791
URL www.causewaybayportrush.com
†/††🅰️🔲💷£89〜
🟰MV

ブッシュミルズ・イン The Bushmills Inn
高級 41室 Map P.262右中 ブッシュミルズ

歴史ある建物を利用した4つ星ホテル。内装はシックにまとめられ高級感漂う。パブ、レストランを併設し、中庭も美しい。
住9 Dunluce Rd., BT57 8QG
TEL (028)20733000
URL www.bushmillsinn.com
†/††🅰️🔲💷£145〜
🟰AMV

ブッシュミルズ・ユースホステル Bushmills Youth Hostel
ユースホステル ベッド数80 Map P.262右中 ブッシュミルズ

村の中心にある。全室にシャワー、トイレ完備。11〜2月は金〜日曜のみ営業。12/23〜1/5は休業。
住49 Main St., BT57 8QA
TEL (028)20731222
URL www.hini.org.uk
DOM 💷£21〜
†/††🅰️🔲💷£70〜
🟰MV

RESTAURANT

コーズウェイ・コースト周辺の町はどこも多くの観光客でにぎわうので、ファストフード店やファミリー向けのレストランが多い。高級な食事ならホテルのレストランがよいだろう。ジャイアンツ・コーズウェイのビジターセンター内にはカフェテリアがあるので、観光の途中に立ち寄るのに最適。

Map P.262左上 ハーバー・バー Harbour Bar
ポートラッシュ

パブ ビストロ

地元の人にも観光客にも人気がある。2013年の北アイルランド・パブ・オブ・ザ・イヤーを受賞。ビストロが隣接しており、炭火焼きのグリルが人気。
住Harbour, BT56 8DF TEL (028)70822430
圏12:00〜23:00(月・火13:00〜23:00)
休無休 🟰MV 📶なし

コーズウェイ・コースト アルスター州

デリー／
ロンドンデリー

ダブリン●

ロンドンデリー県
Co. Londonderry

イギリス国番号44
市外局番028

MAPS
広域地図P.12-B1
デリー／ロンドンデリー
P.271

17世紀の雰囲気を残す城壁の町

デリー／ロンドンデリー
Derry/Londonderry

フォイル川沿いに広がるデリー／ロンドンデリーの町並み

Access Guide
デリー／ロンドンデリー

ベルファストから

🚆 所要：約2時間10分　運賃：£15.50

月〜金　ラニョン・プレイス駅発 6:15 7:20〜21:20の1時間に1便

土　7:20〜21:20の1時間に1便

日　9:20〜19:20の2時間に1便

🚌 所要：約2時間　運賃：£14.50

月〜金　ゴールドラインNo.212、X212がヨーロッパ・バスセンターから6:30〜23:15の1時間に1〜4便、No.273も行くが、所要約3時間

土　6:30 8:30〜翌1:15の1時間に1〜2便

日　6:30 8:30 10:30〜21:15の1時間に1便程度

ダブリンから

所要：3時間50分〜4時間35分
運賃：£22

🚌 ゴールドラインX3、X4がバスアラスからダブリン空港経由で7:00 12:00 14:00 16:00 18:00 20:00 23:00

所要：約4時間45分　運賃：€30

🚌 エアコーチがオコンネル・ストリートMap P.55-D1から2時間に1便

ドネゴールから

所要：約1時間30分　運賃：€18

🚌 エクスプレスウェイNo.64が8:42 9:42 12:52 14:37 16:07 18:17 20:12発。そのほかバス・エーランNo.480が10:07発（日曜なし）、€13

デリーの語源はゲール語で「樫の木」。6世紀に聖コロンバがこの地に修道院を建てて以来の歴史を誇る町だ。

17世紀にプロテスタントによるアルスター入植が進むとロンドンデリーに名を変え、以降プロテスタントの町として発達してきた。そんなデリー／ロンドンデリーがアイルランド史を左右する重大な事件の舞台になったのは2度。最初は1688〜89年のデリー包囲。ジェイムズ2世とウィリアム3世のイギリス王位をかけた争いの渦中で、住人はウィリアム側につく。城壁の門を閉じてジェイムズ2世の包囲を105日間耐えた町は、ウィリアム3世の最終的な勝利に貢献した。

2度目は、1972年に起きた血の日曜事件。公民権を要求するカトリックのデモにイギリス軍が発砲、14人の市民が命を落とした痛ましい事件だ。

🍀 デリー／ロンドンデリーの歩き方 🍀

7つの城門　町歩きの中心となる城壁には**7つの門**がある。なかでも**ブッチャー門**Butcher Gate、**シップキー門**Shipquay Gate、**ビショップ門**Bishop's Gate、**フェリーキー門**Ferryquay Gateの4つの門が町のメインゲートだ。この4つの門からの道はすべて**ザ・ダイアモンド**The Diamondと呼ばれる広場で交わる。❼は**マガジン門**

ザ・ダイアモンドには戦争記念碑が建つ

Magazine Gateの外側にある。

交通ターミナル バスステーションは城壁の外側すぐ東にある。鉄道駅はフォイル川の東岸にあり、バスステーションとの間に市バスのフォイル・メトロNo.2Dが運行されている。所要約5分。

■デリー／ロンドンデリーの*i*
Map P.271-A1
⏢1-3 Waterloo Pl., BT48 6BT
☎(028) 71267284
🌐www.visitderry.com
🕐9:00～17:30
　（土・日10:00～17:00）
🚫1/1、12/25・26

デリー／ロンドンデリーの見どころ

町を取り囲み、包囲に耐え続けた　Map P.271-A1·2

城壁　City Walls

城壁にずらりと並べられた大砲

デリー／ロンドンデリーの城壁は1613～19年にプロテスタントの入植者たちによって造られ、最も有名な1688～89年のものを含めて、合計3度にわたる包囲

■城壁
🕐日の出～日没　🚫無休　💰無料

シップキー門に掲げられたデリー／ロンドンデリーの紋章

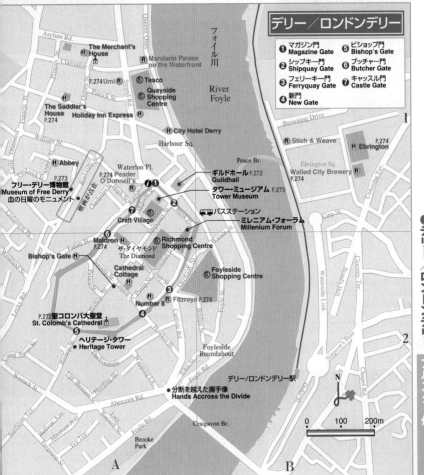

デリー／ロンドンデリー

❶ マガジン門 Magazine Gate
❷ シップキー門 Shipquay Gate
❸ フェリーキー門 Ferryquay Gate
❹ 新門 New Gate
❺ ビショップ門 Bishop's Gate
❻ ブッチャー門 Butcher Gate
❼ キャッスル門 Castle Gate

Asylum Rd.
Queens Quay
フォイル川
River Foyle
The Merchant's House
Mandarin Palace on the Waterfront
P.274 Umi
Tesco
Quayside Shopping Centre
Strand Rd.
Clarendon St.
Patrick St.
The Saddler's House P.274
Holiday Inn Express
City Hotel Derry
Harbour Sq.
Browning Drive
William St.
Abbey
Waterloo Pl.
Peace Br.
Stich & Weave
P.274 Ebrington
Ebrington Sq.
Walled City Brewery
Frederick St.
P.274 Peader O'Donnell's
フリー・デリー博物館 Museum of Free Derry
血の日曜のモニュメント
ギルドホール P.272 Guildhall
タワー・ミュージアム P.273 Tower Museum
バスステーション
ミレニアム・フォーラム Millenium Forum
King St.
Craft Village
Fahan St.
Maldron P.274
ザ・ダイヤモンド The Diamond
Richmond Shopping Centre
Bishop's Gate
Cathedral Cottage
Foyleside Shopping Centre
Number 8
Fitzroys P.274
P.272 聖コロンバ大聖堂 St. Colomb's Cathedral
ヘリテージ・タワー Heritage Tower
Carlisle Rd.
Foyleside Roundabout
Barrack St.
デリー／ロンドンデリー駅
分断を越えた握手像 Hands Accross the Divide
N
0　100　200m
Brooke Park
Craigavon Br.

A　B

●デリー／ロンドンデリー　アルスター州

■聖コロンバ大聖堂
住17 London St., BT48 6RQ
☎077-94666754
URLwww.stcolumbscathedral.org
開4・6・9・10月10:00～15:00
　7・8月10:00～16:00
※冬期は未定。要確認
休不定休
料寄付歓迎

大聖堂の身廊

History
城壁の門の鍵

現在城壁の門には扉は付いていないが、1688～89年の包囲のときには当然扉がしっかりと閉められ鍵もかけられていた。包囲が始まる前に、この扉を閉めたのが徒弟の若者たちで、彼らのこの行為は町の歴史のなかで重要な位置を占めている。そして城壁の門を閉じていた鍵は4つとも大聖堂の小さな博物館の中に大事に保管されている。

現在は博物館に展示されている

■ギルドホール
住Guildhall Sq., BT48 6DQ
TEL(028) 71376510
URLguildhallderry.com
開9:00～20:00(土・日9:00～18:00)
※最終入場は閉館の1時間前
休無休
料無料　ガイドツアー£3(要予約)
⎙一部

メインホールのパイプオルガン

戦に耐えてきた。そのため、プロテスタントの人々にとっては町を救った城壁といえよう。シップキー門付近には、何門もの大砲が置かれている。城壁の全長は約1.6kmあり、完全な形で保存されている。ところどころにある階段から城壁に登ると、城壁の内外ともに美しい景色を楽しめる。

城壁内に建つゴシック聖堂　　　　　　　　　　　Map P.271-A
聖コロンバ大聖堂 St. Colomb's Cathedral

威風堂々とした聖コロンバ大聖堂

1633年に建てられたアイルランド聖公会(イギリス国教会と同じ系統)の大聖堂。アイルランド聖公会の大聖堂は、ダブリンのクライストチャーチ大聖堂 P.80 や聖パトリック大聖堂 P.81 など、もともとカトリックの大聖堂だった教会を転用した例が多いが、この建物は最初から聖公会の大聖堂を目的として建てられたもの。宗教改革後のイギリス諸島(ブリテン島とアイルランド)で最初に建てられた大聖堂でもある。

教会は城壁内に位置しており、1688～89年の包囲にちなんだものが数多く残る。例えば入ってすぐ右に見られるステンドグラスは、包囲の様子を描いたものだ。また、ジェイムズ2世の包囲のときに使われた門の鍵が、教会内の小さな博物館に展示されている。

ステンドグラスが印象的な　　　　　　　　　　Map P.271-A
ギルドホール Guildhall

デリー／ロンドンデリーのシンボル的存在

城壁のすぐ外にあるネオ・ゴシック様式の建物で、1887年に建設された。1908年の火事と1972年の爆弾テロによって、過去2回被害を受けたが、たびに修復されてきた。2013年には950万ポンド(約18億円)かけて行った改修が終了し、かつての姿を取り戻した。内部は23枚の美しいステンドグラスで飾られ、パイプオルガンを備えたメインホールは、結婚式などにも用いられる。1階ではアルスター入植に関する展示を行っており、町の発展の歴史がわかるようになっている。

北アイルランド紛争に迫る Map P.271-A1
フリー・デリー博物館 Museum of Free Derry

住宅街にあるのでちょっとわかりづらいが、赤い建物が目印

1960～70年代の公民権運動の中心地、ボグサイドに2006年にオープンした。血の日曜事件を中心に、北アイルランドの紛争についての展示を行っている。2010年6月に英国政府は、血の日曜事件について正式に謝罪を行った。

■フリー・デリー博物館
🏠55 Glenfada Park, BT48 9DR
☎(028) 71360880
URLwww.museumoffreederry.org
🕐10:00～16:00
🚫10～4月の日曜、クリスマス、1/1
💷£8　学生£7

History
血の日曜日事件
Bloody Sunday

1972年1月30日、デリー／ロンドンデリーにおいてカトリックのデモ隊とイギリス軍が衝突。その際、イギリス軍の発砲によって14名が死亡、13名が負傷した事件。北アイルランド紛争で、最も重要かつ悲劇的な出来事のひとつ。犠牲者は全員銃火器を携帯しておらず、うち7人は未成年だった。事件直後の調査では、イギリス軍の発砲はデモ隊が先に行った発砲への応戦としてイギリス軍は無罪とされたが、1998年から2010年におよぶ再調査によって、最初に発砲したのはイギリス軍であったこと、デモ隊からの発砲はあったが、それが無実の市民を射殺したことを正当化することにはならないとして、正式に謝罪が行われた。2019年3月には元イギリス軍兵士ひとりが殺人罪などにより起訴された。裁判は今後行われる予定。

現在までの町の歴史を伝える Map P.271-A1
タワー・ミュージアム Tower Museum

外観は中世の塔だが、内部は最新技術を用いた展示が行われている

マガジン門を入ってすぐのところにある博物館で、町の歴史を時代順に紹介している。映像やコンピュータを駆使して町の発展の様子や重要な歴史的事件を効果的に紹介しており、特に聖コロンバや、町の包囲戦、アルマダの戦いで沈没したスペイン船に関する展示が充実している。塔の上は町を見下ろす展望台になっている。

■タワー・ミュージアム
🏠Union Hall Pl., BT48 6LU
☎(028) 71372411
URLtowermuseumcollections.com
🕐9:00～17:30
※最終入場は16:00
🚫1/1、イースター、12/25・26
💷£6　学生£4

Days out from Derry/Londonderry Map P.12-B1
丘の上にそびえる円形要塞
近郊の
見どころ
グリアノン・オイロック
Grianán of Aileach

聖パトリックがここでこの地を治める族長の洗礼を行ったという伝説もある

デリー／ロンドンデリーの郊外にある円形の要塞。領土としてはアイルランド共和国のドネゴール県に属しているが、デリー／ロンドンデリーから近く、12kmほどの道程だ。円の直径は約23mあり、壁の高さは約5m。伝説によるとダーナ神族の最高神ダグダが築いたといわれるが、現在見られる要塞の原型は、8世紀頃この地を支配した王によるものと考えられている。標高約250mの丘の上に建っており、周囲に広がる美しい景色を見渡すことができる。

■グリアノン・オイロック
🚌最寄りのバス停はバートBurtで、そこから徒歩で約1時間。デリー／ロンドンデリーからバートへの直行バスはなく、ブリジェンドBridgendで乗り換えが必要なうえ、バスの乗り継ぎはよくないため、片道2時間以上かかる。タクシーやレンタカーだと約20分。
🏠Grianán of Aileach
Co. Donegal
URLheritageireland.ie
🕐随時（駐車場は日の出～日没）
🚫無休
💷無料

●デリー／ロンドンデリー　アルスター州

ホテル、B&Bは城壁の外に広がる市街地に点在しており、城壁の北に比較的多い。城壁付近の宿は数も限られ、人気も高いので早めに予約したい。レストランは城壁内ならザ・ダイヤモンドから延びる通り沿い、城壁の外ならストランド・ロード沿いに多い。

エブリントン
The Ebrington Hotel

Map P.271-B1 ／ 高級 89室

住Ebrington Sq., BT47 6FA
TEL(028) 71220700
URLtheebringtonhotel.com
£140〜
AMV

スパ施設を備えた4つ星ホテルで、2023年のオープン。フォイル川東岸に建つが、中心部へは歩道橋をわたって簡単にアクセス可。レストラン、パブも併設。

TV 全室 / 全室 / 全室 / 全室 / P £6 / Wi-Fi 全館無料

マルドロン・デリー
Maldron Hotel Derry

Map P.271-A2 ／ 中級 93室

住Butcher St., BT48 6HL
TEL(028) 71371000
URLwww.maldronhotelderry.com
£80.75〜
ADMV

城壁内にある唯一の大型ホテル。客室は暖かみある内装で、多くの部屋から旧市街の町並みが眺められる。サウナとジムも完備している。

TV 全室 / 全室 / 全室 / なし / P なし / Wi-Fi 全館無料

ザ・サドラーズ・ハウス
The Saddler's House

Map P.271-A1 ／ B&B 7室

住36 Great James St., BT48 7DB
TEL(028) 71269691
URLwww.thesaddlershouse.com
£75〜
MV

看板はなく、小さなプレートがあるだけなので、ややわかりにくい。内装はセンスよくまとまっている。Merchants House、Cathedral CottageとDarcus Cottageという別棟もある。

TV 全室 / 全室 / 全室 / なし / P 無料 / Wi-Fi 全館無料

フィッツロイズ・ビストロ
Fitzroys Bistro

Map P.271-A2 ／ 英国料理 グリル・ステーキ

フェリーキー門のすぐ近くにある。地元の食材を使い、多くのグルメガイドに紹介される人気店。メインはランチが£8.95〜17.95、ディナーは£11.95〜21.95。

住2-4 Bridge St., BT48 6JZ　TEL(028) 71266211
URLwww.fitzroysrestaurant.com　圏11:00〜22:00
(日12:00〜21:00)　休無休　MV　テあり

ウミ
Umi

アジアン・フュージョン 寿司

看板には寿司と漢字で書いてあるが、日本料理のみならず、コリアン・チキンやタイカレーなど、幅広いアジア料理が楽しめる。ビールはアサヒがサーバーで飲める。

Map P.271-A1

住57 Strand Rd., BT48 7NW　TEL(028) 71878399
URLumiderry.co.uk　圏12:00〜15:00　17:00〜21:00
休火のランチ、日・月　AMV　テあり

ウォールド・シティ・ブリュワリー
Walled City Brewery

英国料理 クラフトビール

マイクロブリュワリーが経営しており、自社製のクラフトビールとビールとの相性がよい料理が楽しめる。アーリーバード・メニューは2品£20、3品£24。

Map P.271-B1

住70 Ebrington Sq., BT48 6FA　TEL(028) 71343336
URLwww.walledcitybrewery.com　圏17:00〜20:00(金・土13:00〜15:00 17:00〜
21:30、日13:00〜17:00)　休冬期の月・火　AMV　テあり

ピーダー・オドネルズ
Peader O'Donnell's

音楽パブ ドリンクのみ

マガジン門とキャッスル門の間にある。デリー／ロンドンデリーを代表する音楽パブで、毎晩ライブ演奏が行われている。スタートは18:30頃。

Map P.271-A1

住59 Waterloo St., BT48 6HD　TEL(028) 71267295
圏12:30〜翌1:30　休12/25　AMV　テあり

湖と遺跡の地ファーマナ県の中心地

エニスキレン

Enniskillen

河畔に静かにたたずむエニスキレン城

ファーマナ県
Co. Fermanagh

イギリス国番号44
市外局番028

MAPS
広域地図P.12-B3
エニスキレンP.276

上アーン湖と下アーン湖の間に位置する町エニスキレンは、北アイルランドの湖水地方の中心都市。オスカー・ワイルドとノーベル賞作家のサミュエル・ベケットはダブリンのトリニティー・カレッジに進学する前に、この町にあったパブリック・スクールに在籍していた。

町には15世紀に建てられたエニスキレン城があり、現在は博物館になっている。周りには有名な釣りのスポットが多く、遺跡も点在している。特に上アーン湖のデヴェニシュ島にある遺跡は、この地域を代表する初期キリスト教遺跡として有名だ。

エニスキレンの歩き方

緑豊かなフォートヒル公園

バスステーションはウエリントン・ロードWellington Rd.沿いにあり、通りをそのまま北西に進んでいくとエニスキレン城に到着する。❼は城の中にある。ここから橋を渡り、さらに北西へ進むと、右側に公園が広がる。デヴェニシュ島へのクルーズ船が公園内にある船着き場に発着する。

フォートヒル公園は北東に400m、イースト橋East Br.を越えた少し先にある。レストランや銀行などはウエリントン・ロードと並行して走る通り沿いに多い。

Access Guide
エニスキレン

ベルファストから
所要:2時間〜2時間20分
運賃:£14.50

ゴールドラインNo.261、X261がヨーロッパ・バスセンターから9:00
9:20〜19:20の1時間に1便
10:20 12:20 13:20 15:20 17:20 19:20
13:20 15:20 17:20 18:45 21:00

ダブリンから
所要:2時間40分〜3時間
運賃:€23.50

エクスプレスウェイNo.30、X30が6:30〜翌0:30の1時間30分に1便

スライゴーから
所要:約1時間15分　運賃:€12

バス・エーランNo.458が5:30〜21:24の1〜3時間に1便
7:30〜21:23の1時間〜2時間30分に1便

ドネゴールから
所要:約1時間　運賃:€16

エクスプレスウェイNo.30、X30が1:00〜19:00の1時間30分に1便

■エニスキレンの❼
Map P.276
🏠Enniskillen Castle, BT74 7HL
URLwww.fermanaghlakelands.com
☎(028) 66325000
開9:30〜17:00(土・日11:00〜17:00)
休10〜5月の日曜、クリスマス期間

●エニスキレン

アルスター州

275

■エニスキレン城
Castle Barracks, Enniskillen
Castle, BT74 7HL
(028) 66325000
www.enniskillencastle.co.uk
10:00〜17:00(土・日11:00〜17:00)
10〜5月の日曜、クリスマス期間
£5.80 学生£4.20

エニスキレン城のウォーターゲート

■フォートヒル公園
Forthill Park, BT74 7BA
随時 無休 無料
●コールズ・モニュメント
www.enniskillencastle.co.uk
4〜9月土・日・祝14:00〜16:30
4〜9月のの月〜金、10月〜3月
£3.20（要予約）

エニスキレンの見どころ

川沿いにどっしりと構える　　　　　　　　Map P.276

エニスキレン城 Enniskillen Castle

　15世紀の初めに建てられた城。軍事的要衝にあるため、相次ぐ戦乱でマグワイア家、イギリス軍、オドネル家と持ち主がめまぐるしく変わり、建築当初から残っているのはキープと呼ばれる部分だけとなってしま

エニスキレン城内には当時の様子を再現した展示もある

った。城のシンボルともいえるウォーターゲートは、17世紀になってから建造された部分。城は現在博物館になっており、**ヘリテージセンター**と**県立博物館**が併設されている。

コールズ・モニュメントからの眺めは最高　　　Map P.276

フォートヒル公園 Forthill Park

　バスステーション方面からイースト橋を越えて少し行った所にある。この公園は17世紀のスター・フォート Star Fortという砦の跡地に造られた。この公園にあ

コールズ・モニュメントからの眺め

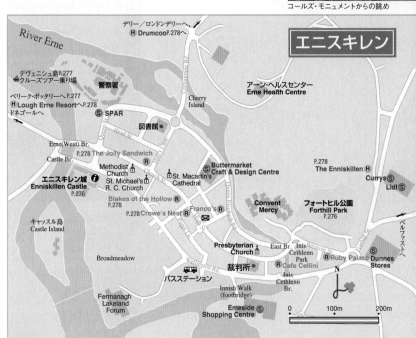

エニスキレン

るコールズ・モニュメントCole's Monumentはロウリー・コール将軍Sir G. Lowry Coleを称えたもの。1845年に造り始め、完成するまでに12年かかったという。モニュメントは内部に入ることができ、108段ある階段を上るとそこから町の様子を一望できる。

Days out from Enniskillen　Map P.12-B3

近郊の見どころ　デヴェニシュ島 Devenish Island
初期キリスト教遺跡の残る島

珍しい形をしたハイクロス

デヴェニシュ島のラウンドタワーと聖メアリー教会

エニスキレンの北、下アーン湖に浮かぶデヴェニシュ島は、アイルランドにおける初期キリスト教の中心として栄えた島。聖パトリックがアイルランドに布教を始めてから100年後にはすでにこの島には修道院が造られていた。修道院は9世紀のヴァイキングの襲来によりいったんは破壊されるが、その後再建される。

フェリーで島に上陸すると、まず最初に目につくのはラウンドタワー。高さが30mあるこの塔は、アイルランドの修道院にしか見られないもので、通説ではヴァイキングの襲来時に避難するために建てられたとされている。ただし、このラウンドタワーが建てられたのはヴァイキングが活躍していた時期よりずっと後の12世紀なので、かなり時期が食い違う。そのほかこの島では聖メアリー教会や、太陽の輪が付いていないハイクロスなども見られる。

近郊の見どころ　ベリーク・ポッタリー Belleek Pottery
アイルランドを代表する最高品質の陶磁器ブランド　Map P.12-A2

博物館にはかつて作られていた陶磁器が展示されている

エニスキレンから西へ約35kmの位置にある小さな村ベリーク。この村の名を有名にしているのは陶磁器工場。日本ではあまり知られていないが、1857年創業と歴史も深い。ここで作られる陶磁器はシャムロックの絵柄やレースを思わせるデザインなど、個性的でかわいらしいものばかり。工場内にはビジターセンターがあり、工場見学ツアーも催行されている。

デヴェニシュ島
エニスキレンからは5～9月にかけてデヴェニシュ島へ行くクルーズツアーが出ている。
●Erne Tours
住Round 'O' Jetty, Brook Pk., Enniskillen, BT74 7EU
TEL(028) 66322882
URL ernetours.com
運航：5月火・土・日12:15、14:15発
6月12:15、14:15、16:15発
7・8月10:00、12:15、14:15、16:15発
9月火・土・日14:15、16:15発
休5・9月の月・水～金、10～4月
料£13

デヴェニシュ島行きのフェリー

■ベリークへの行き方
鉄エクスプレスウェイNo.30が村の入口を通る。9:25 12:25 15:25 18:25 21:25など。所要約35分

■ベリーク・ポッタリー
住3 Main St., Belleek, BT93 3FY
TEL(028) 68659300
URL www.belleekpottery.ie
●ビジターセンター
開4～9月9:00～16:00
（土10:00～16:00、日13:00～16:00）
11～3月10:00～15:00
休11～3月の日曜、1～3月の土
●工場見学ツアー
所要約30分。日によって開催時間が異なり、開催されない日もある。上記ウェブサイトから予約する
料£7　学生£5

エニスキレン　アルスター州

ホテルは東のほうに数軒あるのみ。町には長期滞在型のホリデイ・アパートメントが点在しているが、B&Bは町から離れていて、徒歩で行くのはかなりつらい。レストラン、パブはベルモア・ストリートに集中している。そのほか、ハイ・ストリート、チャーチ・ストリート沿いにも点在している。

ロッホ・アーン・リゾート
Lough Erne Resort

最高級
120室 Map P.12-B3

全室 全室 全室 全室 無料 全館無料

住Belleek Rd., BT93 7ED
TEL(028) 66323230
URLwww.lougherneresort.com
†/††□□□£175〜　□AMV

町の北約5kmにある5つ星ホテルで、G8サミットの会場となったこともある。湖に面した広大な敷地内をもち、レストランやスパはもちろん、ゴルフ場まで併設している。

ジ・エニスキレン
The Enniskillen Hotel

高級
35室 Map P.276

全室 全室 全室 全室 無料 全館無料

住72 Forthill St., BT74 6AJ
TEL(028) 66321177
URLwww.enniskillenhotel.com
†/††□□□£80〜
□MV

フォートヒル公園の北にある。客室は高級感が漂う4つ星のほか、少し設備が落ちる3つ星のモーテル・ルームがあり、こちらは†/††□□□£65〜。レストランとバーも併設している。

ドラムコー
Drumcoo Guest House

B&B
5室 Map P.12-B3

全室 全室 全室 なし 全館無料

住32 Cherryville, Cornagrade Rd.,
BT74 4FY
TEL(028) 66326672
URLwww.fermanagh-accommodation.com
†□□□£68〜　††□□□£75〜
□MV

歩くと町から30分ほどかかる。バスステーションからNo.94、194で10分ほど、チェリーマウントCherrymountで下車。全5室のうち4室にバス、トイレがある。

クラウズ・ネスト
Map P.276
Crowe's Nest

音楽パブ
アイルランド料理

ハイ・ストリートに面したビストロ・バー。料理はメインが£14〜21.95。週末を中心に夜はライブ演奏が楽しめ、土曜は上階のナイトクラブがオープンする。

住12 High St., BT74 7EH　TEL(028) 66325252
URLwww.crowesnest.pub　圏12:00〜23:00（土12:00〜翌2:00、金・日12:00〜24:00）　休無休　□MV　秘あり

ブレイクス・オブ・ザ・ホロウ
Map P.276
Blakes of the Hollow

パブ

130年以上の歴史があり、ヴィクトリア朝風のクラシカルな雰囲気。金曜の夜はアイルランド伝統音楽の生演奏が行われている。地下はレストランになっている。

住6 Church St., BT74 7EJ　TEL(028) 66322143
URLblakesofthehollow.com　圏11:30〜23:00（土12:00〜翌1:00、日12:00〜23:00）　休無休　□MV　秘あり

ジョリー
Map P.276
The Jolly Sandwich

サンドイッチ

町の中心にあるサンドイッチ・ショップ。狭い店内はいつも多くの人でにぎわっている。食材は北アイルランド産のものを利用している。

住3 Darling St., BT74 7DP
TEL(028)66322277
圏9:00〜15:00　休日・月　□MV　秘あり

アルスター州西部の観光拠点

ドネゴール
Donegal

雄大な自然が広がるドネゴールの郊外

ドネゴール県
Co. Donegal

アイルランド国番号353
市外局番074

MAPS
広域地図P12-A2
ドネゴールP.280
ドネゴール周辺P.281

ドネゴールはケルト人によって5世紀頃に開かれた町。以降ヴァイキングの襲来などアイルランドの歴史の縮図を見るような経緯を経て、現在のような町となった。おもな産業は毛織物と漁業。

また、周辺の泥炭層では約7000年前の狩猟民族が造ったとされる石積みの遺跡が発見されているが詳しいことはまだわかっておらず、あまり観光地化されていない。

ドネゴールの歩き方

ザ・ダイヤモンドが町の中心

ドネゴールはエスケ川River Eske河口に開けた町だが規模は小さく、周辺を含めても人口は2600人くらい。夏期の観光シーズンは人であふれ、ホテルもB&Bもたくさんオープンする。周辺の川でのマス釣りは有名で、海釣りも人気。周辺でハイキングを楽しむ人も多い。

町の中心は**ザ・ダイヤモンド**The Diamondと呼ばれる広場。ここにあるオベリスクは17世紀にアイルランドの年代記を記した4人の年代記作者（フォー・マスターズ）を記念して建てられたもの。バスはザ・ダイヤモンドにあるアビー・ホテルの前に着く。❼はここから少し南に行った所にある。

Access Guide
ドネゴール

ダブリンから

所要:3時間30分〜4時間
運賃:€24.50

🚌 エクスプレスウェイNo.30、X30が6:30〜翌0:30の1時間30分に1便

スライゴーから

所要:約1時間　運賃:€18

🚌 エクスプレスウェイNo.64が7:35 8:35 11:45 13:30 15:00 17:10 19:05
月〜土

日 7:35 11:45 13:30 15:00 17:10 19:05

デリー／ロンドンデリーから

所要:約1時間25分　運賃:€18

🚌 エクスプレスウェイNo.64が7:15 9:15 11:10 13:15 15:30 18:30 20:30
月〜土

日 7:15 9:15 11:10 15:30 18:30 20:30

エニスキレンから

所要:約1時間　運賃:€16

🚌 エクスプレスウェイNo.30、X30が9:25〜翌3:25の約1時間間30分に1便

■ドネゴールの❼
Map P.280
住Quay St., F94 PX52
☎1850-230330
開9:00〜17:00
休10〜5月の日曜、12/25〜27、1/1

●ドネゴール

アルスター州

■ドネゴール城
住Castle St., F94 P996
TEL(074) 9722405
URLheritageireland.ie
開3月中旬～11月上旬10:00～18:00
　11月中旬～3月中旬9:30～16:00
※最終入場は閉館の45分前
休無休
料€5　学生€3

内部は博物館になっている

ドネゴールの見どころ
ドネゴールの名門オドネル家の居城
Map P.280

ドネゴール城 Donegal Castle

中世に建てられた城

　エスケ川に面して建つ城。15世紀の建築をもとに、16世紀には代々この地を治め、権勢を誇ったオドネル家の居城として使われた。しかし、1595年のイギリス軍の侵攻を目の前に、反イギリス勢力の中心だったオドネル家最後の当主ヒュー・オドネルHugh O'Donnellは城に火を放った。

　ドネゴールはイギリス軍の手に落ち、この地を任されたバジル・ブルックBasil Brookeによりドネゴール城は見事に再建、増築され、ほぼ現在の形になった。

　今では典型的な中世アイルランド様式の城として博物館に生まれ変わり、かつての城主オドネル家ゆかりの品々も展示されている。

ドネゴール

N
0　　　　100m

(鉄道博物館)旧鉄道駅
Railway Lodge H
P.283

エスケ川
River Eske
P.280
ドネゴール城
Donegal Castle

Castle St.

R Olde Castle Bar P.283
R The Blueberry P.283
P.283 Abbey H
P.283 Central H
ザ・ダイヤモンド
The Diamond
Main St.
S Magee of Donegal
Atlantic H
Chandpur R
P.283

Dom's R
Donegal Bay S
Waterbus
P.280
R The Harbour
P.283

ドネゴール湾
Donegal Bay

P.280
ドネゴール・ベイ・
ウォーターバス乗り場

フランシスコ会修道院跡 P.281
Franciscan Friary

近郊へのツアー

ワイルド・アトランティック・ツアー

不定期。下記ウェブサイトで確認、予約可能
所要約5時間　料€50
ドネゴール西部の自然を満喫するバスツアー。港町のキルベグスに寄り、次いでヨーロッパ最大の断崖スリーヴ・リーグへ。昼食後はグレンクロムキルのフォーク・ビレッジにも訪れる。

ジョンズ・アイルランド&ウオーキング・アイルランド
John's Ireland & Walking Ireland
☎086-6059220
URLwww.walkingireland.ie

ドネゴール湾クルーズ

3月中旬～10月中旬毎日1～3便就航
(出発時間は毎日変わる)
所要約1時間15分　料€25　学生€15
出発は❼から徒歩5分。ドネゴール湾を1時間15分かけてゆっくり回るクルージングツアー。船内ではスナックやドリンクの販売もしている。途中アザラシの繁殖地にも寄る。

ドネゴール・ベイ・ウオーターバス
Donegal Bay Waterbus
TEL(074) 9723666
URLdonegalbaywaterbus.com

フォーマスターズ年代記が書かれた　　　Map P.280

フランシスコ会修道院跡 Franciscan Friary

　ドネゴールの町の西外れ、河口を望む小さな岬の先に崩れかかった石の壁が残る墓地がある。オドネル家が町を統治していた時代にはすでに修道院が建っており、今でもたくさんの石盤が残っている。石盤に刻まれた年号は数百年前のものが多く、その古い歴史に驚く。付近には新旧のハイクロスが林立しており、夕方などは石柱の影が長く伸びて、ひとりでは心細い雰囲気だ。目の前の河口は干潟となっていて、潮が引くと大型のサギやチドリのような鳥が集まり、絶好のバードウオッチング・ポイントとなる。

欲しいものがきっと見つかる?　　　Map P.281

クラフト村 Donegal Craft Village

　ドネゴールの町からバスが通る道をスライゴー方面に徒歩20分ほど。クラフト村は地元の芸術家や工芸家の作品を紹介、販売する目的で1985年に設立された。敷地内には絵画、ガラス、彫刻、木工芸、ジュエリーなどの工房がおかれている。

　作品は同時にアイルランドの伝統を踏襲しつつ、現代的で斬新なデザインを取り入れたものもあり、ここでしか手に入らないものばかり。敷地内にはカフェテリアもあり、素材にこだわった手作りのパンは評判だ。

■フランシスコ会修道院跡
開 見学自由

墓石と教会跡がひっそりとたたずむフランシスコ会修道院跡

■クラフト村
住 Ballyshannon Rd., F94 A49D
TEL (074) 9725928
URL www.donegalcraftvillage.com
開 10:00〜17:00
休 日、冬期の月、クリスマス期間

職人たちの工房も見学できる

いくつもの工房が1ヵ所に集まる

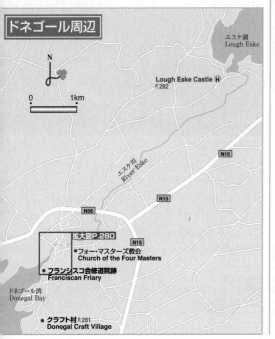

ドネゴール周辺

N

0　　　1km

エスケ湖
Lough Eske

Lough Eske Castle H
P.282

エスケ川
River Eske

N15

N15

N56

N15

拡大図P.280

N15

● フォーマスターズ教会
Church of the Four Masters

● フランシスコ会修道院跡
Franciscan Friary

ドネゴール湾
Donegal Bay

● クラフト村 P.281
Donegal Craft Village

Theatre & Live Music
エンヤのお父さんが始めたパブ、レオズ・タバン

　ドネゴールの北約60kmにあるクローリー Crollyには、エンヤのお父さんが創業したレオズ・タバンLeo's Tavernというパブがある。お父さんは2016年に惜しまれながらも亡くなったが、いまもレベルの高い演奏が楽しめる。クローリーへの公共交通機関は乏しいのでレンタカーなどを利用しよう。
Map P.12-A1
住 Meanaleck, Crolly, F92 RK75
TEL (074) 9548143
URL www.leostavern.com
開 金16:00〜24:00 土15:00〜24:00
日14:00〜24:00　休 月〜木

ドネゴール　アルスター州

■スリーヴ・リーグへの行き方

🚌スリーヴ・リーグの最寄りのバス停はキャリックCarrick。ドネゴールからTFIローカル・リンクNo.293が11:00、13:00、14:45、16:15、17:20発（日・祝11:00、14:45、18:20発）、所要約1時間。キャリックからスリーヴ・リーグは5km以上あり、徒歩だと約1時間30分。キャリックでタクシーを呼ぶこともできる。キャリックからドネゴールへ戻る便は7:53、9:33、13:03、14:48、16:18、17:42（金・土のみ）、21:37（金・土のみ）発（日・祝9:15、12:45、16:00、17:35、21:37発）

■キャリックのタクシー会社

- Aidan Haughey 📞087-6711944
- Joe Haughey 📞087-2860471
- Curran's - Paul 📞087-6285711
- Kilcar Cabs 📞085-1005202
- Martin Carr 📞087-6797995

■スリーヴ・リーグ・クリフ・センター

🏠Bunglass Rd., Teelin, F94 EV52
📞9739077
🌐www.slieveleague.com
🕐9:00～18:00 🈺一部祝

Information
ドネゴール・ツイード

ドネゴール県で織られるツイードは、ドネゴール・ツイードといわれ、スコットランドのハリス・ツイードと並ぶ最高級ツイード地。ドネゴールのショップで販売しているほか、近郊にあるアーダラ村Ardaraでは実際に織っているところを見学できる。ドネゴールからアーダラ村は約30km。公共交通で行くなら、バス・エーランNo.492で9:00発の便に乗って行き、11:40発の便で戻ってくる。所要約50分。

アーダラ村のショップではツイード製作が見学できるところもある

ヨーロッパ屈指の高さの岸壁

スリーヴ・リーグ
Slieve League

ドン・エンガスの高さが約100m、モハーが約200mなのに対し、スリーヴ・リーグは、なんと600mと圧倒的な高さを誇る断崖。アイルランドでも秘境といわれるドネゴール県らしい荒々しさと迫力に満ちた絶景スポットだ。

スリーヴ・リーグのすぐ横にあるオマリガン湖

大西洋の荒波とそれを真っ向から受け止める断崖が作り出す景色を心ゆくまで堪能したら、視線を内陸に向けてみよう。そこには鏡のような水面の湖に空が映し出され、なんとも幻想的な雰囲気が漂う。また、周囲には古代文明や初期キリスト教の遺跡なども残り、考古学的な興味も尽きない。

海から頭を覗かせる岩は『巨人のテーブル』と『巨人のイス』と名づけられてい

高級ホテルはザ・ダイヤモンドに2軒。郊外には城を利用したホテルもある。B&Bは町の中心から少しはずれたアッパー・メイン・ストリートUpr. Main St.または川を越して西に行った所に多い。フォー・マスターズ教会周辺にもB&Bがある。レストラン、パブは町の規模と比較すると多いといえる。

最高級 96室	Map P.281

ロッホ・エスケ・キャッスル
Lough Eske Castle Hotel

🏠Lough Eske Castle, F94 HX59
📞(074) 9725100
🌐www.lougheskecastlehotel.com
🛏️€275～
💳ADMV

全室 全室 全室 全室 無料 全館無料 📶Wi-Fi

ドネゴールから東に約5km、エスケ湖のほとりに建つ城を利用した高級ホテル。伝統的なたたずまいながら、設備は最新のものを揃えている。併設のスパは高級感にあふれ、トリートメント製品にはオーストラリアのソダシ社製のものを使用。

中級 117室	Map P.280	アビー Abbey Hotel

全室 全室 全室 なし なし 全館無料

住The Diamond, F94 AP8W
TEL(074) 9721014
URLwww.abbeyhoteldonegal.com
♦/♦♦🚗🔌🖥🔲€109〜
━AMV

長距離バスが目の前に停まる好立地の3つ星ホテル。ほとんどの部屋からドネゴール湾、エスケ川の眺めが楽しめる。夏期の週末を中心に有料の音楽イベントが行われることも。

中級 113室	Map P.280	セントラル Central Hotel

全室 全室 全室 なし なし 全館無料

住The Diamond, F94 AE26
TEL(074) 9721027
URLwww.centralhoteldonegal.com
♦/♦♦🚗🔌🖥🔲€109〜
━AMV

アビー・ホテルの隣にあり、同じ会社が経営している。部屋は広々しており、眺めもいい。3つ星ホテルながら、スイミングプールやジャクージ、ジムといった設備を完備し、レストランも2つある。

ゲストハウス 5室	Map P.280	レイルウェイ・ロッジ Railway Lodge

全室 全室 全室 なし 無料 全館無料

住Milltown, F94 FE04
TEL(074)9723656
URLwww.railwaylodge.com
♦🚗🔌🖥€55〜
♦♦🚗🔌🖥€80〜
━不可

町の中心ではないが、ドネゴール城から徒歩5分程度とアクセスのよい場所にある人気の宿。基本的な設備は整っており、周囲も静か。オーナーはフレンドリーで居心地がよい。

Map P.280	ザ・ハーバー The Harbour Restaurant	シーフード イタリア料理

木材を多用したあたたかみのある内装。メニューは、ムール貝の蒸し煮€11.95やドネゴール・シーフードパイ€22.95といったシーフードはじめ、ステーキ、パスタ、ピザ、ベジフードなど幅広い。

住Quay St., F94 R660　TEL(074)9721702　URLharbourdonegal.ie
圏17:00〜21:00（日13:00〜20:00）　休12/25・26　━MV　🛜あり

Map P.280	チャンドプル Chandpur Indian Cuisine	インド料理

バングラデシュ人シェフが腕をふるうインド料理レストランで、インド鉄道の1等車でふるまわれるというインド鉄道カレー€18.95〜21.95が人気。

住Unit 4, Main St., F94 YY44　TEL(074)9725452
URLchandpurdonegal.com　圏16:00〜22:00（日13:00〜22:00）　休12/25・26　━ADMV　🛜あり

Map P.280	ザ・ブルーベリー The Blueberry	カフェ

町の中心部にあるカフェ。料理はスパゲティやクラブサンドイッチなどで、ランチメニューは日替わりで黒板に書かれている。メインは€12前後。朝食も提供している。

住Castle St., F94 AH75　TEL(074)9723663
URLtheblueberrytearooms.ie　圏9:00〜18:00　休日
━MV　🛜あり

Map P.280	オールド・キャッスル・バー Olde Castle Bar	パブ シーフード

ドネゴール城の近く。食事は12:00〜21:00。シーフードが人気でドネゴール湾で採れたカキ€16やムール貝€16などを出す。肉料理は€18〜34。

住Tirconnell St., F94 AKC2　TEL(074)9721262
URLwww.facebook.com/olde.bar　圏12:00〜深夜
休無休　━MV　🛜あり

グレンヴェー
国立公園

ダブリン●

ドネゴール県
Co. Donegal

アイルランド国番号353
市外局番074

MAPS
広域地図P.12-A・B1
グレンヴェー国立公園周辺
P.285

Access Guide
レタケニー
ドネゴールから
所要:約45分　運賃:€13

エクスプレスウェイNo.64が8:42
9:42（なし）12:52 13:30 14:37
16:07 18:17 20:12

Access Guide
グレンヴェー国立公園
レタケニーから
所要:約40分　運賃:€5

TFIローカルリンクNo.271が9:45
13:00 17:50発。日曜運休

■**グレンヴェー国立公園**
　ビジターセンター Map P.285
住Glenveagh National Park,
F92 P993
TEL(01) 5393232
URLwww.glenveaghnationalpark.ie
開9:15～17:30　休クリスマス期間
料無料
●**グレンヴェー城**
開3～10月9:15～17:15
　11～2月10:00～17:15
※ラストツアーは16:45発
料€7　学生€5

公園内にあるグレンヴェー城

最奥の地にある美しき秘境
グレンヴェー国立公園
Glenveagh National Park

氷河に削られることで形成された湖

　アイルランドの自然公園でも特に人里から離れた地域にあるグレンヴェー国立公園は、澄んだ空気に清らかな川、柔らかい緑が美しい、知る人ぞ知る秘境。ヨーロッパでも飛び抜けて空気の澄んだ地域と認定されている。

　スケールの大きな山が重なり、深いU字渓谷には豊富な水量の湖が連なっている。手つかずの自然が残る森林では、アイルランドで最も大規模なアカシカの群れが見られる。国立公園の指定は1986年と比較的新しい。山登りやハイキング好きのアイルランド人にとっては、一度は訪れたい秘境として知られており、一般の旅行者にも十分楽しめる設備が整っている。

起点となる町

　グレンヴェー国立公園の起点となる最寄りの町は**レタケニー** Letterkennyで、ホテルやレストランも多い。国立公園へのバスの便は少なく、日帰りしようと思ったら実質9:45と13:00発の1日2便。戻りは12:20、16:05発。ドネゴールからレタケニー経由で日帰りも十分可能。

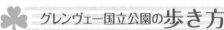
グレンヴェー国立公園の**歩き方**

グレンヴェー城　公園の中心の湖畔にはグレンヴェー城が美しい景観を引き立てている。ビジターセンターから城へはシャトルバスが運行しており、往復€3。城内の見学はセルフガイドだが、ガイドツアーも行われている。

美しい花が咲き乱れる庭園

城周辺の遊歩道 城周辺には、広葉樹、針葉樹が混在する森を抜け、近くの丘までの遊歩道が数本ある。だいたい1周1時間ほど。登りはきついが心地よい散策路だ。特別な装備は不要だが、天候が変わりやすい地域なので雨具は必要。奥までじっくり散策したい人は、しっかりした靴とコンパス、地図を持参しよう。

グレンヴェー国立公園近郊の見どころ

グレーブハウス&ギャラリー 湖畔にある、1828年に建てられた砦形式の館。館内はヴィクトリア王朝時代の絵画や民芸品をはじめ、イスラーム関連や日本、中国の絵画や骨とう品など、貴重な美術品の数々が飾られている。隣のギャラリーでは20世紀のアイルランド、イタリアの芸術家たちの作品を展示している。

ニューミルズ・コーン&フラックス・ミルズ レタケニーの南西5kmにある古い水車小屋で、400年前に造られた。スウィリー川の流れを動力源にしている。現存するものではアイルランド最古で水車の直径もアイルランド最大。

■**グレーブハウス&ギャラリー**
Glebe House & Gallery Map P.285
🏠Glebe, Churchill, F92 WP70
☎(074) 9137071
🌐heritageireland.ie
🕐イースター〜11/3 11:00〜18:30
🚫6・9・10月の金、11月上旬〜イースター
💰€5 学生€3（ギャラリーは無料）

■**ニューミルズ・コーン&フラックス・ミルズ**
Newmills Corn & Flax Mills
Map P.285
🏠Churchill Rd., F92 F205
☎(074) 9123370
🌐heritageireland.ie
🕐10:00〜17:15（最終入場）
🚫月、9月下旬〜6月中旬 💰無料

Information
グレンヴェーの自然環境

この地域はアイルランドでも最後まで氷河に包まれていたため、現在見られる草が生え出してまだ1万年は経っていないといわれている。
いわゆる泥炭層だが平地ほどは炭化が進まず、地面を掘るとかなり深い所まで根などが絡まっている。珍しい植物も多く、スペインやポルトガルの高山にしか見られない特殊な種類もかなりの規模で見られる。アカシカをはじめさまざまな動物が暮らしており、珍奇な蝶などの昆虫も多い。地形も複雑で、大きな地殻変動の影響で滝も多く、水は澄んでいるが泥炭層の影響で深い所は黒く見える。

グレンヴェー国立公園周辺

あなたの**旅の体験談**をお送りください

「地球の歩き方」は、たくさんの旅行者からご協力をいただいて、
改訂版や新刊を制作しています。
あなたの旅の体験や貴重な情報を、これから旅に出る人たちへ分けてあげてください。
なお、お送りいただいたご投稿がガイドブックに掲載された場合は、
初回掲載本を1冊プレゼントします！（発送は国内に限らせていただきます）

ご投稿はインターネットから！

URL www.arukikata.co.jp/guidebook/toukou.html
画像も送れるカンタン「投稿フォーム」
※左記の二次元コードをスマートフォンなどで読み取ってアクセス！

または「地球の歩き方　投稿」で検索してもすぐに見つかります

 地球の歩き方　投稿　　　　　　🔍 検索

▶**投稿にあたってのお願い**

★**ご投稿は、次のような《テーマ》に分けてお書きください。**

《新発見》———ガイドブック未掲載のレストラン、ホテル、ショップなどの情報
《旅の提案》———未掲載の町や見どころ、新しいルートや楽しみ方などの情報
《アドバイス》——旅先で工夫したこと、注意したこと、トラブル体験など
《訂正・反論》——掲載されている記事・データの追加修正や更新、異論、反論など

※記入例「〇〇編20XX年度版△△ページ掲載の□□ホテルが移転していました……」

★**データはできるだけ正確に。**
ホテルやレストランなどの情報は、名称、住所、電話番号、アクセスなどを正確にお書きください。
ウェブサイトのURLや地図などは画像でご投稿いただくのもおすすめです。

★**ご自身の体験をお寄せください。**
雑誌やインターネット上の情報などの丸写しはせず、実際の体験に基づいた具体的な情報をお
待ちしています。

▶**ご確認ください**

※採用されたご投稿は、必ずしも該当タイトルに掲載されるわけではありません。関連他タイトルへの掲載もありえます。
※例えば「新しい市内交通パスが発売されている」など、すでに編集部で取材・調査を終えているものと同内容のご投稿をいただいた場合は、ご投稿を採用したとはみなされず掲載本をプレゼントできないケースがあります。
※当社は個人情報を第三者へ提供いたしません。また、ご記入いただきましたご自身の情報については、ご投稿内容の確認や掲載本の送付などの用途以外には使用いたしません。
※ご投稿の採用の可否についてのお問い合わせはご遠慮ください。
※原稿は原文を尊重しますが、スペースなどの関係で編集部でリライトする場合があります。

出かける前に読んでおこう
アイルランドの
基礎知識

イリッシュパブでは、週末を中心に音楽のセッションが行われる所が多い

ケルトの世界

1 モナスターボイスのハイクロスに刻まれた聖書のレリーフ　**2** イニシュモア島のおみやげ屋　**3** クロンマクノイズにある墓に捧げられた花　**4** エニスキレン近郊のボア島にはいくつもの石像が残されている

かつてはヨーロッパ全土に勢力をもっていたケルト人。
ローマの支配が広がるにつれて徐々に力を失っていったが、
ローマの侵攻が及ばなかったアイルランドには、
ケルトの伝統が今も受け継がれている。

ケルトの人々

アイルランド島には、北海道の人口より170万人ほど多い約700万の人々が住んでいる。人種的にはローマ以前にヨーロッパ全域に勢力を広げたケルト人の血が濃く、ほかのヨーロッパ諸国とはずいぶん違った文化をもっている。

ケルトの渡来

アイルランドに最初のケルト人がやって来たのは紀元前300年頃。数度の移入で先住民族を制圧し、アイルランドは全島ケルト化された。現在のアイルランドの地名はヴァイキングやノルマン人がつけたものが多いが、地方都市や山や川の多くはゲール語のまま受け継がれている。

ケルト人は、もともと中央ヨーロッパあた

の民族ではないかと考えられている。や
がてローマの進出で西へ西へと追いやら
し、ついにアイルランドへたどり着いた。

ケルト人はほかの民族と比べると、王を
選んだり、権力者に服従する気風に乏しい。
家族単位を重視し、いつも小グループ単位
で行動し、緩やかな連合を作るようだ。「タラ
の丘」はケルト人の重要な聖地だが、絶対権
力の王の地ではなく、宗教上の意味が大き
い。絶対王政や大英帝国の時代を経験した
イギリスに対し、アイルランドでは、強力な
王朝がついに生まれなかったのだ。

ケルトの宗教観

ケルトの宗教についてはよくはわかって
いないが、彼らが残した民話から、生命は
あらゆる物に宿り、転生すると信じられて
いたようだ。死後の世界との行き来もしば

しば語られている。特に太陽は重要な意
味をもっていたようだ。自然現象と超自然
現象との境も曖昧で、精神性を重視する点
では合理主義者の多いヨーロッパ社会では
異質とされている。

カトリックの伝来

ケルトの世界に新しい意識を定着させた
のは、キリスト教をもたらした聖パトリック
だ。ただし十字架にケルトの太陽神のリン
グが組み合わされているように、「改宗」とい
うようなものではなく、もともとの宗教観に
キリスト教を取り込んだと考えられる。

ケルトの口承伝説にはかなりの頻度で聖
書の物語が混入している。ケルトの伝説は
『ケルトの神話─女神と英雄と妖精と』(井村
君江著、ちくま文庫660円) など日本語訳も
あるので、興味のある人は一読してみよう。

ゲール語を話してみよう

ゲール語は、アイルランドの第1公用語で、おもに西海岸、南部の山岳部で日常語として使われている。

ゲール語は標準語がなく、同じ単語でも地方によってつづりや発音が微妙に異なる。旅行者には少々わかりにくいかもしれないが、ゲール語の簡単な会話例を挙げておくので、旅行先でぜひ使ってみよう。

こんにちは	ディア グット Dia duit.
こんにちは(返事)	ディアス ムル ア グット Dia's Muire duit.
ありがとう	グ レフ マ ハ グット Go raigh math agat.
どういたしまして	ナー アバレ Ná abair é.
さようなら	スラーナ グット Slán agat.
おやすみなさい	イー ヘンワ Oíche mhaith.
すみませんが	ガウ マッラ シュゲール Gabh mo leithscéal.
はい	トー Tá. いいえ ニール Níl.
私の名前は…です	イス アニム ドム …is ainm dom.
わかります	ティギム Tuigim. わかりません ニー ヒギム Ni thuigim.
いくらですか?	カー ヴェード シン Cá mhéid sin?

基本単語

空港	エアフォート aerfort
駅	スタシェーン stásiún
ホテル	オースターン óstán
パブ	チャクタ バナ teach tarbhairne
郵便局	イフィガン フィスト oifig an phoist
病院	オースピデール ospidéal
通り	シェライド sráid

妖精と信仰と

1 妖精レプラホーンはアイルランドで人気のある妖精　**2** ダブリンの聖パトリック大聖堂　**3** クラダリング（→P.201）をモチーフにしたドアノッカー　**4** ディングル半島のガララス礼拝堂に立つ十字架　**5** クロンマクノイズのラウンドタワーとハイクロス

アイルランドは敬虔なクリスチャンの国ながら、
同時に人々は妖精の存在を信じていたり、
ケルト的な要素が根強く残り、独自の伝統を大切にしている。

妖精の国 アイルランド

アイルランドにはさまざまな妖精がいる。彼ら妖精は、アイルランドにキリスト教が入ってくる以前のケルトの古い信仰の生き残りといえる。しかしアイルランドの妖精物語に登場する妖精たちは、かつての神々の名残とは思えないほどに生き生きとしているのだ。

レプラホーンは妖精たちの靴屋で、赤い服に三角帽子（一説によると緑の服に赤い帽子）という格好である。彼らは金持ちの妖精であり、レプラホーンを捕まえると大金持ちになるといわれている。

一方、彼らと同族だが、すでに靴作りをやめ、飲んだくれてばかりいる者はクルラホーンと呼ばれる。リャナン・シーは詩の妖精で、彼女に愛された詩人は若くして死ぬ代わりに類稀な詩の才能を得るといわれて

る。自分の首を脇に抱え、首なし馬の引
く馬車に乗って現れるデュラハンは、災い
をもたらすという点で悪霊といってもいいか
もしれない。バンシーはアイルランドの由緒
正しい家系についている妖精で、泣き精と
いわれる。イエーツに言わせると、バン
シーは自分と縁のある家で死人が出ると、
それを悼んで嘆き悲しむ心優しい妖精で
ある。また、バンシーに関しては、アメリカ
に移住したアイルランドの名家で死者が出
たときにも現れたという話が残っている。

このように、アイルランドでは現在でも
人々の心の中に妖精が生きているのであ

る。そうそう、アイルランドの田舎には、道
端に「妖精に注意!(Leprechaun Crossing)」
という標識が立っているのだ。

まさか! と思う方もいるだろうが、これ、
ホントの話である。かの司馬遼太郎先生も、
『街道をゆく 31（愛蘭土紀行）』の中でこの
妖精の標識について触れておられるのだ。
だから、もしアイルランドを車で回る機会が
あったら、妖精の標識があるかどうか探し
てみるといい。ひょっとしたら、本物の妖
精に会うことができるかもしれない。

（大谷祥一）

カトリックとプロテスタント

カトリックとプロテスタント。日本人には
いまひとつその違いがよくわからないのだ
が、いったいどこが違っているのだろうか?

そもそも歴史をたどってみると、ローマ帝
国の昔に源を発し、ローマ教皇を中心とし
て正統教会をもって自任していたのがカトリ
ックである。一方で、カトリック教会の腐敗
を批判して16世紀に誕生したのがプロテス
タント。その違いはというと、カトリックが
教会とその教義を重視するのに対し、プロ
テスタントは個人の信仰心を重視する。

それを示すのが秘跡。秘跡とは、洗礼
や結婚を含む、クリスチャンの生活では非

常に重要なもの。カトリックでは7つの大秘
跡とたくさんの小秘跡があるが、プロテス
タントでは洗礼と聖餐のふたつしかない。

わかりやすい例でいえば、カトリックで
は聖職者の資格に厳しく、聖職者は基本
的に結婚できないのに対し、プロテスタン
トの牧師は概して資格はいらず、結婚もで
きるという違いがある。

また、アイルランドではたくさんのマリア
像を見ることができる。マリアはケルトの母
なる神にも通じるため、容易に人々の信仰
の対象になったといわれるが、現在あるマ
リア像の多くは、大飢饉でアメリカなどの
外国に移住し成功した人々が、遠く故郷に
残した母や先祖を偲んで出身地に建立した
もの。19世紀のカトリック解放とその後の
激変の歴史によって、具体的な姿を現した
ものだといえるだろう。

マリアが神であるか、神に次ぐ存在なの
かは、古くから論争がある。学問的な解釈
はさておき、まずは教会を訪ねるといい。

アイルランドの人々の信仰心は厚い。老
人はもちろん、若者や子供たちにも宗教心
が浸透している。日曜日でなくても常に何
人かの人々が礼拝している姿を見ることが
できるだろう。　　　　　　（大谷祥一）

地で見られるマリア像。アメリカへ移住して成功した人が寄
る例が多い

アイルランド の宗教

　現在、アイルランドの人々が信仰している宗教はキリスト教である。特に、カトリック信徒が全人口の69%を占めており、敬虔なクリスチャンである彼らは、老若男女を問わず毎週日曜日になるとミサに出席するために教会に通う。また、バスの運転手が、教会の前を横切るときに十字を切る姿も見受けられる。

　しかし、ケルト人の本来の宗教は山や大地、川、湖などの神を信仰する自然崇拝だった。そんなケルトの民にキリスト教を布教したのが、今ではアイルランドの守護聖人になっている聖パトリックである。

　5世紀に聖パトリックによってアイルランドに伝えられたキリスト教は、ケルト古来の宗教と融合する形で変化していき、今も豊富に残る妖精譚や、輪廻転生の思想（本来キリスト教には、生まれ変わりという考え方はない）などを含む、大陸とは異なった独特のキリスト教文化を生み出した。

　それは、ケルト十字などにもうかがえる。ケルト系の文化圏では普通の十字架に円形を組み合わせたものを用いているが、この円形は、古来の太陽信仰を表すとも、輪廻の思想を表しているともいわれている。特にアイルランドでは、ハイクロスと呼ばれる高さ2mから2.5mにもなる石造のケルト十字が残っている。ハイクロスには、ケルト独特の渦巻き文様や、聖書の物語が彫刻されており、その彫刻の違いを一つひとつ見てみるのもいいだろう。ハイクロスはアイルランド各地に残っているが、モナスターボイスやクロンマクノイズのものが特に有名である。

　また、もうひとつアイルランドのキリスト教の特徴として挙げられるのが、修道院の発展である。かつてアイルランドでは多くの修道院が創設され、その数は150を超えたといわれている。そこでは修道士たちが神のために祈り、労働に従事する生活を送っていた。

　しかし、特筆すべきは学術活動が盛んだったことで、当時アイルランドはヨーロッパ世界でもトップクラスの文化水準を誇っており、アイルランドは「学者の島」といわれていた。その文化的な遺産は、現在ではダブリンのトリニティー・カレッジに残る『ケルズの書』をはじめとする精巧な装飾写本によってうかがい知ることができる。このように栄華を極めた修道院文化も、8世紀末から始まったヴァイキングの侵入などによって廃れ、ほとんどが廃墟となってしまい、現在でも残っている修道院や聖堂はずっと後の時代に建てられたものである。それでもグレンダーロッホにはかなりまとまった形で中世初期の修道院の遺跡が残っており、修道院が栄えた当時を偲ばせている。

　そして、中世を通じてカトリック信仰を守ってきたアイルランドに、16世紀になってから悲劇が襲いかかる。それは、宗教改革によるプロテスタントの誕生から始まった。しかし、ひと口にカトリックとプロテスタントといっても、キリスト教になじみのない日本人にはピンとこないかもしれない。カトリックとプロテスタントの違いは、日本人の感覚に合わせるなら、仏教の宗派のようなものといえばわかりやすいだろうか。しかし、アイルランドにおけるカトリックとプロテスタ

初期キリスト教会が残るグレンダーロッホ

■キルケニーの聖カニス大聖堂　■十字架が並ぶクロンマクノイズの墓地　■ロック・オブ・キャッシェルの礼拝堂内には聖パトリック■十字架を安置した部屋がある　■カトリックとプロテスタントの対立で知られる北アイルランドのデリー／ロンドンデリーの町

トの関係は、単なる宗教問題とはいえないくらい根が深いものなのである。というのも、当時アイルランドを支配していたイギリスが、国を挙げてプロテスタントになり、アイルランドのカトリック教徒を迫害し始めたからだ。それは特に、ピューリタン革命のときのクロムウェルによる迫害が有名だが、それ以外にもカトリック教徒は公職に就くことができないとか、カトリック教徒に選挙権が与えられない、カトリック教徒は武器を保有してはいけないなど、今から考えても少しひどすぎるのではないかと思うほど差別的な法律があった。もちろん、

このような迫害は、カトリックとプロテスタントの教義の違いから行われたのではなく、プロテスタントであるイギリスがアイルランドを支配するためという、多分に政治的な理由から生じたものである。しかしながらこの問題は、北アイルランドにおけるカトリックとプロテスタントの対立に見られるように、現在でも尾を引いているのである。こういった、過去の悲しい遺産は忘れてはならないものである。しかし、21世紀となり、EUによる欧州統合の機運が進むなか、カトリックとプロテスタントの対立も平和に解決されることを祈りたい。　　　　（大谷祥一）

293

聖パトリック の伝説

現在、アイルランドの守護聖人として人々から親しまれている聖パトリックは、5世紀にアイルランドでキリスト教を布教した実在の人物だ。そもそもパトリックはブリテン島に住むキリスト教の助祭の子として生まれた。しかし、16歳のときに侵入者にさらわれ、奴隷としてアイルランドに売られたのである。だが、その6年後、脱走したパトリックは大陸に渡って聖職者としての修行を積み、今度はアイルランドでキリスト教を広めるために、自らの意志でアイルランドに戻ったのである。

そんなパトリックに対するアイルランド人の尊敬の念は、豊富に残るパトリック伝説からもうかがえる。いわく、聖パトリックはアイルランドの司教としての位を、天使を通じて神から直接授けられたとか、アイルランドに毒虫や毒蛇のたぐいがいないのは、聖パトリックが毒蛇などを追い払ってくれた

からである(だからアイルランドはハイキングに最適!?)などなど。圧巻は異教の魔術師との対決の場面で、毒を盛った杯を凍らす降る雪を溶かす、霧を払うなどの魔法合戦の末に、パトリックは相手の魔術師を焼死させるのである。ここまでくると、もうパトリック自身がキリスト教の聖人なんだか偉大な魔法使いなんだかわからなくなってくる。まあ、こういった伝説でのパトリックの活躍(いや、キリスト教ではこういうのを奇跡というんだが)も、パトリックがアイルランドの人々の間で絶大な人気を誇るゆえんであるといえるのだろうが……。

最後に、シャムロックの話。この三つ葉のクローバーのような草は、パトリックがタラの王にキリスト教の三位一体を説明するのに用いたといわれ、現在でもパトリックを象徴する草である。だから、3月17日の聖パトリックの祝日には、胸にシャムロックを飾って祝うのが習慣となっているのだ。

(大谷祥一

国のシンボル、シャムロック。聖パトリックはこの葉を用いてキリストの三位一体を説いた

ウエストポート近郊にあるクロッグ・パトリック山。毎年7月には数多くの巡礼者がこの山に登る

聖パトリックを描いたステンドグラス。蛇を追い払っている

アイルランドの歴史

先史時代の古墳、初期キリスト教時代の教会跡、
ノルマン人による城壁や僧院……。
アイルランドには遺跡が語る長い歴史の物語がある。

1 ケルト以前
？〜B.C.300

アイルランドというとケルト人の国という印象が非常に強いが、アイルランドにケルト人がやって来たのは紀元前300年頃。それ以前にもアイルランドには人が住んでおり、**ニューグレンジ**に代表される巨石墳墓や、ドルメンなどは、彼らによって造られた。彼らに関してわかっていることはあまりにも少なく、ほとんどが謎に包まれている。

ノウスの遺跡に残る謎の渦巻き文様

2 ケルトの進出
B.C.300〜A.D.5世紀

ケルト人は政治的には統一意識の低い民族で、古代アイルランドでは、150もの部族を中心とした小王国が乱立していた。一方、文化的には統一されており、同じ言語（ゲール語）、宗教（ドルイドを中心とした自然崇拝）、法律（ブレホン法）を共有していた。ケルト人は同時代のローマ人たちによって未開の野蛮人のように書かれているが、**ダブリンにある国立考古学博物館**に展示されている精巧な金細工などを見る限り、ケルト人が未開の民族とはとても思えない。

ところで、当時のケルト社会において、詩人が非常に高い地位にいたことは注目に値する。時として詩人は、王以上の力をもっていたという。4人のノーベル賞作家を輩出している文学大国アイルランドは、その素地をはるかケルトの時代からもっていたのだ。

3 聖パトリックとキリスト教
5〜8世紀

5世紀に入ると、アイルランドは急激にキリスト教化されていく。これはアイルランドの守護聖人、**聖パトリック**の影響による。聖パトリックは、アイルランドにある在来の宗教をキリスト教の中に取り込んでいくことによって、急速なキリスト教化を可能とした。アイルランドがヨーロッパのほかのどのキリスト教とも異なった特徴をもつのはこのためである。現在でも聖パトリックはプロテスタント、カトリックにかかわらず絶大な人気を誇り、3月17日のセント・パトリックス・デイには島中が緑色に染まる。

当時の信仰の中心地は修道院で、修道士たちは修道院で祈りと労働、そして聖書研究の日々を送り、いつしかアイルランドは「学者と聖人の島」といわれるようになる。その一方で、修道院は裕福になっていき、数々の財宝を作り、所有するようになった。国立考古学博物館に展示されている数々の財宝、**タラのブローチ**、**コングの十字架**、**アーダの聖杯**などは、いかに修道院が財政的に潤っていたかを物語る。

ダブリンでのセント・パトリックス・デイのパレード

4　ヴァイキング
8～11世紀

ヴァイキングが最初にアイルランドの歴史に登場するのは8世紀の末。ヴァイキングは当初優れた航海技術を駆使し、おもに修道院にターゲットを絞り、略奪を行った。ヴァイキングは略奪者であったと同時に、優れた商人でもあり、町を造り、貿易を行い、次第にケルト人に同化していった。ダブリン、ウェックスフォード、ウォーターフォード、リムリックなどは皆ヴァイキングによって造られた町である。また、ヴァイキングの侵略は、ケルト人が政治的に団結することを促し、1014年、ブライアン・ボルー率いるアイルランド連合軍**クロンターフの戦い**でヴァイキングを打ち破ることに成功する。

5　ノルマン人
12世紀

ヴァイキングのあとは、イングランドを征服したノルマン人がアイルランドにも進出してくる。ストロング・ボウと呼ばれる**リチャード・ド・クレア**がアイルランドに上陸したのが、1169年。1171年にはイングランド王ヘンリー2世がアイルランドに上陸し、それに従った数多くのノルマン貴族がアイルランドに入植した。700年にも及んだイングランドによるアイルランド支配は、このときから始まったとされている。しかし、ノルマン人は確かにアイルランドを支配するようになったものの、依然として地元勢力も力をもっており、何より重要なことは、ヴァイキングと同様に、アイルランドに同化していったことだ。

彼らはアイルランドの服を着て、ゲール語を話し、「アイルランド人自身よりアイルランド人らしい」とさえいわれるようになった。あまりにノルマン人がアイルランド化していくので、それを阻止するために、ノルマン人のゲール語の使用禁止、アイルランド人との結婚を禁止する法律が制定されたほどであったが、このような法律は結局効力を発揮せず、ノルマン人の貴族たちはアイルランド人とほとんど同化してしまう。

6　宗教改革とアルスター入植
16世紀

このような状況が一変するのが、イングランド王**ヘンリー8世**の離婚問題に端を発するイングランドの宗教改革である。ヘンリーはカトリックから離れて英国国教会を設立。また、アイルランド王となることを宣言し、アイルランド化したノルマン貴族の代わりに、アイルランドをダブリンから支配する体制を整える。

イギリス支配に不満をもつアイルランド貴族は反乱を起こすが、1601年の**キンセールの戦い**で敗北。ヒュー・オニールなどアイルランドの首長たちはヨーロッパの他の国へと亡命する。この一連の反乱で最も頑強に抵抗したのがアルスター州だったため、おもにスコットランドからプロテスタントの人々をアルスター州へ入植させ、二度と反乱を起こさせないようにした。これが現在まで続く、北アイルランド問題の発端だ。

7　クロムウェル
1599～1658年

エリザベス1世が死去し、テューダー朝が断絶したことによりイングランド王はスコットランド王のスチュアート朝に受け継がれた。スチュアート家はカトリック寄りだったので、次第にプロテスタントの議会と対立するようになり、最終的には王党派と議会派に分かれての内乱状態に突入した。アイルランドのカトリックは王党派を支持し、ここぞとばかりにアイルランドのプロテスタントに攻撃を加えるようになるが、結局イングランドでは議会派が勝利を収め、国王チャールズ1世は処刑される（**ピューリタン革命**）。

議会派リーダーの**クロムウェル**はイングランドの混乱を鎮めると、1649年にアイルランドへと遠征。ドロヘダでの大虐殺をはじめ、徹底的にカトリックを弾圧した。多くの土地を奪い、それを自分の支持者たちへと分配した。このときの残虐行為により、クロムウェルは今でもアイルランドで最も嫌われる歴史的人物である。

8 ボイン川の戦い 1690年

クロムウェルの死後しばらくしてイギリスでは王政が復活。1685年に**ジェイムズ2世**が王位に就くが、彼はカトリックであったので、彼の政策は、再び議会との対立を招いた。

そして1689年にジェイムズはフランスに亡命した。イギリスはオランダから**オレンジ公ウィリアム**を招く。いわゆる**名誉革命**である。しかし退位させられたジェイムズ2世はフランスのルイ14世の力を借りてイギリス王位奪還を目指し、アイルランドへ上陸。次いでオレンジ公ウィリアムもアイルランドに上陸し、英王位を巡る戦いがアイルランドを舞台に繰り広げられた。この際、アイルランドのカトリックはジェイムズを支持、プロテスタントはウィリアムを支持している。

1690年の**ボイン川の戦い**で、ウィリアムは勝利を収め、ジェイムズ2世は再びフランスへ逃げ戻った。残されたアイルランド軍も結局1691年にリムリックで降伏。このとき結ばれた**リムリック条約**はカトリックを寛容に扱うことを約束していたが、その後の議会では条約の内容とは反対にカトリックを取り締まる法律が制定された。リムリックに残る**条約の石**は、このときのイギリスの裏切りのシンボル。また、この戦いに敗れたアイルランドのリーダーたちは、ヨーロッパの他国へと亡命。かれらは**ワイルド・ギース**（野生のガチョウたち）と呼ばれており、アイルランドの民衆は再び自分たちのリーダーを失ってしまう。ワイルド・ギースの多くは傭兵としてヨーロッパを転戦。そのなかにはコニャックで有名なヘネシーの創始者となるリチャード・ヘネシーもいる。

天下分け目の戦いの舞台となったボイン川の古戦場

9 独立運動 1796〜1801年

18世紀末のアメリカの独立は、アイルランドにも大きな影響を与えた。ヨーロッパではフランス革命が始まり、アイルランドでは次第にイギリスからの独立の機運が盛り上がってくる。この時期に**ユナイテッド・アイリッシュメン**という組織が作られ、その指導者テオボルド・ウルフ・トーンは1796年にはフランスの協力の下、艦隊でアイルランドに攻め込もうとするが、強風のため上陸ができず、引き返す羽目になってしまう。その後ユナイテッド・アイリッシュメンは、1798年にはウェックスフォードで蜂起するが、あえなく鎮圧される。高まる独立運動を危惧したアイルランド議会は自ら議会を閉鎖。1801年の**合同法**より正式にイギリスの一部となった。

10 解放者ダニエル・オコンネル 1775〜1847年

カトリック教徒は選挙権も被選挙権ももつことなく、いくつかの職業に就くことも禁止されていた。そのような状態を打破する

ダブリンにあるオコンネルの像

ために登場したのが**ダニエル・オコンネル**だ。彼は1823年にカトリック協会を設立し、1829年には**カトリック解放令**を勝ち取る。

これによって「解放者」として称えられたオコンネルの次の目標は、イギリス議会から分かれてアイルランド議会を復活させること。彼は大集会を開くことで、平和的にこれを成し遂げようとした。何十万もの人を動員する彼の大集会は、イギリスの脅威となった。しかし、かつてブライアン・ボルーがヴァイキングを打ち破ったクロンターフの地での集会をイギリスが中止させようとしたとき、平和的な集会を望んだオコンネルは、これに従って集会を中止してしまったため、かえって彼の政治生命は断たれることになってしまった。

11 大飢饉
1845〜1847年

オコネルが失脚し、失意のうちに亡くなった1847年頃、アイルランドは悲劇に見舞われていた。**大飢饉**である。1845年に始まったジャガイモの立ち枯れ病は、瞬く間にアイルランド全土に広がり、産業をジャガイモ栽培に頼りきっていたアイルランドは大打撃を受けた。この危機に対してイギリス政府は有効な対策をとらず、アイルランドではこの飢饉によって100万人が餓死、100万人がアメリカなどに移住をしたといわれている。現在のアイルランド全体の人口は約700万人。いまだに大飢饉以前の人口約800万人を回復できないでいる。

ダブリンにある大飢饉のモニュメント

12 スチュアート・パーネル
1846〜1891年

スチュアート・パーネルは、オコネルと並び称されるアイルランドの政治家。1875年にイギリス議会の議員になると、アイルランドの土地をイギリスの不在地主からアイルランド農民のもとに戻すために**アイルランド土地連盟**を結成。小作人に地主や地代取立人に対するボイコットを促すことで、地代の値を下げさせ、アイルランド人の小作人に土地を手に入れさせようとした。

土地戦争と呼ばれるこの戦いに勝利したパーネルは、今度はホームルール（自治）に向けて動き出す。当時イギリスの2大政党のひとつだった自由党の党首、グラッドストンと組み、アイルランド自治法案を議会で通そうと尽力した。しかしパーネルは、志半ばで女性スキャンダルが発覚して、失脚してしまう。

13 ゲーリック・リバイバル
19世紀末

19世紀の末頃から、アイルランドの中で民族的な意識が急激に盛り上がりを見せてくる。**GAA**（ゲーリック運動協会）は、古来からアイルランドで行われてきたスポーツ、ハーリングとゲーリックフットボールを復活させた。ゲーリック・リーグは、会話人口が著しく減りつつあったゲール語の普及を、W.B.イエーツやグレゴリー夫人らはアビー・シアターを設立し、国民演劇を発展させた。

14 イースター蜂起
1916年

1912年にイギリス議会はアイルランド自治を認める法案を通過させたが、第1次世界大戦勃発のため、施行は延期されていた。多くのアイルランド人が、戦争に貢献すれば自治を確実にできると戦場へ向かった。1916年のイースターに、パトリック・ピアースや、ジェイムズ・コノリーなどの共和派の一部は、中央郵便局を司令部として、ダブリンの重要拠点を制圧。アイルランド共和国の成立を宣言した。しかしイギリス軍が出撃し、この蜂起は数日で制圧された。

アイルランド人たちもこの蜂起に対して冷淡であった。しかし、イギリス政府がこの蜂起に関わった人々を処刑したことで事態が一変した。冷淡だったアイルランド人の心に火がついたのだ。その後、1918年の選挙では共和派の**シン・フェイン党**が大勝利。しかし彼らはイギリス議会には赴かず、アイルランドで議会を設立。アイルランド共和国の設立を宣言した。

イースター蜂起の指導者たちが収容され、処刑されたキルメイナム刑務所

15 独立戦争 1919〜1922年

この独立宣言によって、1919年にイギリスとアイルランドの戦争が勃発。アイルランド議会のリーダーは、イースター蜂起の生き残り**エーモン・デ・ヴァレラ**。そしてこの戦争中、軍事面で頭角を現したのが同じくイースター蜂起で生き残った**マイケル・コリンズ**だった。一方イギリス軍は、正規軍のほかに、ブラック・アンド・タンと呼ばれる非正規軍を動員してアイルランドの独立を阻止しようとする。ブラック・アンド・タンは、軍隊として統率がとれておらず、彼らの残虐な振る舞いは各地で問題を起こした。

国際世論の高まりとともに、イギリスとアイルランドは交渉のテーブルに着く。イギリスの代表は当時の首相ロイド・ジョージをはじめとする老練な政治家であったのに対し、アイルランド側はマイケル・コリンズとアーサー・グリフィス。不可解なことにエーモン・デ・ヴァレラは交渉に参加せず、ダブリンに残った。長い交渉の末に、アイルランド側は、北アイルランド6県がイギリス側に残ることと、完全な共和制でなく、イギリス王室に忠誠を誓い、イギリス連邦に残ることを認めさせられた。

16 アイルランド自由国から共和国へ 1922〜1949年

国民投票によって最終的に条約を結ぶことが決まり、**アイルランド自由国**が誕生したが、完全な共和国の成立を目指すデ・ヴァレラを中心とする一派が分裂。今度は内戦が始まってしまう。マイケル・コリンズは反条約派の手により暗殺され、デ・ヴァレラは新政府により投獄（出所後に新政党フィオナ・フォイルを設立し、1932年に政権与党となる）。数多くの共和国派の処刑などの犠牲を払いながら、1923年に内乱は終結する。その後、アイルランドは第2次世界大戦で完全に中立を守り、1949年には正式にイギリス連邦から脱退。**アイルランド共和国**が誕生した。

ダブリン、リフィ川沿いに建つフォー・コーツ。内戦時に反条約派が立てこもった際に、自由国側が砲撃を行った

17 第2次世界大戦後 1949年〜現在

第2次世界大戦で中立を守り、連合国側に加わらなかったため、アイルランド共和国が国連に加盟するのは周辺国よりかなり遅れて1955年になってのこと。イギリス連邦から脱退しても、イギリスとの経済的つながりは強く、60〜70年代にイギリス経済が停滞した時期はアイルランドでも不況が続いた。1973年にはEC（後のEU）に加盟しているが、これはイギリスと同時の加盟。アイルランドとしてはより早期の加盟を目指していたが、ECとしては、アイルランド単体としては経済的な魅力がなく、イギリスと同時の加盟となった。ECに加盟したことで、ヨーロッパというより広い市場での経済活動が可能になった

アイルランドだったが、本格的に経済が活性化したのは1990年代の半ばに入ってからのこと。毎年5パーセント以上の経済成長を続け、その力強さから**ケルティック・タイガー**と呼ばれた。また、アイルランドは1999年のユーロ導入時の11の加盟国のひとつである。急速な経済発展を背景として、これまで人口が流出していたアイルランドには職を求める多くの外国人労働者が来るようになった。

現在のアイルランド経済を牽引するのはITと製薬業。アップルやグーグルなど巨大IT企業はアイルランドをヨーロッパの拠点とし、製薬においてもファイザーやメルクなど大手の多くが製造拠点を構えている。2024年現在、アイルランドのひとりあたりのGDPはルクセンブルクに次ぐ世界2位となっている。

デリー／ロンドンデリーにある公民権
運動に関する壁画

アイルランド共和国成立後もイギリス領に残った北アイルランドでは、プロテスタントが多数派を占め、カトリックは少数派だった。1968年からはカトリック住民による公民権運動が活発になり、カトリックとプロテスタントとの衝突が増加。イギリスは治安維持のため、軍を北アイルランドに派遣した。

1972年、デリー／ロンドンデリーでカトリックの行った平和的デモに対してイギリス軍が発砲、市民14人の死者を出す**「血の日曜日」事件**が起きた。翌年には北アイルランド議会が閉鎖されるなど、北アイルランド情勢は、混迷を極める。

IRAをはじめとするカトリックの過激派は、

ハンガー・ストライキで命を落とした
ボビー・サンズの壁画

北アイルランドのみならず、ロンドンなどイギリス本国にもテロの対象を広げ、プロテスタントの過激派もテロで応酬するという泥沼の状態が続く。1980年には、投獄されたIRAの囚人たちは、自分たちを政治犯として扱うことを求め、**ボビー・サンズ**をはじめとするIRAの囚人たちはハンガー・ストライキを実施、10人が獄中で餓死するという事件も起きた。

ウエスト・ベルファストに築かれている
ピースライン

終わりなく続くと思われたプロテスタントとカトリックの対立は、1990年代半ばに好転した。1998年の聖金曜日には、**ベルファスト合意**によって和平が合意され、1972年以来閉鎖されてきた北アイルランド議会が再開され、1999年には、双方の代表を含めた北アイルランド自治政府が発足した。合意後も散発的な衝突や暴力事件などは発生しているが、恒久的な和平に向けてその歩みを続けている。

2016年にイギリスが国民投票によってEU離脱を決めた**ブレグジット**では、北アイルランドが大きなトピックのひとつとなった。それというのも、イギリスがEUを離脱すると、それまでEUのもと単一市場だったアイルランド共和国と北アイルランドの間に通関手続きのため、物理的な国境が必要となるが、これは明らかにベルファスト合意に反する。かといってアイルランド共和国と北アイルランドに税関を設けないとなると、今度はイギリス領である北アイルランドとイギリス本土の間に税関が必要になってしまい、イギリスとしての一体性が損なわれてしまうからだ。イギリスとEUの交渉により、アイルランドと北アイルランド間で通関手続きは発生せず、イギリス本土から北アイルランドに入る一部の商品は通関手続きが免除されることになった。

北アイルランド議会が開かれるストーモント・エステート

ウエスト・ベルファストのフォールズ・ロードにあるガーデン・
オブ・リメンバランス

アイルランド歴史年表

B.C. 3200	**1** ニューグレンジが作られる
B.C. 300	**2** ケルト人がアイルランド島へ移住
5世紀	**3** 聖パトリックがアイルランド島でキリスト教を布教
8世紀末	**4** ヴァイキングがアイルランドを襲撃
1169	**5** ノルマン貴族リチャード・ド・クレアが上陸
1609	**6** アルスター州への入植始まる
1649	**7** クロムウェルのアイルランド遠征
1690	**8** ボイン川の戦いでアイルランド軍が敗れる
1801	**9** 合同法によりイギリスがアイルランドを併合
1829	**10** カトリック解放令が成立
1845	**11** 大飢饉により大量の移住者が発生
1878	**12** アイルランド土地連盟が設立
1884	**13** GAAが設立
1916	**14** イースター蜂起
1919	**15** 独立戦争
1922	**16** アイルランド自由国誕生
1949	**16** アイルランド共和国誕生
1972	**18** 「血の日曜日」事件
1998	**18** ベルファスト合意
1999	**17** ユーロ導入

イギリス歴史年表

B.C. 3000	ストーンヘンジの建設がはじまる
44	ローマ帝国の属州になる
5世紀	アングロ・サクソン人、イギリスに進出
8世紀末	ヴァイキングがイギリスを襲撃
1066	ヘイスティングズの戦い（ノルマン征服）
1534	英国国教会の成立
1642	ピューリタン革命
1688	名誉革命
1805	トラファルガーの戦い
1851	第1回万国博覧会、ロンドンで開催
1876	ヴィクトリア女王、インド皇帝を兼任
1914	第1次世界大戦勃発
1916	ロイド・ジョージの挙国一致内閣成立
1919	パリ講和会議
1939	第2次世界大戦勃発
1952	エリザベス2世即位
1979	サッチャー首相の保守党内閣成立
2020	EUから離脱

●アイルランドの歴史　アイルランドの基礎知識

301

アイルランドの音楽

素朴であたたかみのある民謡を
ポップスと同じ感覚で取り上げる音楽家など、
世代を超えてアイルランドの音楽が広がりつつある。

街の通りで目にする生演奏、パブの一角から聞こえてくるにぎやかなリズム。どこへ行っても音楽が絶えないというこの国を旅する間に出合う、どこか懐かしい響きの音楽を「アイルランド音楽」と呼んでみましょう。

一方、U2、エンヤの世界的大ヒットによって注目され始め……と書くまでもないほど、大きな潮流となったアイルランド発の音楽。黒人のブルースとともにロックンロールのもとになったといわれ、今ではポピュラー界のなかで確固たる位置を占めるようになったこの音楽も「アイルランド音楽」です。

ポピュラー音楽の中へ

初めにポップス界を眺めてみましょう。やはり、この国でもロックやソウルは人気です。『ザ・コミットメンツ』という映画では、自分たちを「ヨーロッパの黒人」と呼ぶ、ソウル・グループを目指す若者たちが描かれています。オーディションで伝統楽器の演奏者を追い出してしまうシーンも（ちゃんと）あります。

かつてロック・スターを志すアイルランド人の若者はロンドンへ出るしか道はありませんでした。人気を博したブルース・ロッカー、ロリー・ギャラハー Rory Gallagherや、アメリカで大成功を収めたポール・ブレイディ Paul

Bradyらには絶大な支持者がいます。

1980年代に入り、アフリカやアジアの民族色を最先端のビートに乗せた音楽や、異国的で美しいメロディの音楽が、ワールドミュージックとして世界的に広がりを見せました。アイルランドも「ケルト」という神秘性をもった民族の末裔として、独自性の加速が始まるのです。遡って1970年代にも伝統的なメロディをハードロックにアレンジして、今でも信奉者の多いシン・リジィ Thin Lizzyもアイルランド音楽注目のきっかけになりました。

メアリー・ブラックMary Blackのように、伝統的音楽に根ざした独特の味をもったスターの出現も増えました。ロックバンドとして活動しながら伝統的な要素を取り入れて人気を博したポーグスThe Pogues、コアーズThe Corrsの2組も挙げておきましょう。

伝統音楽の中から

次に、伝統的な音楽を世界に知らしめた、もうひとつの流れを見てみましょう。

前世紀の英国の支配から独立を達成するにあたって、民族としての自立と独自性を主張するために保護されてきた伝統音楽も、1960年代に入ると、ずっと大衆的な娯楽と

して再発見されます。

「アイルランドの音楽大使」と称せられていたチーフタンズThe Chieftainsの活動開始は1960年代中頃です。その後、世界中でロック・コンサートと同じほどの観客を集め，映画音楽を担当し、現在でも「ケルト」の血のつながりをテーマに八面六臂の活躍です。

クラナドClannadは英国のテレビ番組の主題歌をアイルランド語で歌い大ヒットさせ、アルタンAltanは出身地の田舎に伝わる曲だけをレパートリーにしてメジャー・レーベルと契約、後進に多大な影響を与えました。先のメアリー・ブラック、モーラ・オコンネルMaura O'Connel、ドロレス・キーン Dolores Keanら優秀なボーカリストを輩出した古参のデ・ダナンDe Dannanも、ビートルズやポップスを伝統音楽のやり方でパロディにしてしまうほど懐の大きいグループでした。

数度の来日公演経験をもつドーナル・ラニー Donal Lunnyも功労者です。プランクシティ Planxty、ボシィ・バンドBothy Bandという伝説的なグループを率い、プロデューサーとして辣腕を振るい続けています。

アイルランドの若い世代にとって、もう伝統音楽は古びたものでなく、受け継いでいくべき最もエキサイティングな音楽なのです。ここで触れる余裕はありませんが、4000万人ともいわれるアイルランド移民の子孫をもつアメリカからのフィードバックがあったのは言うまでもありません。

日常生活のなかに

最後に、旅先で実際に出合う音楽に目を向けてみます。本来の伝統音楽を伝え支えているのは、どこにでもいる名もない人々です。また、方言があるように地方には地方独特の伝統があります。その土地に立って謙虚な気持ちで耳を傾けてみましょう。そのとき聞こえてきたものが「アイルランド音楽」です。

観光のあと、パブで一杯やりながら流れてくる音楽も、ダブリンのような都会であれば、ショーとして演出された演奏かもしれません。運よく音楽パーティに立ち会えたら、声を合わせて歌える陽気なパブ・ソング、伴奏なしでこぶしをじっくり利かせるシャン・ノース、旅や戦争や愛をテーマにした胸を締め付けられるほど美しく哀しい歌を聴く機会もあるかもしれません。

パブでの演奏は「セッション」と呼ばれ、もともと村々のパブに仕事を終えた人々が楽器を持ち寄り、みんなで演奏して楽しむことから発展してきました。そこで演奏されるのは主に代々伝えられてきたダンス音楽です。映画『タイタニック』の三等船室、どんちゃん騒ぎで踊り舞うシーンのオリジナルな姿が、この国の各地方に残っています。その伝統に触れたいと国内だけでなく世界中から集まってくる人々のために、楽器やダンスや歌のワークショップも盛んに行われています。

アイルランドの楽器を見るのも楽しいでしょう。フィドルfiddleと呼ばれるバイオリン、ギリシアから持ち込まれ独自の発展を遂げたブズーキbouzouki。鍵盤の代わりにボタンの並んだアコーディオン、八角形の手風琴コンサーティナconcertina。口ではなくひじでふいごを動かし空気を送るイリャン・パイプスuilleann pipes、6個の穴だけで小鳥のさえずりのような音を奏でるティン・ウィスルtin whistle。木製の独特なフルート。片面太鼓バウロンbodhran。そして、アイルランドの国家の象徴でもあり、紋章にも使われているアイリッシュ・ハープ（それよりギネスビールの商標ですね）等、これだけ体験できれば満腹でしょうか？

聴くためだけにあるのでなく、世代や国・時代さえ超えて人と人を結び付ける力をもった音楽の一片を紹介できたことに感謝しながら、ひとまず筆を置きます。「アイルランド音楽」の魅力が少しでも伝えられていれば幸いです。　　　　　　　　　（相端　礼）

●アイルランドの音楽

アイルランドの基礎知識

アイルランドの文学

ノーベル文学賞作家を4人輩出している、
世界に冠たる文学大国アイルランド。偉大な作家たちにゆかりのある地を
訪れるのも旅の楽しみのひとつだ。

ウィリアム・バトラー・イエーツ (1865～1939年)、ジョージ・バーナード・ショウ (1856～1950年)、サミュエル・ベケット (1906～89年)、シェイマス・ヒーニー (1939～2013年) の4人のノーベル文学賞受賞者を輩出しているアイルランドの文学は、世界的にも評価が高い。

詩と古典文学

アイルランドで現存する最古の詩は、ケルトの一部族、ミレジェン族の王弟アマギーンが書いた「天地自然」を称えた詩だったといわれている。これはギリシアを別にすれば、ヨーロッパ最古のものとされている。9～12世紀にかけて発展する古典文学はゲール語で書かれており、説話と宗教に関する福音書が中心だった。説話や民話は後のアングロ・アイリッシュ文学 (英語で書かれたアイリッシュ文学) に大変大きな影響を与えている。特に1150年、グレンダーロッホの主教フィン・マグゴーマンが編んだ『レンスターの書』は有名だ。キリスト教の福音書のなかでは8世紀に書かれた『ケルズの書』がその完成度の高さ、美術的価値で最高峰。

イギリスの統治～18世紀にかけて

1541年からイギリスによるアイルランドの統治が始まり、特に1649年のクロムウェルの侵攻以来、ゲール語で書かれた書物への弾圧が厳しくなっていく。

そんななか、英語で書かれたアイルランドの文学として最初に登場するのが、ジョナサン・スウィフト (1667～1745年) による『ガリヴァー旅行記』(1726年)。主人公ガリヴァーが小人の国や巨人の国を訪れる4つの航海の物語で、風刺を利かせた楽しい物語。スウィフトはイギリス人を両親としてダブリンに生まれ、トリニティー・カレッジに学んだ後、イギリスに渡り、後にはダブリンの聖パトリック大聖堂の司祭長となり、一生を終えた。

文芸復興の時代～イエーツの活躍

19世紀後半から20世紀初頭にかけて、文芸復興またはケルティック・ルネッサンスと呼ばれる文学界の盛り上がりの時期がやって来る。

ダグラス・ハイド (1860～1949年) が中心となってゲーリック・リーグが結成された。これはゲール語、アイルランド民話を見直そうというもので、ダブリンのアビー・シアター、ゲート・シアターでは、民話を基にした芝居やシェークスピア、チェーホフらの作品をゲール語で上演する試みが行われた。

これを受けてイエーツがアイルランド文学協会 (1891年)、アイルランド国民文学協会 (1892年) を作ったのである。

スライゴーで育ったイエーツは、村の人々から聞いた口伝えの伝説を集め、『アイラン

ド農民の妖精物語と民話』(1888年) などの民話集を編纂したり、『ケルトの薄明』(1890年) に収めたりして、民話に触発された独自の詩の世界を完成させた。また、『秘密のバラ』(1896年)では妖精や神々、英雄を登場させたりもした。

また、戯曲『キャスリン伯爵夫人』(1892年) は、アイルランド文芸座の旗揚げ興行となり、ここからグレゴリー夫人 (1851〜1932年)、ジョージ・バーナード・ショウ、ジョン・M・シング (1871〜1909年)、ショーン・オケーシー (1880〜1964年) らアイルランドを代表する戯曲家が育っていった。

ジョージ・バーナード・ショウ

ジョージ・バーナード・ショウは、ダブリン生まれながらおもにイギリスで活躍した作家。独特の皮肉、風刺、諧謔をちりばめた問題劇で一躍有名になった。『やもめの家』(1892年) では資本主義と社会主義を同時に批判し、『人と超人』(1892年) では恋愛関係にある男女を常識を破った皮肉で綴った。

オスカー・ワイルド

アイルランド出身の大半の作家が自らのアイデンティティにこだわったのに対し、アイルランド人でありながら、一度もアイルランドを扱わなかった作家がオスカー・ワイルド (1854〜1900年) だ。ダブリンの上流階級に生まれた彼は、ロンドンへ渡り次々に話題作を生み出した。

有名な作品としては純真無垢で高貴な童話『幸福の王子』(1888年)、デカダンスの極致と評されるフランス語で書かれた戯曲『サロメ』(1893年)、そして唯一の長編小説『ドリアン・グレイの肖像』(1891年)は主人公が魂を芸術に売り渡すという物語で、芸術至上主義と退廃が交錯する傑作。時はまさに19世紀が終わろうとしていた頃で、世紀末小説の典型と呼ばれた。

ジェイムズ・ジョイス

一方ジェイムズ・ジョイス (1882〜1941年)

は若くしてヨーロッパ大陸に渡り、生涯のほとんどを外国で過ごしたが、心は一時としてアイルランドを離れたことはなかったという。彼は「意識の流れ」という独特の手法を生み出し、これは後のフォークナーなどの作家たちに大きな影響を与えた。

構成をホメロスの『オデュッセイア』に借りた『ユリシーズ』(1922年) では、1904年6月16日から翌日までの20時間余りのダブリンの生活を、主人公レオポルド・ブルームの意識の流れに沿って描いたもの。ダブリンではこの日をブルームズ・デイとして、ジョイス・ファンたちによって、ブルームの足跡をたどるという行事がずっと続いている。

また、『フィネガンズ・ウェイク』(1939年) は、ある男の死を描くのに、一語一語が重い意味をもつ極めて特殊な文章を作り上げ、ひとりの男の意識の中で時空を超えた普遍的な人間像を描こうと試みた。小説の可能性の極限への挑戦といえるだろう。

サミュエル・ベケット

ノーベル賞作家、サミュエル・ベケットも、作品の難解さでは群を抜くものがある。ベケットは、ダブリンで生まれ、20歳でパリへ渡り、パリに住み着いた。ジョイスの『フィネガンズ・ウェイク』の仏語訳を手伝うなどしてジョイスの影響を大きく受けているといわれている。日本でもたびたび上演される『ゴドーを待ちながら』(1952年) は、従来の戯曲とはまったく異なる不可解さがある。ふたりの路上生活者が、ただゴドーなる人物を待っているのだが、ゴドーとは何者なのか、なぜふたりはゴドーを待っているのか、何も情報は伝えられないにもかかわらず、不思議な滑稽さと無情さを観客に与える。形而上の省察と微妙な滑稽さはいまだに新鮮さを失わない不思議な作風をもっている。

このように、アイルランドは、世界有数の文学大国。これら偉大な作家や作品のルーツをたどる旅もよいものだ。

アイルランド旅行おすすめアプリ

Google Maps

Googleの地図アプリで、カーナビとしても利用することができる。ルート検索では列車や長距離バス、市バスなどの出発場所、出発時刻がわかる。

Google 翻訳

入力したテキストを翻訳してくれることはもちろん、会話の翻訳もできる。カメラ機能を使って、英語の文章を画面上に表示させると、文字が日本語になって現れる。

Leap Top-Up

アイルランドの交通カードであるリープ・カード（→P.62）のトップ・アップ（料金チャージ）ができるアプリ。クレジットカードで入金し、スマホにカードをタッチすることでチャージできる。

Met Éireann

アイルランドの気象庁の天気予報アプリ。1時間ごとや1週間分の天気予報、気温、風速、雨雲レーダーなど、さまざまな情報を見ることができる。北アイルランドにも対応している。

Uber

ライドシェア・アプリの代表的存在。支払いはクレジットカードで行うため、直接ドライバーに支払う必要はない。北アイルランドではライドシェアに対応しているが、アイルランドでは対応しておらず、タクシー配車アプリとしてのみ利用可。

Radical Storage

荷物預かり所検索・予約アプリ。アイルランドでは、駅やバスターミナルなどにコインロッカーは設置されていない。アプリではGPSを使って最寄りの荷物を預かってくれるショップやパブなどを検索・予約することができる。

FREENOW

アイルランドで最もシェア率の高いタクシーアプリ。英語のみ。支払いはタクシードライバーに直接行えるほか、アプリを通しても可能。

Bounce

上記のRadical Storageと同じく、荷物預かり所を検索・予約できる。片方にしか対応していない預かり所があるので、両方あると便利。

Skype

無料メッセージ、通話、ビデオチャットなどができるほか、事前にSkypeクレジットを購入しておくことで、世界各国の固定、携帯電話に格安でかけることができる。

WhatsApp Messenger

無料メッセージ、通話アプリ。カギのやりとりが必要な民宿を利用するときや、レストランの予約の際にメッセージのやりとりができ、円滑にコミュニケーションをとることができる。

トラブル知らずの旅行術
旅の準備と技術

左：ゲール語の道路標識　右：イニシュモア島とドゥーランを結ぶフェリー

パスポートの有効期限は青が5年、赤が10年

旅の必需品

アイルランド旅行を楽しむ前に、パスポートの有効期限や海外旅行保険など、用意しておかなくてはならないことをチェックしよう。

パスポートとビザの申請

必要な残存有効期間　アイルランド入国時のパスポートの残存有効期間は観光の場合**滞在期間+6ヵ月以上**が必要。北アイルランド（イギリス）の場合は滞在日数以上あればOKだが、できれば6ヵ月以上が望ましい。

新規申請　新規にパスポートを取得するなら、左欄の必要書類を持参し、各都道府県の旅券課やパスポートセンターなどで手続きをすれば1週間程度でパスポートが交付される。申請は代理人でもOKだが受け取りは本人でなければならない。有効期限は5年（1万1000円）と10年（1万6000円）の2種類。なお、切り替えや更新の申請は基本的に新規取得の場合と同じ手続きだが、パスポートの記載事項に変更のない場合は、戸籍謄本は不要となる。申請に関する疑問は各都道府県旅券課に問い合わせを。外務省のウェブサイト、パスポートAtoZにも詳しい情報が掲載されている。

URL www.mofa.go.jp/mofaj/toko/passport/index.html

ビザ　アイルランド、北アイルランドともに、観光目的など短期の旅行者の場合、ビザ申請の必要はない。観光のみで滞在できる期間はアイルランド、北アイルランドともに6ヵ月。ただし、アイルランドに90日以上滞在する場合、ダブリンではThe Garda National Immigration Bureau(入国管理局)、それ以外の町では所轄の警察署で外国人登録を行う必要がある。北アイルランド（イギリス）では原則外国人登録は必要ない。

海外旅行保険

海外での盗難は年々増加しており、比較的安全といわれるアイルランドも例外ではない。また、保険なしで現地の病院に行くのは金銭的にも大きな負担になる。出発前に海外旅行保険にはぜひとも加入しておこう。

クレジットカード付帯保険の落とし穴　クレジットカードには、海外旅行保険が付帯されているものが多く、これで十分と考える人もいるだろう。注意したいのは、疾病治療補償金額が十分でない、複数のカードの死亡補償金額は合算されない、カードによっては旅行代金をカード決済していないと対象にならない（利用付帯）、などの「落とし穴」もあることだ。内容を確認したうえで、「上乗せ補償」として海外旅行保険に加入することをおすすめする。

セット型とオーダーメイド型　海外旅行保険には、必要な保

パスポート取得のために必要な書類

●一般旅券発給申請書（1通）
外務省のウェブサイトでダウンロード可能。10年用と5年用の旅券では申請用紙が異なる。
●戸籍謄本（1通）
●写真（1枚）
縦4.5cm、横3.5cm、縁なしで背景が無地の白か薄い色、申請日より6ヵ月以内に撮影された正面向きの無帽のものなどの規格を満たすもの。
●身元を確認するための書類（2点）
マイナンバーカード、運転免許証などの場合は1点でよい。切替時は原則不要。

パスポート切替は電子申請が可能

残存有効期間が1年未満のパスポートを切り替える場合や、査証欄の余白が見開き3ページ以下になった場合、マイナポータルを通じて電子申請が可能（旅券の記載事項に変更がある場合を除く）。その場合、申請時に旅券事務所へ行く必要がなくなる。

パスポートに関する注意

国際民間航空機関（ICAO）の決定により、2015年11月25日以降は機械読取式でない旅券（パスポート）は原則使用不可となっている。日本ではすでにすべての旅券が機械読取式に置き換えられたが、機械読取式でも2014年3月19日以前に旅券の身分事項に変更のあった人は、ICチップに反映されていない。渡航先によっては国際標準外と判断される可能性もあるので注意が必要。

険と補償を組み合わせた「セット型」と、ニーズと予算に合わせて各種保険を選択できる「オーダーメイド型」がある。ただ「セット型」では、荷物の少ない人が携行品100万円分の保険だったり、逆に「オーダーメイド型」で予算にこだわりすぎて保険が利かなかった例もあるので慎重に検討したい。

現地デスクへのコンタクトは速やかに アクシデントに遭ったら、速やかに保険会社の現地デスクに連絡して指示を受ける。その際、加入時の書類が必要なので携帯しよう。また、帰国後の申請に備え、治療や盗難の証明書が必要かどうかについても、出発前に確認しておこう。

保険会社の選び方 海外旅行保険を扱う損害保険会社はたくさんあるが、保険商品の特徴や保険料の違い、目的地での現地連絡事務所の有無、日本語救急サービスの充実度などをよく検討しよう。資料を取り寄せたり、インターネットで比較検討し、自分に合った保険を選ぼう。

　ちなみに、**地球の歩き方ホームページ**でも、インターネット保険を紹介している。24時間、出発当日でも申し込めるのでとても便利だ。アクセスは下記へ。

🔗www.arukikata.co.jp/web/article/item/3000681/

国外運転免許証

　日本と同じ左側通行のアイルランドは、日本人にとって最も車を運転しやすい国といえるだろう。アイルランドでレンタカーを利用する場合は国外運転免許証と、日本の免許証が必要だ。国外運転免許証は、住民登録をしている都道府県の運転免許試験場や警察署などで発行してもらう。必要な書類は、東京都の場合、日本国内運転免許証、パスポート、申請料2350円、写真1枚（縦4.5cm×横3.5cm）だが、都道府県ごとに少しずつ異なるので、詳細は最寄りの警察署へ問い合わせてみよう。有効期限は発行日から1年間。

国際学生証

　アイルランドでも博物館や遺跡などの入場料などに学生割引制度があるので、出発前に国際学生証（ISIC）を取得しておくとよいだろう。日本で発行できるのはスマートフォンなどに表示して使うバーチャルカードのみ。

申請方法 ISIC Japanのウェブサイト（🔗isicjapan.jp）から可能。郵送や窓口での申請は行っていない。支払いはPayPal経由のみなので、アカウントを持っていない場合は最初に作成しておこう。

モバイルアプリで使用 申請後に登録したメールアドレスに送られてくるメールに従い専用アプリをダウンロード／インストールし、登録時の名前（アルファベット）とメールに記載されているISICカードのシリアル番号を入力すればアクティベーション（有効化）が完了する。

パスポート（旅券）をなくしたら

万一パスポート（以下旅券）をなくしたら、まず現地の警察署へ行き、紛失・盗難届出証明書を発行してもらう。次に日本大使館・領事館で旅券の失効手続きをし、新規旅券の発給（※1）または、帰国のための渡航書の発給を申請する。

旅券の顔写真があるページと航空券や日程表のコピーがあると手続きが早い。コピーは原本とは別の場所に保管しておこう。

必要書類および費用

■失効手続き
・紛失一般旅券等届出書
・共通：写真（縦45mm×横35mm）1枚　※3

■発給手続き
・新規旅券：一般旅券発給申請書、手数料（10年用旅券1万6000円、5年用旅券1万1000円）※1 ※2
・帰国のための渡航書：渡航書発給申請書、手数料（2500円）※2
・共通：現地警察署の発行した紛失・盗難届出証明書
・共通：写真（縦45mm×横35mm）1枚　※3
・共通：戸籍謄本　1通　※4
・帰国のための渡航書：旅行日程が確認できる書類（旅行会社にもらった日程表または帰りの航空券）

※1：改正旅券法の施行により、紛失した旅券の「再発給」制度は廃止
※2：支払いは現地通貨の現金で
※3：撮影から6ヵ月以内、IC旅券作成機が設置されていない在外公館での申請では、写真が3枚必要
※4：発行から6ヵ月以内。帰国のための渡航書の場合は原本が必要

「旅券申請手続きに必要な書類」の詳細や「IC旅券作成機が設置されていない在外公館」は、外務省のウェブサイトで確認を。

🔗www.mofa.go.jp/mofaj/toko/passport/pass_5.html

国際学生証取得に必要なもの

●**PayPalアカウント** パーソナル（個人）アカウントを作成し、クレジットカード情報または銀行口座を登録する。
●**写真** パスポート申請用写真に準じたもので縦540ピクセル×横450ピクセル以上のものをアップロードする。
●**学生証** スマートフォンで撮影またはスキャンしたjpgデータをアップロードする。表面に有効期限が明記されていない場合は裏面もアップロードする。
●**メールアドレス** バーチャルカードのアクティベートに必要なシリアルが送付される。
●**カード代金** 2200円

旅の必需品　旅の準備と技術

コークにある❼

旅の情報収集

情報を事前に集めておくと旅の幅が広がり、余裕も生まれる。旅をスムーズに楽しむために交通、宿泊など最小限の情報は確実にキャッチしておこう。

アイルランド関連のウェブサイト

アイルランド政府観光庁
URL www.ireland.com
アイルランド政府観光庁の公式ウェブサイト。
アイリッシュ・ネットワーク・ジャパン
URL www.inj.or.jp
日本・アイルランド両国の友好のため、セント・パトリックス・デイ・パレード東京などのイベントを行っている。

■公益財団法人日本交通公社「旅の図書館」
観光の研究や実務に役立つ専門図書館。約6万冊の蔵書があり、国内外の観光地について深く知りたい人におすすめ。地図やパンフレット等の配布は行っておらず、旅行の相談や問い合わせも受け付けていないが、資料の閲覧やコピー（有料）は可能。
住 〒107-0062 東京都港区南青山2-7-29日本交通公社ビル
TEL (03) 5770-8380
URL www.jtb.or.jp/library
※蔵書検索可能
開 10:30〜17:00 休 土・日曜、毎月第4水曜、年末年始、その他

日本での情報収集

アイルランド政府観光庁のウェブサイトが旅行情報を提供しているが、日本語のページはない。駐日アイルランド大使館は、X（旧ツイッター）でアイルランドの観光や文化に関しての投稿を日本語で行っている。

現地での情報収集

観光案内所　観光案内所は公的機関として、規模の大きな町、観光地に存在する。どこも情報は十分に揃っており、サービスも多岐にわたっていて、利用価値は大きい。規模により異なるが、おもに以下のような業務を行っている。

❶町の地図や見どころを説明したパンフレットの配布
❷旅行相談
❸おみやげの販売

スタッフのホスピタリティ　多くの人が観光案内所を訪れると、スタッフの応対はついぞんざいになりがちだが、ほとんどのスタッフはこちらの質問に一つひとついねいに答えてくれる。

冬期に旅する場合の情報収集

ダブリンやコーク、ゴールウェイ、ベルファストなど主要都市の観光案内所は通年でオープンしているが、地方の町にあるほとんどの観光案内所は6〜9月の営業で、それ以外の時期は閉まってしまう。主要都市の観光案内所は周辺の地図やパンフレットなども揃えているので集めておくとよいだろう。

口コミ情報　B&Bのオーナーやホテルのレセプショニストは、その町に長年住んでいる人が多く、旅行者と日常的に接しているので有益な情報の宝庫だ。特にレストランやパブなどの情報について、観光案内所は特定の店を推薦することを禁じられているため、宿の人の口コミは重宝する。

役立つ関連英会話

観光案内所にはどうやって行くのですか？
ハウ　カナイ　ゲットゥ　ダ　トゥーリスト　インフォメーション　オフィス
How can I get to the tourist information office?

市街図をいただけますか？　カナイ　テイカ　スイティ　マップ　**Can I take a city map?**

どちらのレストランがおすすめですか？
ウイッチ　レストラン　ドゥユー　リコメンド
Which restaurant do you recommend?

博物館の休館日を教えてください
ク　デュウ　テルミー　ダ　クロージング　デイ　オブ　ダ　ミュージアム
Could you tell me the closing day of the museum?

旅の予算とお金

アイルランドの物価は毎年少しずつ上昇している。観光業界でもその傾向は見られ、宿泊料金から観光スポットの入場料にいたるまで、高止まりの状態が続いている。

アイルランドの物価と予算

最も物価高の影響を受けているのがホテルの宿泊料金で、この数年は上昇傾向にある。もともとそんなに安くはないのに、シーズンには通常の2〜3倍に跳ね上がることもある。

レストランも毎年値上がり気味で、きちんとした食事をとろうとするとランチでひとり€15〜、ディナーだと安いところでも€20〜。

これらを参考に1日の最低限必要な費用を出すと、個室の部屋に泊まった場合、宿泊費が€65〜、食事代が€35程度で、計€100〜。それに交通費や見どころの入場料などを加算すると、1日2万2000円程度は必要。ホステルのドミトリーに宿泊し、食費もファストフードやスーパーで食材を購入するようにすれば、1日1万円程度で滞在することも可能だ。

ユーロ(€)とポンド(£)

EUの単一通貨「ユーロ」は、アイルランドをはじめとするEU加盟27ヵ国のうち、20ヵ国で導入されている。ユーロの紙幣は各国共通。硬貨の裏は国ごとにデザインが異なっているが、どの国の硬貨でも問題なく使用できる。

北アイルランドで流通しているのはイギリス通貨で、スターリング・ポンドと呼ばれ、£で表示される。紙幣は地元アルスター銀行発行のものやイングランド銀行発行のものなど複数ある

物価上昇中のアイルランドでは、ファストフードのハンバーガーセットも€10以上

ユーロを導入した20ヵ国

アイルランド、イタリア、エストニア、オーストリア、オランダ、キプロス、ギリシア、クロアチア、スペイン、スロヴァキア、スロヴェニア、ドイツ、フィンランド、フランス、ベルギー、ポルトガル、マルタ、ラトヴィア、リトアニア、ルクセンブルク

経済的な食事

円安とインフレのダブルパンチでダブリンでの外食は1食€15以上とお高めになっています。節約したい方におすすめの食事をふたつご紹介します。ひとつ目は、スーパーマーケットのミール・ディールMeal Dealの活用です。私が特にお世話になったのはダンズ・ストアズDunnes Storesというスーパーのミール・ディールです。サンドイッチやサラダボウル、ポテトチップス、水またはコーラの3点セットで€3.99でした。ふたつ目のおすすめは、スーパー・ヴァリュー SuperValuというスーパーの量り売りミールです。アイリッシュ・ブレックファストのメニューをはじめホットフードやサラダなどのデリが量り売りされており、レストランで食べるよりお得に食事をすることができます。

（神奈川県　さくら　'23年12月）

ダブリンとアラン諸島の旅（5泊7日）の支出例

1日目 東京〜ダブリン		昼食（カフェ）	€20
ダブリン空港〜市内（エアリンク往復）	€11	レンタル自転車	€20
夕食（レストラン）	€30	夕食	€25
宿泊費（ゲストハウス）	€140	宿泊費（B&B）	€80
2日目 ダブリン		5日目 ゴールウェイ→ダブリン	
『ケルズの書』エクスペリエンス	€25	ゴールウェイ〜ダブリン（バス、復路分）	
昼食（パブ）	€20	昼食（パブ）	€20
ダブリン城	€8	ギネス・ストアハウス	€28
夕食（レストラン）	€30	夕食（ファストフード）	€10
宿泊費　ゲストハウス	€140	パブ	€8
3日目 ダブリン→ゴールウェイ		宿泊費（中級ホテル）	€180
ダブリン〜ゴールウェイ（バス往復）	€27	6日目 ダブリン→東京	
昼食（ファストフード）	€11.50	市内〜ダブリン空港（エアリンク、復路分）	
夕食（レストラン）	€35	小計	€958.50
パブ	€10	雑費	€100
宿泊費（B&B）	€80	合計	€1058.50
4日目 ゴールウェイ↔イニシュモア島			
ゴールウェイ〜ロッサヴィール〜イニシュモア島（フェリー＋バス往復）	€40		

17万6686円（€1≒167円）

初日は夜着、最終日は朝発とし、5日間で算出した

1日あたり約3万5354円

カード払いは通貨とレートに注意

海外でクレジットカードを使ったとき、現地通貨でなく日本円で決済されていることがある。これ自体は合法だが、ちゃっかり店側に有利な為替レートになっていたりするので注意したい。「日本円払いにしますか?」と尋ねられたときは、サインする前に為替レートをきっちりチェック! 納得のいかないレートなら現地通貨で決済してもらおう。もし支払い時に説明も確認もなく一方的に日本円で決済されてしまったら、サインしたあとでも、現地通貨に戻して再決済の手続きを依頼できる。帰国後に気づいた場合は、速やかにカード発行金融機関に問い合わせよう。

クレジットカードをなくしたら

大至急カード発行金融機関に連絡し、無効化すること。万一の場合に備え、カード裏面の発行金融機関、緊急連絡先を控えておこう。現地警察に届け出て紛失・盗難届出証明書を発行してもらっておくと、帰国後の再発行の手続きがスムーズ。

ネットショッピングの本人認証サービスは、SMSに送られてきた認証コードを入力するのが主流。スマホに現地のSIMカードを入れていると、日本の携帯番号宛てにSMSが送られてきてもわからないので注意

が、価値は同じ。北アイルランド発行の紙幣は、イギリス本国でも基本的には通用するが、一般的ではないので確認に時間がかかることもある。硬貨はイギリス本国と同じもの。

銀行と両替商

主要な銀行の営業時間は月〜金曜10:00〜16:00、土・日は休業という所がほとんど。両替は両替商、銀行などでできる。両替商は土・日曜も営業していることが多い。

クレジットカード

クレジットカードは一部の個人商店やトイレの入場料、市バスなどをのぞき、ほとんどすべての場所で利用できると言っても過言でなく、少量の現金とVisaかMastercardを含む数種類のクレジットカードがあれば十分旅行できる。むしろ近年は現金払いができない場所が増えており、クレジットカードかデビットカードは旅行に必須ともいえる状況になっている。ICカード(ICチップ付きのクレジットカード)で支払う際は、サインではなくPIN(暗証番号)が必要だ。日本出発前にカード発行金融機関に確認し、忘れないようにしよう。タッチ決済機能が付いたクレジットカードは、€50以下の取引であれば決済端末にタッチするだけで、サインもPINも必要がない。

見どころのなかには、現地の窓口で購入できず、事前にネットを通して購入する日時指定式のeチケットが必要なところが増えている。これらの支払いはクレジットカードかデビットカードでの支払いが基本で、なりすまし防止のため支払い時に本人認証サービス(3Dセキュア)が必要なことが多い。通常登録した携帯番号にSMSで認証コードが送られてくるので、それを入力する。

便利なキャッシング機能 クレジットカードを利用したキャッシング(借り入れ)は銀行のATMで24時間可能。ATMの取引選択画面では「CREDIT」を選択しよう。

デビットカード

使用方法はクレジットカードと同じだが支払いは後払いではなく、発行金融機関の預金口座から即時引き落としが原則となる。口座残高以上に使えないので予算管理をしやすい。加えて、現地ATMから現地通貨を引き出すこともできる。

海外専用プリペイドカード

海外専用プリペイドカードは、カード作成時に審査がなく、外貨両替の手間や不安を解消してくれる便利なカードのひとつだ。出発前にコンビニATMなどで円をチャージ(入金)し、入金した残高の範囲内で渡航先のATMで現地通貨の引き出しやショッピングができる。各種手数料が別途かかるが、使い過ぎや多額の現金を持ち歩く不安もない。おもに左記のようなカードが発行されている。

アイルランドへのアクセス

アイルランドへはヨーロッパ各地、アメリカから空路で入れるほか、イギリスやフランスから海路で入ることもできる。北アイルランドとアイルランド共和国間は物理的な国境がないので、何の審査もなく出入国できる。

アイルランドの表玄関、ダブリン空港

日本からアイルランドへの航空便

日本からの所要時間　2024年5月現在、日本とアイルランドを結ぶ**直行便は運航されていない**ため、ヨーロッパや中東の主要都市などで乗り継ぐ必要がある。所要時間は、ロンドン乗り継ぎの場合、東京～ロンドンが14～15時間（ウクライナ情勢により、日本～ヨーロッパ間はロシア上空を通過するルートを避けて飛行している）、ロンドン～ダブリン間は約1時間30分。東京を朝に出発すると、ロンドンで乗り換えてダブリン到着がその日の18:00～19:00前後となる。

直航便がないので、必ずしも最初にダブリン空港に到着する必要はない。旅程によっては乗り継ぎでダブリン行きではなく、コークや北アイルランドのベルファスト行きの便を利用するのもよい。

周辺諸国からの船便

イギリス、フランスとアイルランドを結ぶ航路は、便数も充実している。最も一般的なのは、イギリスのウェールズにあるホリーヘッドHolyheadからダブリン港に到着するルートで、所要約3時間15分。ウェールズ南部のペンブロークPembrokeとフィッシュガードFishguardからはウェックスフォード近郊のロスレアRosslareへの便があり所要3時間30分～4時間。イギリス本島ではないが、アイリッシュ海に浮かぶマン島のダグラスDouglasからはダブリン行きの便があり、所要約3時間。フランスからはシェルブールCherbourgからダブリンとロスレアへの便があり、所要18時間前後、ロスコフRoscoffからコークへは所要約13時間。

北アイルランドのベルファストへはスコットランドのケアンライアンCairnryanからの便が所要約2時間15分。イングランド北部のリヴァプールLiverpoolからは所要約8時間、マン島のダグラスからは所要約3時間。

日本出国

オンライン・チェックイン　チェックインは、出発当日空港で行えるが、インターネットを通じてオンラインでも行える。利用する航空会社によって出発の24時間前や48時間前から行うことができる。出発直前にチェックインすると、3つ並ぶ席の真ん中しか空いていないケースが多いので、人気の高い通路側席を確保したいなら、チェックインはオンラインでできるだけ早く

日本からロンドンへの直行便

日本から最も便利なのはロンドン乗り継ぎでの入国だ。ロンドンへは、ダブリンへの便をもつブリティッシュ・エアウェイズのほか、日本航空、全日空が日本からの直行便を運航している。
ブリティッシュ・エアウェイズ
☎(03)3298-5238
🔗www.britishairways.com
日本航空
☎0570-025031　🔗www.jal.co.jp
全日空
☎0570-029333　🔗www.ana.co.jp

eチケット

航空会社や旅行会社などで手配をすると、航空券はeチケットとして、メールなどで送られてくる。入国審査などですばやく見せられるように、自分でプリントアウトしてもっていくのがおすすめ。

国際観光旅客税

日本からの出国には、1回につき1000円の国際観光旅客税がかかります。原則として支払いは航空券代に上乗せされます。

■フェリー会社
●アイリッシュ・フェリーズ
🔗www.irishferries.com
ダブリン～ホリーヘッド、ロスレア～ペンブローク、ダブリン～シェルブール
●ステナ・ライン
🔗www.stenaline.co.uk
ダブリン～ホリーヘッド、ロスレア～フィッシュガード、ロスレア～シェルブール、ベルファスト～ケアンライアン、ベルファスト～リヴァプール
●ブリタニー・フェリーズ
🔗www.brittany-ferries.ie
コーク～ロスコフ、ロスレア～シェルブール
●スティーム・パケット
🔗www.steam-packet.com
ダブリン～ダグラス、ベルファスト～ダグラス

しよう。オンライン・チェックインは、航空会社のウェブサイトまたはスマホ用アプリで行うことができる。搭乗券はメールなどで送られてくるのをプリントアウトしてもよいが、QRコードのモバイル搭乗券をスマホに入れてそのまま使うこともできる。

チェックイン　空港には出発の2時間前には到着しておきたい。出発ターミナルにある利用航空会社のカウンターへ行き、オンライン・チェックインをしていないのであれば、自動チェックインの端末を操作して搭乗券を発行させる。

荷物を預ける　搭乗券を確保したら、荷物預かりのカウンターに並び、自分の番が来たらパスポートと搭乗券を見せ、預ける荷物をベルトコンベアの上に乗せる。荷物を預けるとバーコードの入ったシールをパスポートか搭乗券に貼ってくれる。空港によっては荷物預かりも自動化しており自分で操作する。荷物の数、大きさ、重さは利用する航空会社やクラスによって異なっているので、確認しておくこと。重量を超過したぶんは、追加料金を支払わなくてはならない。また、**モバイルバッテリーは預けられない**ので、機内持ち込み手荷物に入れておくこと。

セキュリティ・チェック　荷物を預け終えたら、出国ゲートへ向かい、列に並んでセキュリティ・チェックを行う。プラスチックの箱のなかに手荷物と上着、ベルト、財布やスマホなどポケットの中身を入れてベルトコンベア式のX線検査機に通す。パソコンやタブレットなどの電子機器類は、バッグから取り出さなくてはならない。自身は金属探知機のゲートを通る。

税関検査　セキュリティ・チェックが終わったら今度は税関検査。現金100万円以上を持ち出す人や、外国製の製品を持ち出す人は、必要事項を記入して提出しなくてはならない。申告の必要がなければ、そのまま抜けてかまわない。

出国審査　有人の窓口のほか、顔認証ゲート、自動化ゲートがある。顔認証ゲートは事前登録もいらずスピーディだ。顔認証ゲートの使い方は、まずガラス張りの読み取り部分にパスポートの顔写真のページを開いてスキャンし、次いで自分の顔をカメラに認証させる。認証作業が完了されるとゲートが開くので先に進む。出国スタンプは押されない。出国スタンプが必要な人や、子連れの人などは顔認証ゲートは使えないので、有人の窓口に並ぶ。自動化ゲートは、事前登録が必要で、パスポートのスキャンと指紋の照合をさせる。出国審査の先にあるのがゲートエリア。利用する便の搭乗口番号は、搭乗券やフライト・インフォメーションボードに表示されている。

アイルランド到着

入国審査　飛行機を降りたら、入国審査へ向かう。入国審査の窓口はEUパスポート保持者とそれ以外に分かれているので、日本のパスポート保持者はそれ以外の列に並ぶこと。窓口では、滞在の目的、滞在日数などを聞かれるが、**アイルランドの入国審査は近年非常に厳しくなっている**。パスポートを提出

するときは、帰国便の日時が書かれたeチケットや、ホテルの予約がわかるものなどをすぐに出せるようにしておいたほうがよい。出張に関しては14日以内の滞在であれば就労許可は不要だが、前回の滞在から90日を経過していない場合は、就労許可を求められることがある。

また、イギリスとアイルランドは共通旅行区域だが、イギリスからアイルランドに空路で入国する場合にはアイルランドで入国審査を受けなくてはならない。例えばロンドン経由でダブリンに到着する場合、ロンドンとダブリン両方で入国審査が必要になる。もっとも、ロンドンでの入国審査は日本のパスポート保持者は自動化ゲートが利用できるので、パスポートをスキャンして顔写真を撮るだけとスムーズだ。

手荷物受け取り　入国審査を抜けたら手荷物受け取り場へ。掲示板に自分の便の荷物がどのベルトコンベアから出てくるのか表示されるので確認し、自分の荷物が出てきたら受け取る。その際、引き換え証の番号を照合し、自分の荷物に間違いないことを確認すること。もしも荷物が出てこない場合や荷物に破損があった場合などは、近くにある自分の利用した航空会社のデスクに行き報告する。荷物が出てこない場合は、紛失したケースよりも、乗り継ぎが間に合わなかったなどで、到着が遅れているケースがほとんど。手荷物引換証を見せた上で、自分の滞在するホテルを報告しておけば、荷物が着き次第、滞在先に届けてくれる。

税関検査　荷物を受け取ったら税関検査へ。€1万相当額以上の現金・小切手類をEU圏内に持ち込む場合は外貨申告が必要になる。その他のおもな免税範囲は右の表を参照。申告する必要がない場合は緑の通路を通る。申告が必要な場合は赤の通路を進み申告を行う。

アイルランド出国

アイルランドを出国する場合は、基本的な流れは日本出国の場合と同じ。オンライン・チェックインまたは空港の各航空会社のカウンターでチェックイン作業を行い、スーツケースなどの荷物を預けたら、セキュリティ・チェックと出国審査を受け、搭乗口へ行く。

EU加盟国（アイルランドを含む）入国の際の免税範囲	
たばこ	たばこ200本
	細葉巻たばこ100本
	葉巻50本
	刻みたばこ250g
（注1）免税数量は、それぞれの種類のたばこのみを購入した場合の数量であり、複数の種類のたばこを購入した場合の免税数量ではありません。	
酒	度数23%以上のアルコール1ℓ、度数22%未満のアルコール2ℓ、ワイン4ℓ、ビール16ℓのいずれか
その他	15才以上は€430相当額、15才未満は€215相当額までの物品

🖉 **バトラーズのチョコレート**

バトラーズ・チョコレート・カフェ Butlers Chocolate Caféでは、たくさんのチョコレートを売っており、お土産用のパッケージは豊富です。アイルランド国内に多数の店舗がありますが、ダブリン国際空港で購入できるので、空港で買い物をする時間があるようでしたら観光中に無理に買わなくても大丈夫だと思います。

（東京都　Apricot　'19夏）

旅行の目的は？
ワッツ　ダ　パーパス　オブ　ユア　ヴィズィット
What's the purpose of your visit?

観光です。
サイトゥスィーイング
Sightseeing.

町の中心部へはどうやって行けばいいんですか？
ハウ　カナイ　ゲットゥー　ダ　スィティー　センタ
How can I get to the city centre?

○○行きのチェックインカウンターはどこですか？
ウェア　イズ　ダ　チェキン　カウンタ　トゥ
Where is the check-in counter to ○○?

この荷物は（機内に）持って入ります。
ディス　イズ　ア　キャリ　オン　ラギジ
This is a carry on luggage.

315

日本へ帰国の際の免税範囲

たばこ	紙巻たばこ200本
	葉巻たばこ50本
	加熱式たばこ個装等10個
	その他のたばこ250g

(注1) 免税数量は、それぞれの種類のたばこのみを購入した場合の免税数量であり、複数の種類のたばこを購入した場合の免税数量ではありません。
(注2)「加熱式たばこ」の免税数量は、紙巻たばこ200本に相当する数量となります。

酒	3本 (1本760mℓ程度のもの)
香水	2オンス
その他	海外市価の合計が20万円以内のもの

※日本への持込禁止、規制品目など、詳しくは税関のウェブサイトを確認のこと。
URL www.customs.go.jp

■ビジット・ジャパン・ウェブ
URL vjw-lp.digital.go.jp

VATの払い戻し

アイルランドの商品には、日本の消費税のような**付加価値税VAT**(Value Added Tax)が通常23%課せられており、EU諸国以外の旅行者がEU圏外に出るときにその一部の払い戻しが受けられる。VATの払い戻しを受けられるのは免税手続きに対応した店で€75以上の買い物をしたときに限られるが、手続きは簡単。支払いの際に「タックス・フリー・プリーズ」と言えば、レシートと一緒に免税用書類と免税会社の封筒がもらえるので、出国までに書類の記入を済ませておくこと。購入金額が€2000未満であれば、出国の際に空港にある免税会社のブースで搭乗券を提示し、還付方法の選択を行った上で書類を専用の封筒に入れ、備え付けの専用のポストに投函すればよい。購入金額が€2000以上であれば、免税会社のブースに行く前に、空港の税関カウンターに行き、パスポートと未使用の購入した物品、免税書類を提示し、確認のスタンプを押してもらう必要がある。

日本帰国

日本に到着後は、検疫カウンターを通った後に入国審査を受ける。顔認証ゲートがあれば、パスポートの顔写真のページを開いて端末にスキャンさせ、顔をカメラで認証させることでスピーディに審査が済む。審査終了後、荷物を受け取り税関にて「携帯品・別送品申告書」を提出する。この用紙は免税範囲を超えていなくても提出しなくてはいけない。ビジット・ジャパン・ウェブを利用すれば、日本入国時の税関申告をウェブで行える。

携帯品・別送品申告書の記入例

現地での国内移動

アイルランドは北海道ほどの小さな国ながら飛行機、バス、鉄道などどれを使っても変化のある風景が旅人を楽しませてくれる。できるだけいろいろな交通機関を利用してみよう。

ダブリンの鉄道改札

航空機

エア・リンガスの機体。ドリンクなどの機内サービスは、基本的には別料金

アイルランドには、**エア・リンガス**Aer Lingusや**ライアンエアー**Ryanairなどの航空会社があるが、イギリスやヨーロッパ各国の主要都市との路線がメイン。国内線はエア・リンガスによるダブリン～ケリー便、ダブリン～ドネゴール便がある。そのほか、**エア・アラン・アイランズ**Aer Arann Islandsによるインヴェラント《ゴールウェイ近郊）～アラン諸島線がある。

鉄道

アイルランド鉄道の車両は緑と黄色がイメージカラー

鉄道はアイルランド共和国は**アイルランド鉄道**Irish Railが、北アイルランドは**ノーザンアイルランド鉄道**NI Railwaysが運行している。ダブリンを中心に主要都市を結んでおり、往復料金の割引率も高いなど、旅行者にとって利用価値が高い。長距離列車はテーブル付きでゆったりしている。ダブリン～コークとダブリン～ベルファストは移動ワゴンによる飲食料品の販売も行われている。主要都市間の移動に便利な反面、全土を網羅してるとは言いがたく、地方都市間は路線も便数も少ない。

鉄道パス ユーレイルアイルランドパスは北アイルランドを含むアイルランド全土で使える鉄道パス。イギリスを含むヨーロッパ

■**エア・リンガス**
URL www.aerlingus.com
■**エア・アラン・アイランズ**
URL aerarannislands.ie
■**アイルランド鉄道**
URL www.irishrail.ie
■**ノーザン・アイルランド鉄道**
URL www.translink.co.uk

車内でのスマホの充電

アイルランドのバスの座席にはスマホを充電できるように、USB-Aのコンセントが付いている車両が多い。一方鉄道車両は、パソコンを利用する人が多いせいかUSB-Aではなく、電源のコンセントが付いていることが多く、USB用の充電プラグだけでは充電できない。USB-AとBFタイプの変換アダプターが必要になる。

ユーレイルアイルランドパス

アイルランド鉄道（IE）とノーザンアイルランド鉄道（NIE）で利用できる鉄道パス。利用開始日から1ヵ月間の有効期間内で3日～8日分の鉄道利用日が選べるフレキシータイプ。

1等	大人 3日	€174
	4日	€209
	5日	€243
	6日	€273
	8日	€329
	ユース（12～27歳）	
	3日	€139
	4日	€167
	5日	€194
	6日	€218
	8日	€263
2等	大人 3日	€137
	4日	€165
	5日	€191
	6日	€216
	8日	€259
	ユース（12～27歳）	
	3日	€119
	4日	€142
	5日	€165
	6日	€186
	8日	€224

（2024年現在）

役立つ関連英会話

切符売り場はどこですか？
ウェア イズ ダ ティケットゥ オフィス
Where is the ticket office?

ダブリン行きの（列車やバスの）座席予約をしたい。
アイドゥ ライク トゥー リザーヴ ア スィート フォー ダブリン
I'd like to reserve a seat for Dublin.

コーク行き（の列車）は何番線から出ますか？
ウィッチ プラットフォーム イズ フォー コーク
Which platform is for Cork?

覚えておきたい関連英単語
片道切符 single ticket　スィングル・ティケット
往復切符 return ticket　リターン・ティケット
路線図 route map　ルート・マップ

●現地での国内移動　旅の準備と技術

ダブリン・コノリー駅発ベルファスト行き列車の座席表示。8番座席はコノリー駅からダンドーク駅までが予約で埋まっていることを示している。9番座席はSeat Availableとあるので、終着駅まで予約が入っていない

アイリンク・トラベル・カード

北アイルランドの公共交通は、鉄道、長距離バス、市内バスのすべてがトランスリンクTranslinkという会社によって管理されている。アイリンク・トラベル・カードiLink Travel Cardは、決められたゾーン内のすべての公共交通が乗り放題になる交通カードで、主要な鉄道駅やバスターミナル、ベルファストの❶、ベルファスト国際空港の❶などで購入およびトップ・アップ（チャージ）をすることができる。カードの料金は£1。下はトップ・アップの料金。

ゾーン1（ベルファスト・エリア）
1日£6　1週間£21　1ヵ月£75

ゾーン2（ゾーン1とキャリックファーガス、リズバーン、バンガーなどを含むエリア）
1日£11　1週間£42　1ヵ月£145

ゾーン3（ゾーン2とベルファスト国際空港、バンブリッジ、アントリム、ラーン、バリーメナ、ダウンパトリックなどを含むエリア）
1日£15　1週間£55　1ヵ月£195

ゾーン4（北アイルランド全土）
1日£19　1週間£66　1ヵ月£230

ノース・ウエスト・ゾーン（バリーキャッスル、ジャイアンツ・コーズウェイ、ポートラッシュ、コーレインなどコーズウェイコーストの一帯とデリー／ロンドンデリーを含むエリア）
1日£15　1週間£55　1ヵ月£195

■バス・エーラン
URL www.buseireann.ie
■エクスプレスウェイ
URL www.expressway.ie
■アルスターバス／ゴールドライン
URL www.translink.co.uk
■シティリンク
URL www.citylink.ie
■エアコーチ
URL www.aircoach.ie
■ビッグ・グリーン・バス
URL www.dublincoach.ie

33ヵ国で使える**ユーレイルグローバルパス**は、ヨーロッパを周遊する人なら非常に心強い味方。北を含むアイルランド全土でもユーレイルグローバルパスが使用可能。パスは出発前に入手すること。日本の旅行代理店などで購入することができる。

乗車券購入　乗車券の購入は、駅の窓口および自動券売機、そして公式サイトから行うことができる。公式サイトの購入では割引が適応されるケースが多い。支払いは現金、クレジットカード、リープ・カード（アイルランド共和国のみ）で可能。

座席予約　長距離列車の座席は予約できるが、日本のように自由席車両と指定席車両に分かれているわけではなく、一つひとつの座席にどの駅からどの駅までが指定席なのか割り振られている。座席ごとの予約状況は、電光表示などによって分かるようになっているので、座席の予約をしていない人は、一つひとつの座席を確認しながら「Seat Available（空席）」と表示のある席を探さなくてはならない。表示に駅名が書かれている場合は、その駅間のみ予約がされていることを示しているので、それ以外の区間は予約なしとして座ることができる。例えばダブリンからアスローンまで利用する人にとっては、表示がアスローン～ゴールウェイとある席は、自分が降りるまで予約は入っていないので、空席と同じ意味になる。

長距離バス

アイルランドでは、長距離バスのことは**コーチ**Coachと呼ばれ、市内バスと分けられている。アイルランドの長距離移動手段のなかでも最も充実しており、たいていの町には行けるし、何といっても安い。最新の車両を利用しているので乗り心地もよく、時間もおおむね正確だ。最大手はアイルランド共和国全土に中・長距離路線をもつ**バス・エーラン**Bus Éireannで、主要都市にバスステーションをもっている。バス・エーランのなかでも長距離路線の高速便は**エクスプレスウェイ**Expresswayという別ブランド名で運行されている。

エクスプレスウェイと一部路線は重複するが、**シティリンク**Citylinkはゴールウェイを起点に、クリフトゥン方面やダブリン空港（ダブリン経由）、コーク空港（シャノン空港、リムリック、コーク経由）への便をもっている。そのほか、ダブリンとコーク、ダブリンとベルファストを結ぶ**エアコーチ**Aircoachやダブリンからリムリックを経由してエニス、キラーニー、トラリーを結ぶ便とダブリンからキルケニー、ウォーターフォードを経由してコークを結ぶ**ビッグ・グリーン・バス**Big Green Busがある。ビッグ・グリーン・バスは**ダブリン・コーチ**Dublin Coachという名称でも知られている。このほか、地方で活躍する小さなバス会社もある。

北アイルランドでは中距離路線を走る**アルスターバス**Ulster Busや、長距離路線の高速便を運行する**ゴールドライン**Goldlineが走っている。